陈 燕 主 编

孙全亮 马 克 孙 玮 副主编

寿晶晶 彭齐治 参 编

专利信息
分析师
操作实务

清华大学出版社

北京

内 容 简 介

本书系统梳理并详细阐述了专利信息分析专业人员在从事专利信息利用、竞争情报分析时需要了解的操作实务。在总体思路上,本书按照如下内容进行展开:首先从专利信息分析的内涵和外延出发,明确了专利信息分析的应用及其在科研中所扮演的角色,并以此为基础阐述了专利信息分析的基本方法和流程;其次,以产业转型升级的需求分析为切入点,将专利文献中蕴含的技术、法律和市场信息通过专业的分析方法进行提炼,再通过对专利分析基础、高级和特需模块的设置,进一步有效运用所提炼的信息,更好地指导创新研发,获取市场竞争优势;最后,为了检验前述分析方法的科学性、合理性,以及充分体现指导实践操作的务实性,本书选取了众多真实案例进行实证分析,为本书所提出的理论方法和分析思路提供了可行性的支撑。

图书在版编目(CIP)数据

专利信息分析师操作实务/陈燕主编.—北京:清华大学出版社,2017(2024.2重印)
ISBN 978-7-302-46674-1

Ⅰ. ①专… Ⅱ. ①陈… Ⅲ. ①专利文献-情报分析-研究 Ⅳ. ①G306 ②G254.97

中国版本图书馆 CIP 数据核字(2017)第 101529 号

责任编辑:汪汉友
封面设计:常雪影
责任校对:焦丽丽
责任印制:宋　林

出版发行:清华大学出版社
    网　　　址:https://www.tup.com.cn, https://www.wqxuetang.com
    地　　　址:北京清华大学学研大厦 A 座　　　　　　邮　　编:100084
    社 总 机:010-83470000　　　　　　　　　　　　邮　　购:010-62786544
    投稿与读者服务:010-62776969, c-service@tup.tsinghua.edu.cn
    质量反馈:010-62772015, zhiliang@tup.tsinghua.edu.cn
    课件下载:https://www.tup.com.cn,010-83470236
印 装 者:涿州市般润文化传播有限公司
经　　销:全国新华书店
开　　本:185mm×260mm　　　印　　张:17.5　　　字　　数:431 千字
版　　次:2017 年 8 月第 1 版　　　　　　　　　　印　　次:2024 年 2 月第 4 次印刷
定　　价:59.00 元

产品编号:069945-01

编　委　会

主　编：

陈　燕　国家知识产权局知识产权发展研究中心副主任

副主编：

孙全亮　国家知识产权局知识产权发展研究中心研究二处处长

马　克　国家知识产权局知识产权发展研究中心研究二处副处长

孙　玮　国家知识产权局知识产权发展研究中心研究二处副研究员

编　委：

寿晶晶　国家知识产权局知识产权发展研究中心研究二处副研究员

彭齐治　国家知识产权局专利局光电技术发明审查部副调研员

序　言

在全球科技革命大变革的背景下,技术创新越来越成为驱动全球产业升级与发展的关键动力,专利的战略性布局、储备与运用越来越成为各国企业抢占产业价值链高端、获取产业竞争优势的关键。运用专利大数据进行分析并结合产业、技术、市场等方面的信息进行深度挖掘、提炼的专利竞争情报,能够帮助市场主体和创新主体准确认识自身所处的产业技术竞争环境及专利竞争格局,在更加"透明"的竞争景框中前瞻做出科学决策。广大市场主体和创新主体愈发认可和重视专利情报在技术竞争中的引导和帮助作用。专利分析师作为一类新兴职业,越来越受到政府主管部门和国内业界的关心与关注。

2015 年 8 月,《中华人民共和国职业分类大典》首次将专利信息分析从业人员纳入知识产权专业人员的子分类中。这标志着专利信息分析从业人员的职业身份在国家职业分类体系中得以确认。2015 年 12 月,国务院颁布的《关于新形势下加快知识产权强国建设的若干意见》中明确强调要加强知识产权信息开发利用,这也进一步使得在我国经济新常态下的创新型国家和知识产权强国建设中,专利分析与利用的重要作用得以凸显。

尽管近年来专利信息分析的知识在国内快速普及,但是专利分析方法差异大、操作流程不尽规范、分析水平参差不齐、高端分析人才匮乏等突出问题仍然普遍存在,这在很大程度上影响了专利分析结论和措施建议的准确度、完整度、可信度,制约了专利信息高端分析对于产业技术创新发展的积极效果。

为了引导国内广大专利信息分析从业人员全面、规范地掌握专利信息分析基本技能和操作实务,国家知识产权局知识产权发展研究中心本着源于实践、服务实践、指导实践的精神,在全面总结多年重点产业重大技术领域专利分析预警和专利导航项目实战经验的基础上,系统归纳和提炼了内容完整、流程清晰、简捷可行、易于再现的专利分析实务精华,精心组织编写形成本书,以期与国内关心、关注和从事专利信息分析的各界人士共同分享。

本书不仅提供了专利信息分析方法和流程的指引,而且提供了运用专利信息分析研究产业发展路径的指引;不仅设置了从基础模块到高级模块再到特需模块的专利信息分析系列进阶,而且基于实际项目提供了若干专利信息分析案例作为研究学习和实际操作的实例以供参考和借鉴。我们希望本书能够分模块引导读者全面掌握专利信息分析系列进阶实务,促使广大读者真正成为科研决策的指挥员、科研过程的领航员、科研应用的护航员、市场竞争的战斗员。

本书由国家知识产权局知识产权发展研究中心三级研究员陈燕副主任组织编写,她不仅牵头设计了全书的研究框架,还作为主要执笔人撰写了第1、2、4、5 章的主要内容。参与本书编写的还有国家知识产权局知识产权发展研究中心研究二处处长孙全亮副研究员(第6.1 节、第 6.2 节)、研究二处副处长马克副研究员(第 3 章,第 6.3 节,案例 1)、研究二处孙玮副研究员(第 2.2.1 节、第 2.2.3 节、第 2.3.4 节、第 4.4.10 节,第 7 章)、研究二处寿晶晶副研究员(第 1.3 节),国家知识产权局专利局光电技术发明审查部彭齐治副调研员(第 2.2.2 节,7.2 节)等一批具有丰富专利信息分析理论和实践经验的人员。全书由陈燕和孙玮负责统稿。

　　本书不但可以作为学习专利信息分析操作实务的入门教材，而且可以作为专利信息分析从业人员进行专利信息分析、组织项目实施、推进项目应用的实务手册，更可作为广大科研人员运用专利信息分析辅助技术进行研发、创新的参考指南。

　　本书的顺利出版离不开国家知识产权局有关领导以及业界有关专家的关心和支持，在此致以衷心的感谢！限于本书编写人员水平，书中难免存在疏漏与不足，敬请广大业内专家、读者不吝指正！

作　者

2017 年 7 月于北京

目　　录

第1章　专利信息分析导论

专利信息分析是制定专利战略、增强竞争优势、保护知识产权的基础和前提,对于保护发明创造、鼓励技术创新、促进社会进步和经济发展具有重要的战略意义。本章在明晰专利信息分析的基本含义、发展历史和战略价值的基础上,重点论述了专利信息分析报告的构成、应用范围、影响因素以及专利在科研中的角色定位,从整体上对专利信息分析的基本问题进行了界定和描述。

1.1　专利信息分析引言

信息分析(Information Analysis)又称情报研究(Intelligence Analysis 或 Intelligence Analysis and Synthesis),是通过系统化的程序将信息转化为知识、情报和谋略的一类科学劳动的集合,从数据挖掘到软科学研究,形成了一条很宽的研究谱带。无疑,专利信息分析或专利情报研究是社会信息分析活动的重要构成,是我国软科学研究领域的新生力量。

1.1.1　专利信息分析简述

本小节论述了专利信息分析的定义,对专利信息分析的研究历史进行回顾,探讨专利信息分析的战略价值。

1. 专利信息分析定义

专利信息(Patent Information)狭义上是指所有可以从专利机构出版的文件中获得的技术、经济、法律等有关权利人的任何信息。换句话说,专利信息是以专利文献为载体,以专利文献形式再现客观事物属性的信息总和。从广义上说,专利信息是指一件专利从递交开始,围绕其产生的任何信息,其中包括没有在文献中展现的应用范围、影响因素等信息的综合。

所谓专利信息分析就是从专利文献中采集专利信息,再通过科学的方法对专利信息进行加工、整理和分析,最终形成专利情报和谋略的一类科学劳动的集合。

专利文献作为科学知识的一种记录,积累、汇聚了人类发明创造的聪明才智,成为人类智慧的宝库之一。从专利文献中可以获得许多真实、准确、详尽的信息,例如关于发明的年代(优先权时间)、技术的分类、受让人(申请公司)以及发明人等诸多不同类型的信息。

专利信息可以在许多方面进行聚集和分析,其基本模式包括:

(1) 专利发明人、公司或公司群;

(2) 一个或多个技术领域;

(3) 国家或地区的专利活动;

(4) 随时间变化的专利数量。

上述模式是应用于专利信息分析中的 4 种基本模式。在进行专利信息分析时,可以根据不同的研究目的对以上 4 种基本模式进行延展与组合。

专利信息分析的本质是对专利信息的内容、专利的数量以及变化情况和不同范围内各种数量的比值(如百分比、增长率等)进行研究。对专利文献中包含的各种信息进行定向选择和科学抽象的研究,是情报信息工作和科技工作结合的产物,是一种科学劳动的集合。

专利信息分析的过程是具有增值性质的信息再生产过程。它是通过使用各种定量或定性的分析方法,对大量杂乱、孤立的专利信息进行相互关联性研究,挖掘深藏其中的真相,从而对特定技术做出趋势预测,对竞争对手进行跟踪研究等,最终产生指导国家、行业、企业生产和经营决策的重要情报。

在专利信息分析的过程中,无论采用什么分析方法和技术手段,其目的总是希望对特定的问题做出合乎逻辑的解答。通过分析,将孤立的信息按照不同的聚集度,将它们由普通的信息转化为有价值的专利竞争情报,再根据这些情报从专利这一特殊的视角研究和判断企业或国家在相关产业和技术领域的重点技术及技术发展方向、主要竞争对手的技术组合和技术投资动向,为企业乃至国家制定与总体发展战略相匹配的专利战略提供依据。

2. 专利信息分析的国内外研究现状

在国际上,对于专利信息分析这一领域的理论研究和实践已有多年的历史。一些发达国家将其用于比较、评估不同国家或企业之间的技术创新情况、技术发展现状、跟踪和预测技术发展趋势,并以此作为科技发展政策,尤其是专利战略制定的决策依据。

早期,对专利信息的关注点主要聚焦于专利与研究开发成果、国内生产总值的关系研究,对专利信息与科技活动、经济活动的关系进行了大量的有益探索。自 20 世纪 60 年代开始,国际经济合作与发展组织(Organization for Economic Co-operation and Development,OECD)就开始探究生产率要素与专利质量的内在联系。美国也从 20 世纪 70 年代开始对专利信息加以统计研究。美国专利商标局技术评估及预测处(OTAF)自 1971 年成立起,就一直不惜工本地对专利信息加以统计研究,他们定期出版的 *Technology Assessment and Forecast* 被各个专业部门和企业技术评估和预测部门作为企业专利战略研究的重要参考依据。自 1985 年以来,美国摩根研究与分析协会(Mogee Research & Analysis Association)一直在为美国《财富》杂志中所列的五百强企业提供专利信息研究和分析,其分析报告对企业技术许可、市场竞争、研究与开发管理、专利投资及经济发展提供了很好的帮助。联合国教科文组织发表的《1998 年世界科学报告》中指出,"技术活动可以通过专利局公布的专利予以描述,这里没有把专利看作一种工业手段,而是看作处于知识前沿的技术能力的标志。"

在此背景下,国外学术界也对专利信息与科技活动、经济活动的关系进行了大量的有益探索。1983 年,美国加州大学伯克利分校的保罗·罗默教授提出了生产四要素理论,他认为经济长期增长取决于资本、非技术劳力、人力资本(按接受教育时间的长短衡量)和创新思想(可按专利数量衡量),专利数量是经济活动的衡量指标之一。1990 年,哈佛大学的当代权威专利数据研究专家 Griliches[①] 教授在论文中探讨了专利数据的重要价值和意义,对专利总量的波动与投资增长的关系进行了精辟的分析。

近年来,各国专利机构、行业主管部门、中介服务机构以及专家学者更加重视专利信息的分析利用工作,各主要机构纷纷开始利用经济、专利等相关指标分析某个国家或地区的经

---

① GRILICHES, ZVI. Patent Statistics as Economic Indicators: A Survey, Journal of Economic[J]. Literature, 1990(28): 1661-1707.

济实力。从 1999 年开始,经济合作与发展组织(OECD)每两年发布一次《科学、技术、工业(简称 STI)记分牌》研究报告。该报告主要利用经济数据、专利数据的相关指标分析相关国家或地区的技术创新能力,进而研究相关国家或地区科技政策是否恰当。在 2009 年和 2011 年发布的报告中,还进一步引入了专利密集度、专利申请密集度等与专利相关的若干综合性指标。世界知识产权组织(WIPO)也从 2007 年开始发布《世界知识产权指标》(*World Intellectual Property Indicators*)报告,旨在通过分析各国知识产权局和世界区域范围的知识产权活动特点,摸清各个国家或地区专利活动的趋势,挖掘专利申请数量增长或下降的深层原因。报告显示欧洲各国纷纷制定知识产权开发计划帮助其调节经济危机所遭受的损失。美国专利商标局在 2010 年设立了专门的经济办公室,负责研究美国知识产权制度、政策等对经济的影响,并据此向各管理层提供分析建议。2012 年 3 月,美国经济统计局(Economics and Statistics Administration)和美国专利商标局(United States Patent and Trademark Office)发布《知识产权与美国经济:聚焦产业》(*Intellectual Property and the U. S. Economy:Industries in Focus*)报告[①]。该报告的目的是确定美国经济中知识产权日益增加的活跃领域,同时通过保护专利、商标和版权维护其创新的积极性。

在专利同产业对照关系方面,在 2008 年 6 月由德国弗劳恩霍夫系统与创新研究院[②]为 WIPO 完成的《国家间技术分类对比》[③]报告中,公布了基于第 8 版 IPC 国际专利分类号的 ISI-OST-INPI 专利与技术领域对照表[④]。其中给出了电机工程(Electrical Engineering)、设备(Instruments)、化学及制药(Chemistry,Pharmaceuticals)、制造工程及特殊设备(Process Engineering,Special Equipment)、机械设备(Mechanical Engineering,Machinery)、消费品(Consumption)六大类 35 个技术领域同 IPC 国际专利分类号的对照关系。该对照关系可对应到 IPC 国际专利分类号下的大类和小类,属于比较宽泛的对照,因而引入的不相关专利的数量较多。

与国外相比,由于我国自 1985 年起才正式实施专利制度,人们对专利制度以及专利信息作用的认识需要一个长期过程,对专利分析以及专利战略的运用还处于初期阶段。

2008 年 2 月起,国家知识产权局发展研究中心作为国家知识产权局重点领域重大技术专利分析和预警工作领导小组办公室,具体负责组织实施专利分析和预警工作,取得了一批重要研究成果,为国家和区域经济发展和科技水平的提升,以及重大政策的出台都提供了重要的决策依据。2011 年为进一步将专利分析工作融入经济建设的主战场,研究中心进一步研究将专利、技术、市场、产业相结合的方法和路线,探索专利导航产业和区域发展的系统思路和具体方案。2013 年正式开展了国家专利导航产业发展试验区的 4 个专利导航试点项目。

知识产权发展研究中心紧扣国家和地方经济发展,积极探索专利分析创新方法,着力为

---

① 《知识产权与美国经济:聚焦产业》报告已由国家知识产权局知识产权发展研究中心组织研究人员完成报告全文的翻译。

② Fraunhofer Institute for Systems and Innovation Research,Karlsruhe,Germany.

③ Concept of a Technology Classification for Country Comparisons[OL]. http://www.wipo.int/ipstats/en. 2008. 7

④ ISI-OST-INPI 是三家合作完成 IPC 同技术领域对照公司的简称,其中,ISI 表示德国弗劳恩霍夫系统与创新研究院(Fraunhofer Institute for Systems and Innovation Research,Karlsruhe)、OST 表示加拿大 Observatoire des sciences et des technologies 公司、INPI 表示法国工业产业局。

国家和地方重点产业重大技术的发展保驾护航。目前已逐渐形成以下五大类项目。

（1）重点领域重大技术专利分析和预警项目。站在国家的高度，紧紧围绕与我国经济科技相关的重点领域与重大技术，未雨绸缪、积极主动地为国家、行业、企业决策部门提供决策信息，向相关机构发出预警预报。目前已相继开展了涉及"高端光刻""大飞机""光伏发电""新能源汽车""移动支付""微纳机电制造"等重点产业和重大技术的74个项目。

（2）为我国战略性新兴产业的技术布局规划提供专利分析情报支持。2011年起，发展研究中心组织研究了新一代信息技术产业、生物产业、新能源产业和新能源汽车四大产业的专利技术发展动向研究，形成一批战略性新兴产业专利技术发展动向研究成果。

（3）积极为国家重点专项承担单位寻求研发机遇、规避专利风险提供专利分析研究支撑，形成一批国家重大专项知识产权评议项目成果。

（4）为地方重点产业找准研发方向和产业规划提供专利分析支持，形成一批地方重大经济活动专利分析研究成果，有力支持地方重大经济活动的开展。例如，针对重庆市"云端计划"项目开展专利分析和专利规划研究，开创了专利分析服务园区建设的新思路。

（5）围绕企业需求开展企业专利分析及评议项目，帮助国内龙头企业把握和发现未来研发机会，识别和规避专利风险。2011年开始，发展研究中心启动了专利导航研究工作，为适应当前日益复杂的国际产业竞争环境和国内经济转型所需，在专利依赖度较高、诉讼纷争较多的专利密集型产业内，通过对专利信息的深入挖掘，提炼竞争情报信息，为政府决策、产业规划和企业发展提供有效支撑。

3. 专利信息分析的战略价值

从全球产业竞争形势来看，在当前以美、日、欧发达国家为主导的产业竞争格局下，作为一种新兴生产要素，以专利为突出代表的知识产权在世界范围的产业竞争中发挥着越来越重要的战略性作用。专利不仅能够影响企业的市场行动自由，而且能够影响利润成本构成；不仅能够影响技术研发策略，而且能够影响技术发展路线的选择；不仅能够影响产业的竞争与合作态势，而且能够影响产业生态系统的构成；不胜枚举。可以说，专利已经深深渗透到当今产业竞争的方方面面，就其在产业竞争中发挥的刚性钳制作用而言，专利已经成为影响甚至决定产业竞争成败的关键。

最近30年来，我国经济持续快速发展，迅速成为世界第二大经济体。与此同时，我国专利事业也经历了从起步到快速发展的过程，2011年度，我国的专利申请量位居世界第一。这一辉煌成就为世界所瞩目。但是，应当清醒地看到，专利仍然尚未全面、系统、有机地融入我国各个产业的机体，专利对我国经济发展的影响和作用还需加强。在这种背景下，显著增强专利对我国经济和产业发展的积极影响和作用势在必行，时不我待。

人们常常利用专利指标作为科学技术指标来分析和比较不同国家之间的技术创新情况，评估技术发展现状，跟踪和预测技术发展趋势，那么，为什么专利指标可以作为一种"尺度"来对这些问题进行"描述"呢？通过对专利与创新以及研发之间关系的研究所得到的结论或许可以对这些问题做出较为理想的解答。

众所周知，科技的变化和创新是生产力和竞争力的重要因素，对于这一问题的讨论已经成为大多数工业化国家经济分析的中心议题。但是，一个重要问题在于如何以定量的方法和定性方法来描述科技活动。近年来，市场、人的创新技能以及创新模式等其他因素对创新活动的影响在逐渐增加，但是在创新过程中，科技活动是决定性的，了解创新无疑预示着对科技活动的了解。

通常,科技活动只能间接地使用投入、产出或影响因素指标进行测度。而在理论和实践中,确定科技活动的结果远比记录其资源更困难。科技活动的结果和新产品、新工艺在市场上取得成功的可能性,都不能用通常科学概念上的测量变量来测度。因此,OECD 最近建议将投入、产出或影响因素指标定义为科技资源、科技结果和影响因素指标。解决的办法是采用一种替代的指标而不是直接测度。在这种背景下专利指标通常被用来测度科技活动产出的替代变量。

那么专利为什么可以被用作科技活动产出的替代变量呢?

一是专利的作用贯穿于科技活动的整个阶段。创新的线性模式显示了这样的规律,即新技术的发展将遵循一个清晰的时间次序,起源于研究,经历新产品发展阶段,直至到达产业化和商品化,如图 1-1 所示。专利不能被限制在一个单独的创新阶段,它几乎贯穿于科技活动的整个生命周期。

二是作为技术创新的风向标,专利指标的可信度已经被许多调查所证明。这些调查显示:大部分发明被申请了专利,并且大部分专利是伴随着经济用途而产生的;无论是小企业或大公司,专利都能较好地反映它们的工程制造部门或技术开发部门的发明和创新活动;各国专利法要求专利申请必须显示其潜在的工业应用,可以说发明创造时常发生在工业化和工程设计过程中,而且取得专利权的过程中需要付出高额的成本。这也从另一侧面揭示出申请专利的企业或个人都期望其工业创新活动有较高的投资回报。

三是专利活动与研发活动紧密联系还表现为两者均描绘了发明创新过程的重要方面。不同国家、地区和企业的研发分布状态与专利申请的状况在很大程度上趋于一致;专利是应用导向型研发(应用研究和实验过程,有时也包括导向型的基础研究)的典型结果(或称为产出)。然而,关于研发的数据常常不易获得,而专利作为公开的信息源可以提供有关企业或个人创新活动的详细信息。由于专利数据统一规范的特征使得专利指标具有离散度小的特点,也使得专利指标比研发支出或贸易和产品统计有更好的作用。

虽然专利与创新以及研发之间具有密切的关联,这种关联却深深地隐藏在专利信息的宝库中。专利信息分析则是面对大量杂乱的专利信息,使用各种分析方法,探寻、研究专利信息之间的相互关联性,将已经或将要发生的客观事实以科学的手段展现在面前。它的作用在于提供对发明创造过程的清晰认识,它可以在宏观或微观的不同层面反映国家或企业的发明创新活动以及研发产出、知识产权的拥有量、技术发展水平及其在国际技术与经济竞争中的地位。

借助于专利信息分析,可以把握相关产业和技术领域的整体状况及其发展趋势、行业技术创新热点及专利保护特征,了解相关产业和技术领域企业或国家的技术活动及战略布局,同时可以为国家制定产业政策提供依据,也可以为企业的决策者把握特定技术的开发、投资方向以及制定企业专利战略等方面提供论证;了解竞争对手在不同地域或国家的市场经营活动、竞争企业间的技术合作、技术许可动向,预测新产品、新技术的推出、市场普及情况以及相关国家的市场规模等。

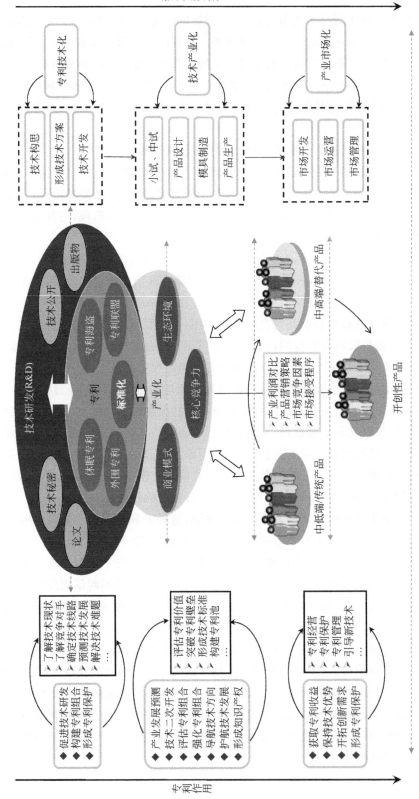

图 1-1 "技术-专利-产业-市场"在创新过程中的作用点和流程

应当注意的是,虽然专利反映了整个创新过程的重要部分,但是它们不应该被孤立地使用。科技,甚至研发,仅仅是创新中的一个因素,专利仅反映了创新活动的一个重要方面。一件专利不可能描述发明的所有细节,也不能完全衡量发明人的财力投入以及专利权人的组织机构的情况,但这些信息如同它的根本效用和市场一样,是不可或缺的。众所周知,专利保护不是创新技术在市场上取得成功的唯一途径。这就是说,虽然涉及专利申请的技术创新范围是相当广泛的,但是专利没有覆盖发明创新活动的所有领域,所以在专利信息分析过程中应当科学、合理地运用专利指标对科技活动进行诠释,同时专利指标应当与其他科学技术指标综合使用。

1.1.2 专利技术层次的划分

研究专利技术层次①的划分有助于了解技术特征,从而选择有效的分析方法。通常,将专利技术划分为基础技术、改进技术和组合技术。

1. 划分技术层次的意义

在研究专利信息分析之前,有必要对专利技术的种类加以分析。我国《专利法》第二条规定,可授予专利权的发明创造包括发明、实用新型和外观设计 3 种类型。

3 种专利类型所反映的专利技术层次是不同的。一般来说,发明专利是指对产品、方法或者其改进提出的新技术方案,由于其需要经历较为严苛的实质审查程序,从而具有技术含量高、申请成本高、审批周期长等特点。实用新型专利是指对产品的形状、构造或者其结合所提出的适于实用的新技术方案,由于仅需通过初步的审查程序,因此一般认为其技术含量稍低一些。而外观设计专利是指对产品的形状、图案或者其结合以及色彩与形状、图案的结合所做出的富有美感并适于工业应用的新设计,相对于发明专利和实用新型专利而言,其并不反映技术构成。也就是说,由于外观设计专利保护的是新设计,而非新技术,所以从严格意义上说并不是专利技术而是专利设计。但是,大家通常所说的有宽泛外延的"专利技术"一词常将发明专利、实用新型专利和外观设计专利都包括在内。

由此,人们还常常根据专利技术在发明创造活动中不同的产生阶段及其在发明创造活动中的不同地位(核心专利技术、辅助专利技术、应用专利技术和相关专利技术等)将专利技术划分为不同的技术层次,通常可以被分为基础技术、改进技术和组合技术。

从创新理论上来看,人们普遍认为,技术进步派生出对基础知识扩张的需求,知识和技术的存量制约了人们的活动。因而创新是建立在人们原有的基础知识存量之上的。基础发明构成了创新技术的基础,在此基础之上的大量相关改进发明构成了技术簇,而面向已有创新技术的组合发明则最大限度地发挥了基础发明与改进发明的潜力②。创新理论的先驱熊彼特认为:"一般来说,创新不是孤立的事件,而是集群的。它是由某项创新所含的技术引

---

① 技术层次(Technical Level),是指将某项技术以及与其相关联的科学技术按照一定的次序划定的等级,例如基础技术层、支撑技术层、主体技术层和应用技术层 4 个基本的层次。技术含量(Technologies Involved)指产品增加值的形成过程中由于技术的使用所带来的增加值的增量。如果将技术当作一种生产要素的话,产品的技术含量也可以理解为产品增加值的分配中技术这一要素所获得的报酬,多用来指含有技术的多少,也可理解为技术水平,一般来说含有高难度、高水平的技术成分或技术因素越多,就认为越有技术含量。

② 杨武.技术创新产权[M].北京:清华大学出版社,1999.

发或促成的一系列相关创新的集合构成的。"[①]

从专利现象上看,技术创新的集群现象也常常表现为围绕某项基础发明而进行的多次改进及组合。从技术发展的过程看,基于自然科学领域重大技术突破的基础发明,其早期的专利中要求保护的范围往往比较窄,但是随着这一新技术的不断深入并被更多的人掌握,建立在这一技术基础上的创造性工作的难度会越来越大,除非在基础手段和方法上有重大的突破或创新,否则未来这个领域的许多发明都将以改进专利技术或组合专利技术的面貌出现。

2. 基础技术

基础技术主要是指在技术上对新的科学原理的发明和发现。从技术创新角度来说,能够产生基础技术的创新活动成果是基础性的,往往是一种全新的技术思想,开辟了一个全新的技术领域和技术方向。基础技术在特性、属性以及用途等方面与现有技术相比完全不同。处于基础技术阶段的发明常常具有广阔的、全新的应用前景。从引文理论角度看,处于这一阶段的专利文献具有较高的被引用率,其后围绕该专利技术的专利数量和专利申请人数量都会逐步增加。基础技术的持有者应当通过法律程序规定的手续申请专利,获得专利权,从而达到保护自主知识产权和制约竞争对手发展的目的。

3. 改进技术

改进技术是指在对现有技术进行分析研究的基础上,找出现有技术的不足与缺陷,并对其进行实质性改进,使改进后的新技术比现有技术具有显著的新颖性、创造性和实用性。从技术创新的角度看,改进技术并没有创造出全新的方法或产品,而只是对现有技术进行改造,使其产生新的特性或新的局部质变。在基础技术产生后,围绕着基础技术将产生无数的方法和产品的改进,它们数量巨大,甚至具有更大的经济价值和技术进步作用。可以说改进技术是技术创新的重要组成部分。从引文角度讲,处于改进阶段的技术往往会引用某一基础技术,并围绕该基础技术形成大量的改进技术。如果改进技术及时申请专利,则有利于形成网状保护,扩大市场占有率。同时,如果大量的改进技术被竞争对手掌握,则会制约基础技术的应用。

4. 组合技术

组合技术是指在对现有技术进行研究的基础上,选择相同或相近技术领域现有技术的不同特征进行组合,以形成具有新性能的新技术,并具有显著的技术优点。组合技术表现形式众多,一方面,可以开辟一个全新的技术领域,即提出一个全新的技术方案,如激光的发明在医学、航天等方面的应用所产生的新领域;另一方面,可以是技术要素的组合产生新的性能和技术优点,也可以是同现有技术相比,仅仅是技术要素关系的改进与变更,例如大小、形状、比例或物质分子的改变,但是产生了突出的技术效果;还可以是组合技术产生新的用途,通过技术要素的组合和技术要素的改进或变更,将已知的产品或方法用到新的技术领域,以完成非同寻常的功能。从引文角度来看,随着技术的改进和不断完善,组合技术间的联系更加紧密,引用更加频繁。

专利技术的上述 3 个层次往往是随着发明创造的发展阶段而逐步依次产生的。发明创

---

① DEBRESSON C. Breeding Innovation Clusters: A Source of Dynamic Development[J]. World Development, 1989(17): 1-16.

造早期所产出的一项基础性专利的价值虽然很高,但是它的内容必须不断发展以适应实际需求,并由此派生出一系列的新技术,才能使该技术的质量、性能等不断改进,在持续开展发明创造活动的同时在该基础性专利周围构成网状的改进专利,保护自主基础技术的知识产权或削弱竞争对手基础技术所具有的知识产权权利。

综上所述,确定专利技术的层次有利于对自主创新技术的正确定位和正确判断竞争对手技术定位。目前确定专利技术层次的方法主要有引文分析、专利申请量、专利申请人范围分析等方法。

1.2 专利信息分析应用

本节将论述专利信息分析的应用,并对专利信息分析的影响因素进行探讨。

1.2.1 专利信息分析的应用范围

从专利信息的内在特征上看,专利信息分析的核心是对专利技术的现状、发展等问题的研究。从其利用特征上看,专利信息分析在不断向经济、社会的各方面进行扩展和延伸,因此它的应用领域非常广泛。从利用专利情报构造竞争优势的角度出发,专利分析的应用可以具体体现在以下几个方面。

1. 技术分析

技术分析包括产业技术发展趋势分析、技术分布分析和核心技术的挖掘。它主要关注的是相关产业和技术领域的领先者和竞争对手的专利研发活动和研发能力,行业的技术创新热点,以及专利保护特征;探索企业或国家在相关产业和技术领域中的技术活动及战略布局。通过分析,为国家制定产业政策提供依据,为决策者把握特定技术的开发、投资方向,制定专利战略等活动提供论证。

1) 产业技术发展趋势分析

申请专利最主要的原因就是为了获得相关领域的竞争保护。因此,专利申请的数量在一定程度上反映了一个国家、地区、部门或企业在科技活动中所处的竞争地位。同时,专利申请的数量按照地理分布或时间分布的聚集可以反映出国家或企业研发活动的规模,有助于分析专利活动历史,追踪科技趋势。

2) 技术分布分析

专利常常按一种特定的技术类目(如国际专利分类法)进行分类,所以常被用于研究国家的专利活动强势领域或企业的技术分布领域。技术分布揭示了国家或企业对特定技术领域的投入和关注程度,对辨别它们的研发与创新方向以及技术发展的总体趋势有显著的作用。此外,就企业而言,技术分布还显现了企业的技术轮廓和市场竞争策略,可用于研究企业的创新战略、技术多样性以及在不同领域的技术活动组合,分析相关产业或技术领域的领先者及竞争对手的专利研发活动和研发能力、行业技术创新热点及专利保护特征,从中辨识出有关合作伙伴、收购方、协作方以及战略联盟等方面的相关情报。

3) 核心专利分析

专利说明书中包含的发明创造背景知识一般会参考具有相同发明目的的在先专利的发明创造内容。同样,当专利审查员审查专利文件时,常常会将审查的专利与主题相近的在先公开的专利相比较,这些被引用的专利常常被列在公开的专利说明书的扉页上。基于这样的事实,通过研究一件专利的被引用数,可以识别这是孤立的专利(这些专利很少被后面的专利申请所引用)还是活跃的专利。一件专利如果比同时期的专利更加频繁地被其他专利引用,则该专利可以被看成是一件有较大影响力的专利,或是具有较高的价值。通过引文分析,可以了解专利之间的关系,了解围绕着变化的技术领域形成的网状专利保护轨迹,揭示出基本专利以及技术交叉点的专利趋势和新的技术空白点。

2. 经营环境分析

经营环境分析包括经济价值分析、市场分析、合作伙伴分析和发明人分析等。它主要关注的是竞争对手在不同国家或地域的竞争策略、市场经营活动,以及竞争企业间的技术合作和技术许可动向等内容。通过分析,可以为企业找寻合适的战略合作伙伴、技术开发人才,预测新产品、新技术的推出时的市场普及情况和相关国家的市场规模,等等。

1) 经济价值分析

一件专利只有在其申请的国家被授权才能获得保护,为此申请人要支付申请费用以及获得专利权后需要支付的包括专利年费、专利维持费在内的相关费用。如果一项发明在多个国家申请专利,则所需费用会很大,这样就有理由相信,如果一项发明创造在众多国家寻求保护,则该发明创造应该有较高的商业收益。专利的商业潜力或经济价值可以按其专利申请的国家数或专利族信息进行统计研究。

2) 目标市场分析

专利族信息可以用来研究一个企业的专利申请模式,即在过去某段时间内企业寻求专利保护的国家。研究这些模式,分析人员可以确认企业寻求商业利益的市场趋向。对一个企业过去一段时间内国内外专利申请的分析,可以揭示出该项发明创造的市场利益的地理分布图。

3) 合作伙伴分析

一件专利可能有一个以上的专利权人,也就是通常所说的共同专利权人,分析这种数据就可以确立企业联盟、合伙人和不同领域中的合作者。

4) 发明人分析

一个好的竞争情报战略研究应包括对技术领域发明创新最活跃的发明人的研究,发明人发生变化的最新情况。某一特定技术领域研究人员数量的增减,一方面反映了相关领域的技术热点以及技术热点变化,另一方面也反映了相关技术人力资源的分布状况。

3. 权利分析

权利分析重点在于专利的三性分析和专利侵权分析等。专利的三性分析和专利侵权分析共同点在于对专利权利要求本身的解读和分析。

专利的三性分析主要是指通过定性分析,判断创新技术与相关技术相比是否具备了专利法规定的新颖性、创造性和实用性。它常常运用于对企业自主发明创造的专利性进行判断,对于突破竞争对手的专利壁垒或构筑企业自身的专利保护圈有着极为重要的价值,同时为企业专利战略的确定和经营活动的选择提供了有益的导向。

专利侵权分析侧重于对已经或可能发生的专利侵权行为进行判定。专利侵权行为一方面是指企业对他人的侵权行为,另一方面则是指他人对企业的侵权行为。因此,通过专利侵权分析,可以对已经或可能发生的专利侵权行为做出恰当的评估,为规避(或警告)、索赔(或赔偿)、诉讼以及结盟等策略提供建设性的意见或建议。

1.2.2　专利信息分析的种类

根据项目立项的需求和目的的不同,分析目标也有所不同。一般有以下几种分析目标[①]。

1. 重大专项知识产权风险分析

这种类型的分析目标主要针对有国有资产参与的重大项目或是涉及与国家经济命脉相关的重点技术领域。对此类重大专项进行知识产权风险分析,目的在于确认项目在技术实施上的可行性,是否具备自主知识产权,同时判断是否存在潜在的知识产权隐患,为项目的顺利实施提供准确及时的知识产权建议。

重大专项知识产权风险分析的主要工作内容应当包括重大专项相关技术领域的重点技术分支研究,专利态势与竞争格局分析,重大专项的知识产权现状分析,国外主要竞争对手在我国的专利布局,重大专项中知识产权风险等级的判定等。

2. 行业专利现状分析

这种类型的分析主要是从行业角度出发,针对与某一行业的相关技术进行深入的专利分析。对此类行业进行专利现状分析的目的在于摸清国内外同行的技术发展状况,理清与竞争对手的优势或差距,根据我国的实际情况,为行业内技术的顺利实施提供强有力的专利策略或专利布局建议。

行业专利现状分析的主要内容应当包括技术生命周期分析、重点专利技术分析、技术发展趋势分析、主要竞争对手研究、专利区域分布研究和主要研发团队分析等。

3. 技术标准方案的专利分析

这种类型的分析要是与技术标准的形成和确立相关。对此类技术标准的方案进行专利分析,目的在于通过对国内外相关标准的解析和比较,增加我国具有自主知识产权的技术标准参与国际竞争的机会,为协助其最终成为国际标准提供具有建设性的分析结论。

其主要内容包括标准解析[②]、研究与标准中技术内容相关的专利并判定标准中包含的必要专利。

4. 公司专利布局分析

这种类型的分析主要是针对与研究对象有竞争关系的国外公司来进行的。对此类国外公司进行专利布局分析,目的在于帮助我国企业或行业规避来自国外公司的技术威胁,确认技术发展趋势,协助企业或行业占领国外公司的技术盲区,为建立具有自主知识产权的技术体系提供专利布局方面的支持。

公司专利布局分析主要内容包括确定国外公司中的主要竞争对手,了解竞争对手的技术特征和发展趋势,明确竞争对手的技术占领区域、竞争区域、有机会合作区域等。

5. 特定技术领域专利分析

这种类型的分析主要是针对一些特殊的技术领域进行的专利分析。对此类特殊的技术领域进行专利分析,目的在于确定该领域的技术发展趋势,有哪些构成核心技术,是否具有

[①]　由于项目需求有重叠,下述分析目标的内容会有所交叉。

[②]　由于本课题组对"标准"有关内容研究不多,经验较少,"技术标准解析方法"尚待进一步进行专题研究。

技术空白点,以及是否有国内企业或行业进入的机会等问题进行分析,从而为国内企业或行业在该领域的专利布局提供政策性的建议。

特定技术领域的专利分析主要内容包括特定技术领域的专利现状、技术发展路线图、核心技术、空白技术点、主要竞争者、研发团队分析等。

6. 其他分析目标

除上述分析目标以外还有其他特定需求,例如专利授权的前景判定、重点企业并购中的知识产权问题研究等。可根据项目分析目标,选择本书相关章节中的专利分析模块自由组合,也可在此基础上根据实际需要自行增加新的分析模块。

1.2.3 专利信息分析的影响因素

专利信息分析是一项涉及面广、专业性强的工作,对分析结果产生的影响因素来自法律制度、专利分类、统计办法、经济因素等各个方面,错综复杂。在工作中,分析人员应当尽可能地克服这些因素,以获得准确、客观的专利信息分析结果。

1. 专利制度差异的影响

世界上大多数国家都有自己的专利制度,但是各国的专利制度却不尽相同。专利制度的差异造成了诸如专利类型不同这样的问题。有些国家的专利类型中只有发明专利和外观专利,而有些国家的专利类型包括发明、实用新型和外观设计专利,这就给分析数据的选择带来了困惑。为了消除这种因专利制度不同而对分析产生的影响,国际上通行的做法是采用发明专利数据。

2. 专利分类的影响

由于《国际专利分类表》的修订总是难以覆盖迅速发展的科技领域,有些新技术常常无法归入预先建立的专利分类类目之内。同时,受《国际专利分类表》修订的影响,处于不同时期但却属于相同技术领域的专利申请有时会拥有不同的国际专利分类号。因此,专利分类往往也会成为影响专利分析的一个因素。

3. 专利申请局限性的影响

通常,申请专利是对发明创造寻求法律保护的常用手段。然而,技术持有者是否提出专利申请往往要从具体的技术和市场策略出发,进行全盘考虑。之所以这样说,是因为有些技术领域采用申请专利的手段对发明创造的保护较为有效,而有些则不然。例如,在信息技术领域,技术发展非常迅捷,而专利申请的批准过程较为缓慢,专利申请的批准周期可能赶不上技术进步的步伐。因此,部分技术持有者可能通过其他手段维护自己的发明秘密而非寻求专利保护。在进行专利信息分析时,这种局限性往往会对有些专利活动分析结果产生影响。

4. 专利信息计数方法的影响

专利信息计数是专利信息统计分析的重要组成部分,如何计数将直接影响分析的结果,明确计数的基本规则是进行专利分析的前提。例如,一件专利申请中有多个专利申请人或多个国际专利分类号,在这种情况下,如何进行申请人或分类号计数呢?通常,分析人员会让这些共同申请人或分类号共享这件专利申请,这就意味着无论是主分类或者副分类,所有的共同申请人均享有同样的权重。换句话说,就是采用分数计数方法。有时,也有一些分析人员在加工专利信息时,只采集位于首位的申请人或分类号(主分类号)。因为在他们看来,第一个专利分类号为主分类号,不应与其他副分类号有相同的情报价值。同样,第一位申请人也应该具有更高的研究价值。这种计量方法的差异会对分析结果产生一定的影响。通常,倾向于采用分数计数方法。

5. 本国优势的影响

本国优势会对国家或企业的专利活动描述有较大的影响。所谓本国优势是指在通常情况下,专利申请人会更多地在本国国内申请专利,造成了本国专利申请在该国专利申请总量中占有优势地位的现象。本国优势的程度可以通过比较本国专利制度下的专利活动和外国专利制度下的专利活动进行评估。在把两个国家或不同国家的公司的专利活动进行对比时,可以在一个第三方市场中进行。例如,欧洲各国间的专利活动可以通过采集美国专利商标局的专利数据进行比较,也可以将世界上主要的专利局(例如 USPTO、EPO、JPO)的专利数据进行组合,对两个国家(或不同国家的企业)的专利活动进行对比。因此,用特定国家或组织的专利体系对不同国家的专利活动进行比较,将使专利信息分析的结果更为客观。

6. 著录项目变更的影响

在进行专利信息分析时,应该密切关注"著录项目"的变更信息,及时对"著录项目"进行"清洗处理"。例如,专利权人为公司时,应当保证公司名称的统一规范,同时注意公司间的关联(如母公司与子公司)、公司名称的更名、专利权人的变更(如转让)等信息。对信息变化的敏感关注,同时对"著录项目"适度的"清洗处理",才能有效地保证统计数据的准确,显现专利分析的意义。

除了上面列举的因素以外,分析人员的自身素质、职业道德、主观判断以及专利检索数据库的质量等其他因素也会对信息分析的结果产生影响。在这里,不可能一一列举,也不可能提出一个完整的解决方案,而是有待广大从业人员在专利分析领域的工作实践中不断探索和研究。

1.3　专利在科研中的角色

专利及专利蕴含的信息的一项重要功能是实现知识资源的优化配置。通过资源的优化配置达到资源的有效利用。专利及专利信息的利用,使科研机构和企业能够充分利用科技创新资源,对实现发展目标具有重要意义。在研究立项阶段,利用专利信息,不仅可避免重复立项,而且能提高科技创新的针对性,提高科技创新投入的科学性,更有利于在战略高度布局有价值的专利。在研究开发阶段,可以避免重复研究,少走弯路,及时掌握同行或竞争对手的创新情况,不仅可以避免同质竞争,而且可以开拓新的技术路线。在科技成果推广应用阶段,受专利保护的科技创新成果可以通过各种载体向社会发布,以多种运用形式促进发明创造成果应用,转化为现实生产力。

1.3.1　科研决策的指挥员

科研决策过程需要多方面综合考虑生产和技术相关的内外因素,对内部的研发资源和外部的技术发展环境比较依赖,由于技术信息、法律信息和权利信息等为基础的专利信息具有客观性、真实性、关联性方面的优势,使得专利分析可以在外部宏观环境研判、内部条件评估、技术壁垒和风险评估等方面对科研决策的过程提供有效的信息支撑。

目前,专利情报分析与利用已经贯穿企业生产经营决策全过程。通过专利分析进行战略情报研究,可以从专利角度对战略规划的制定提供技术水平和市场状况等决策辅助信息,提升企业研发、生产、销售、并购的决策水平。结合专利分析的成果对企业的专利规划进行完善,从内容、方式和方法上帮助企业形成自我循环发展的专利管理和运用能力,并以此为切入点,逐渐对企业在技术规划、产业和市场规划方面进行指导,促使企业有序、高效地开展技术储备和专利布局,有效运用专利作为市场竞争武器,获得市场优势地位,协助企业在产业生态系统中构筑相应的专利生态系统,从而使专利成为企业商业战略中重要的组成部分,成为实现企业核心价值的重要工具。

专利分析对多种类型的决策都具有重要的支撑作用,包括项目规划、技术创新、产品定位、技术交易和兼并收购等方面,有些是主要针对科研机构,有些则主要适用于企业。

1. 支撑项目规划决策

科研项目的立项需要进行前期调研和选题,只有对项目所在领域的技术状况和应用前景进行综合分析,才能确定开展项目研究的技术领域,进行项目立项。

1) 确立选题方向

基于专利分析,科研单位可以发掘技术发展的热点、增长点、空白点,以及各类技术的成熟性、垄断情况、风险分布、应用领域、应用对象、应用范围和配套支撑技术的发展等状况。图 1-2 是有机硅行业硅橡胶产品在各个应用领域以及相关性能的专利申请分布,通过分布图可以清楚地了解产品的这些应用领域以及主要应用领域关注的性能特性,对于确定硅橡胶产品技术研发的立项方向具有重要的指导意义。

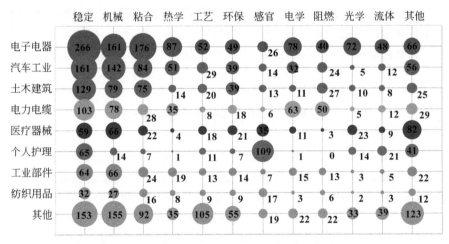

图 1-2　硅橡胶应用领域重点关注的性能及分布

基于专利分析,可以帮助发现技术的演进脉络,包括技术发展的源头,技术发展的历程,技术发展的关键结点,不同路线的竞争促进和替代关系,以及技术发展的可能趋势,等等。此外,通过专利分析可以比对各类技术的效果优劣、支持者的多寡、技术开发的门槛和关键改进,以及具体生产、应用等环节的各类手段和相应功效,揭示领域内专利的布局状况,为科研创新成果的后期应用规避风险。

目前正在面向科技重大项目推广的知识产权评议机制,主要就是利用专利信息辅助科研项目进行立项决策。根据这些分析结果,科研单位或企业可以科学地选择出若干技术开发风险适中、技术门槛适中、具有发展潜力、成长性良好、产业影响力较强、市场应用前景广阔、技术侵权和被模仿风险可控的技术领域作为考虑的发展方向。甲基单体是有机硅产业的重要原料,图 1-3 是对甲基单体的直接法制备技术相关的重要专利进行分析后形成的

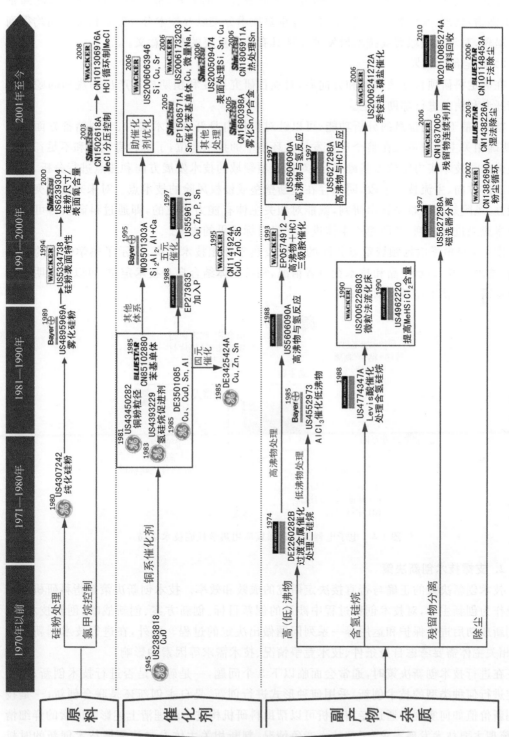

图 1-3 有机硅单体直接法制备技术的发展路线图

技术发展路线图。图 1-3 中,甲基单体直接法制备技术的原料、催化剂(助催化剂)、高沸物(或低沸物)处理、残留物分离、粉尘去除等重要技术分支以及技术分支热点研究方向均得到清楚呈现,对于该领域后续技术研发的立项具有非常重要的参考意义。

2)确定预期成果

在确定科研项目立项领域和方向后,对项目研究进度和预期成果产出的规划问题也可以依托专利信息进行辅助确定。

首先,基于专利信息的分析功能,可以针对机构自身开展技术实力、专利储备方面的评估,明确相关主体或单位在整个产业发展大环境下的技术地位,了解自身优势和不足;其次,以主体自身技术实力定位为基础,结合对拟立项领域的技术发展方向和热点进行分析,了解产品改进方向、主流技术手段,明确存在垄断壁垒或侵权风险的技术点。对未来技术突破的可能性、风险规避的难易做出研判,就能对相关主体有能力突破的,即通过科研项目可获得的技术成果进行预判,帮助相关主体进行项目目标成果的决策。

图 1-4 是电子电器领域重点关注的硅橡胶热学性能技术状况,揭示了热学性能的改进方向、技术手段、热点产品和技术竞争者情况,相关主体结合自身技术定位,可以比较明确地确定科研项目技术创新的预期成果。

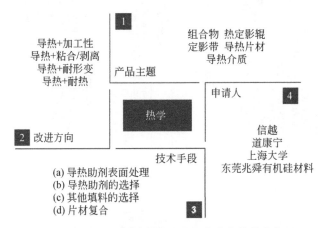

图 1-4 电子电器领域硅橡胶应用热学性能技术格局

2. 支撑技术创新决策

技术创新决策的正确与否直接决定研究的成败和效率。技术创新决策是指科研机构或企业作为创新主体,对技术创新过程中涉及的创新目标、创新方案、创新战略、创新技术,以及创新成功后进行保护和运用等一系列问题做出决定的过程。此外,在进行技术创新决策时,相关主体需要考虑自身条件、技术竞争情况、技术需求等因素的影响。

在进行技术创新决策时,通常会面临以下 3 个问题,一是确定是否进行技术创新;二是确定进行何种类型的技术创新,采用何种形式进行创新,是自主创新还是联合创新;三是技术创新价值如何实现。通过专利分析可以帮助科研机构进一步理清上述影响因素的详细情况,梳理主要技术发展需求,了解技术竞争情况,判断相关主体参与该领域技术创新的时机和切入点,帮助相关主体更为科学地制定技术创新决策。这些问题都可以通过专利分析获取专利信息得以有效解决。

1）是否创新

专利申请态势（趋势）是对本领域各阶段技术发展的情况进行分析后获得的该领域的发展态势，可以据此判断该领域的技术成熟度和行业发展前景，帮助确定是否进行技术创新。

2）创新形式

在确定采取何种形式的技术创新时，有多种专利分析手段可以实现对决策的支持。技术的生命周期是描述一项技术被使用的全过程，即从基础科学或应用科学中诞生，并将之应用于产品开发与设计上，再到该项产品被导入市场，直至该项产品退出整个市场的一段时间。在技术生命周期的不同阶段需要相应采取不同的技术创新策略。例如，在技术导入期，需要进行原始性创新，将有限的资源优先配置于核心技术的研究；在技术成长期，具有优势的科研机构或企业可以自主研发新的市场需求技术，开拓新的技术方向。技术创新能力中等的科研机构可以采用模仿创新战略；对于实力较弱的科研机构或企业来说，可以进一步选择跟随创新战略。

通过分析专利情报，可以掌握主体本身在技术上是处于领先还是落后地位，以及相差的距离。通过进一步研究，可以帮助相关主体发掘借鉴的技术手段，可吸纳的优质研发资源，发现具备互补优势、有合作潜力的合作伙伴，延伸技术应用领域的协作对象，在产业链的不同环节发展、形成有力支撑的战略同盟，等等。

3）价值实现

通过某领域的专利技术功效矩阵图，可以方便地确定专利密集区和空白区。专利的密集区（雷区）由于技术可行性高，所以才会有许多专利，因此适宜进行渐进性技术创新，有可能经过进一步评估找出设计回避的空间。同样地，专利空白区也并不代表新的机会，需要进一步评估其技术可行性及市场需求，才能决定是否进行该领域的研发，是否进行突破性技术创新，迅速拥有知识产权。有些空白区本身不具备技术可行性，有的可行难度较高，所以才一直保持空白。制作技术功效矩阵图的主要目的是在深入了解本领域技术发展和竞争对手的基础上，确定自己的技术创新策略。

基于专利分析，可以帮助相关主体了解在该领域的专利价值分布、专利运用状况，并评估相关主体自身专利的价值高低，帮助相关主体了解其他创新主体的发展模式、发展历程和专利运用策略，从而确立技术创新价值的实现方式。

3. 支撑产品定位决策

在产品定位过程中，需要对自身产品和竞争对手的产品进行全面分析，以了解各自产品的区别和特性，并以此作为差异化定位的依据。同时，消费者对产品的价值需求决定了产品定位的成功与否，因此消费者的需求导向或者技术趋势也是必须了解的信息。表 1-1 所示的专利分析可以提供产品技术信息，预测技术走向，为产品定位提供了多方面的情报。

表 1-1　专利分析支持产品决策的过程

信 息 需 求	专利分析手段
自身产品特点	产品应用领域分析、核心技术分析、技术垄断度分析
竞争产品特点	竞争对手产品技术分析
产品导向	技术发展趋势、技术发展热点分析

1）揭示自身产品特点

专利分析通过对产品相关专利的研究,可以明确产品包含的主要技术要素、制备的工艺环节以及主要的应用方向。在此基础上,可以进一步判断产品的关键技术要素和关键工艺环节。结合本领域相关产品的专利分析,可以将自身产品与市场已有产品进行对比,确定产品的技术含量以及产品的先进性,为产品的层次定位提供依据。此外,若本产品具有明显的先进性,则可进一步确认本产品的相关技术是否属于稀有技术,是否尚未被其他竞争者了解,未来是否容易被其他竞争者突破等方面的问题,并可以以此确定产品的独创性,以此作为定位参考。

2）揭示竞争产品特点

对竞争对手的产品进行分析,确定自身产品的差异程度是产品定位的重要考虑因素。通过专利分析,可以了解竞争对手的产品包含的技术要素和制备工艺等方面技术信息,以及技术的先进程度,从而为企业进行对比提供依据。对竞争产品特点的具体分析维度可参考自身产品特点的分析。

3）确定产品导向

消费者对产品的需求左右着产品的定位。专利分析通过对产品所处领域的技术分析可以得到产品的导向性信息;通过对产品涉及的相关细分技术领域中专利申请量、申请趋势的分析,可以确定细分技术领域的发展趋势和发展热点;通过关注新出现的技术热点,可以确定产品的升级方向。

4. 支撑技术交易决策

由于技术交易中买卖双方掌握的信息具有不对称性,交易对象具有不确定性,所以决策过程对信息的需求更加迫切。在技术交易的决策过程中,需要考虑众多的因素,如表1-2所示。从技术角度看,决策的过程需要包括信息收集、技术筛选匹配、技术评估和风险评价4个环节。通过对包含技术、法律和市场等综合信息的专利数据进行深入挖掘和分析,能够为企业技术交易提供全方位的信息支持,深度支撑技术交易的决策。

表1-2 专利分析支持技术交易决策过程

交 易 过 程	专利分析手段
信息收集	企业技术实力评估、行业技术趋势分析、技术需求分析、专利检索分析
技术筛选匹配	技术路线分析、技术方案分析、企业技术链分析
技术价值评估	技术生命周期分析、专利有效性分析、专利布局区域分析、在先权利调查、技术可替代性分析
风险分析	政策风险分析、专利侵权分析、市场风险分析

1）支持信息收集

在技术交易的信息收集环节,专利分析通过评估技术持有者的实力、专利检索分析、专利趋势分析等方式提供信息支持。评估技术持有者的实力是从行业技术链的角度对技术持有者专利技术的分布状况、技术实力水平进行分析评价。

在技术持有者技术评价的基础上,专利趋势分析可进一步提供行业技术走势,技术热点变化等信息,从而为技术持有者确定具备交易潜力的优势技术,帮助技术需求者明确自身技术需求。

专利检索分析是通过对专利数据库的检索,为技术需求者提供相关技术领域的技术现状、核心技术及其技术持有者的情况等信息,为技术持有者提供拟交易技术在相关领域的需求情况,确定潜在交易对象。

2) 支持技术筛选匹配

在技术需求者确定了自身的需求后,往往面临的是不同类型的技术选择,即使面对的是同一类型的技术,也会面临相似技术数量众多,较难甄别技术的优劣等问题。在进行专利分析时,针对不同类型的技术,可以通过分析、评价技术路线,比较各自的优势和劣势;对同一类型中相似的技术,可以通过分析解决技术问题的具体手段,评价技术的先进性。通过两个层面的专利分析,可以缩小技术筛选范围,还可以从产业技术链的角度比较自身技术体系与需求技术的配套性,确定技术的匹配程度。

3) 支撑技术评估

技术定价是技术交易过程中的重要工作,关系着交易的成交与否。技术的寿命是决定技术价值的基本要素,技术寿命由行业的整体发展状况和技术更新换代情况来决定,由市场更新周期来体现。通过专利分析,可以判断目标技术是否为产业共性技术,技术是否较成熟,是否可以在多领域应用等,从而推断出目标技术的寿命。

在法律上处于有效状态的专利应该是已被授权且处于维持阶段的专利。专利授权后会因为到达法定保护期限、被无效、未及时缴纳相关费用、专利权人主动放弃等情形而导致专利权终止或丧失。技术专利保护的稳定性分析是通过对专利权证书、必要缴费凭证、专利主管部门登记文件对专利权在法律状态上的有效性进行确认,同时对专利权保护的时间进行分析,确定有效保护时间,将其作为定价的考虑因素。

由于专利权的地域性特点,可能会发生买入的专利在目标市场的地域内不存在有效的权利,或者仅买入了某一技术方案在个别市场地域的专利权而并未获得在其他市场地域的专利权,这就会对未来拓展市场的地域范围带来不利影响。分析专利技术的布局区域可以对同一技术方案的专利技术在哪些国家或地区已经获得授权并维持有效性,以及专利技术交易是否涉及这些地域的专利权进行调查分析,为技术价值评估提供参考。

专利分析还可以对目标技术开展技术方案的独立性判断,从而确定技术的可替代性。一般来讲,越难替代的专利价值越高。

在技术后续实施的障碍和限制方面,技术出让方是否为合法的专利权人以及是否拥有该专利的处分权,都将会影响专利转让、专利许可等交易活动的合法性和有效性。对于某项专利技术,如果之前已经有其他人获得了专利许可,或者专利权进行过质押担保等行为,都可能使所购买的技术实际效力大打折扣,在购买专利技术后的实施过程中会受到这些在先权利的影响。通过专利调查分析,可以明确对方是否为合法的专利权人并拥有处分权,专利权行使是否存在在先申请的权利等现状,为制定合理的技术定价提供参考。

4) 进行交易风险预警

一些国家对技术交易制定了特殊的规定,例如美国商务部制定的《出口管理法案》中就有关于商品、技术资料和软件出口的限制。该法规规定,在未经许可的情况下,不适当地出口技术或者软件到被禁止的国家,将会对出让人处以罚金,这会导致交易无法进行。因此,在技术交易前,有必要通过专利调查分析确定交易技术所属领域,确定拟购买行为是否需要获得商务部许可,确保自己的专利购买技术行为不存在政策风险。

技术如果已经申请了专利并被授权,未经专利权人许可,他人不得实施。因此如果他人已经就被交易的技术获得了专利权,则技术购买方后续的技术实施将存在很大风险。专利风险分析通过检索现有专利申请、授权数据,确定被交易的技术是否存在权利瑕疵,对交易存在的风险进行预警。

技术需求方在购买技术后还存在着技术的产业化和市场化的风险。通过专利趋势分析,可以从产业技术发展和市场技术需求的角度对技术的形势和走向进行预测和分析,判断被交易技术产品化之后是否符合市场、消费者的需求和预期,技术交易是否存在市场风险。

5. 支撑兼并收购决策

兼并收购涉及很多方面,在现在的兼并收购过程中,通常会涉及知识产权问题,尤其是科技型企业,专利会随着兼并收购一并转移到收购方手中。在并购前,尽职调查已成为必备过程,但尽职调查的对象是企业对专利的法律权利,而专利在技术、市场、盈利等方面的价值需要通过深度全面的专利分析才能得以体现。专利分析对兼并收购决策不同环节的支撑如表 1-3 所示。

表 1-3　专利分析支撑兼并收购决策过程

并购过程	专利分析手段
并购需求分析	战略决策需求、技术需求、市场需求、专利需求
并购对象技术信息分析	并购对象技术特点、研发能力、技术掌握程度、技术优势、技术储备(市场份额较大、对企业利润贡献较多的技术等)
并购对象专利价值评估	专利的有效性、专利的稳定性、专利权行使权利、专利的布局情况、专利交叉许可、盈利情况、专利的人力资源配置等
并购后专利风险排查	专利的侵权风险,专利诉讼败诉可能性,对市场和营销的影响,与标准冲突的风险,专利在许可、转让、质押融资、上市时的潜在风险
并购后资源整合	技术整合、专利整合、市场整合、人才队伍整合

1) 辅助确定并购需求

企业在并购前,首先需要对并购需求进行调查和收集,通过专利分析可以评估企业自身在技术积累和专利布局方面的优势和劣势。

通过专利分析,可以从战略决策的需求出发,综合企业发展方向,明确并购方向。方向一般分为两类:一种是以收购对方专利组合为目标,另一种是以延伸技术、增加市场垄断为目标。以突破专利壁垒、进入目标企业所在地域的市场为目的,且在技术方面已有储备的,一般属于第一类。例如,联想公司用 29 亿美元从谷歌手中收购摩托罗拉移动终端的部分业务,其中包括 2000 件左右的专利组合,联想公司已在国内成为第四大智能手机厂商,在技术方面已有储备,而对联想而言,进入美国市场最大的障碍就是专利壁垒。以技术互补、扩大市场为目的的,一般属于第二类。

从市场需求出发,就是配合企业的战略决策需求,分析对市场份额影响较大和对产品销售数量、营销额、利润等方面贡献较大的技术和专利。

从技术需求出发,就是通过分析技术领先度、技术掌握度、技术研发潜力和方向具备的特点,进一步分析技术薄弱点和需要补充的技术点。

从专利需求出发,就是通过分析相应的核心技术、重要技术点和技术链上的专利布控,进一步掌握位于重要离散技术点的专利以及构建完整、有效的专利组合所缺少的专利情况。

2）支持并购对象调查

在兼并收购中，技术的并购占据了并购内容的很大比重，技术价值也是并购时双方进行交易额谈判的筹码。对于现代高科技企业，技术创新决定了企业未来生存发展的命运。在并购前，由于技术出让方严保商业秘密，所以往往很难了解对方的全部技术。

通过专利分析可以收集目标企业已掌握的成熟技术、重点关注的技术情况，评估、分析该企业在核心技术和重要技术点的布局，通过专利申请时间、授权时间以及专利的技术走向，可以预估企业的技术研发方向，再结合其他渠道获取的企业技术特点、技术优势、技术储备等信息，就能为兼并收购时增加己方的谈判筹码以及合理定价做好充足准备。

3）辅助价值评估

专利的价值是指企业拥有的专利能够保证企业在行业内进行技术垄断的能力，它决定了企业在市场竞争中的话语权。对专利价值的评估可主要通过尽职调查和专利分析两方面来完成。

通过尽职调查，可以确认专利权的有效稳定性、专利权的行使权利等。其中，专利权的有效稳定性涉及专利权在法律状态上的有效性、专利权有效的保护地域、专利权有效的保护时间以及专利权的有效保护范围；专利权的行使权利包括专利权的合法处分权以及专利权行使时的受限情况。

通过专利分析评估可以得出专利布局情况、专利交叉许可、盈利等情况。其中，专利布局情况一般从专利数量和质量入手，结合布局的地域、对市场的垄断力、重要技术点的专利控制力以及专利组合的攻防能力等方面，评估在可能的专利诉讼中通过专利的交叉许可或者许可的手段减少己方损失或者盈利的能力。

此外，对于目标企业应对专利诉讼的案例需要进行分析研究，通过了解企业在专利储备和应对专利诉讼的反应机制可以折射出该企业的专利价值。

4）排查并购后的风险

通过全面的专利分析排查专利并购后可能存在的风险是必要步骤，专利兼并收购的风险主要来自涉及专利侵权风险、专利诉讼败诉可能性，进一步延伸到败诉后面临的市场、营销受到的不利影响。专利兼并收购后，被并购企业本拥有的技术或产品以及技术整合后新产生的技术或产品发生侵权的情况，往往对企业市场或利润影响较大，价值低的技术或产品可以通过放弃等手段进行风险规避。进行专利分析时，通过分析竞争对手的专利布局情况，可以提前预判遭遇侵权风险的地域、市场、技术点或产品等信息，帮助企业结合兼并收购后的专利资源，研究对策，提前做好预案。

此外，在企业进行专利运用和管理的过程中，还会涉及与标准发生冲突的风险、专利许可、转让、质押融资、企业上市等方面的潜在风险。因此，在专利分析的过程中还需要拓展思维，研究技术相关的标准，分析技术或产品是否与已有的标准不一致，及时调整专利策略，帮助企业避免不必要的损失。在专利许可和转让的过程中，从许可、转让对象的特点出发，分析对方要求许可和转让的动机，判断是否在交易后会产生对己方不利的后果，在交易后己方是否依然能够具有控制权。在面对企业质押融资和并购后上市的需求时，通过专利分析，评估专利的价值以及定价基础，分析专利权的稳定性，以防范可能的无效风险等均是不可或缺的环节。

5）辅助资源整合

兼并收购的完成是交易的结束,也是整合的开始。在整合的过程中,由于被收购企业与原先企业的管理体系、组织机构和运作机制不同,所以在整合时往往会发生效率低下甚至出现负面效应的情况。因此,在整合前应提前做好方案,不仅要使两家企业在整合后顺利融为一体,而且还能产生正面作用,提高效率。专利分析可以为企业在技术整合、专利整合、市场整合和人才队伍整合提供帮助。

根据兼并收购的战略决策和并购目的的不同,整合的类型可以分为吸收消化型、补充完善型和并列同步型。根据专利分析的结果,可以对不同整合类型的技术进行区分,当对技术的扩展延伸或者技术创新点采用消化吸收的方式时,一般应从技术链或者产品链的完整性出发,采用补充完善型;而当采用不同的技术方案实现同样的技术目的时,则可以根据技术评估结果,选择放弃、保留还是并行同步。

专利的整合不仅涉及专利转让权的转移,还需要对专利的申请策略、布局战略、组合的重构以及价值体系进行整合,尤其是在海外兼并收购的过程中,不同的企业文化和专利思维会影响整合后的效果,因此在整合前,只有对并购双方的专利管理体系需要进行分析,才能顺利实现专利整合。在进行专利整合时,还应从技术整合和专利整合出发,分析受影响的市场和人才队伍,对于技术、产品和专利影响较大的市场,在进行整合技术和专利时,还需要考虑市场、营销体系的同步性。人才队伍的整合主要是涉及研发人员、专利部门的人员以及相应的管理人员。

总而言之,专利分析作为对尽职调查的一种补充,二者配合使用,可以更加全面、深入地分析企业的技术和专利实力,为兼并收购的决策提供最全面的第一手资料。通过专利分析,可在并购前充分考虑并购后可能存在的各类风险和问题,预测技术和专利整合中可能面临的各种矛盾和困难,帮助企业提前预防,保障企业在并购过程中实现技术、专利、人力资源乃至市场、营销等多个方面的顺利过渡。

1.3.2 科研过程的领航员

在进行以应用为导向的技术创新和研发时,需要考虑自身的科研条件、技术需求、市场应用情况等影响因素,进行综合研判后才能决定技术创新的具体规划。由于科研机构一般不直接参与市场竞争,了解行业技术趋势、产品需求情况等并非科研机构的特长。专利贯穿于技术研发、产品制造和经营的各个环节,对于相关单位了解技术创新信息具有非常重要的参考意义。相关单位应将专利申请、策略和布局融入到技术创新和自主开发的全过程中,通过开展专利分析获取有价值的专利情报,帮助找准研发重点,及时调整研发方向,有效获取技术成果,缩短技术投入和产出的时间,减少技术投入的风险。

本书图 1-1 清晰地展示了在技术→专利→产品→市场的过程中,专利发挥的促进作用。在将专利分析导入技术产品研发、产业化和市场化的流程中,科研机构由于自身不参与市场经营,专利信息分析发挥的作用主要集中在对技术创新和专利布局的帮助。

从技术研发开始,就要关注哪些核心技术是需要进行专利申请,哪些技术是需要以技术秘密的形式加以保护的,并对技术现在和未来的发展趋势进行合理预测,在充分研究技术竞争对手的布局策略后,制定自己的专利开发和申请策略。在专利申请和获取后,还要着重考虑如何有效运用专利组合获取竞争优势,通过组织、参与标准的起草或联盟技术开发等活动,逐渐形成领域技术的主动权和话语权。同时通过市场信息的反馈,指导技术研发方向,建立良性循环的机制,服务于科研机构总体的技术创新战略。

1. 支持技术预研

技术预研一般是指项目立项之后到产品开发前的这段时间,对项目将采用的关键技术提前学习和研究,以便尽可能早地发现并解决开发过程中将会遇到的技术障碍。但在一些竞争激烈、产品更新换代频率高的产业,将技术预研提到项目立项之前展开是非常必要的。可以说,技术预研是产品研发阶段的源头,若要紧跟国际先进技术发展,实现基础技术和核心专利技术的原始积累,只有充分发挥预研的作用,重视专利情报的分析运用,才能为项目的设立和准确运行提供充足的依据。一般来说,在技术预研阶段,企业的专利分析可以着重于以下 3 点。

1) 掌握产业现有技术动态

科研机构由于不直接参与产业实施和市场运营,因此在技术研发阶段,尤其是在技术预研阶段就要对现有市场产品的动态有清晰的了解,能够大致预判未来的需求,可以在一定程度上对专利申请的重点方向和趋势进行提前判断,可进一步了解产业内与科研机构具有技术竞争关系的单位的发展动向,通过专利数据分析为预研技术提供专利态势参考,同时还可以了解主要国家或重点企业的技术研发动态和主要技术发展动向。

2) 确定目标技术专利动向

科研机构应在充分掌握现有技术动态的基础上,确定与预研目标技术相关的专利发展和分布情况,了解技术难点和热点以及各单位和企业对技术的掌握情况和研发动态,综合各种因素确定本科研机构的技术发展重点,筛选目标技术所涉及的所有公开专利或申请策略,包括区域分布、核心专利和外围专利分布、专利持有情况和法律状态,以及目标技术的专利集中度等。

3) 评估技术壁垒和专利风险

评估技术壁垒和专利风险是科研机构决定是否研发以及如何找到研发切入点、利用现有资源的准备性工作。以应用为导向的技术研发最终目标是走向市场,所以必须对未来的专利风险进行评估。这一阶段的专利分析,不仅涉及重点技术,而且要明确是否可以绕开专利壁垒,以及采用某项专利技术的必要性,该技术持有人是否存在竞争或合作关系,不仅要考虑专利的法律状态、保护范围的大小等因素,还要判断目标技术的开发是否存在专利侵权风险,对于无法绕开的专利,更要判断专利拥着者与本科研机构的关系,以及专利拥有者在历史上的许可和诉讼问题,以确定继续开发是否存在风险。

2. 引导技术研发

研发环节是专利密集形成的主要阶段,因此整个过程都需要与企业研发人员就研发技术点进行全面专利检索。随着技术研发的进展,还要开展定期检索和实时分析,并将专利信息及时反馈,提醒研发人员注意相关专利壁垒或现有技术,避免新产生的专利申请对企业研发造成障碍。

1) 专利技术的筛查及选用

研发过程中,需要对待研发技术的专利或非专利的公开文献进行全面检索,通过专利信息可以获得他人已有的专利保护信息,通过非专利信息可以获得已被公开的技术构思,从而避免在撰写专利申报书时出现被现有技术披露的撰写缺陷。此外,通过检索可以找到与企业研发技术相关的专利技术,并对专利技术的有效性进行筛查,对于超过专利保护期的技术企业可以合理使用,对于尚在专利保护期内但又是企业需要的技术,应在技术研发时考虑是否采取适当的规避设计。

2)技术热点及关键技术的确定

技术研发代表了科研机构的创新能力和可持续发展力,在技术研发的过程中,确定方向至关重要,只有确定好技术热点和关键技术,科研机构才能够将有限的资源投入到高价值的技术点上,达到事半功倍的效果,如表 1-4 所示。通过专利分析,可以帮助科研机构从技术布局和专利布局等多个方面尽快锁定技术热点和关键技术,防范各类风险。

表 1-4　专利分析在确定技术热点和关键技术时的支撑手段

信息需求	专利分析手段
行业发展动态	行业内技术发展方向、用户关注度、产品销量、竞争对手的研发方向、资本投入的集中点、企业合作或并购行为、事件热点
专利布局态势	申请趋势、专利布局趋势、申请人集中度、专利法律状态、专利引证情况、专利诉讼热点、核心专利、外围专利

技术热点及关键技术是指行业研究和资源投入的重要技术点,在确定技术热点及关键技术时,需要从多个维度进行考虑,包括科研机构发展策略研究、技术储备、技术研发实力、其他单位的研究方向和动态、市场反应、销售量、专利申请的态势等。

(1)跟踪行业发展动态。行业发展动态尤其是竞争对手的发展动态是科研机构确定技术研发方向的重要依据。实时跟踪行业发展动态,可为科研机构确定和调整技术热点及关键技术提供重要的参考数据。通过对行业内专利的申请情况分析,可以得出行业内技术发展的重点方向;通过分析用户关注度高、销售额大的相关专利,可以得出有利于科研机构发展技术点的信息;通过对竞争对手的研发方向以及专利布局情况进行分析,可以获知竞争对手重点布局和发展的技术点;通过跟踪和分析市场融资、企业并购等热点事件中相关专利策略及其他动机,可以得出其他对手的技术布局和专利布局情况,进而对其中的技术点进行提炼。根据对行业发展动态的追踪,可以从多个方面着手,为科研机构确立跟随型还是追赶型技术研发策略的制定提供数据,进而确定研机构在不同阶段科的技术热点和关键技术,为今后的研发提供参考。

(2)掌握专利布局态势。科研机构需要对自身内外的专利布局态势变化情况进行跟踪和分析,通过对整个行业的专利申请趋势、某些技术的专利集中情况、重点企业和竞争对手的专利申请集中点的分析,可以得出重点技术点;通过对重点区域、重点市场的专利布局进行分析,可以得出局部范围内的重点技术点;通过对重点关注技术点的专利法律状态、专利引证情况进行分析,可以得出这些技术点的价值是否发生变化;通过对专利诉讼、专利许可或转让等事件进行分析,可以得出能够为企业带来竞争力的关键技术点;通过对核心专利、外围专利的布局状况进行分析,可以为企业提供能在专利布局中形成有利地位的核心技术点和外围技术点。总而言之,技术热点和关键技术在专利布局过程中不仅包括创新度高的基础性专利技术,还应关注那些在技术链、产品链及产业链中能够对其他竞争对手形成制衡的关键技术点或外围布局技术点。

(3)规避研发风险。规避设计是指科研机构针对自身涉及风险专利的产品或产品中的某些特征重新进行研发、设计，使之具有差异化的特征，以区别于风险专利的技术设计方案，其目的是消除风险专利对企业造成的威胁。规避设计也属于一种研发行为，需要投入研发资源。在对产品进行规避设计时，同样会面临市场的考验，产生研发风险、市场风险和新的专利风险。为了使规避设计成为回避风险的利器，而不是产生风险的源头，在开展专利规避设计的时候，必须遵循一些基本原则，即不明显降低市场竞争力，不与企业的战略相违背。

3. 支持专利挖掘

专利挖掘是指在技术研发或产品开发中对所取得的技术成果从技术和法律层面进行剖析、整理、拆分和筛选，从而确定用以申请专利的技术创新点和技术方案。简言之，专利挖掘就是从创新成果中提炼出具有专利申请和保护价值的技术创新点和方案。在实际的技术或产品开发中，专利布局的实施有赖于不断开展专利技术挖掘，形成一批核心和外围专利。

专利挖掘的技术性、专业性很强。这一特点往往导致操作专利挖掘的人员可能会过多甚至仅仅关注技术细节。应当说，技术细节对于专利挖掘十分重要，是有效进行专利挖掘的基础，但是，技术细节本身容易令人"见木不见林"，只有从技术创新项目所属产业和技术领域进行相对宏观的整体观察，才有可能明显提升专利挖掘的整体层次，既考虑技术创新点本身，又考虑技术创新点在产业链、技术链上的地位、作用和价值，真正做到"见树又见林"。专利信息正是产业技术的"信息森林"，深入到这个"森林"，借助专利分析的手段，往往可以起到事半功倍的作用。

1）拓展挖掘思路

美国高通公司对于 CDMA 技术的 1400 余项专利保护，以及苹果公司对于 iPhone 手机完美的专利和商标保护，都是经典的成功案例。苹果公司在推出 iPhone 之前，对于触控技术、UI 界面、手机操控、移动应用商店、应用图标、产品外观等方面的创新，以及针对零部件生产商、手机生产商、移动互联网服务商等上、下游厂商，从商标、专利、版权、工业设计等各个方面进行了缜密的知识产权保护设计，堪称完美地保护了市场，获得了巨大成功。对这些优秀的创新公司开展专利分析，非常有助于拓展企业专利挖掘的思路，甚至可能成为创意来源和技术改进的基础。

2）聚焦挖掘重点

在专利挖掘过程中，应确定专利的技术创新点，区分主次层级，即分清楚哪些技术创新点是核心技术，哪些技术创新点是基础性技术，哪些技术创新点是外围技术，进而确定每件专利的作用及其重要性。在进行区分的时候，专利分析可以帮助企业确定区分标准和原则。对于不同重要程度的专利，同样可以通过专利分析了解挖掘的力度和数量。例如，通过专利分析发现，对于外围专利，要根据基础专利从纵向和横向两个维度全面综合梳理关联的技术点，以进行全方位的保护；外围专利的主题可以是紧扣技术问题的解决，也可以是可替代技术方案的扩展，还可以是核心专利中相关技术特征的改进。

3）锤炼挖掘成果

进行专利挖掘，不能脱离现有技术，需要对相关问题进行分析并做出判断。通过专利分析，可以在以下方面了解现有技术：技术方案真正的发明点在何处？创新高度如何？是否属于产业发展上的共性技术？是否是对未来技术发展起到引领作用的核心技术？可专利保护的范围有多大？怎样保护最有利于专利运用、技术占位和市场控制？

此外，根据专利布局的策略，专利挖掘有时候还需要从与竞争对手的专利对抗角度出发,分析对方的专利布局现状和趋势,围绕对方的核心专利挖掘一批外围专利,以有效地管控和应对潜在的专利风险。在专利挖掘过程中,注重专利风险的早期识别是非常重要的,好处是企业可以及早调整技术方案,改变技术方向或者采取替代技术手段,既减小了技术研发的失败成本,又节省了技术研发的宝贵时间,使企业面对无法规避的专利风险时能够及早采取措施,抓住一切可能的机遇,适时进行妥善应对。

4) 建立挖掘体系

在对一个较大的研发项目进行专利挖掘时,很多技术人员甚至专利工程师和专利代理人都感觉无所适从,不知道如何下手。这是因为对现有技术,尤其是与现有技术体系相配合的专利布局体系的系统性缺乏了解的缘故。

与现有技术体系相配合的专利布局体系往往要比技术体系本身更为复杂和精细。在专利挖掘之前,应基于专利分析开展技术分解,建立整个技术领域的专利布局体系,然后围绕该体系针对项目中的创新构思进行专利挖掘,达到最大限度地减少挖掘漏洞,减少专利流失的目的。基于专利分析的技术分解包含两层含义:一是从技术研发项目任务出发,按照研发项目需要达到的技术效果或技术架构进行逐级拆分,直至拆到每个技术点为止;二是从特定的技术创新点出发,寻找关联的技术因素,寻找其他可能的技术创新点。例如,从产品结构关联到方法、应用领域、制造设备、测试设备等。

4. 支撑专利布局

专利布局即是企业技术、产品布局的一种直接体现,更为企业市场竞争力的提升以及产业竞争力的获取提供了坚实的保障。与企业发展战略相配套的经过合理规划和实施的专利布局有利于科学引导研发方向,提高研发的实施效率;有利于及时将创新成果转化为专利资产并加以固化和保护,提高了专利质量;有利于及时挖掘和培育核心专利,构筑高价值的专利组合;有利于削弱竞争者的优势、抑制竞争者的发展或者转移竞争者的视线。

专利布局的根本目标是通过在一些市场地域内围绕一定的产品和技术有目的地进行专利部署,为企业的市场竞争服务,维护、巩固和提升企业的市场竞争地位。在制定布局策略时,专利分析可以帮助企业了解专利竞争环境,谋划技术创新方向,确定布局结构和数量,明晰保护方式。

1) 了解专利竞争环境

通过专利分析,企业可以了解所在领域的专利密集度,专利的技术分布、地域分布、权利人分布等各种分布现状,它们综合构成了企业的专利竞争环境。在专利密集度较高的领域,企业将面临更为严酷的专利竞争环境,不仅要在自身技术的保护上加强布局,更需要在对抗性的专利布局上予以重视。了解技术分布、地域分布和权利人分布情况,可以为企业在布局的细化和落实以及战术选择上提供指引。以权利人分布为例,在权利人较为集中时,企业很难在整体的布局数量上予以抗衡,此时可以专注于核心专利的培育,在差异化的技术点上强化替代方案、应用领域等方面的布局,突出企业在该技术点上的专利控制力;在权利人较为分散时,企业可以对外围专利布局投入更大精力,逐渐在产业中构建自己的整体专利优势,加强和巩固自己的市场地位。

2) 谋划技术创新方向

在某一个产业领域中,往往会同时存在多条并行、甚至相互竞争的技术发展路线,或者在向下游延伸时,也将面对各种可能的领域。这个时候,如何确定技术创新方向,往往成为摆在企业发展面前最直接的问题。通过对专利的整体趋势分析,可以帮助企业明晰技术发展的演进情况、技术热点、技术配套环境和技术实现路径等;通过专利技术周期分析,可以帮助企业了解技术的发展阶段和发展潜力;通过权利人的分析,可以帮助企业了解各个主要的市场主体目前的研发投入和技术储备重点,以及可能予以争取的合作资源。在此基础上,企业可以根据自身的资源配套情况、可获取的资源支持情况、预期的发展目标等选择适合企业自身的技术创新方向。

3) 确定布局结构和数量

专利分析指出了整体的专利分布结构和密集度,可以进一步结合整个行业的产业规模、企业目前的市场地位以及未来的市场规划情况,对专利结构和数量做出宏观布局决策。对于大多数国内企业而言,在开展专利布局时,最为直接有力的手段,就是对主要竞争对手,尤其是一些大型专利优势企业的专利布局情况展开分析研究。这些企业通过十几年或几十年的积累,往往已经形成了成熟的专利布局策略和专利布局规划,通过对这些企业开展专利结构分析,可以为企业确定自身的专利布局结构和数量提供很好的借鉴。此外,专利分析还可以帮助企业发掘出自身的研发资源和这些大型专利优势企业研发资源的优劣对比情况,帮助企业制定切实可行的专利布局结构。

4) 明晰保护方式

在进行专利保护时,主题和撰写方式的选择,往往在很大程度上决定着专利的质量,是专利布局效果得以实现的关键点之一。通过专利分析,可以收集现有各技术点的关键专利,可以发现这些关键专利不但在技术上具有阶段性或决定性的影响力,而且在保护方式上往往也是经过慎重选择和考虑的。这些都能够成为企业确定专利保护主题和撰写方式的参考素材。以立方氮化硼聚晶领域的专利为例,在技术发展早期,专利保护主题往往是各类工艺方法和原料配方,而随着工艺方法的逐渐成熟,配方和工艺的区别大多是在一些细节上的差异,而对这些细节采取专利保护就不再适合,它们往往成为了商业秘密,此时更多的关键专利逐渐转向对成品的微观结构等的保护,这就为相关企业选择专利保护方式提供了很好的借鉴思路。

5. 支持技术引进和合作

企业的发展离不开不断的技术更新,只有为满足发展和变化的市场需求而不断进行技术更新和升级才能使企业拥有持续发展的动力。在技术更新和升级的过程中,除了自主研发以外,企业还可以进行技术引进和合作。

对企业而言,通过技术引进和合作的方式来完成技术更新和升级既有风险也有收益。在收益方面,一是可以有效节约成本,将有限的资金用于产品生产、市场拓展和商业布局的其他方面;二是可以在引进的过程中学习和了解同行的先进经验,避免自己走弯路;三是与合作对象实现技术乃至市场上的优势互补,实现双赢。然而风险与收益并存,合作的同时也意味着分歧的开始,在合作中如何最大限度地利用双方的资源,最大程度地发挥好双方的优势,减少分歧和疑虑,需要对引进和合作的技术进行全面的剖析,才能夯实合作的基础,利于深入合作和成果共享,实现双赢。

与此同时,技术引进只是权宜之计,自主研发才是促成合作和共享的基础,没有相互利用的价值,合作和共享就无从谈起。因此,企业要在引进和合作中不断吸收精华,尽快实现自主研发。通过专利分析,不仅可对引进和合作的技术进行需求分析,还可以实现对技术研发方向的指导,为后期的专利布局做好策略方案设计。

1) 专利分析对技术引进的作用

在技术引进的过程中,企业需要提前做好很多方面的准备工作。除了通过商业渠道获知感兴趣的技术以外,还可以通过专利分析了解行业内的技术趋势、技术热点、技术实力评估的方式,根据技术引进的目的和需求,寻找专利布局中已经掌握或对该技术感兴趣的企业,评估引进的可能性和成本,筛选和圈定感兴趣的技术和所属企业。从专利的特点看,申请人出于保护商业秘密的目的,一般不会在专利中披露所有的细节信息,且单个专利往往并不能获取完整的技术链,要获得全面可实际操作的技术信息,一般需要分析专利组合或多个关联专利。在引进技术的过程中,还需要评估引进过程中涉及的专利权属、专利有效性以及专利权的行使权利情况,避免后期发生纠纷。

2) 技术合作中的专利分析

技术合作涉及双方或多方企业时,合作的前提是各方都掌握或独享对方感兴趣的技术,通过专利分析,可以了解合作各方的专利布局情况、在技术链上的专利分布,以及感兴趣技术的专利申请,判断各方在技术点上的控制力和市场竞争力,从而评估各方技术的价值,确立在合作中的地位和所占份额。

技术合作的目的通常是为了技术链的互补或者整合,所以需要关注合作各方在技术结合点的对接性。专利分析就是通过检索这些结合点的技术专利分布情况,提前规避相关的专利侵权风险,同时还需要预估在技术合作中潜在的商业秘密泄露、技术构思被窃的风险,决定是否需要在合作前进行专利保护。

在技术合作中,会涉及专利合作,包括共同申请专利、专利交叉许可、形成产业联盟以及专利联盟中各自的专利布局分工。通过专利分析,掌握各方已进行的专利布局情况以及重点布局点,为后期合作的谈判决策准备充足的信息。

1.3.3 科研应用的护航员

作为技术创新的主体,首先要面对的是技术成果的保护问题,其次才能考虑成果的转化运用。专利作为成果的保护形式,从某种意义上讲,对科研成果的后续运用发挥了保驾护航的作用。

1. 专利权利保护

如今,专利已经成为创新成果保护的最主要形式。专利申请经过审查授权后即获得了权利保护,除《专利法》规定的情况外,任何单位或者个人未经专利权人许可,都不得实施其专利。根据《专利法》的规定,发明专利申请经实质审查,实用新型和外观设计专利申请经初步审查后没有发现驳回理由的,由国务院专利行部门做出授予发明专利权的决定。科研机构作为我国科技创新的主要力量,在我国专利申请中占据较大比例。如图 1-5 所示,2014 年,以“中国科学院”为申请人提交的专利申请达 1.2 万件,授权专利 5500 余件。

同时,国务院专利行政部门设立了专利复审委员会。专利申请人对国务院专利行政部门驳回申请的决定不服的,可以自收到通知之日起三个月内,向专利复审委员会请求复审。专利复审委员会复审后,做出决定,并通知专利申请人。专利申请人对专利复审委员会的复审决定不服的,可以自收到通知之日起三个月内向人民法院起诉。截至 2014 年 6 月,根据对国家知识产权局专利复审委员会复审决定的检索(见表 1-5),专利复审请求人是“科学

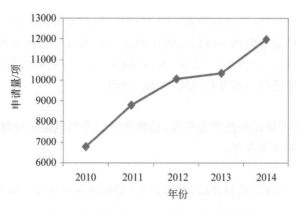

图 1-5　中国科学院近几年中国专利申请量

院"的复审案件有 237 件,其中发明 236 件;是"研究院"的复审案件有 286 件,其中发明 282
件;是"研究总院"的复审案件 8 件,其中发明 8 件;是"研究所"的复审案件 478 件,其中发明
464 件;是"中国科学院"的复审案件有 158 件,其中发明 157 件。

表 1-5　2014 年专利复审案件主要科研机构名称检索　　　　　　　　　　单位:项

检索名词	复审案件量	发明复审案件量	检索名词	复审案件量	发明复审案件量
科学院	237	236	研究总院	8	8
研究院	286	282	研究所	478	464

对于专利权受到侵害的,权利人可以通过行政途径和司法途径保护自己的权益。《专利
法》规定,对于权利人的专利权受到侵害而引起纠纷的,可以由当事人协商解决;不愿协商或
者协商不成的,专利权人或者利害关系人可以向人民法院起诉,也可以请求管理专利工作的
部门处理。专利司法案件分为专利刑事案件、专利行政案件和专利民事案件三类,专利民事
案件又主要包括专利权属纠纷、专利侵权纠纷和专利合同纠纷。目前,科研机构的专利保护
主要集中在权属纠纷、侵权纠纷和合同纠纷等三类民事司法保护,科研机构直接请求专利行
政部门查处专利侵权行为的案件较少。

2. 产品上市风险规避

科研机构的技术创新成果最终会通过产品上市实现技术的商业化,所以专利风险也会
随之由潜在的可能变成了需要面对的现实。此时,需要再次对产品进行全面的专利风险排
查,明确风险点,进行风险评估,制定预警措施。

基于对整个技术领域的专利分析,可以将专利风险度的大小归纳为专利威胁度、行业风
险度和竞争实力等几个方面的因素。这些因素中又包括了若干需要考量的指标,而所有这
些因素、指标的评估和判断都离不开对整个专利宏观环境的判断、重点专利权人的监控、个
体专利特征的评价、企业自身专利盘点等的综合分析。

随着企业的发展,市场的竞争格局也会随之变化,企业专利风险管理应当构建全面、完
善的专利风险管理流程,基于专利分析工具,建立起动态的"发现风险——评估风险——风
险控制(防范、预警、应对)"循环体系来满足企业专利风险预警需求。

1）发现

"发现"风险的过程实质上是对专利风险进行及时、有效识别的过程，通过"发现"环节形成风险专利清单，将已发生但尚未得到有效控制以及虽未发生但存在潜在隐患的专利风险作为下一步控制的目标。此外，还应明确"发现"周期，由于专利申请和通过审批的数量都在高速增长，建议每半年进行一次专利风险"发现"活动。

2）评估

"评估"风险是指评价风险的严重程度，是将面临的专利风险划分等级，衡量风险的轻重缓急，为制定控制计划提供参考。

3）控制

"控制"是指专利风险的控制方法、控制措施，专利风险可从风险预警、风险防范、风险应对等方面加以控制。

4）定期更新

在专利的风险控制过程中，会遇到新情况、新问题，以及随之产生的新风险，同时还会遇到现有控制措施存在不当或滞后的情况，此时应当及时更新风险清单及风险控制措施，这就是"定期更新"。通过对风险进行评估，完善现有措施或者制定新措施，形成一个不断发现问题、分析问题、解决问题的动态循环的风险控制过程。

3. 专利组合保护

专利组合（Patent Portfolio）是指申请人通过研发活动掌握的一系列具有相互关联性的专利技术，通过专利组合，可以对特定领域进行系统控制和保护，为申请人带来投资回报，从而使申请人获得持续的竞争优势。形象地讲，如果把单个专利作为一颗珍珠，那么专利组合就如同一串珍珠项链，一串珍珠项链的价值远大于单个珍珠价值的总和。专利组合的构建体现了企业的商业运营策略。

专利组合根据技术的关联性，依靠不同专利之间的相互协同作用，可以有效地打破单个专利在技术、时间保护上的局限性，消除专利文件撰写瑕疵的不利影响，共同对申请人的创新技术和产品构建出完整、严密、持续的保护网，为申请人提供高效的专利管理模式。因此，在实际应用中，专利组合能有效地扩大对技术的保护范围，降低专利被规避或无效的风险，减少受到他人相关的改进、配套等技术专利制约的可能，提升申请人专利的整体价值，增强专利的博弈能力，为申请人有效保护技术创新成果、实现对技术的独占和控制权、获取广泛和持续的技术创新收益提供充分保证，为占据技术竞争的优势地位提供有力支撑。在技术创新活跃、专利意识普及、专利申请量持续增长的当今世界，专利组合的整体保护、防御和威胁能力要远大于单件专利，其整体价值也远远大于各个单件专利之和。

赫赛汀是罗氏公司治疗乳腺癌的抗体药物，2014年全球销售额达到62.7亿美元。罗氏公司对其在抗体性能改进、衍生物、剂型以及个性化治疗等方面积极进行专利布局，构建形成专利组合，相关专利达66项。如图1-6所示，虽然赫赛汀是20世纪90年代申请的专利，且将陆续到期，但是由于构建了专利组合，对产品和技术改进方向进行了封锁，所以依然可以保护现有的市场份额。

2014年3月，联想公司宣布耗资1亿美元收购Unwired Planet（UPIP）公司的21项专利组合，该组合包括上千件专利申请及已授权的专利。在此之前，联想公司已通过并购摩托罗拉公司拿到了美国市场企业准入的敲门砖，但是还缺乏移动设备标准的基础专利（ESP）、安装启动专利以及涉及应用层面核心技术的专利组合等谈判砝码。联想公司为何要花大价钱去买专利？显然是在为进军海外市场做准备,这也恰恰反映了专利组合对于企业开拓市场的重要性。

科研机构虽然自身不参与市场竞争,但是通过专利组合,对技术构建完整、严密、持续的保护网,实现对技术的独占权和技术领域的控制权,不仅可以更加高效地保护技术成果,同时也可以通过合理的专利运营,实现技术的转移转化,享有市场收益。

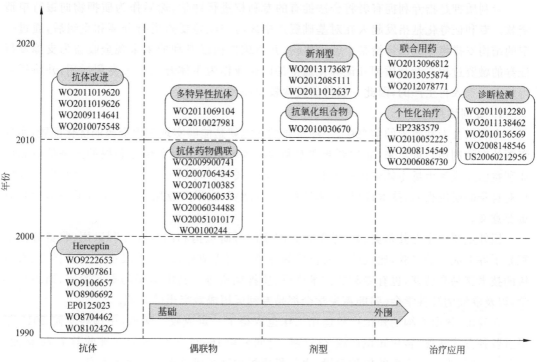

图 1-6　罗氏公司围绕乳腺癌药物赫赛汀的专利组合布局

1.3.4　市场竞争的战斗员

在当前全球科技革命的背景下,技术创新越来越成为驱动全球产业升级发展的关键动力,专利的战略性布局、储备与运用越来越成为各国企业抢占产业价值链高端、制胜产业竞争的关键。专利商业化运用的效率更是与市场竞争优势的培育和获得息息相关,其表现形式主要包括专利产业化、专利许可、专利转让、专利质押等。

专利的产业化是专利技术转化为现实生产力的行为,即通过专利实施和一定的生产经营活动形成一定生产规模,达到一定市场容量。目前,国内一些科研机构就是通过设立子公司,直接将拥有的专利技术进行实施利用,获得市场收益的。

专利许可是指专利运营者凭借直接或间接获得的专利权,许可他人在限定的时间和地域范围内使用,被许可人向专利运营者支付专利许可使用费的行为。专利运营者进行专利许可时,一般采用独占许可、非独占许可、排他许可和交叉许可等基本类型。专利许可是最简单、最直接、最主要的专利收益运营模式。

专利转让是指专利拥有者出售其占有的全部权利。当专利拥有者将受专利保护的技术的全部独占权不加限制或任何额外条件地转让给他人时,就是发生了专利转让。科研机构主要从事技术创新,作为技术拥有者,专利许可和转让是科研机构专利运用的主要方式。

专利股权化投资是指专利拥有者将技术专利权作为投资资本作价入股,取得股东地位,参与企业的红利分配。专利股权化投资是很多有技术但无资金的创新者实现专利转化、体现价值、获得回报、持续创新的捷径。科研机构由于集中了技术资源但缺乏产业化资源,是进行专利股权化投资的积极参与者。

专利质押是指专利拥有者将合法拥有的专利权进行评估,然后作为质押物向银行申请贷款。专利证券化是指发起人在对基础资产中风险与收益要素进行分离和重组后,通过一定的结构安排将专利出售给某个特设机构,并由该机构以专利的未来现金收益为支撑发行证券的融资过程。专利质押和证券化通常是以企业作为主体开展相关专利运用,并将所获得的融资投入再生产的,因此一般科研机构较少涉及。

1. 专利运用

专利以及专利蕴含的信息中,一项重要的功能就是能够实现知识资源的优化配置,实现资源的有效利用。近年来,通过创新和专利权的各种市场运用实现专利权的经济价值和商业利益已经成为市场主体赢得技术和市场优势的关键。可以说,科研机构充分利用专利信息对自身的研发投入、技术许可、技术转移、专利融资、成果产业化和成果商业化等方面具有重要意义。

国外主要国家尤其是美、日、欧等发达国家的科研机构和高校在专利运用、收益分配上积累了许多成功的经验,比我国科研机构的专利运用更成熟,运用手段也更为多样,既有直接的技术交易和转移,也有专利的技术许可、质押融资等。其中美国阿贡实验室、斯坦福大学,以及欧洲的马普学会、弗朗霍夫学会都是专利运用成效突出的典范。

在我国,科研机构的知识产权运用工作也取得了一定成效。例如,中国科学院 2013 年通过各种方式转移、转化知识产权 2357 项,合同金额 16.86 亿元,实际到账收益 7.78 亿元。因此,专利作为创新成果的保护手段,也是科研机构进行成果运用的主要对象。

2. 专利联盟

专利联盟是指多个专利拥有者为了能够彼此之间分享专利技术或者统一对外进行专利许可而形成的一个正式或者非正式的联盟组织。相比专利组合,专利联盟是更加高端的专利保护和运用形式,它能放大专利技术的扩散效应,实现专利技术之间的协同,形成合作竞争的新形式,带来巨大的商业利益。

目前,一些专利联盟强大到足以控制整个产业链。例如,早年的 DVD 3C 联盟和 6C 联盟,其本质是该领域创新领先企业基于自身专利组合而构建的专利池和行业标准,该专利池几乎彻底使我国 DVD 制造企业沦为了代工工厂。以 MPEG-2 专利池为例,成员企业凭借其所拥有的超过 90% 的 MPEG-2 标准必要专利,先后向康柏、戴尔、SAGEM 等业界优秀企业提起专利诉讼并迫使其接受专利许可,迄今为止,MPEG-2 专利池已成功向全球一千多家企业进行了专利授权,其中包括佳能、时代华纳、诺基亚、先锋等顶尖企业,如图 1-7 所示。此外,高通公司在 4G LTE 领域已经标准化的核心专利组合,几乎可以对我国手机芯片全产业链进行支配性经营。

组成专利联盟的目的是使参加的企业、科研机构等相关组织之间相互融通,成员在接受必要许可条件下自由使用集中的专利,联盟自身集合了互相补充的专利,避免了因对抗专利的存在而组织其战略实施,减少了巨额的专利侵权诉讼费用,减少了交易成本,因此它具有高效性和促进竞争的效果。同时专利联盟也许可第三者使用,把获得专利转让、使用费分配给联盟成员。一般来说,行业参与者想获取技术许可时首先会关注专利联盟的技术,因此科研机构组建或参与专利联盟构建更加有利于自身技术的专利保护,同时也给技术的对外许可转让提供了便利途径。

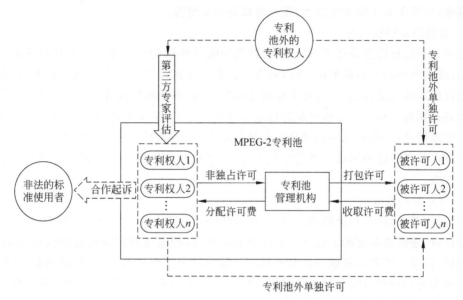

图 1-7 MPEG-2 专利联盟

3. 支持专利侵权防范

创新成果的运用是技术创新最终价值的体现。目前,国内技术模仿、产品仿冒等"山寨"现象层出不穷,打击了技术创新者的积极性,给技术创新成果的运用带来损失。科研机构作为主要的创新者,也同样面临权利被侵犯的问题。如何在权利被侵犯之前就开始防范预警,降低权利被侵害损失,对科研机构的成果运用具有重要意义。专利分析可以在专利侵犯防范方面发挥积极的作用。

一般而言,专利的侵权防范都是一种被动式的防御,即在侵权产品上市并形成一定市场份额时,技术持有者才会发现侵权行为并采取应对措施。在国内,大量的中小企业都采用这种被动式的防御措施,有些甚至为无法及时发现侵权行为而苦恼。实际上,单一的被动式防御不仅仅很难消灭侵权行为的发生,甚至在采取应对措施时,往往还会发现由于自身在专利布局、专利管理或者侵权取证上的瑕疵,而只能放任"侵权"产品的横行。

如何变被动式防御为主动式防范,一直以来是众多技术持有者所追求的。从科研机构自身层面来讲,针对侵权行为建立起完全主动式的防范体系非常困难,所需投入的资源耗费很大,所获得效果也未必能达到预期。但是,从监控重点侵权对象、遏制潜在侵权行为、加大专利威慑度的角度出发,基于从专利分析的跟踪发现功能和完善企业专利布局的作用,可以有效地帮助科研机构降低被侵权的可能性和损失,变完全的侵权被动防御为积极的侵权案防范体系。

1) 监控重点侵权对象

由于专利的申请往往提前于产品的上市,因此基于专利分析建立专利信息跟踪制度,对重要的技术点、重要的竞争对手进行技术情报监控,有可能提前发现侵权迹象,进而对潜在的侵权者进行重点的市场跟踪,及时发现其侵权行为。

在科研机构重点关注的技术点上,通过专利信息跟踪,可以及时发现新进入的专利申请者,尤其是具有一定技术实力的新进入者,进而锁定市场跟踪对象。而对于重要的竞争对手,通过监控其专利申请的主题、技术结构、地域等方向的调整,可以及时发现其研发和市场调整策略,以及在关注的重点技术、重点地域的拓展情况。

2)遏制潜在侵权行为

遏制专利侵权行为最好的方法之一,就是加强科研机构自身在重点产品和技术上的专利布局,建立密集的专利保护网,使得对方难以通过规避设计绕开企业的核心专利,提高对方的侵权成本和风险,从而使得很多模仿者知难而退,将专利侵权行为消灭在萌芽阶段。

尤其是在建立对重点侵权对象的信息跟踪制度之后,更需要随时根据对方的技术开发和市场拓展信息,不断补充和完善企业自身的专利组合,尤其是加强外围专利的布局力度,加强在技术及各种应用领域延伸的专利布局,避免对方在技术上突围或在专利上与企业形成对抗实力。

3)加大专利威慑度

在对侵权行为进行积极防范时,科研机构既需要对重点侵权对象进行跟踪,加强自身专利布局建设,还需要在市场上建立一定的专利威慑力,即通过有策略的选取侵权对象,提出侵权诉讼,在整个产业内造成一种科研机构对侵权行为极度重视、坚决打击的积极印象,从而对部分潜在的侵权者或部分已经实施侵权的对象进行威慑,迫使其主动放弃侵权行为或主动寻找科研机构进行合作许可。

4. 辅助专利诉讼及无效

在相关主体的技术成果、专利权利受到侵害时,侵权诉讼是主要的维权途径。由于侵权诉讼往往同时会伴有被对方提出无效的风险。因而在选取侵权对象时,科研机构借助专利分析对该侵权对象的经济实力、技术实力、专利实力等进行综合调查,同时对自身的专利稳定性、专利保护范围等进行重新核查,慎重选择提出侵权诉讼的地域。例如在多人侵权的情况下,选择具体被告时应该考虑诉讼的风险、取证的难易、损失的计算等因素。侵权时间最长、侵权行为最恶劣的侵权者不一定是最优先的被告;建议选择侵权证据最充分、侵权获利数额较明晰并且实力不是很强的企业,这样既能够提高侵权诉讼的可能性,又能尽量避免自己的专利权被判无效。

大部分专利无效的理由都需要或者可能需要证据的支持。对请求人而言,提出无效宣告请求时要特别注意具体理由与证据的结合。一方面,若未结合证据阐述无效理由,则有可能无效请求不被受理或者相应的无效理由不被合议组接受;另一方面,只有紧密结合了证据,才能增强无效理由的说服力。对于专利权人而言,驳倒请求人的证据则是釜底抽薪、四两拨千斤之法。失去证据的支持,无效理由只能成为无源之水、无本之木。在无效证据方面,专利文献、非专利文献等技术情报往往成为证据的主要来源,此外,一些在专利申请前已公开展览、使用或销售等的证据也有可能成为无效的有力证据。

在专利文献、非专利文献方面,基于专利引证和被引证的专利分析,是快速获取相关证据的有力手段。其中,对该专利及其同族专利的审查过程、背景技术中提到的文献往往是与该专利技术最为相似的现有技术。在此基础上,对这些文献以及这些文献的作者或权利人进行再追踪,可以快速确定一组现有技术的范围,通过对这些现有技术进行详细解读,往往能够直接收集到无效证据或是为进一步的收集指明方向。

在其他证据方面,专利分析同样可以提供一定的方向引导。在文献证据收集过程中,当发现一些极为相近的来自其他权利人的技术时,进一步对这些权利人的市场销售、报道宣传、展会信息等进行搜集,也有可能搜集到部分补充证据,加强无效证据的说服力。

第2章 专利分析的方法和流程

本章首先对专利指标进行了系统介绍,其次讲解了专利分析方法的基本原理,最后对如何科学、合理地安排专利分析的流程和规范,条理清晰地撰写分析报告进行了讲述。

2.1 专利指标分析

在专利信息分析过程中,需要建立测量科学技术活动的指标,并将其作为科技活动分析的"尺度",这种指标就是专利指标。专利指标涵盖了从简单的专利计数到利用专利数据进行复杂计算,这些指标揭示了科学技术领域中技术和研发的关联度,甚至可以在更宽泛的领域内表征技术和经济活动之间的关联度。按照不同的聚集度和细节,使用专利指标可以划分技术活动的类型和差异。如果说专利信息是专利信息分析的基础,那么专利指标的选择无疑是专利信息分析的核心和灵魂。本节重点介绍专利指标的种类等问题。

2.1.1 专利指标简述

在进行信息预测和技术评估等信息分析时,常常需要建立一个指标体系,以便将研究内容转换成量化的数值形态,进而对研究对象进行科学、客观和全面的研究。近年来,越来越多的研究表明,专利指标是一种评价国家、地区乃至企业的科技技术和经济竞争力的重要指标。

1. 专利指标的国内外研究现状

几十年前,人们便将指标应用于专利信息分析中,一些世界组织和专利机构多年以来一直很重视专利指标体系的研究。例如,国际经济合作与发展组织(OECD)早在 20 世纪 60 年代就开始思考生产率要素与专利质量的内在联系。近年来,美国、日本以及欧洲一些国家的专利机构投入了大量的人力、物力进行专利指标的研究工作。美国国家经济研究局(National Bureau of Economic Research,NBER)也有专门的工作组,从事专利统计作为经济指标的研究工作。

此外,像 CHI Research[①](以下简称 CHI)已经构建了多种科技指标体系,其中包括专利指标。与此同时,学术界的研究者关注专利指标也已有很长时间,例如 Griliches 早在 1990 年对专利总量的波动与投资增长的关系做了大量的探索[②];Schankeman and Pakes(1986)

---

① CHI 公司是一家知识产权咨询机构。该公司建立了 Tech-Line～数据库以及一套较为完善的专利评价指标体系。

② GRILICHES, Z V I. Patent Statistics as Economic Indicators:A Survey[J]. Journal of Economic Literature,28 (1990):1661-1707.

利用专利再注册的数据来评估专利权的价值①；Trajtenberg②、Hall③、Jaffe④ 等人对专利引证等重要指标的研究；Putnam 等人对专利族数量的研究；等等。近年来，许多专家和机构开展的较为广泛的研究表明，专利数据可以借助大数据、数据挖掘、云计算等方法，通过科学构建技术指标，分析、比较不同国家、企业以及研究院所之间的技术创新情况，评估技术发展现状，跟踪和预测技术发展趋势，预测产业发展方向，为产业健康发展提供决策依据，为企业和研究院所提升技术研究与开发能力和水平提供保障。可以说，分析人员在实际工作中无论选择哪种分析方法，都应该建立适当的专利信息分析指标。

由于我国自 1985 年才开始正式实施专利制度，起步较晚，经验不足，对专利信息的分析利用还处于发展初期阶段，专利指标的有效研究成果不多。而专利与经济、技术的发展的密切关系，随着经济全球化进程的加快，这些问题日益突出，所以加强对专利指标的研究，建立我国专利分析指标体系显得尤为重要和迫切。由于专利指标的研究是一项庞大的系统工程，要全面介绍专利指标的体系结构、指标构成、参数设计以及不同指标之间的组合使用原则等内容需要相当的篇幅，本书根据研究院所的特点，仅对专利指标的基本概念、专利指标与创新活动以及常见的专利指标种类等问题做一些探讨，旨在抛砖引玉，希望更多的学者、专家加入专利指标体系的研究当中。

2. 专利指标研究的意义与应用

一般来说，在经济活动中人们愿意测量这样的经济作用：降低现有产品的生产成本；开发新产品和服务。人们期望了解其中的投入和产出，以便了解决定技术活动转变的因素正在发生什么变化，以及在不同时期、不同地方的工作效率。

专利指标涵盖了从简单的专利计数到较复杂的指标。这些指标揭示了技术与科学、技术与研发、技术与经济活动的关联度。专利指标的主要优势在于，专利数据可以在高度离散的条件下进行研究，对数据聚合度标准允许有较大的弹性。可以将专利指标理解为，在专利文献中提取有用的信息组，经过加工整理，将它们作为科技活动分析的"尺度"。专利指标提供了对整个发明创造过程的清晰认识，它可以在从宏观到微观的不同层面反映国家或企业的发明创新活动以及研发产出、知识产权的拥有量、技术发展水平及其在国际技术、经济竞争中所处的地位。

专利指标能反映经济活动的哪些方面呢？许多学者做了大量相关的工作。Schmookler 将专利统计当作发明创造量的指标，他认为在经济学上，专利的意义在于可以被转换成一个带有分类的随机变量，并用专利统计来解释国家经济效率增长的集合体⑤。他是第一个公布专利作为"生产率增长指标"的学者。在他看来，专利是发明活动的指标，而且是投入指标而非产出指标。Zvi Griliches 认为，专利数据详细而且易于获得的优点使得

① SCHANKERMAN M, PAKES A. Estimates of the Value of Patent Rights in European Countries during the Post-1950 Period[J]. Economic Journal, 1986(96): 1077-1083.

② TRAJTENBERG M. A Penny for your Quotes: Patent Citations and The Value of Innovations in Rand[J]. Journal of Economics: 1990(1): 172-187.

③ HALL B H, GRILICHES Z, HAUSMAN J A. Patents and R&D: is there a Lag[J]. International Economic Review, 1986(2): 265-283.

④ JAFFE A. Technological Opportunity and Spillovers of R&D: Evidence from Firm's Patents, Profits and Market Value[J]. American Economic Review, 1986(5): 984-1001.

⑤ SCHMOOKLER J. Patents, Invention and Economic Change[M]. Mass: Harvard University Press, 1972.

专利统计可以作为一种较好的发明创造活动输入指标,在衡量其权利时非常有用,而且专利统计与研发统计相比,可以应用到更广泛的领域①。近些年来,学术界已有不少学者投入到"专利指标作为创新活动度量"的研究中。他们认为,科技的变化和创新是生产力和竞争力的重要因素,虽然近年来市场、设计和人为的技能等其他因素对创新活动的影响在逐渐增加,但是在创新过程中科技活动是决定性的②。了解创新预示着对科技活动的了解,而对创新活动过程中专利活动的了解预示着对创新过程的了解。

3. 专利与科技指标之间的关系

通过对专利与研发、创新等科技指标之间的关系进行研究,人们有理由相信,专利指标可以克服研发指标分析经济活动的局限性,较好地反映发明、创新等科技活动的过程。

1) 专利与研发

一般来说,科技活动包含了研发和其他的行为,例如收集、加工科技信息并使之标准化等,然而科技活动中的研发过程不一定是连续的(线性的),且研发的各个阶段没有清晰的边界,以往研发活动可以由研发费用支出、研究人员数量、职员数量等指标测量,而近年来的研发活动与专利活动紧密联系在一起,两者均描绘了发明创新过程的重要方面。目前,不同国家和地区公司的研发的分布状态与专利申请的状况在很大程度上趋于一致,使得利用专利工具研究国家或企业的研发活动成为可能。

必须指出的是,在某些情况下,研发与专利所反映的技术活动有所不同。造成这种不同的主要原因之一是专利分类和经济部门对产品或研发的划分有所不同。目前各国专利机构按国际专利分类统一对本国的专利进行分类,有些国家还同时给出本国的专利分类号。而经济部门对产品领域或研发的分类常常按各国工业分类标准进行。两种分类体系的不一致导致了用专利指标和研发指标分析经济活动的结果可能存在差异。此外,在各个技术创新领域,不同企业的活动有不同的专利申请倾向。例如,医药卫生技术领域的企业,在研发过程中会及时申请专利,而航空航天技术领域的企业,申请专利的比例明显偏低。一般来说国家或企业研发活动与专利活动的不同可以归因于它们制度体系、创新活动结构或专利需求的模式的不同。

在实际工作中,当试图对研发进行国际范围的比较时,不同国家之间研发运作的模式以及资金筹集方式的不同会使得测量难度加大。实际上,各个企业的研发数据常常不易获得,而专利作为公开的信息源可以提供有关企业创新活动的详细信息。由于专利数据统一、规范的特征使得专利指标具有离散度小的特点,这使得使用专利指标比研发支出、贸易或产品统计数据有更好的效果。大量研究表明,使用研发指标分析经济活动的局限性大于专利指标分析经济活动的局限性。

2) 专利与创新

创新的线性模式显示了这样的规律,新技术的发展将遵循一个清晰的时间次序:起源于研究(包括新产品开发),直至到达产业化和商品化。在这个线性创新模式中,专利不能被限制在一个单独的创新阶段,它几乎贯穿于科技创新活动的整个生命周期。作为构建技术

---

① GRILICHES,Z V I. Patent Statistics as Economic Indicators : A Survey[J]. Journal of Economic Literature, 1990(28): 1661-1707.

② 奥斯陆手册(OECD. Patent Manual. [S. l.]: [s. n.],1992: B-C.).

创新指标的专利数据,其可信度已经被许多的调查证明过。这些调查显示:许多发明被申请专利,并且大部分专利是伴随着经济用途而产生的。此外,无论是小企业或大公司,专利都能较好地反映它们的发明和创新活动。这些发明和创新活动是无法单独用研发指标进行恰当测量的。

此外,在应用专利指标时,应当根据分析目标的不同选择不同的专利指标。例如,当专利被看成科学活动指标或研发指标时,焦点在于发明创造的起源地区,即关注专利优先权的研究。当专利被用来研究国家、地区或企业的技术活动时,重点关注的是专利所涉及的技术和主要产品领域,在这些领域中,发明创造被具体产品表现出来。当研究发明创造对地区生产力增长的贡献时,应重点关注发明创造起源的地区或其应用领域等。

2.1.2　专利指标类型

关于专利指标种类的研究,不同的学者有不同的观点。有些学者将专利指标分为数量、质量和价值等几类,有些学者认为应将专利指标分为技术层面和经济层面的指标。专利数量指标是专利信息分析中最基础的指标,而在专利数量统计的基础上研究数量的变化以及不同范围内各种量的比值(如百分比、增长率等)是专利信息分析指标体系的本质,因此人们可以根据不同的分析目的,设立不同的评价指标。本节首先介绍了几种有代表意义的专利数量指标,例如原产国专利数量指标、技术框架数量指标、公司联盟数量指标以及专利族数量指标等;在此之后介绍了由各种数量相互关系引申出来的一组指标,例如关联度指标、创新活动指标、企业专利质量指标、企业强势专业技术指标、国家竞争力指标、专利实施率指标和产业标准指标等。

1. 专利数量指标

专利数量指标是一个最基础的专利指标,它是按照一个或多个标准对专利数据项进行计数。正如前面所讲,专利文献包含了丰富的信息资源,不管是哪国的专利文献,在专利说明书的扉页上都必须标注专利题目、专利申请人、专利分类号、专利发明人、发明的年代(优先权时间)、专利说明书摘要等著录项目。对这些规范的数据项进行统计计数,可以反映各个国家或专利权人在不同时期、不同领域技术活动产出和知识产权保护战略。

专利数量指标有多种形式,例如专利权人的专利数量统计、专利申请优先权国别统计、特定技术领域专利数量统计、特定技术领域专利权人专利数量统计、发明人专利数量统计等。专利数量指标虽然只是各种数据统计,看似简单,但是使用中如果能按照分析目的的不同选择相关的专利数量指标或专利数量指标组合来描述不同的技术活动,有时会有很好的效果。常见的专利数量指标有如下几种。

1) 原产国专利(Patent of Original Country)指标

该指标常常被用来研究一个国家的发明产出或它的市场价值。它由以下几种专利数量组成。

(1) 常住居民的专利申请(RA)数量。这一指标可以表征一个国家的发明创造产出。

(2) 非常住居民的专利申请(NRA)数量。这一指标提供了这样的信息:对于国外发明人来说,这个国家是一个有价值的市场;这些国外发明人是某一技术领域的重要竞争者;这些国外发明人,已将专利作为竞争的工具使用。

(3) 国家或企业在外国的专利申请(EA)数量。这一指标可以被视作某个国家或企业在外国市场维护发明活动投资回报的一个指标。

这组指标经常用于在国家、地区或部门之间的比较研究。通过较长时间序列的研究,使得在一个清晰的时间周期上追踪科技发展趋势,分析特定国家、地区、部门或企业的科技活动成为可能。作为长期以来不断发展的科技指标,原产国专利数量提供了一个国家、地区或企业在科技活动中所处竞争地位的信息。

2) 技术组合(Technology Profile)指标

人们常常按一种特定的技术分类对专利进行类目整理,这种技术分类是根据专利权项的内容进行的,既有国际的(例如国际专利分类,简称IPC),也有各国自行制定的(例如美国专利分类,简称UPC),利用它们对应的专利数量可以研究企业的技术领域分布、行业重点技术分布以及相关国家重点行业分布等内容。其中,企业的技术分布可以揭示一个企业对特定技术领域的投入和关注程度,同时也被用来与其他企业的技术方向做比较,从而为合作伙伴、收购方、协作方以及战略联盟提供相关信息。

3) 公司联盟(Alliances Between Companies)

一件专利有时会有一个以上的专利权人,也就是通常所说的共同专利权人。分析这类数据就可以确立公司同盟、合伙人和不同领域中的合作者。

4) 发明人(Inventors)

对某一技术领域内专利的发明人数量进行数据统计,可以知道领域发明创新最多的技术人才有哪些,他们是相关技术领域重要的人力资源。及时了解这些发明人所申请专利的数量和内容变化情况,有助于了解相关技术领域投资方向的改变。如果某企业对某一特定技术领域增加或减少研究人员,就说明它们更重视或准备放弃该领域的研究。

5) 专利族指标(Patent Family Index)

如前所述,按照《巴黎公约》的定义:一个专利权人就相同的发明创造在某一国家申请专利后,一年内又在其他国家申请了相同的专利,这些专利就称为专利族。同一专利族的专利可以享受在先申请的申请日保护,在先申请日称为优先权日。专利族指标测算的是某一发明创造在不同国家的保护信息。由此引申出以下一组指标。

(1) 技术活动规模(Level of Technological Activity)。专利族的专利量和专利族涉及的范围是测量技术活动时效果较好的指标。一个企业的发明创造数量以及这些发明创造所形成的专利族的地理分布可以用来反映企业研发活动的规模。如果按优先权日或最初申请日将企业过去几年的数据汇制成图,就可以了解和分析企业的专利活动历史和趋势。研究一个特定专利权人的专利活动,应将它与相同技术领域中其他专利权人的专利活动进行比较,以便获得它们技术变化速度差异的信息。

(2) 商业潜力指标(Commercial Potential Index)。该指标是一个基于专利数量统计的指标,它利用同样一件专利在其他国家申请的总数来测算该专利的商业潜力。通常,一件专利只有在其申请的国家中公开,才能获得保护,如果在多个国家申请专利,费用会很高。这样就有理由估计:如果一个企业就一项发明创造在众多国家寻求保护,则说明该发明创造有较高的商业收益。一个企业专利的经济价值可以按其专利申请的国家数成正比。许多企业的专利申请可以看成是该企业的技术选择,专利被放弃则说明它不被市场接受或企业不再对相关技术领域注入新的投资。应当注意的是,对企业整体专利组合的研究应当包含期满专利和技术陈旧的专利。

(3) 国际市场指标(International Market Index)。该指标是基于专利申请国别统计的指标,用来研究一个企业的专利申请模式,即在过去某段时间内企业在哪些国家寻求专利保护。理论上讲,一个企业只会将有重要经济价值的发明创造在世界范围内申请专利。研究这些模式,分析人员可以确认企业寻求商业利益的市场动向。对一个企业在过去一段时间内国内外的专利申请进行分析,可以揭示出该企业市场利益的地理分布。

2. 关联度指标

关联度指标是用来揭示专利文献之间或专利文献与科技文献之间的相互联系。关联度指标有多种形式,本章介绍专利信息分析中常用的技术关联度指标、当前影响力指标、技术实力指标、科学关联度指标和科学实力指标。

1) 技术关联度(Technology Linkage)指标

技术中潜在的关联性可以用以下两种方法确定:专利引证和交叉分类。

(1) 专利引证(Cited Per Patent)。这里所讲的专利引证指标是通过一件专利被其他在后申请的专利所引用的次数来揭示技术中详细的关联程度。它实际上测算的是新专利文献对老专利的引用程度,这种引用非常具体地表现出技术之间的联系。专利文献中存在两种专利被引用的数据:由发明人自己在其专利申请中引用之前已申请的专利;专利审查员在撰写检索报告或审查专利时引用的在先专利。

发明人自己提出的引文通常仅出现在他们的专利说明书中,使用起来比较困难,而且引文数据是发明人自己给出来的,有时会带有一定的片面性。专利审查员在审查专利申请时,会引用在先专利或学术论文来描述在先技术与该专利申请在专利内容上的相互关系,并进行专利检索,然后提供引文数据。相比较而言,专利审查员提供的引文数据客观可靠,而且这些引文数据一般被放在专利说明书的扉页上,获取方便。

研究专利的引用信息可以识别孤立的专利和活跃的专利。孤立的专利很少被其他的专利申请引用,活跃的专利则会被其他的专利大量引用。此外,专利引证指标也可以应用到国家或企业专利的被引用研究中,用来判断这些专利的影响力或质量。地区之间或特定技术领域的技术关联度等均可以用专利引文指标来度量。通过引文分析,可以了解专利文献之间的关系,了解技术发展趋势和围绕着变化的技术领域形成网状专利保护的轨迹,分析技术交叉点的专利趋势,探索核心技术和技术空白点,等等。

(2) 交叉分类指标(Co-Classification Index)。这种估算技术关联度的方法是通过测算专利交叉分类号实现的。交叉分类指标可以在更宽泛的范围内反映技术关联度。这是因为当某件专利涉及多个技术领域时,同一件专利文献会有几个分类号。有些学者将一件专利的第一个分类号称为主分类,其他分类号称为副分类。同一专利文献中的共同专利分类号在综合层面上显现了这些领域技术之间的联系。研究专利分类号共同出现的频率,可以表征学科之间、技术之间的关联程度,寻找技术突破口。

2) 当前影响力指标[①](Current Impact Index,CII)

该指标是一种重要的专利引文影响力指标。它通过测算企业专利被引用的次数来反映企业专利组合的质量。

相对于整个专利体系的平均被引用次数而言,一个企业所持有的专利多次被在后申请

---

① CII指标、TS指标和Score指标是由美国知识产权咨询机构CHI公司首先提出。

的专利所引用的,这种企业通常被认为处于产业的强势地位。CII 的计算公式如下:

$$CII = \sum_{i}^{n} \frac{C_i / B_i}{D_i / A_i} \qquad (2-1)$$

其中,A_i 为专利系统中专利总数;B_i 为某企业在专利系统中专利总数;C_i 为某企业在专利系统中的专利被引用的次数;D_i 为当年专利系统中专利被引用的次数。

如式(2-1)所示,CII 的计算过程是,在选择的专利数据库中,先分别统计今年以前连续 5 年授权的专利数量、被分析企业的授权专利数量、前 5 年专利的被引用次数、前 5 年内该企业授权专利的被引用次数,接着将被引用次数除以 5 年内该企业的专利授权量,得到一个平均被引用率,最后将这个平均被引用率除以同时期授权专利的平均引用率,便得到了该企业的 CII 值。

当 CII=1 时,意味着过去 5 年内该企业专利平均被引用的情况和同期专利平均被引用的情况是一样的;当 CII=1.6 时,说明相比同期专利平均被引用的情况,该企业的每一个专利有多出 60% 的被引用率。CII 值是一个和时间保持同步的指标,也是一个反映过去 5 年企业专利被引用轨迹的指标,它与经济指标密切相关,不仅反映出过去 5 年来企业专利的影响力、企业专利组合的质量,同时对企业现行技术相当敏感,当一个企业的 CII 值开始降低的时候,说明该企业在放弃某种技术创新活动。

3) 技术实力指标(Technology Strength,TS)

该指标是由当前专利影响指标(CII)引申出来,用于测算专利组合强度的指标。比较常见的有 TS 和 Score 两种计算公式。

$$TS = 企业专利数量 \times CII \qquad (2-2)$$

应用该指标是基于这样的假设:企业最新授权专利的影响力和质量与企业当前的专利影响力和质量相类似。

$$Score = \sum_{i=0}^{k-1} \alpha_i x_i^{\beta_i} \qquad (2-3)$$

Score 指标是一个利用专利指标测算上市公司投资价值的指标。式(2-3)中,x_i 代表含专利指标在内的公司指标,包括公司拥有的专利数量、专利成长率、该公司专利引证在先专利次数和研究的论文篇数、公司股票的价格记录等。有时也可以加入一些上面其他的专利指标,例如专利计数、引用频率、单个专利引证情况、引用百分比、内部或外部专利引证频率、国外申请和授权的数量、续展专利的百分比、许可专利的数量或百分比、非专利参考文献的数量等。α_i 代表各个公司各自的加权系数,有些 α_i 为 0,但至少有一个 α_i 不为 0。β_i 代表权重指数,有时为了计算方便,β 值为 1。Score 值较大,表明公司在未来的发展中有可能会获得较好的金融收益,而分值较低的公司不大可能获得较好的金融收益。该指标是 CHI 公司为了精确衡量公司技术实力而发明的一种金融数据处理系统和方法。用来计算企业的总体技术实力,以便在投资组合选择中挑选具有巨大增值潜力的公司。其原理在于股票走向和公司技术实力之间存在联系,而且通过分析公司的专利组合来评估公司的技术实力。更为特别的是,该处理系统和方法是通过几个技术积分来给公司排序的。投资者可以根据这些指标找出技术上被低估或被过高估计的公司。这样投资者就可以购买技术被低估的公司股票,同时回避技术实力被过高估计的公司股票。

4）科学关联度（Science Linkage，SL）指标

专利申请中引用的学术论文数常用来评估科学与技术的关联度。专利审查员在审查专利申请案时，会引用在先专利或学术论文来描述在先技术与该专利申请案在技术内容上的关联性。对于某些技术领域，尤其是新兴领域，审查员引用的科学文献有助于追踪技术与科学之间的联系。因此无论在定量还是定性上，这样的引文数可以反映一个设定的技术领域的科学基础是否深厚。目前，有 3 种常用的方法来测算技术与科学的关联程度。

（1）学术论文被引用数。学术论文被引用数是指企业所有专利中引用学术论文的平均数。该平均数值越大，说明企业技术与科学就越紧密关联，企业处在该技术领域前沿竞争地位。

（2）被引用的公开论文的发表时间与授权专利批准时间之间的平均时间差。该时间差越小，技术与科学关联越紧密。

（3）涉及刊载被引用的论文期刊种类。越多的期刊所公开的基础研究成果被专利所引用，专利就越依赖基础的科学知识。

科学关联性首先测算的是专利（标的专利）所引证的科研学术论文或研究报告数量。该指标衡量的是专利技术和前沿科学研究关系的密疏。分析中应当注意科学关联性的数值具有产业依存性（Industry Dependent），如机械行业的 SL 平均数值几乎为 0，而高科技生化产业 SL 平均数值可能高达 15。

5）科学实力指标（Science Strength，SS）

该指标是由科学关联度指标（SL）引申出来的，用来测算企业如何利用科学技术，构造它的专利组合，进而判断企业科研力量。SS 的计算公式如下：

$$SS = 企业专利数量 \times 科学关联度 \tag{2-4}$$

式（2-4）表明科学实力随着科学关联度以及企业专利组合而变化，它可以看成企业专利组合科学关联度的总和。

3．创新活动指标

该指标有多种形式，本文介绍专利增长率指标、技术生命周期指标、专利效率指标和创新模式指标。

1）专利增长率指标（Patent Growth Rate，PGR）

PGR 指标用来测算某个技术领域、行业或某个国家技术创新速度。

该指标测算的是专利数量增长随时间变化的百分率，可显现技术创新随时间的变化是增加还是迟缓。目前有两种常用的表示形式：

$$专利增长率 = \frac{近期拥有专利数量 - 前期拥有专利数量}{前期专利数量} \times 100\% \tag{2-5}$$

$$企业专利增长率 = \frac{企业近期拥有专利数量 - 企业拥有前期专利数量}{企业前期专利数量} \times 100\% \tag{2-6}$$

上述两个公式中，专利数量一般以授权专利量为标准，前期专利数量是指所选的时间跨度的起始点的专利数量，近期专利数量是指所选的时间跨度的终点的专利数量。

计算专利增长率指标时，有一个时间跨度，这个时间跨度可长可短，长短的选择取决于不同的分析目的和被分析的技术领域的特点。例如，电子技术领域的技术发展变化快速，分析时所选的时间跨度常常以一年为宜，而制药领域的技术生命周期长，时间跨度可选 2～3 年或者

更长时间。当所选时间跨度为1年时,企业专利增长率又称为企业年专利增长率。具体来说,某企业专利年增长率是将企业某年所获得的专利数量减去前一年所获得的专利数量,再除以企业专利总数,计算出该年所获准专利较前一年增减幅度的百分比。专利年增长率测算的是和上一年相比专利增长变化的百分比,用来衡量一年来技术活动发展的变化状况。

应该注意的是,专利增长率指标常常应用于技术领域不同竞争对手之间技术创新能力的比较研究。

2)技术生命周期(Technology Cycle Time,TCT)

该指标测算的是企业技术创新的速度,也是研究企业竞争地位的指标。专利技术生命周期计算方法有多种形式,有的通过计算技术生长率(ν)、技术成熟系数(α)、技术衰老系数(β)和新技术特征系数(N)的值测算专利技术生命周期。而 CHI 认为 TCT 可以用专利在其申请文件扉页中所有引证专利技术年龄的中间数表示,这两种方法也是现阶段分析人员比较常用的方法,前者常常被用来研究行业技术生命周期,后者被用来研究某件专利文献所代表的技术生命周期。

CHI 认为 TCT 用于捕获企业正在进行技术创新的信息,它测量的是最新的和早期的专利技术发展变化的时间段。很显然,早期专利代表着现有技术,因此 TCT 其实就是现有技术和最新技术之间的发展周期。

3)专利效率指标(Propensity To Patent,PTP)

该指标测算的是在一定的研发经费支持下,研发过程中所创造的研究成果申请专利的数量,该指标以特定时间内企业产出的专利数量来评估科研能力和成本效率。专利数量产出的越多,专利效率越高,企业的技术研发能力越强。另外,为了横向对比专利效率,可以将产出的专利数量除以科研人员的数量,得出人均专利效率。也可采用数据包络分析(DEA)等非参数法和随机前沿法(SFA)等参数法进行效率的测算。专利效率测算的是专利数量产出的绝对值,人均专利效率测算的则是专利数量产出的相对值。

4)创新模式指标[①](Innovation Activity Index,IAI)

该指标是一组利用某一技术领域专利申请人拥有专利数量的变化情况来测度谁是该领域创新活动的创新进入者和持续创新者,判断创新进入者的公司规模,探索其创新活动是偶然还是持续的,推断创新活动的周期,进而探讨国家、企业或行业的创新模式。

该指标群涉及的变量有以下几种。

NE:专利申请进入者的数量。

NX:专利申请退出者的数量。

NLE:专利申请侧面进入者的数量。

NLX:专利申请侧面退出者的数量。

NT:专利申请总量。

PE:进入者拥有专利的数量。

PX:退出者拥有专利的数量。

PLE:侧面进入者拥有专利的数量。

---

① MALERBA F, ORSENIGO L. Technoligical entry , exit and survival: an empirical analysis of patent data[J]. Research Policy,1999(28): 643-660.

PLX：侧面退出者拥有专利的数量。

PT：专利总量。

由上述变量构成以下指标群。

（1）总专利申请进入者比率（ER）。该指标的计算公式如下：

$$ER = NE/NT \tag{2-7}$$

（2）总专利申请退出者比率（XR）。该指标的计算公式如下：

$$XR = NX/NT \tag{2-8}$$

（3）进入者专利数量份额（PESH）。该指标的计算公式如下：

$$PESH = PE/PT \tag{2-9}$$

（4）退出者专利数量份额（PXSH）。该指标的计算公式如下：

$$PXSH = PX/PT \tag{2-10}$$

（5）进入者专利数量相对于持续创新者的平均专利数量规模（PERS）。该指标的计算公式如下：

$$PERS = \frac{PE/NE}{(PT - PE)/(NT - NE)} \tag{2-11}$$

（6）退出者专利数量相对于持续创新者的平均专利数量规模（PXRS）。该指标的计算公式如下：

$$PXRS = \frac{PX/NX}{(PT - PX)/(NT - NX)} \tag{2-12}$$

（7）侧面专利申请进入者比率（LER）。该指标的计算公式如下：

$$LER = NLE/NE \tag{2-13}$$

（8）侧面专利申请退出者比率（LXR）。该指标的计算公式如下：

$$LXR = NLX/NX \tag{2-14}$$

（9）侧面进入者专利数量份额（PLESH）。该指标的计算公式如下：

$$PLESH = PLE/PE \tag{2-15}$$

（10）侧面退出者专利数量份额（PLXSH）。该指标的计算公式如下：

$$PLXSH = PLX/PX \tag{2-16}$$

（11）侧面进入者专利数量相对于持续创新者的平均专利数量规模（PLERS）。该指标的计算公式如下：

$$PLERS = \frac{PLE/NLE}{(PT - PE)/(NT - NE)} \tag{2-17}$$

（12）侧面退出者专利数量相对于持续创新者的平均专利数量规模（PLXRS）。该指标的计算公式如下：

$$PLXRS = \frac{PLX/NLX}{(PT - PX)/(NT - NX)} \tag{2-18}$$

研究表明，专利创新活动的变化受 4 个因素的影响：正面进入者、侧面进入者、正面退出者、侧面退出者。为了研究创新活动变化程度或变化原因，使用这组指标进行专利信息分析时，首先要将采集到的专利数据按工业技术分类（49 个技术子类）进行分类。进而利用某个技术类别的专利权人从技术进入和退出两个方面进行计量统计，计算进入和退出比率，辨别不同类型的进入和退出，将进入者和退出者分为正面进入者、正面退出者、侧面进入者和侧面退出者。正面进入者是指以前在任何技术领域没有申请过专利的申请人,而正面退出者是指专利权人停止一切专利活动。侧面进入者和侧面退出者是指过去曾在其他技术领域从事创新活动,并申请了专利,它们是致力于技术多样化的持续创新者。

通过专利申请人的进入和退出过程,创新活动领域的专利权人的成分被充分改变。进入者(即新加入的专利申请人)与持续创新者相比,通常是较小的公司,而持续创新者专利数量份额较大,它们常常拥有一个较大的专利网络,并且它们很可能在新的技术领域谋求发展,成为侧面进入者。退出者的情况也类似。换句话说,正面进入者和正面退出者常常是经济规模较小(雇员数量较少)的公司,每个专利申请人只拥有少量专利;相比之下,侧面进入者和退出者常常是经济规模较大的公司,它们致力于技术多样性的过程,不断拓展活动的技术空间,最终摒弃旧技术。

少数进入者经过技术知识和技术进步的逐渐累积,可能长期持续创新,并成为持续创新者。

在实际工作中,使用这组指标时应当注意以下几个问题。

(1) 关注不同技术领域进入和退出指标的关联情况。即各技术分类的进入比率增长时,进入者专利数量份额和相对规模、退出比率、退出者专利数量份额和相对规模等均呈增长势态。

(2) 不同的技术领域,创新活动的变化程度也不同。动荡型技术领域,总进入比率和总退出比率都较高,多数进入者是正面进入者,多数退出者是停止创新活动的正面退出者。稳定型技术领域,总进入比率和总退出比率较低,多数的进入和退出都发生于技术多样性的专利申请人身上。中间型技术领域,各个指标的值介于动荡型技术领域和稳定型技术领域之间。

(3) 创新活动中,专利权人的变化一般来说是一个复合现象,正面和侧面两种类型的进入和退出有不同的特点,产生的影响也不同。正面进入和退出产生的动荡常常高于侧面进入和退出。另外,正面进入者和退出者是经济规模较小的公司,而侧面进入者和退出者一般是持续创新者进入新的技术领域、并从事技术多样化的大公司。

(4) 在不同国家,由于技术创新机制的不同,技术进入和退出模式有所差异。相对稳定型国家,其进入和退出比率、专利份额、相对规模等均为低值,而侧面进入和退出有重要作用。动荡型国家,侧面进入和退出比率较低。

(5) 多数专利申请人是偶然创新者,这使得他们迅速从创新技术领域退出。随着时间的推移,只有一部分公司存活并成为大公司,成为持续创新者。虽然它们数量很少,但是对各个时期的全部专利活动影响巨大。

上述这组创新模式指标看似简单,但是运算过程十分复杂,并需要一定结构的数据库作为支持,因此在一般的专利信息分析中不多见。目前,这组指标国内尚未使用。

4. 强势技术指标

强势技术(Revealed Technology Advantage,RTA)指标常用来测算专利权人在专利活动中强势技术领域的分布情况,常常被应用在竞争对手之间的比较研究中。其中最常用的指标有专业活动指标(Specialization Index),它又称为活动指数(Activity Index)或技术优势(Revealed Technology Advantage,RTA)、相对频率指标(Relative Frequency Index)、技术竞争指标(Competitive Index)、总技术竞争指标(Total Competitive Index)、相对技术优势指标(Comparative Advantage Index)等。这些指标常常被定义成一个企业(i)在某一国家的专利机构或组织在某一设定的技术领域(Z)中所占的专利份额。

1) 专业活动指标

该指标的计算公式如下：

$$专业活动指标 = \frac{企业\ i\ 在某一产品链申请专利量占企业专利量的百分比}{行业中某一产品链申请专利总量占行业专利量的百分比} \quad (2\text{-}19)$$

该指标用来衡量企业在某一技术领域内的竞争地位。从概念上讲，这与市场营销方面"市场份额"的作用相同。专业活动指标值在0～1之间，对于企业而言，希望的专业活动指标值是1。当企业的活动指数值为1时，说明该企业在本行业相关产品领域有最大的技术优势，处于技术垄断地位。指数的对数常常被用来作为新的指标，显示相关的专利优势(RPA)，指标的值在-1～1之间。

2) 相对频率指标

该指标的计算公式如下：

$$相对频率 = \frac{企业在\ Z\ 技术领域的专利申请量}{企业专利申请总量} \quad (2\text{-}20)$$

该指标可以看成是对企业研发重点的测度，用来说明在企业整体研发组合范围内致力于某一特定技术领域的重要性，突出了企业研发战略的差别。同时，该指标表明了企业对Z技术领域的重视程度，显示了企业的尖端技术领域。通过计算某个技术领域的专利申请量与专利申请总量的比率，也可以测量平均技术宽度。

3) 总技术竞争指标

该指标的计算公式如下：

$$总技术竞争指标 = \frac{企业专利申请总量}{所有国家专利申请总量} \times 100\% \quad (2\text{-}21)$$

4) 企业在Z技术领域的竞争指数

该指标的计算公式如下：

$$企业在\ Z\ 技术领域的竞争指数 = \frac{企业在\ Z\ 技术领域专利申请总量}{所有国家在\ Z\ 技术领域专利申请总量} \times 100\% \quad (2\text{-}22)$$

5) 企业在Z技术领域的相对优势指标

该指标的计算公式如下：

$$企业在\ Z\ 技术领域的相对优势指标 = \frac{企业在\ Z\ 技术领域的竞争指数}{企业所有技术领域的竞争指数} \times 100\% \quad (2\text{-}23)$$

一个企业的总技术竞争指标值越低，它的竞争地位就越差，企业在某个特殊技术领域(如Z技术领域)的技术竞争指标值越低，其技术阻碍越大。通过竞争指标的全球排序，就可了解某个国家或企业在技术领域的竞争地位是领先者还是只在某些领域有相对优势。

这是一组比较研究的指标，这些指标的值可以用于不同国家的技术优势的比较研究，也可以用于不同企业强势技术分布的比较研究。

注意：目前在中国专利数据库中尚没有工业技术分类数据，因而使用这些专业技术指标有一定困难。比如在现有的专利数据库中难以直接获得某工业技术领域专利申请量数据。

5. 企业专利质量指标

为了比较不同企业的专利质量水平，利用一组专利统计指标构成评价企业专利质量的指标体系，这些指标如下。

1）提请专利的批准比率（Q_1）

该指标的计算公式如下：

$$Q_1 = \frac{\text{企业在 } Z \text{ 技术领域被授权的专利量}}{\text{企业在 } Z \text{ 技术领域专利申请总量}} \tag{2-24}$$

该指标用来衡量企业专利申请的技术质量。

2）国际范围（Q_2）

该指标的计算公式如下：

$$Q_2 = \text{企业在 } Z \text{ 技术领域被授权专利涉及的国家数量} \tag{2-25}$$

该指标用来衡量企业专利申请的经济质量。Q_2 越大，说明该企业在 Z 技术领域获得经济效益的可能性越大。

3）技术范围（Q_3）

该指标的计算公式如下：

$$Q_3 = \text{企业在 } Z \text{ 技术领域被授权专利涉及的国际专利分类号（IPC）数量} \tag{2-26}$$

该指标用来衡量企业专利技术的宽度，属于专利申请的技术质量指标。

4）引用频率（Q_4）

该指标的计算公式如下：

$$Q_4 = \frac{\text{企业在 } Z \text{ 领域授权专利被引用总量 } / \text{ 企业在 } Z \text{ 领域专利授权量}}{Z \text{ 在领域授权专利被引用总量 } / Z \text{ 领域专利授权量}} \tag{2-27}$$

该指标用来衡量企业专利申请的技术和经济质量。Q_4 越大，说明该企业在 Z 技术领域拥有多项核心技术，在未来的经济市场可能获得较大的经济效益。

5）平均专利质量（PQ）

该指标的计算公式如下：

$$PQ = a_1 Q_1 + a_2 Q_2 + a_3 Q_3 + a_4 Q_4 \tag{2-28}$$

式（2-28）中，$a_1 \sim a_4$ 分别是 $Q_1 \sim Q_4$ 的权重系数。这些系数的值不为零，它们可以由专业领域的专家评估来确定。该指标用来衡量企业在 Z 技术领域所有专利申请的平均质量。

6）专利效能（PE）

该指标的计算公式如下：

$$PE = PQ \times \text{企业在 } Z \text{ 技术领域的专利申请量} \tag{2-29}$$

该指标用来测算企业在 Z 技术领域的技术实力。

7）技术地位（TP）

该指标的计算公式如下：

$$TP = \frac{\text{企业在 } Z \text{ 技术领域的专利效能（PE）}}{Z \text{ 技术领域中所有专利权人的专利效能（PE）}} \tag{2-30}$$

该指标是一个用专利申请质量来表示企业在 Z 技术领域竞争地位的指标。

8) 技术差距(TD)

该指标的计算公式如下：

$$TD = \frac{\text{企业 } Z \text{ 技术领域的专利效能(PE)}}{Z \text{ 技术领域中所有专利权人的专利效能(PE)的最大值}} \quad (2-31)$$

该指标用来衡量企业在 Z 技术领域中与技术领先者的技术差距。

上述一组指标主要用来衡量专利申请质量,使用时应注意这些指标各自的比重。专利的"引用频率"受其使用年限的影响,某企业专利的引用频率需要与同时期其他企业专利的平均引用频率对比进行测算。而且这组专利质量指标是从商业角度出发得出的,它指的是企业专利可能对其销售和利润所做的贡献大小,而不是进行法律上的评估。技术地位指标可显示企业在某一技术领域内(Z 技术领域)的竞争地位。该指标是技术比较的一个核心要素。

6. 国家技术竞争力指标

这组指标是由印度 Parthasarathi Banerjee、B. M. Gupta 和 K. C. Garg[①] 率先提出来的。在他们看来:专利数量和专利技术涉及的主题分布方式描述了国家的能力和企业竞争力,因而专利统计的意义在于预测未来技术研究内容、数量和技术领域的变化,了解相应的战略数据。国家技术竞争力指标由国家专利活动指标、国家专业活动指标、国家专利竞争指标、技术汇集指标、技术独立性与依赖性指标、市场吸引力等指标组成。这些指标用来测算国家整体技术竞争力。

从本质上说,竞争指标是技术竞争的状况而非国家竞争的状况的指标,也可以理解为"国家技术能力"。而"市场吸引力"指标是在全球化市场竞争的浪潮下,国家市场吸引技术持有人申请专利技术保护的能力。"技术汇集"指标是研究技术的动态组合。

1) i 国专利活动指标

该指标的计算公式如下:

$$i \text{ 国专利活动指标} = \frac{i \text{ 国年度专利授权量 / 十年内 } i \text{ 国专利授权量}}{\text{年度世界专利授权量 / 十年内世界专利授权量}} \times 100\%$$

$$(2-32)$$

该指标旨在了解国家创新活动的轨迹。一般来说,活动指数越大,说明该国技术能力越强。

2) 国家专业活动指标

该指标的计算公式如下:

$$\text{国家专业活动指标} = \frac{\text{某领域的年度专利量 / 某领域的专利总量}}{\text{某国的年度专利总量 / 世界的专利总量}} \quad (2-33)$$

该指标用来考查某个国家或某个企业在相关技术领域专利活动上升或下降情况。

3) 国家专利竞争指标(Mci)

该指标的计算公式如下:

$$Mci = \frac{\text{某年授予某国的专利量 / 某年授予其他国家的专利量}}{\text{十年中其他年份授予某国的专利量 / 十年中其他年份授予其他国家的专利量}}$$

$$(2-34)$$

① BANERJEE P, GUPTA B M, GARG K C. Patent statistics as indicators of competition an analysis of patenting in biotechnology[J]. Scientometrics 2000(1): 96-116.

国家专利数量的多少反映了技术持有人对未来技术竞争的期望,因而,Mci 反映了随后几年国家竞争地位的大小。

4）技术汇集的指标

该指标的计算公式如下：

$$技术汇集的指标 = \frac{某年某领域的总专利量 / 某年所有领域的总专利量}{十年某领域的总专利量 / 十年所有领域的总专利量} \tag{2-35}$$

该指标用来描述国家技术主题分布信息,从而了解国家的强势技术领域或技术相对落后的领域。技术汇集指标有时被描述为技术活动指标,描述某领域对未来活动的相对强度。

5）技术独立性指标

该指标的计算公式如下：

$$技术独立性指标 = \frac{授予当地国内的专利量}{授予的专利总量} \tag{2-36}$$

该指标测算国内的独立自主开发技术的能力,技术独立性指标越大,说明国内的自主开发新技术的能力越强。

6）技术依赖性指标

该指标的计算公式如下：

$$技术依赖性指标 = \frac{授予国外的专利量}{授予国内的专利量} \tag{2-37}$$

该指标测算国家对国外技术依赖的程度。国内和国外专利的数量关系可以表示一个国家对国外科技技术开放、需要和依赖程度。上述两个指标表明了国内外专利活动的关系。

7）市场吸引力指标（Mcci）

该指标的计算公式如下：

$$Mcci = \sum_{i=1}^{n} \frac{p_{ai}}{p_i} \tag{2-38}$$

该公式是基于这样的思想：一个国家专利体系之所以有吸引力,不仅受其国内市场吸引力的影响,同时也受全球专利程度的影响。因而,某个国家市场吸引力指标是该国在国外专利申请与所在地专利申请之间的比率之和。例如,要计算美国、日本、德国、英国 4 个国家中美国的市场吸引力指标 $Mcci_{US}$,则

$$Mcci_{US} = \left(\frac{USP_{JP}}{JPP_{JP}} + \frac{USP_{DE}}{DEP_{DE}} + \frac{USP_{GB}}{GBP_{GB}} \right) \times Mci \tag{2-39}$$

其中,Mci 为美国国家竞争力指标,见式（2-34）,USP_{JP} 为美国在日本的专利授权量,JPP_{JP} 是日本本国的专利授权量,USP_{DE} 是美国在德国专利授权量,DEP_{DE} 是德国本国的专利授权量,USP_{GB} 为美国在英国的专利授权量,GBP_{GB} 是英国本国的专利授权量。在美国、日本、德国、英国 4 个国家的比较研究中,如果 $Mcci_{US}$ 的值最大,说明美国市场最具吸引力[①]。

7. 专利实施率指标（ARP）

一般来说,专利申请以后能否产生效益,取决于专利在实施中的开发过程。不是所有的专利都能开发成功,有不少专利在技术开发过程中因技术难点解决不了或在现有技术条件

---

① 注意：使用该系列指标时,相关的专利数据应该从综合的专利数据库中采集,而非单个专利机构的专利数据。

下达不到预期效果而不得不最终放弃。

$$ARP = \frac{国家或企业已实施的专利量}{国家或企业专利总量} \times 100\% \tag{2-40}$$

专利实施率越高,则专利对于技术发展、技术创新做出的贡献越大,和经济发展结合的越紧密。

实际工作中,也可以通过专利技术的各项性能、预期的经济效益、社会效益、影响专利实施的市场因素、产业已有的开发和生产能力、国内外宏观环境以及产业化风险等因素来测算专利的实施情况。

8. 产业标准化指标

在对不同行业的竞争者做横向比较的时候,产业之间的差异会影响专利指标数值的意义,为此引入了产业标准化指标。

$$产业标准化指标 = \frac{企业专利指标}{企业所在行业专利指标的平均值} \tag{2-41}$$

前面介绍的多种专利指标都可以换算成产业标准化指标。例如,产业标准化的专利数量、产业标准化的专利年增长率、当前影响力指标、产业标准化的技术生命周期、产业标准化的科学关联性、产业标准化的专利引证指标等。

产业标准化指标的好处在于通过企业专利指标的值与所在行业专利指标平均值的比值,可以有效地去除行业技术特征的影响。这有助于不同产业之间的横向比较。例如电子技术的生命周期一般为三四年,而那些技术变化缓慢的领域,如造船技术,它的生命周期一般在 15 年或更长,制药类技术领域平均技术生命周期约为八九年。考虑到所在行业,一个技术生命周期为四年的制药企业,其技术创新能力就比一个技术生命周期为 3 年的电子企业的创新能力强。

在讲述专利指标种类时,有些指标会交叉出现。这种交叉现象应该理解为,为了应对不同的分析目的,需要选择不同类型的指标组合来解释相关的技术活动。专利指标的公式很多,不能一一列举。此处再次强调,专利数量指标是专利信息分析中最基础的指标,而在专利数量统计的基础上研究数量的变化以及不同范围内各种数量的比值(如百分比、增长率等)构成了专利信息分析指标体系的本质。因此人们可以根据分析目的及技术领域不同,设立不同的专利评价指标体系。

2.1.3 专利指标的优点及应用中的问题

了解专利指标的优点和使用中应该注意的问题,有利于更好地掌握和应用专利指标。

1. 专利指标的优点

由于专利制度实施广泛、专利文献统一规范,以及网络专利信息源易于获得、更新及时等特点,使得专利指标具有以下优点。

1)专利指标能有效反映创新活动

用专利指标分析创新过程是因为与工业研发和其他指标相比,专利指标与发明创新活动有更密切的相关度。也就是说没有其他的指标可以比专利指标更好地反映创新活动的全过程。

2）专利指标所依赖的专利数据几乎覆盖了每一个技术领域

在分析某一领域的关键技术或者特定国家或企业的专利组合时，专利数据覆盖技术领域的广泛性保证了专利分析的可行性。

3）专利制度覆盖了全世界许多国家

据统计，世界范围内实行专利制度的国家在 1873 年只有 22 个，1890 年有 45 个，1925年有 73 个，1958 年有 99 个，1973 年有 120 个，1984 年有 158 个。到 2002 年，世界上建立起专利制度的国家和地区已经超过 175 个[①]。这些国家有的出版全部专利文献，有的出版部分专利文献，有的只出版题录式专利公报。也有些国家不出版或与其他国家共同出版专利文献。

4）各国专利文献有统一的编排体例

专利文献采用国际统一的专利文献著录项目识别代码（INID）。这些规范的数据，方便信息分析人员整理不同国家的专利文献，有利于进行国家层面技术活动的比较研究和各国专利数据的统计分析。

5）专利文献是法律文件，包含多种法律信息

在权利要求书、专利公报及专利登记簿等专利文献中记载的与权利保护范围和有效性相关的法律信息。其中，权利要求书用于说明发明创造的技术特征，清楚、简要地表述请求保护的范围，是专利的核心法律信息，也是对专利实施法律保护的依据。其他法律信息包括与专利的审查、复审、异议和无效等审批确权程序有关的信息；与专利权的授予、转让、许可、继承、变更、放弃、终止和恢复等法律状态有关的信息等。正如前面所述，各国专利文献统一规范，所以专利数据的统计过程误差很小。

6）专利文献有很详细的多级技术分类

从技术领域到单一的产品都被包含在专利分类体系中，国际专利分类体系在世界各国通用。只有少数国家会在本国专利文献上给出自己国家的专利分类号（如美国的专利分类，UPC 等）。共同的分类标准使得专利指标具有离散度小的特点。

7）专利信息是公开的信息源，与其他信息源相比更容易获取

目前，世界上主要国家的专利机构都将本国的专利信息整理成专利数据库，放在Internet 上，供读者免费查询。专利信息获取方便、数据更新快速的优点，使得专利指标在信息分析工作中被广泛应用。

2. 专利指标应用中应当注意的问题

由于各国专利制度存在差异，专利数据加工过程中会产生误差，以及专利指标具有行业依赖性，所以分析人员在工作中需要注意以下几个问题。

1）各国专利制度差异的影响

世界上大多数国家都有自己的专利制度，但是各国的专利度不尽相同。有些国家只有发明专利和外观专利（如美国），有些国家对于实用新型以及外观不予承认。我国专利类型有发明专利、实用新型和外观专利。为消除这种局限性，在利用专利数据建立科技指标时，国际上通行的做法是采用发明专利数据。

---

① 李建容. 专利文献与信息[M]. 北京：知识产权出版社，2002.

2）不同国家专利申请的倾向不同

国家大小以及它们所处的地理位置使得人们对专利保护期望得到的回报有所不同。由于各国专利制度的差异,不同国家的国内专利申请总数不具有可比性。此外,一些科学、技术发达的国家都存在统计学上的"国家优势"。这里所谓的国家优势是指在通常情况下,企业或个人会更多地选择在本国国内申请专利。这样,在研究其他国家在国外寻求专利保护时的经济利益就会存在不一致性。

3）不同的技术领域不具有可比性

有些技术领域容易获得专利,而有些则不然。例如在电子学方面,专利批准过程可能赶不上迅速发展的技术革新的步伐,因而一个企业可能维持它的发明秘密而并非寻求专利保护。而在化学药品和工程学等领域中,申请专利是一个企业在市场中进行自身保护的常用手段。在不同的技术领域,企业所采取的专利策略也会有所不同。它们是专利指标体系中的重要偏差来源。这个问题能通过"企业的研发经费与它的专利数"之间的关联来解决。此外,在专利指标的使用中应注意专利技术领域的变化倾向,这种变化倾向会导致专利保护效力和技术内在特征的不同。例如,专利技术内容在化工和一些机械工程领域变化倾向大,而在航空技术领域小。

4）与其他指标综合使用

专利技术活动贯穿了技术创新活动的全过程,使得专利指标成为反映创新过程的重要指标。但是在专利信息分析中应当注意不要孤立地使用它们,而要尽可能地与其他科学技术指标组合使用。

5）注意数据清洗

在进行专利数据统计时,应注意对数据项的清洗处理。例如专利权人为公司时,公司名称的统一规范很重要,同时应关注公司名称的更名、专利权人的变更等信息。对信息变化进行敏感的关注,才能有效地保证统计数据的准确和专利数量指标的意义。

6）关注专利分类与工业分类对比研究

为了加强专利信息分析在经济活动领域的应用,应关注专利分类与工业生产和贸易分类方法的对比研究。在目前中国的专利数据库中尚没有工业技术分类数据,因而无法使用专业技术指标。

2.2 专利信息分析的方法

分析方法是进行信息分析的基础,是实现信息分析工作的目标和手段。对专利信息进行分析的方法有许多种,通常按定量分析、定性分析、拟定量分析和图表分析来划分分析方法的类型。本书主要对专利信息分析方法的实际应用进行重点描述。

2.2.1 定量分析

定量分析是通过量和量之间的变化反映事物之间的相互关系。随着科学技术的不断发展,事物之间的联系高度复杂化,它越来越成为专利信息分析中一种重要的方法,具有不可替代的作用。

对专利信息进行定量分析是研究专利文献的重要方法之一,它是建立在数学、统计、运筹学、计量学和计算机科学等学科的基础上,通过数学模型和图表等方式,从不同角度研究专利文献中记载的技术、法律和经济等信息。这种分析方法能提高专利信息质量,很好地分析和预测技术发展趋势,科学地反映发明创造的技术水平和商业价值,科学地评估某一国家或地区的技术研究与发展重点,用量化的形式揭示国家或地区在某一技术领域中的实力,从而获得认识市场热点及技术竞争领域等经济情报,及时发现潜在的竞争对手,判断竞争对手的技术开发动态,获得相关产品、技术和竞争策略等方面的情报。

专利定量分析首先要对专利文献的有关外部特征进行统计。这些外部特征有专利分类、申请人、发明人、申请人所在国家、专利引文等,它们能够从不同的角度体现专利信息的本质。在专利信息分析中应用的定量分析方法主要有专利技术生命周期法、统计频次排序法、布拉福德文献离散定律应用法、时间序列法和技术趋势回归研究法,其中技术生命周期分析法会在本书 4.1 节进行详细介绍,在此不再赘述。

1. 技术生命周期分析法

技术生命周期分析是专利定量分析中最常用的方法之一。它是通过分析专利技术所处的发展阶段,推测未来技术的发展方向。它所研究的对象可以是某件专利文献中某项代表性技术的生命周期,也可以是某一技术领域整体技术生命周期。

人们通过对专利申请数量或获得专利权的数量与时间的序列关系、专利申请企业数与时间的序列关系等分析研究,发现专利技术在理论上遵循技术引入期、技术发展期、技术成熟期和技术淘汰期 4 个阶段的周期性变化。

1) 专利数量测算法

专利数量测算法是通过计算技术生长率(ν)、技术成熟系数(α)、技术衰老系数(β)和新技术特征系数(N)的值测算专利技术生命周期。

(1) 技术生长率(ν)。所谓技术生长率是指某技术领域发明专利申请或授权量占过去 5 年该技术领域发明专利申请或授权总量的比率,如式(2-42)所示。

$$\nu = a/A \tag{2-42}$$

其中,a 为该技术领域当年发明专利申请量或授权量;A 为追溯到 5 年的该技术领域的发明专利申请累积量或授权累积量。如果连续几年技术生长率持续增大,则说明该技术处于生长阶段。

(2) 技术成熟系数(α)。所谓技术成熟系数是指某技术领域发明专利申请或授权量占该技术领域发明专利和实用新型专利申请或授权总量的比率,如式(2-43)所示。如果技术成熟系数逐年变小,说明该技术处于成熟期。

$$\alpha = a/(a+b) \tag{2-43}$$

其中,a 为该技术领域当年发明专利申请量或授权量;b 为该技术领域当年实用新型申请量或授权量。

(3) 技术衰老系数(β)。所谓技术衰老系数是指某技术领域发明和实用新型专利申请或授权量占该技术领域发明专利、实用新型和外观设计专利申请或授权总量的比率。如式(2-44)所示,如果 β 逐年变小,说明该技术处于衰老期。

$$\beta = (a+b)/(a+b+c) \tag{2-44}$$

其中,c 为该技术领域当年外观申请量或授权量。

(4) 新技术特征系数(N)。新技术特征系数由技术生长率和技术成熟系数推算而来,如式(2-45)所示。在某一技术领域中,如果 N 值越大,说明新技术的特征越强。

$$N = \sqrt{\nu^2 + \alpha^2} \tag{2-45}$$

【实例】[①]　为了分析电动汽车技术的技术生命周期,选择了中国专利数据库作为数据采集的信息源。数据采集范围为 1985—2001 年中国专利公开数据,包括发明、实用新型和外观设计,共采集有关电动汽车的专利 684 件。为了便于作时序分析,数据的统计以申请日为基础,以年为单位;采集数据时以篇数(或称为件)为单位。考虑到专利申请公开、公告滞后的问题,趋势分析主要考虑 1985—2000 年的数据情况。

根据表 2-1 的数据和式(2-42)~式(2-45),计算技术生长率(ν)、技术成熟系数(α)、技术衰老系数(β)和新技术特征系数(N),绘制表 2-2。从表 2-2 中可以看出,电动汽车技术生长率 ν 值 1996—1997 年增长很大,而 1998—2000 年,ν 值持续在一定的数值区间,并有逐步变小的趋势,显现出该技术领域技术趋于成熟的迹象。同时电动汽车的技术成熟系数 α 值的变化也反映出从 1998 年开始逐年变小的趋势;而技术衰老系数 β 值并没有逐年减小,未反映出技术衰老的特征。同样,新技术特征系数 N 值的变化规律与 ν 值的变化规律性相似,1997 年以后开始逐年变小。这说明电动汽车技术已不属于新技术范畴。从 α、β、N 系数的变化情况看,电动汽车技术已脱离了新技术范畴,并趋于成熟,而且尚未显现技术衰老的特征,处在技术生命周期的第三阶段,即技术成熟期。

表 2-1　1985—2000 年电动汽车年度中国专利申请量　　　　单位:件

年度	专利申请量	年度	专利申请量
1985	5	1993	37
1986	10	1994	54
1987	10	1995	66
1988	25	1996	52
1989	13	1997	66
1990	15	1998	81
1991	16	1999	84
1992	33	2000	99

数据来源:中国专利信息中心光盘

表 2-2　α、β、N 随时间变化一览表

系数	年度				
	1996	1997	1998	1999	2000
ν	0.2069	0.2609	0.2303	0.2182	0.2249
α	0.4615	0.5714	0.4430	0.4390	0.4043
β	1	0.9545	0.9753	0.9762	0.9495
N	0.5090	0.6077	0.4993	0.4902	0.4626

数据来源:中国专利数据

---

①　陈燕.利用专利情报研究电动汽车技术的发展[J].知识产权,2002:增刊.

2）图示法

图示法是通过对专利申请数量或获得专利权的数量与时间序列关系、专利申请企业数与时间序列关系等问题的分析研究，绘制技术生命周期图，推算专利技术生命周期。

【实例】①　从图 2-1 可以看出，在中国专利数据库中有关 PVD 的专利申请量随时间变化的曲线与专利申请人随时间变化的曲线基本一致。1985—1992 年，PVD 技术的专利申请量很少，一般在 20～30 项，且申请量变化不大，此阶段对 PVD 技术进行投入的竞争者数量也很少，只有 20 个左右；1993—1999 年，PVD 技术领域的专利申请量逐步增加，参与技术投入的竞争者数量也从 30 个上升到八十多个，专利申请量与竞争者数量同步小幅增长，此时，PVD 技术处在技术发展初期的特征明显；2000—2003 年，相关的专利申请和竞争者数量急剧增加，此时，PVD 技术处在技术高速发展期的特征明显；2003—2005 年，相关的专利申请量有小幅增长，且维持在一个高水平阶段，但竞争者数量变化不大，从而反映出 PVD 技术缓慢发展的特征。值得注意的是有关 PVD 的专利申请绝大多数为发明专利，其专利申请公开、公告存在滞后问题。在随后的几年如果专利申请量在增长，而竞争者数量明显滞长，可以推测 PVD 专利技术逐步趋于成熟。企业在研究制定相关专利战略时，应根据企业的具体情况，对已经研制成功的技术应积极申请专利，以取得法律保护；对尚未投入开发的技术，以实施技术引进战略为宜；或者采取交叉许可战略或协同战略，使企业在最短的时间内获得技术，投入生产，参与市场竞争。

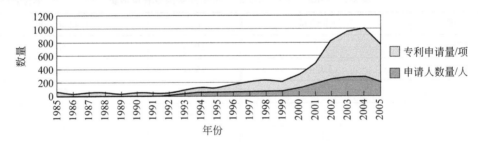

图 2-1　某技术领域技术生命周期图

在实际研究中，该模块也可以用时间序列法直接展开专利权人或专利申请人数量对应的专利或专利申请数量图，表征专利技术的生命周期。在图 2-2 中，横坐标为申请人（或专利权人）数量，纵坐标为专利申请数量（或专利数量），结点代表对应的年份。

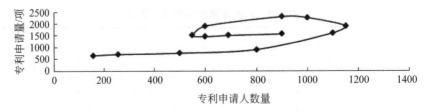

图 2-2　某技术领域技术生命周期图

---

①　陈燕，等. PVD 溅射技术专利情报研究报告［R］.［S. L.］：［S. n.］，2007.

3) TCT 计算法

TCT(Technology Cycle Time)计算方法[1]是基于以下理论：技术生命周期可以用专利在其申请文件扉页中所有引证文献技术年龄的中间数表示。TCT 用于捕获企业正在进行技术创新的信息，它测量的是本领域最新专利和早期专利之间的一段时间。早期专利可以理解为现有技术，因此 TCT 其实就是现有技术和最新技术之间的发展周期。一个技术领域其技术生命周期 TCT 平均值可以从本质上区别于其他技术领域。TCT 具有产业依存性，相对热门的技术 TCT 较短，快速变化的技术领域，例如电子技术领域，技术生命周期一般为 2～4 年，而造船技术等技术缓慢变化的领域，技术生命周期一般在 10 年或更长。如果一个企业比它的竞争对手在相同的技术领域拥有较短的技术生命周期，那它就拥有寻求技术革新的优势。研究表明，一个企业增加它的专利申请，而且这些技术有较短的技术生命周期，说明该企业的技术处在技术领域的前沿，可以看成是技术领域的带头人。实际工作中 TCT 主要用来计算单件专利的技术生命周期，但也可以计算企业专利技术的平均生命周期或技术领域的生命周期。

【实例】 根据美国专利数据库中的引文数据，计算专利号为 6736071 专利技术生命周期，参见表 2-3。值得一提的是，有些学者用专利申请文件扉页中所有引证专利年龄的平均

表 2-3　技术生命周期(TCT)计算实例

专利号	6736071					
申请日	1999 年 2 月 22 日					
授权日	2004 年 5 月 18 日					
题目	Rail cars for intermodal train					
参考引文	年代	专利号	年龄/年	年代	专利号	年龄/年
	Aug. ,1895	544561	109	Aug. ,1991	5036774	13
	Jun. ,1984	4456413	20	May. ,1993	5207161	11
	Mar. ,1987	4652057	17	Jun. ,1993	5216956	11
	Aug. ,1987	4686907	17	Jun. ,1993	5222443	11
	Jan. ,1988	4718351	16	Sep. ,1993	5246081	11
	Jan. ,1988	4718800	16	Oct. ,1996	5564341	8
	Jun. ,1988	4750431	16	Jul. ,1997	5651656	7
	Feb. ,1989	4805539	15	Mar. ,1998	5722736	6
	Nov. ,1990	4973206	14	Apr. ,2003	6550400	1
	Jun. ,1991	5020445	13			
	平均年龄＝332/19＝17.47 年					
	该专利显示的技术生命周期 TCT＝(14＋13＋13)/3＝13.33 年					

数据来源：美国专利商标局专利数据库

---

[1] 陈燕,等.专利信息采集与分析.2 版.北京：清华大学出版社,2014.

数来表示该专利的 TCT。如果研究的技术属于发展变化较快的领域,可以用所有引证专利文献年龄的平均数来表示 TCT。而对于造船、医药等技术缓慢发展的领域,一般来说,倾向于用所有引证专利文献年龄的中间数或中间数的平均数来表示 TCT,这是因为有些专利的引证专利常常有一两个很古老的专利,如上述事例中第一个参考专利文献的年龄为 109 年,将这些专利的年龄计算到平均数中容易造成数据的不准确。另外,如果中间年龄的专利同时有几篇,应该计算它们的平均贡献。如上述实例中,截至 2003 年,参考引文的中间年龄为 13～14 年,共涉及 3 篇专利文献,那么该专利文献的 TCT=(14+13+13)/3≈13.33 年。

2. 统计频次排序法

对专利数据进行统计和频次排序分析是定量分析专利信息中的一项最为基础和重要的工作。专利分类号、专利申请人、专利发明人、专利申请人所在国家或专利申请的国别、专利申请或授权的地区分布、专利种类比率、专利引文等特征数据是进行统计和频次排序的对象。

1) 统计和频次排序的基本做法

在对专利信息进行分析时,首先要对专利分类号、专利申请人等特征数据进行统计分析,在完成数据统计的基础工作后,要对统计数据进行频次—排序分析。频次—排序分布模型是科学计量学中的重要模型,主要用来探讨不同计量元素频度值随其排序位次而变化的规律。这一模型用于专利文献的计量分析是非常合适的。因为不同专利分类所包含的专利数量的变化,以及不同专利权人所申请的专利数量的变化等,是科学地评价和预测专利技术,发现专利权人动态的极具价值的信息。它们能够从不同角度体现专利中包含的技术、经济和法律信息。专利信息定量分析的统计对象一般是以专利数为单位。频次—排序分布模型对于展示这些专利信息是非常直观和有效的[①]。

根据专利信息分析的目的,首先进行相关的专利检索,并对检索结果中专利分类号、专利申请人、专利发明人、专利申请人所在国家或专利申请的国别、专利申请或授权的地区分布、专利种类比率等特征数据项进行升序、降序排列。排序表中通常包括表格名称、序号、专利统计项的名称和频度值(专利申请数量或专利授权数量等)。然后在图中建立频次—排序分布模型,利用 x-y 坐标系中排列的点阵,进行回归分析。也可以利用 x-y-z 三维坐标系中排列的点阵进行相关分析。有时也可以将普通的坐标系转换成对数 $\lg x$-$\lg y$ 坐标系或 $\lg x$-$\lg y$-$\lg z$ 三维对数坐标系,或半对数 x-$\lg y$ 或 x-$\lg y$-$\lg z$ 坐标系等。目的是将坐标系中分布成曲线的点阵转换为排列成直线的点阵,从而使点阵的排列特征更直观,也便于进行回归分析。

2) 数量统计

专利信息分析中专利申请或授权量统计是最为基础的工作,统计方法因分析目的而异,如逐年统计某一技术领域专利申请量,以便进行时序分析;或统计某一技术领域 3 种专利类型,以便研判该技术领域的特征等。

---

① 李建蓉.专利文献与信息.北京:知识产权出版社,2002:542.

3) 分类号统计排序

在前面的章节中,已经介绍过一些国家的专利局有自己的专利分类法,由于各国的专利分类法指导思想的差异,任何国家在利用其他国家的专利文献时都会因分类体系的不同而带来困难。因此,在这种情况下,国际专利分类法应运而生。在专利信息分析中比较常见的是利用国际专利分类号(IPC)进行统计和频次排序分析,简称 IPC 分析。此外美国专利分类体系因其类目详细、主题功能强劲等特点被专利信息分析人员广泛使用。下面主要介绍国际专利分类的统计研究。

统计时,根据各个 IPC 号对应技术领域内专利数量的多少进行频次排序分析,研究发明创造活动最为活跃的技术领域、某一技术领域可能出现的新技术、某一技术领域中的重点技术。利用 IPC 号与时间序列的组合研究,还可以探讨技术的发展趋势。利用某一技术领域内对应 IPC 号最近几年的专利授权量与过去 10 年的授权量之比,统计专利技术增长率,分析"热门"技术。

4) 国别统计排序

国别统计分析是指按专利申请人或专利优先权国别统计其专利申请量或授权量,研究相关国家的科技发展战略及其在各个技术领域中所处的地位。应该注意的是,国别统计分析方法也可以用于地区间对比研究。科研院所在做竞争情报分析时,应该对相关技术领域中主要国家或地区的技术活动做进一步深入的分析,专门针对主要国家申请人在中国申请的相关专利和企业产品出口地申请的国际专利做深入研究。

5) 申请人统计排序

申请人统计排序是指按申请人或权利人的专利申请量或专利授权量进行统计和排序,研究相关技术领域的主要竞争对手。

在进行专利申请人统计分析时,如果涉及的专利申请被批准,统计中的专利申请人即为专利权人。因为各国专利法都规定专利申请权或者专利权可以依法进行转让,有些国家将经过合法转让获得专利申请权或者专利权的个人或单位称为专利受让人。在使用美国专利数据、德温特世界专利索引数据库数据进行专利信息分析时常常会使用专利受让人做统计分析。值得注意的是,专利申请人统计排序后,根据分析目标,应当对重点申请人的专利活动做深入研究。

专利申请人分析实际上是竞争对手分析。应当在专利申请人排名分析的基础上,针对本企业的具体情况,将排名在本企业之前的申请人作为主要竞争对手,对这些申请人做进一步的专利检索,并关注竞争对手的技术特点和申请专利的技术领域变化。同时,对于排名在本企业之后的申请人,应当关注那些申请量逐年增加的企业,因为这些申请人是本企业的主要潜在竞争对手。

3. 布拉福德定律应用法

利用布拉福德定律对专利文献按国际专利分类号进行区域划分,可以较为科学、准确地确定某技术领域中专利文献的核心分类,为寻找技术领域中的核心技术提供理论依据。

1934 年英国文献学家布拉福德(S. C. Bradford)明确指出,对某一主题而言,将科学期刊按刊载相关论文减少的顺序排列时,可以划分为对该主题最有贡献的核心区,以及含有与该区域论文数量相同的几个区域。每个区域里的期刊数量成 $1 : n : n^2 \cdots$，这就是为后人所称道的布拉福德文献离散定律①。

布拉德福这一研究结果表明，科学论文在科技期刊中的分布是不均匀的，少数期刊中"拥挤"着大量高质量的论文，大量的期刊中"稀释"着少量的高质量论文。也就是说，文献的分布存在着高度集中与分散的现象，这种不均匀分布的现象也同样存在于专利文献中。

专利文献在分类体系中的不均匀分布与科技论文的分布情况十分相似。国际专利分类体系（IPC）是按照专利文献的技术主题进行分类的体系，因此即便是同类技术，由于专利申请提出的技术主题保护的侧重点不同，其专利文献分类号也会有区别。有时，一件专利可能同时具有几个 IPC 号，而且每个 IPC 号按照国际专利分类表都有对应的技术主题，专利文献中 IPC 号的特点，为应用布拉福德文献离散定律进行核心技术研究提供了便利的条件。

核心专利技术研究是专利信息分析的重要组成部分，不仅可以使企业了解本行业重点技术，了解某个国家或地区的关键技术优势，还可以及时跟踪竞争对手的核心技术的变化，制定适合企业发展的竞争战略。

4. 时间序列法

在本书专利信息分析基本方法的相关章节中介绍过时间序列分析、回归趋势分析等信息分析方法，这些方法是基于通过对历史数据变化规律的分析，有效地找出数据与时间之间的变化规律，揭示事物发展的轨迹，对事物的未来发展状况进行预测。

1）时间序列法

所谓时间序列法，就是在均匀的时间间隔中对研究对象的同一变量进行统计分析的方法，其目的在于掌握这些统计数据依时间变化的规律。它是进行定量分析时经常选择的数学模型之一。

2）时间序列法在专利分析中的应用

在专利信息分析中，时间序列法也是被经常选择的一种方法。其变量可以是专利分类、申请人、专利被引用次数和申请人所在的国家等。例如通过对专利申请量或授权量随时间变化的分析，研究特定技术领域的技术现状；通过专利申请人、专利申请数量与时间的对应关系研究，揭示特定技术领域在一定时间跨度内参与技术竞争的竞争者数量，从而揭示相关技术领域的技术生命周期。在时间序列分析的基础上，进一步展开线性回归趋势分析，预测该技术领域未来的发展趋势。

在应用时间序列法进行技术趋势的分析和预测时，需要具备一个最基本的条件：要有足够的历史统计数据，以构成一个合理长度的时间序列。专利文献是一个数量庞大、年代跨度长的信息集合，它恰好能满足时间序列法所要求的条件。因此在利用专利信息进行技术预测时，选择时间序列法是比较合适且实用的。

2.2.2 定性分析

定性分析是指运用归纳和演绎、分析与综合以及抽象与概括等方法，对获得的各种材料

---

① 包昌火.情报研究方法论.北京：科技文献出版社,1991：22.

进行思维加工，从而能去粗取精、去伪存真、由此及彼、由表及里，达到认识事物本质、揭示内在规律的目的。定性分析方法的本质是对研究对象在"质"的方面进行分析。要对研究对象进行"质"的分析，首先就要认识这个对象所具有的性质特征，以便把它与其他的对象区别开来。定性分析有两种不同的层次：一种是研究结果本身就是定性的描述，没有数量化或者数量化水平较低；另一种是建立在严格的定量分析基础上的定性分析。从科学认识的过程看，任何研究或分析一般都是从研究事物的质的差别开始，然后再去研究它们量的规律，在对量进行分析的基础上，做最后的定性分析，得出更加可靠的分析。

专利信息的定性分析是指通过对专利文献的内在特征（即专利技术内容）进行归纳、演绎、分析、综合、抽象与概括等工作，达到把握某一技术发展状况的目的。具体地说，根据专利文献提供的技术主题、专利国别、专利发明人、专利受让人、专利分类号、专利申请日、专利授权日和专利引证文献等技术内容，广泛进行信息搜集，对搜集的内容进行阅读和摘记等工作，然后在此基础上进一步进行分类、比较、分析等研究活动，形成有机的信息集合，进而有重点地研究那些有代表性、关键性和典型性的专利文献，最终找出专利信息之间内在的甚至是潜在的相互关系，形成一个比较完整的认识。专利信息的定性分析的特点是对技术内容进行分析，是一种基础的分析方法，在专利信息分析中具有重要作用，处于不可替代的地位。

1. 专利技术的定性描述

在专利信息分析中，一种行之有效的方法是通过对专利技术的研究，从多视角进行分群描述，形成各种图表，辨别专利分布态势，常用的有专利技术功效矩阵分析、技术角度分析法和技术发展图等。

1）专利技术功效矩阵分析

专利技术功效矩阵分析是通过对专利文献的主题技术内容和技术方案反映的主要技术功能的特征进行研究，揭示彼此之间的相互关系。这种研究方法的结果常常用功效矩阵图表形式表示。

专利技术功效矩阵分析的步骤是先对研究的技术内容进行分类，然后再按照技术功能分类，最后进行归纳、推理、分析与综合。这种方法可以用来研究现有技术的发展重点以及尚未开发的技术空白点。具体操作实务参见专利分析模块。

2）技术角度分析法

专利技术角度分析法是专利功效矩阵分析方法的延伸。在专利信息定性分析中，分析人员常常会将采集的专利文献集合，按材料（Material）、特性（Personality）、动力（Energy）、结构（Structure）和时间（Time）这5个方面进行加工、整理和分类，构造 MPEST 技术角度图，从技术分类入手，将研究对象进行分群来揭示被研究的技术领域的专利特征。

有些分析软件将技术分析角度分为处理（Treatment）、效果（Effect）、材料（Material）、加工（Process）、产品（Product）和结构（Structure）6个方面，并且对每个方面也都做了一定的延伸，简称 TEMPST 地图，如表 2-4 所示。在实际工作中也可以将类与类进行组合，例如材料与处理方法，材料与产品等，形成多种矩阵图表，将之用于技术重点或技术空白点的研究。

表 2-4 技术角度分类示意图

技术分析角度		概念的延伸
T	处理（Treatment）	温度（Tenmperature）、速率（Velocity）、时间（Time）、频率（Frequency）、压力（Pressure）等
E	效果（Effect）	目标（Purpose）、履行（Performance）、功效（Efficiency）等
M	材料（Material）	材料（Material）、成分（Component）、混合物或化合物（Compound）、附加物（Addition）等
P	加工（Process）	制造方法（Manufacturing）、系统（System）、程序（Procedure）等
O	产品（Product）	产品（Produce）、部件（Parts）、结果（Results）、产量（Outputs）等
S	结构（Structure）	结构（Structure）、形状（Form）、图样或装置（Device）、组分（Compound）、电路（Circuit）等

无论使用 MPEST 技术角度图还是 TEMPST 地图，技术角度分析法所反映的技术特征有时并不是专利文献中直接提及的，在加工过程中，现阶段尚需要一定的人工干预。但是从分析结果看，该方法结果显示直观，能揭示专利文献潜在技术特征，是专利信息分析中的一种深层次的定性分析方法。

由于技术角度分析方法需要一定的人工干预，在不少专利分析软件中，所以需要一定的技术专家或分析人员对相关的专利文献进行二次加工和分类。随着信息处理技术的迅猛发展和自然语言技术的广泛应用，这种人工干预的现象将有望得以解决。

3）技术发展图

在专利信息定性分析中，分析人员常常会按照技术发展的时间先后，将分析结果中专利文献的简要内容用图示的方式直接展示给客户，如图 2-3 所示。在技术发展图中，根据研究目的的不同，用户可以自行设计展示的技术内容，以便为决策者提供简洁、直观的技术信息。

2. 专利文献的对比研究

在判断申请专利的发明创造是否具有专利性，以及在对他人的专利提出无效时，都需要通过检索，找出现有技术中与目标专利或专利申请技术方案最为接近的一件或多件相关对比文献，并在此基础上，将目标专利或专利申请所要求保护的技术方案与对比文献进行比较分析，从而做出是否具有新颖性和创造性的正确判断。为了防止在科技创新活动中侵犯他人的专利权，也需要通过检索，查找是否存在与所开发出的新产品、新技术相关的处于专利有效期内的专利技术文献。因此，对比文献的分析是十分重要的内容之一。

在专利定性分析中，对比文献研究是重要的分析方法之一。了解对比文献的定义、掌握阅读对比文献的方法，是对比文献分析的首要任务。

1）对比文献的定义

为了判断专利或专利申请是否具备新颖性或创造性，就要检索出与该专利或专利申请技术方案相关的现有技术文献（包括专利文献和非专利文献）和抵触申请文献（仅为专利文献），用来与该专利或专利申请的技术方案进行比较。这些检索得到的相关文献被称为对比文献。一份或多份清楚、完整地公开了发明或者实有新型专利申请的技术方案的对比文献，是能够评价发明或者实用新型专利或专利申请的新颖性、创造性的文献。所引用的内容可以是每件对比文献的全部内容，也可是其中的部分内容。

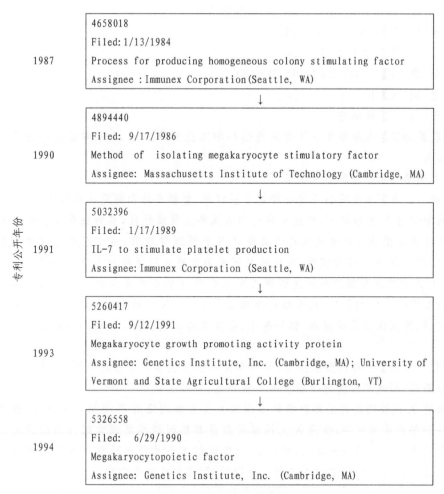

图 2-3　技术发展示意图

对比文献是客观存在的技术资料。在引用对比文献所记载的内容,判断申请的新颖性和创造性等特性时,应当以对比文献公开的技术内容为准。该技术内容不仅包括明确记载在对比文件中的内容,而且包括对于所属技术领域的技术人员来说,隐含的且可直接地、毫无疑义地确定的技术内容。但是,不得随意将对比文献的内容扩大或缩小。另外,对比文献中包括附图的,也可以引用附图。但是引用附图时必须注意,只有能够从附图中直接地、毫无疑义地确定的技术特征才属于公开的内容。由附图推测的内容,或者无文字说明,仅仅是从附图中测量得出的尺寸及其关系,不应当作为已公开的内容。

2) 阅读专利文献的习惯

在阅读专利文献时,通常习惯的顺序是先阅读说明书及附图,然后再阅读权利要求书。这种阅读思路的缺点在于,当评价权利要求时,容易受说明书中有关技术内容的干扰,有时会导致对权利要求的保护范围不能做出理智的判定;另外就是把握核心内容比较慢。例如下面的新型医疗车的专利(见专栏 2-1 和专栏 2-2)。

专栏 2-1

【申　请　号】CN201010586945

【公　开　号】CN102008378A

【分　类　号】A61G 3/00；A61B 6/00

【发　明　人】吕洪光

【申　请　人】吕洪光

【联系地址】天津市武清开发区逸仙科学工业园翠鸣道 16 号邦盛医疗设备（天津）有限公司

【发明名称】一种新型医疗车

【摘　　要】本发明公开的一种新型医疗车，包括车体和固定在车体上面的车厢，所述车厢中部为 X 光检测区，所述车厢前部为医务人员操作区，其特征在于：所述 X 光检测区内沿车厢横轴方向由左至右依次设有 X 光机球管组件、透视用成像组件和拍片成像组件，所述 X 光机球管组件、所述透视用成像组件和所述拍片成像组件位于同一横轴上，所述 X 光机球管组件和所述透视用成像组件分别沿车厢纵向方向滑动。本发明的一种新型医疗车结构简单、设置新的车厢布局，提高 X 光检测区空间利用率、节省设备占用空间、降低医院采购成本、体积较小、图像更清晰、提高 X 光检测设备的实用性和灵活性。

【权利要求】一种新型医疗车，包括车体和固定在车体上面的车厢，所述车厢中部为 X 光检测区，所述车厢前部为医务人员操作区，其特征在于：

所述 X 光检测区内沿车厢横轴方向由左至右依次设有 X 光机球管组件、透视用成像组件和拍片成像组件，所述 X 光机球管组件与所述透视用成像组件和所述拍片成像组件至少之一位于同一横轴上，所述 X 光机球管组件和所述透视用成像组件分别沿车厢纵向方向前后移动和沿铅垂方向上下滑动，所述拍片成像组件沿铅垂方向上下滑动。

从说明书中看，很容易认为"包括 X 光检测区和医务人员操作区的新型医疗车"是发明的主题。其实从权利要求书中可看出，上述内容都是现有技术。鉴于上述情况，在阅读专利文献时，不妨变换一种顺序，即先阅读权利要求书，然后再看说明书及附图。针对权利要求书中不理解的技术内容去仔细阅读说明书中的相关内容。这样，由于先阅读权利要求书，通常能对权利要求的保护范围做出准确而理智的判定。当脑海里勾画出了权利要求的保护范围后，在随后的阅读说明书的过程中再判断权利要求是否得到说明书的支持、说明书是否充分公开、独立权利要求是否缺乏必要技术特征等。

专栏 2-2

【权利要求书】

1. 一种新型医疗车，包括车体和固定在车体上面的车厢，所述车厢中部为 X 光检测区，所述车厢前部为医务人员操作区，其特征在于：所述 X 光检测区内沿车厢横轴方向由左至右依次设有 X 光机球管组件、透视用成像组件和拍片成像组件，所述 X 光机球管组件与所述透视用成像组件和所述拍片成像组件至少之一位于同一横轴上，所述 X 光机球管组件和所述透视用成像组件分别沿车厢纵向方向前后移动和沿铅垂方向上下滑动,所述拍片成像组件沿铅垂方向上下滑动。

2. 根据权利要求1所述的一种新型医疗车,其特征在于:所述X光机球管组件的中心位置与所述透视用成像组件中心位置和所述拍片成像组件的中心位置均位于同一横轴上。

3. 根据权利要求1或2所述的一种新型医疗车,其特征在于:所述拍片成像组件为成像平板组件或立式摄影胸片夹组件。

4. 根据权利要求3所述的一种新型医疗车,其特征在于:所述立式摄影胸片夹组件包括胸片夹和胸片架。

5. 根据权利要求1所述的一种新型医疗车,其特征在于:所述X光机球管组件滑动连接在球管支架上,所述透视用成像组件滑动连接在透视支架上,所述拍片成像组件滑动连接在拍片支架上,所述X光机球管组件和所述透视用成像组件分别在所述球管支架和所述透视支架上分别沿纵向和铅垂方向滑动,所述拍片成像组件在所述拍片支架上沿铅垂方向滑动。

（以下省略）

3. 对比文献分析中新颖性判定

本书已对专利新颖性概念以及相应的判断标准做了详细的理论描述。这里重点介绍在对比文献新颖性分析中如何理解现有技术和抵触申请的含义,以及判定原则的应用。

1）现有技术

《专利法》意义上的现有技术是指申请日以前在国内外为公众所知的技术。现有技术应当是在申请日以前公众能够得知的技术内容。换句话说,现有技术应当在申请日以前处于能够为公众获得的状态,并包含有能够使公众从中得知实质性技术知识的内容。

应当注意,处于保密状态的技术内容由于公众不能得知,因此不属于现有技术。所谓保密状态,不仅包括受保密规定或协议约束的情形,还包括社会观念或者商业习惯上被认为应当承担保密义务的情形,即默契保密的情形。

现有技术与时间界限和公开方式有关。

（1）时间界限。现有技术的时间界限是申请日,享有优先权则指的是优先权日。从广义上说,申请日以前公开的技术内容都属于现有技术,但申请日当天公开的技术内容不包括在现有技术范围内。

（2）公开方式。现有技术公开方式包括出版物公开、使用公开和以其他方式公开三种,均无地域限制。

2）抵触申请

根据《专利法》第二十二条第二款规定,在发明或者实用新型新颖性的判断中,由任何单位或者个人就同样的发明或者实用新型在申请日以前向专利局提出并且在申请日以后（含申请日）公布的专利申请文件或者公告的专利文件损害该申请日提出的专利申请的新颖性。为了简便,在判断新颖性时,将这种损害新颖性的专利申请称为抵触申请。

抵触申请只有在判定发明或者实用新型的新颖性时才予以考虑;在判定发明或实用新型的创造性时不予以考虑。

3）新颖性的判定原则

在参照对比文献判断新颖性时,应当根据以下原则进行。

（1）同样的发明或者实用新型。所谓同样的发明或者实用新型,是指技术领域、所解决的技术问题、技术方案和预期效果实质上相同。也就是说,发明与实用新型的权利要求所限定的技术内容与对比文献所公开的技术方案实质上相同,或者仅仅是简单的文字变换,则该发明或者实用新型不具备新颖性。如专栏2-3和专栏2-4所示的两件专利。

专栏 2-3 　 文献 1

【申请号】CN201010130001

【申请日】2010.03.04

【公开日】2010.09.08

【分类号】F04D 25/08

【发明名称】风扇组件

【摘　要】一种产生气流的风扇组件(10),所述风扇组件(10)包括安装在基部上的喷嘴(14)。所述基部包括外壳体(16);容纳在所述外壳体(16)内的叶轮机罩(64),所述叶轮机罩(64)具有空气入口(70)和空气出口;位于叶轮机罩内的叶轮(52);和驱动叶轮以产生穿过叶轮机罩的气流的电动机(56)。所述喷嘴包括用来从叶轮机罩的空气出口接收气流的内部通道(86)和嘴部(26),气流通过嘴部从风扇组件射出,其中挠性密封构件位于所述外壳体(16)和所述叶轮机罩(64)之间。

【权利要求】一种产生气流的风扇组件,所述风扇组件包括:安装在基部上的喷嘴,所述基部包括外壳体;容纳在所述外壳体内的叶轮机罩,所述叶轮机罩具有空气入口和空气出口;位于叶轮机罩内的叶轮;和驱动叶轮以产生穿过叶轮机罩的气流的电动机,所述喷嘴包括用来从叶轮机罩的空气出口接收气流的内部通道和嘴部,气流通过嘴部从风扇组件射出,其中挠性密封构件位于所述外壳体和所述叶轮机罩之间。

专栏 2-4 　 文献 2

【申请号】CN201120144265

【申请日】2011.05.09

【授权公告日】2011.11.02

【分类号】F04D 27/00；F04D 25/08

【发明名称】无叶风扇

【摘　要】一种无叶风扇,包括机身、位于机身底部的底座和位于机身顶部的出风头,机身内设有电动机、涡轮扇叶和导风通道,导风通道的一端为进风口,另一端为出风口,机身表面开设有进气孔,所述进风口与进气孔相连通,所述出风口与出风头活动连接,涡轮扇叶设置于导风通道中,涡轮扇叶由电动机驱动。本实用新型主要解决的技术问题是提供一种结构紧凑、静音、效率高、风量大、易清洗的多功能无叶风扇,而且可活动连接的出风头,便于不同功能或者规格的出风头与机身之间配合使用,可以根据需要配置不同的组合,满足了不同消费者对功能对外形的需求。

【权利要求】一种无叶风扇,包括机身、位于机身底部的底座和位于机身顶部的出风头,其特征在于,机身内设有电动机、涡轮扇叶和导风通道,导风通道的一端为进风口,另一端为出风口,机身表面开设有进气孔,所述进风口与进气孔相连通,所述出风口与出风头活动连接,涡轮扇叶设置于导风通道中,涡轮扇叶由电动机驱动。

这两件专利都是以提供风力更加平稳的无叶风扇为出发点,技术解决手段实质上相同,预期效果也相同,因此文献 1 可作为文献 2 破坏新颖性的对比文献。

但《专利法》第二十二条第二款中所述的"同样"一词,并不意味着对比文献所公开的技术方案与权利要求所要求保护的技术方案完全吻合,而是指前者覆盖了后者。上例就说明此问题。另外,如专栏 2-5 和图 2-4 所示,一份专利申请的权利要求所要求保护的是一种烹饪方法,其说明书所记载的发明目的是提供一种慢锅加热的烹饪方法,使得在合理时间内使食物达到安全温度,而又不使食物在长时间加热后太熟太烂。

专栏 2-5　专利 ZL200510113498

【申请号】CN200510113498

【申请日】2005.10.14

【授权公告日】2009.05.13

【分类号】A47J27/00；A23L1/01

【发明名称】烹饪方法

【摘　　要】本发明是一种烹饪方法,其包括:加温步骤,是于一限定时间内将锅具内食品温度加热至预设的以食品安全为目的的第一温度后,降低加热功率,进入慢锅模式,温度持续缓步上升至使食物完成熟化的第二温度。到达此第二温度后主加热器停止加热进入降温步骤,使锅具内温度自然下降至不低于预设的第三保温温度,降温步骤中,锅底部仍保有极低的热源,使锅内对流保持进行,以使锅内食物温度均匀。

【权利要求】一种自动电饭锅,包括加热容器(内锅)、外壳和具有控温装置的电热系统,加热容器(内锅)的材质为陶瓷或玻璃或搪瓷,其特征在于控温装置包括可使锅内底面温度升至 90℃～100℃的副控温器和可使锅内底面温度升至 102℃～104℃(预定锅内烹饪温度)的主控温器,主控温器和副控温器组成两级自动控温系统。

经过检索,得到了一份有关陶瓷类自动电饭锅(CN89213751)的专利文献,它披露了完全相同的烹饪方法,但是其重点是关于电热自动烹饪器具,其说明书记载的发明目的是制造一种具有较大加热功率,能自动控温,适于煮饭的陶瓷自动电饭锅。显然,在这样的情况下,只要该对比文献确实披露了权利要求所述的技术方案,就不能仅仅因为两者所记载的发明目的有所不同,就得出不影响新颖性的结论。

(2) 单独对比。判断新颖性时,应当将发明或者实用新型的各项权利要求与每一份对比文献中公开的相关技术内容单独进行比较,不得将其与几份对比文献内容的组合进行对比,也不得将其与一份对比文献中的多项技术方案的组合进行对比。就是说,判断专利申请的新颖性适用单独对比的原则。这与专利申请创造性的判断方法有所不同。应注意以下几点。

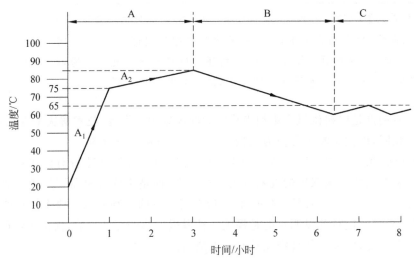

图 2-4　专利 ZL200510113498 附图

① 权利要求的全部技术特征被一份对比文献的不同部分公开。某权利要求中包含了 A、B、C 三个技术特征,现有技术中的一篇对比文献公开了几个实施例,其中的一个实施例涉及特征 A 和 B 的组合,而另一个实施例则涉及特征 C(但不含特征 A 和 B),而且在该文件的说明书中,并未给出将这两个实施例进行组合的任何教导或暗示。这时,虽然上述权利要求中的 A、B、C 这三个技术特征被一篇对比文献完全覆盖,但由于该对比文献并未给出一个将特征 A、B、C 组合起来使用的技术方案,所以,与该对比文献相比,该权利要求所涉及的技术方案实际上并未被现有技术所公开,属于一项新的技术方案,符合新颖性的定义。

② 一份对比文献除了包含权利要求的全部特征之外,还包含其他特征。图 2-5 所示的是"一种三维运动混合机"的专利申请,其权利要求 1 如下:

"一种三维运动混合机,由传动机构(1)、混合容器(2)、基座(3)和电控部分组成,其特征是做三维运动的混合容器(2)由一个主动轴(4)和一个被动轴(5)支持着,每个轴都带有一个万向节(6),混合容器(2)位于两个万向节之间,两个万向节与混合容器相连的两个轴的轴线呈空间交叉并垂直,分别随万向节绕主动轴和被动轴进行公转。"

在上述专利申请的申请日之前公开了一件"摆动式混合机"的专利文件,其结构如图 2-6 所示。将二者进行对比分析后不难看出,上述权利要求中的全部技术特征已完全被图 2-5 所包含的技术方案所公开,二者的区别仅在于前者是单侧结构,而后者是左右相同的双侧结构。也就是说,图 2-6 所示的技术方案除包含上述权利要求的全部技术特征之外,还具有其他技术特征(双侧安装)。权利要求 1 所涉及的技术方案与对比文献相比,既有相同的部分,又有不同的部分。相同的部分体现在权利要求 1 的技术方案已完全被包容在对比文献之中;而不同点则体现在无论就技术方案的构成而言,还是就其技术效果而言,二者之间又是显然不同的。这正如同局部与整体的关系。这时,对于权利要求 1 是否具有新颖性的问题就要做进一步的具体分析。如果在对比文献的说明书中存在着可以对该混合机进行单侧使用的教导或者暗示,即使未给出具体的实施例,实质上也相当于承认了单侧结构这一技术方案的存在。这时应当认为该对比文献已公开了单侧结构这一技术方案,权利要求1将不具备新颖性。反之,如若该对比文献中未给出任何有关单侧使用的教导或暗示,则相对于该对比文献来说,单侧结构只是一个完整的技术方案的一部分,不可能将之单独分离出来。这时,单侧结构并不属于现有技术的范畴,所以权利要求1将具有新颖性。

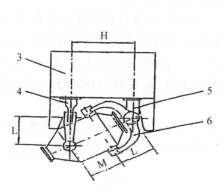

图 2-5 "一种三维运动混合机"专利附图

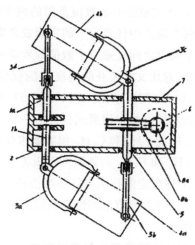

图 2-6 "摆动式混合机"专利附图

(3) 下位概念与上位概念。如果要求保护的发明或者实用新型与对比文献相比,区别仅在于前者采用一般(上位)概念,而后者采用具体(下位)概念限定同类性质的技术特征,则具体(下位)概念的公开使一般(上位)概念限定的发明或者实用新型丧失新颖性。例如,对比文献公开某产品是"用铜制成的",就使"用金属制成的同一产品"的发明或者实用新型丧失新颖性。但是,该铜制品的公开并不使铜之外的其他金属制成的同一产品的发明或者实用新型丧失新颖性。

反之,一般(上位)概念的公开并不影响采用具体(下位)概念限定的发明或者实用新型的新颖性。例如,对比文献公开的某产品是"用金属制成的",并不能使"用铜制成的同一产品"的发明或者实用新型丧失新颖性。又如,要求保护的发明或者实用新型与对比文献的区别仅在于发明或者实用新型中选了"氯"来代替对比文献中的"卤素"或者另一种具体的卤素"氟",则对比文献中"卤素"的公开或者"氟"的公开并不导致用氯对其做限定的发明或者实用新型丧失新颖性。

(4) 惯用手段的直接置换。如果要求保护的发明或者实用新型与对比文献的区别仅在于所属技术领域惯用手段的直接置换,则该发明或者实用新型不具备新颖性。例如,对比文件公开了采用螺钉固定的装置,而要求保护的发明或者实用新型仅将该装置的螺钉固定方式改换为螺栓固定方式,则该发明或者实用新型不具备新颖性。

当要求保护的发明和实用新型与抵触申请的区别仅仅是惯用手段的直接置换时,应当应用新颖性标准评价;而当要求保护的发明与现有技术的区别仅仅是惯用手段的直接置换时,应当应用创造性标准评价。

(5) 数值和数值范围。如果要求保护的发明或者实用新型中存在以数值或者连续变化的数值范围限定的技术特征,例如部件的尺寸、温度、压力或者组合物的组分含量,而其余技术特征与对比文献相同时,其新颖性的判断应当依照以下各项规定。

① 对比文献公开的数值或者数值范围落在上述限定的技术特征的数值范围内,将破坏要求保护的发明或者实用新型的新颖性。

② 对比文献公开的数值范围与上述限定的技术特征的数值范围部分重叠或者有一个共同的端点,将破坏要求保护的发明或者实用新型的新颖性。

③ 对比文献公开的数值范围的两个端点将破坏上述限定的技术特征为离散数值并且具有这两个端点中任意一个的发明或者实用新型的新颖性,但不破坏上述限定的技术特征为这两个端点之间任意一个数值的发明或者实用新型的新颖性。

例如,对比文献公开的温度范围仅仅是 $0℃\sim100℃$,而要求保护的温度为 $0℃$、$38℃$、$65℃$ 和 $100℃$,则要求保护的 $0℃$、$100℃$ 不具备新颖性,但要求保护的 $38℃$ 和 $65℃$ 具备新颖性。又如对比文献仅用通式公开了一族化合物 C_xH_{2x+2},其中 $x=1\sim4$,则该族的端值,即 x 为 1 和 4 时的 CH_4 和 C_4H_{10} 损害要求保护的化合物 CH_4 和 C_4H_{10} 的新颖性。但对其中间值,即 C_2H_6 和 C_3H_8 的新颖性无损害。

④ 上述限定的技术特征的数值或者数值范围落在对比文件公开的数值范围内,并且与对比文件公开的数值范围没有共同的端点,则对比文件不破坏要求保护的发明或者实用新型的新颖性。

4. 对比文献分析中创造性判定

在第 1 章中已经对专利创造性概念以及相应的判断标准做了详细的理论描述。这里重点介绍在对比文献创造性分析中,如何理解创造性的含义,以及判定原则的应用。

1) 创造性的含义

根据《专利法》及其《专利法实施细则》的相关规定,创造性是指与现有技术相比,该发明有突出的实质性特点和显著的进步,该实用新型具有实质性特点和进步。对专利创造性的理解应重点把握对已有技术、突出的实质性特点和显著的进步等概念的理解。

(1) 现有技术。现有技术是指申请日以前在国内外为公众所知的技术。

在申请日以前由任何单位或个人向专利局提出过申请并且记载在申请日以后公布的专利申请文件或者公告的专利文件中的内容(即抵触申请),不属于现有技术,因此,在评价发明和实用新型创造性时不予考虑。

(2) 突出的实质性特点。发明有突出的实质性特点,是指对所属技术领域的技术人员来说,发明相对于现有技术是非显而易见的。如果发明是其所属技术领域的技术人员在现有技术的基础上仅仅通过合乎逻辑的分析、推理或者有限的试验可以得到的,则该发明是显而易见的,不具备突出的实质性特点。所谓所属技术领域的技术人员,是指一种假设的"人",假定他知晓申请日或者优先权日之前发明所属技术领域所有的普通技术知识,能够获知该领域中所有的现有技术,并且具有应用该日期之前常规实验手段的能力,但他不具有创造能力。例如磁力水泵,其原理虽在阀门上应用过,但将其用在水泵上,从根本上改变了传统水泵的缺陷,具有突出的实质性特点,对所属技术领域的技术人员来说,是非显而易见的,因此具有创造性。

(3) 显著的进步。发明有显著的进步,是指发明与现有技术相比能够产生有益的技术效果。例如,发明克服了现有技术中存在的缺点和不足,或者为解决某一技术问题提供了一种不同构思的技术方案,或者代表某种新的技术发展趋势。

专栏 2-6　硅酸锆陶瓷喷砂珠专利

【申请号】CN200810045235

【申请人】王恩远

【通信地址】(450000)河南省郑州市上街区三湾街 17 号楼 43 号

【法律状态】授权

【发明名称】硅酸锆陶瓷喷砂珠

【文摘】本发明涉及一种价格便宜、能消除内应力,用于强化金属或塑胶工件表面处理的硅酸锆陶瓷喷砂珠。具有下面的化学组成,用基于氧化物的重量计算的质量百分数表示为含有 50％～80％的 ZrO_2 和 HfO_2;0.5％～15％的 Al_2O_3 和/或 1％～10％的 CaO,Al_2O_3 和 CaO 总量占 3％～20％;当组合物中不含 CaO 时,SiO_2 的量占组合物的 15％～45％,当组合物中含 CaO 时,SiO_2 的量占组合物的 10％～45％。本发明的硅酸锆陶瓷喷砂珠由于具有价格低廉、比重合理、密度大、粒度超细、可以循环利用等优点,在金属和塑胶工件表面处理等领域有很强的推广应用前景。

【权利要求】一种硅酸锆陶瓷喷砂珠,其特征在于:具有下面的化学组成,用基于氧化物的质量计算的质量百分数表示为:

50％～80％的 ZrO_2 和 HfO_2;

0.5％～15％的 Al_2O_3 和/或 1％～10％的 CaO,Al_2O_3 和 CaO 总量占 3％～20％;

当组合物中不含 CaO 时,SiO_2 的量占组合物的 15％～45％,当组合物中含 CaO 时,SiO_2 的量占组合物的 10％～45％。

虽然专栏 2-6 申请中的陶瓷喷砂珠广泛应用于金属加工、航天航空特种器材工件表面强化处理等领域,其表面处理作用是已知的,但其采用低成本原料制备生产各项理化参数均符合相关标准的产品,由此带来显著的经济效益,属于典型的改进型专利,因此具有创造性。

因此,在判断发明是否具有创造性时,不仅要考虑发明的技术解决方案本身,看其有无实质性特点,而且还要考虑发明的目的和效果,看发明的技术方案能否解决现有技术中存在的要解决的问题并取得了预期的有益效果。就是说,在判断创造性时,必须将发明技术方案、发明目的和发明的有益效果作为一个整体进行评估。其中,发明的有益的效果作为判断创造性的一个要素是不可缺少的。

2) 创造性的判断基准

是否具有突出的实质性特点或显著的进步,是判断一项发明是否具备创造性的基准。在评价发明是否具有创造性时,不仅要考虑发明技术解决方案本身的实质性,而且还要考虑发明的目的和效果,将其作为一个整体来看待。可以将两份或者两份以上的对比文献,或者这些对比文献的某些部分,或者同一份对比文献的不同部分组合在一起进行评判。

(1) 对于对比文献的结合,应当考虑以下问题。

① 组合的难易程度,即对于发明所属技术领域的技术人员,将这些对比文献的内容组合在一起所构成发明的技术方案是否显而易见。

② 组合的对比文献是来自相同的、类似的、相近的技术领域还是无关的技术领域。

③ 需要组合的对比文献数量。一般认为,下列各种情形的组合是显而易见的:

- 同一篇对比文献中不同部分的技术内容之间的组合,且该对比文献中不存在相反的技术教导;
- 一份对比文献的技术内容同公开出版的教科书、标准、字典或者技术手册的内容之间的组合;
- 一份对比文献的技术内容同发明所属技术领域中惯用手段之间的组合;
- 两份对比文献中的一份明显参考了另一份而得出,这样的两份文件之间的组合。

(2) 创造性的判断基准。

① 发明解决了人们一直渴望解决、但始终未能获得成功的技术难题。某个科学技术领域中的技术难题,人们长久渴望解决,经发明者的努力,予以解决了,应该认为这类发明具备创造性。例如,自有农场以来,人们一直期望解决在牲畜(如奶牛)身上无痛而且不损坏牲畜表皮的情况下打上永久性标记的技术问题。某发明人基于冷冻能使牲畜表皮着色这一发现而发明的一项冷冻"烙印"法成功地解决了这个技术问题,如专栏 2-7 所示。

专栏 2-7 "固定式牛支烙印架"专利

【申请号】CN90202243

【审定公告号】CN2073661

【申请日】1990.03.06

【审定公告日】1991.03.27

【授权日】1991.07.17

【授权公告日】1991.10.23

【分类号】A01K011000

【发明人】吴敦想

【申请人】吴敦想

【通信地址】中国台湾台中县外埔乡永丰村六分路 1 之 10 号

【法律状态】授权

【发明名称】固定式牛支烙印架

【文摘】一种固定式牛支烙印架,其构造有一框架体,周边两端可延伸两条帆布带,将帆布带绑附在牛支腹背间,框架体中间能放入经液态氮冷却的字模,并借助外框的弹簧加以压附,以增加它与牛皮的贴合力,在字槽的字体上方延伸一杆体,并由一链环衔接以便于提拿,且易于放入液态氮桶中。这种烙印架的优点是烙印操作简化、容易,牛支本身安全、稳定,字模不移动字体排列整齐,可提供理想的烙印过程,以达到省时快速的饲养管理和防疫工作。

【权利要求】一种固定式牛支烙印架,包括铜字模、把手和链条。其特征在于:四方格体框架(10)中有数个空格(11),空格中放入字模(12),框架体的上方格体设有凸耳环(13),由一弹簧(14)钩连凸耳环(13)压贴字模(12),框架两侧边设有两套环(15),用帆布带(16)穿入套环(15)固定,帆布带(16)的一端设置铜扣圈(17),另一端衔接弹簧(18)。

虽然冷冻能使牲畜表皮着色现象不是新发现的,但用在农场牲畜(如奶牛)身上,成功地解决了在无痛而且不损坏牲畜表皮的前提下打上永久性标记的技术问题,因此该发明具备

创造性。

② 发明克服了技术偏见。技术偏见是指在某段时间内,技术人员对某个技术领域中的技术问题普遍存在的、偏离客观事实的认识。它引导人们不去考虑其他方面的可能性,阻碍了人们对该技术领域的研究和开发。如果发明克服了这种技术偏见,采用了人们由于技术偏见而舍弃的技术手段,从而解决了技术问题,则应该认为是具备创造性的。例如,电动机的换向器与电刷相接触表面,通常认为越光滑接触越好,电流损耗也越小。一项发明将换向器表面制出一定粗糙度的细纹,其结果电流损耗更小,优于光滑表面。该发明克服了技术偏见,具备创造性。

③ 发明取得了预料不到的技术效果。发明取得了预料不到的技术效果,是指发明同现有技术相比,其技术效果产生了"质"的变化,具有新的性能;或者产生了"量"的变化,超出了人们预期的想象。这种"质"或"量"的变化,对所属技术领域的技术人员来说,事先无法预测或者推理出来,当发明产生了预料不到的技术效果时,则不必再怀疑其技术方案是否具有突出的实质性特点,可以确定发明具备创造性。例如纳米技术领域,纳米颗粒与超微粉末相比,具有小尺寸效应、表面效应和量子尺寸效应。

④ 发明在商业上获得成功。当发明的产品在商业上获得成功时,如果这种成功是由于发明的技术特征直接导致的,则该发明具备创造性。但是,如果商业上的成功是由于其他原因所致,例如由于销售技术的改进或者广告宣传造成的,则不能作为判断创造性的依据。例如电子商务通过互联网实现企业、商户及消费者的网上购物、网上交易及在线电子支付,这种不同于传统商业运营模式的新型商业方法,可以使发明的产品在商业上获得成功。但是这类型的商业方法在许多国家是不在专利的保护范围之内。目前美国专利商标局对商业方法给予专利保护。

3) 不同类型发明的创造性判断

(1) 开拓性发明。开拓性发明是指一种全新的技术方案,在技术史上未曾有过先例,它为人类科学技术在某个时期的发展开创了新纪元。

开拓性发明同现有技术相比,具有突出的实质性特点和显著的进步,具备创造性。例如,中国的四大发明——指南针、造纸术、活字印刷术和火药。此外,在某一时期,作为开拓性发明的例子还有蒸汽机、白炽灯、收音机、雷达、激光器等。

(2) 组合发明。组合发明是指将某些技术方案进行组合,构成一项新的技术方案,以解决现有技术客观存在的技术问题。

如果组合的各技术特征,在功能上彼此相互支持,并取得了新的技术效果;或者说组合后的技术效果比每个技术特征效果的总和更优越,则这种组合发明具备创造性。组合发明的每个单独的技术特征本身是否完全或者部分已知并不影响对该发明创造性的评价。例如第一辆汽车的发明,它是由发动机、离合器和传动机构等组合而成,组合后的技术效果是制成一种前所未有的新型交通工具。这种组合发明的技术效果,对该发明所属技术领域的技术人员来说,预先是难以想到的。因而,该发明具备创造性。

但是,如果发明仅是某些已知产品或者方法组合或连接在一起,各自仍以其常规的方式工作,而且总的技术效果是各组合部分效果之总和,组合后的各技术特征之间在功能上无相互作用关系,仅仅是一种简单的叠加,或称之为"拼凑",这种发明不具备创造性。例如,一项带有电子表的圆珠笔的发明,发明是将公知的电子表安装在圆珠笔的笔身上。将电子表同圆珠笔组合后,两者仍各自以其常规的方式工作,在功能上没有相互支持,只是一种简单的叠加,因而,该发明不具备创造性。

此外,如果组合仅仅是已知结构的变形,或者组合处于常规技术继续发展的范围之内,而没有取得预料不到的技术效果,则这样的组合发明不具备创造性。

(3)选择发明。选择发明是指从现有技术公开的较宽范围中,有目的地选出现有技术中未提到的较窄范围或个体的发明。选择发明是化学领域中常见的一种发明类型。如果选中的技术解决方案能够取得预料不到的技术效果,则发明具备创造性。例如一项制备硫代氯甲酸的方法的选择发明。在一份制备硫代氯甲酸的对比文献中披露,催化剂羧酸酰胺和尿素相对于 1mol 的原料硫醇,其用量为 0~100mol%。其中给出的例子中,催化剂用量为 2mol%~13mol%,并且指出催化量从 2mol% 起产率开始提高。此外,一般专业人员为提高产率,也总是采用提高催化量的办法。本发明选择的是较少的催化量(0.02mol%~0.2mol%),从技术效果上看,采用本发明所述的催化剂用量,可以提高产率 11.6%~35.7%,大大超出了预料的产率范围,并且还简化了对反应物的处理工艺。这说明,该发明选择的技术解决方案,产生了预料不到的技术效果,因而具备创造性。

但是,如果发明仅是从一些已知的可能性中进行选择,或者发明仅仅是从一些具有相同可能性的技术解决方案中选出一种,而选出的这种方案未能取得预料不到的效果,则该发明不具备创造性。例如,现有技术中存在很多加热的方法。一项发明是在已知的化学反应中选用一种公知的电加热法,该选择发明没有取得预料不到的技术效果,因而不具备创造性。

如果发明是在可能的、有限的范围内选择具体的尺寸、温度范围或者其他参数,而这些选择可以由本领域的普通技术人员通过常规手段得到并且没有产生预料不到的技术效果时,该发明不具备创造性。例如一项已知反应方法的发明,其特征在于规定一种惰性气体的流速,而确定流速是所属技术领域技术人员能够通过常规计算得到的,这项发明不具备创造性。

如果发明是可以从现有技术中直接推导出来的选择,也不具备创造性。例如一项改进组合物 Y 的热稳定性的发明,其特征在于规定出组合物 Y 中某组分 X 的最低含量。实际上,该含量可以从组分 X 的含量与组合物 Y 的热稳定性关系曲线中推导出来,该发明不具备创造性。

在合金领域内,一般情况下没有选择发明。因为合金是一种金属混合材料,它是由质量和数量结构来确定的。在合金中为了公开的目的需要说明严格的比例界限值,因此认为在已知范围中所有合金的变化都已经公开。

(4)转用发明和用途发明。转用发明,是指将某一技术领域的现有技术转用到其他技术领域中的发明。如果这种转用能够产生预料不到的技术效果,或者克服了原技术领域中未曾遇到的困难,则这种转用发明具备创造性。例如一项有翼潜艇的发明。现有技术中潜艇在潜入水中时是靠自重和水的比重相同的原理使之停留在任意点上,上升时靠操纵水平舱产生浮力。而飞机在航行中完全是靠主翼产生的浮力浮在空中。发明借鉴了飞机中的技术手段,将飞机的主翼用于潜艇,使潜艇在起副翼作用的可动板作用下产生升浮力或沉降力,从而极大地改善了潜艇的升降性能。由于将空中技术用到水中需克服许多技术上的困难,且该发明取得了极好的效果,所以该发明具备创造性。

但是,如果转用是在类似或者相近的技术领域之间进行的,并且未产生预料不到的效果,则这种转用发明不具备创造性。

用途发明,是指将已知产品用于新目的的发明。如果已知产品的新用途能够产生预料不到的技术效果,则发明具备创造性。例如将作为木材杀菌剂的五氯酚制剂用作水用除草剂而取得了意想不到的效果,该发明具备创造性。

但是,如果新的用途发明,仅仅是使用了已知材料的已知性质,则不具备创造性。例如将作为润滑油的公知组合物在同一技术领域中用作切削剂的发明不具备创造性。

(5) 要素变更的发明。要素变更的发明,包括要素关系改变的发明、要素替代的发明和要素省略的发明。

① 要素关系改变的发明。要素关系改变的发明是指发明与现有技术相比,其形状、尺寸、比例、位置及作用关系等参数有了变化。如果要素关系的改变导致发明效果、功能及用途的变化,从而产生了预料不到的技术效果,则该发明具备创造性。例如,一项有关剪草机的发明,其特征在于刀片斜角与公知的不同,其斜角可以保证刀片的自动研磨,而现有技术中所用刀片的角度没有自动研磨的效果。该发明通过改变要素关系,产生了预料不到的技术效果,因此具备创造性。

但是,如果要素关系的改变,不能使发明产生预料不到的技术效果,则发明不具备创造性。例如,现有技术公开了一种刻度盘固定不动,指针转动式的测量仪表。一项发明是指针不动、而刻度盘转动的同类测量仪表。该发明与现有技术之间的区别仅是要素关系的调换,即"动静转换"。这种转换并未产生预料不到的技术效果,所以不具备创造性。

② 要素替代的发明。要素替代的发明是指已知产品或方法的某一要素由其他已知要素替代的发明。如果这种替代能使发明产生预料不到的技术效果,则具备创造性。但是,如果发明能实现等效替代相同功能的常用手段;或者是为解决同一技术问题,用已知最新研制出的具有相同功能的材料替代公知产品中的相应材料;或者是用某一公知材料替代公知产品中的某种材料,而这种公知材料的类似应用是已知的,且没有产生预料不到的技术效果,则该发明不具备创造性。例如,一项涉及泵的发明。与现有技术相比,该发明中的动力源由液压马达替代了现有技术中使用的电动机。这种等效替代的发明不具备创造性。又如,一种公知的电缆,使用黏结剂将聚乙烯套管与金属屏蔽层黏合。一项发明是使用一种新研制的用于黏结聚合物与金属的黏结剂去替代电缆中原先使用的黏结剂,该发明不具备创造性。

③ 要素省略的发明。要素省略的发明是指省去已知产品或者方法中的一项或者多项要素的发明。如果发明与现有技术相比,发明省去一项或多项要素(例如,一项产品发明省去了一个或多个零部件,一项方法发明省去一步或多步工序)后,依然保持原有的全部功能,或者带来预料不到的技术效果,则该发明具备创造性。但是,如果发明省去一项或者多项要素后其功能也相应地消失,则该发明不具备创造性。

5. 防止侵权的对比文献检索

防止侵权检索,即与工商业活动有关的专利信息检索,它含有法律信息检索的成分。防止侵权检索近似于新颖性检索,但同时要涉及同族专利检索。

1) 防止侵权检索的要点

在一项新的工业生产活动(如准备生产一种新产品,或准备在某一生产过程中采用一种新方法或新工艺)开始之前,为防止该项新的工业生产活动侵犯他人的专利权,以免发生专利纠纷,人们要进行防止侵权检索。例如,有一个生产打火机的企业,计划将其新开发的打火机大规模地推向国内市场,并出口海外,下一步就是申请专利。为防止侵权,需进行专利检索。

防止侵权检索在检索的对象、时间范围、国家范围及对比文献判定方面的要点如下。

(1) 检索的对象。防止侵权检索的对象为有效专利。因为,只有有效专利才会被侵权。当企业计划将其新开发的产品大规模地推向国外市场时,首先要检索国际上是否有相关专利,并且查看这些专利的有效性。

(2) 检索的时间范围。防止侵权检索的时间范围依各国专利保护期限而定。1999 年以前美国专利保护自批准之日起 17 年;英国、德国、法国、欧洲专利自申请之日起 20 年;日本专利自公告之日起 15 年(但自申请之日起不超过 20 年);中国发明专利,1993 年 1 月 1 日之前为自申请日起 15 年,之后为 20 年;中国实用新型专利,1993 年 1 月 1 日之前为 5 年,可续展 3 年,之后为 10 年。

(3) 检索的国家范围。防止侵权检索的国家范围依生产、销售产品的国家(地区)而定。若检索到了相关专利,并且这些专利确实有效,则还要查看这些专利的地域性,以确认它们在欲出口国是有效专利。

(4) 对比文献的判断。防止侵权对比文献的判断主要依据权利要求书。因为目前世界上大多数国家的专利法中都规定,专利保护范围由权利要求确定,专利说明书中的说明书和附图部分可用来解释权利要求。

2) 防侵权检索与新颖性检索的异同

防止侵权检索的方法与新颖性检索的方法有许多相似之处。它属于主题检索,即从新产品、新工艺入手,根据其技术特征先确定相关主题,然后进行检索,查找相同、相近或同类主题的专利文献。

防止侵权检索与新颖性检索的不同点在于其检索的对象只是专利文献,而且是已授权并有效的专利,同时还要考察其所保护的地域范围。通过检索,找到一件或尽可能少的几件可能被侵权的专利文献。

3) 对比文献的分析

经过检索得到的对比文献有以下几种情形。

(1) 找到一份对比文献,该文献所述发明创造与准备投入生产的新产品或准备使用的生产方法的技术特征完全一样。

(2) 找到一件对比文献,该专利要求保护的发明创造的内容少[①]于准备投入生产的新产品或准备使用的生产方法的技术特征。

(3) 找到一件对比文献,该专利所涉及的内容比准备投入生产的新产品或准备使用的生产方法的技术特征多。

(4) 找到两件以上对比文献,每件都不属于上述(1)、(2)两种情形,但它们的组合要覆盖准备生产的新产品或准备使用的生产方法的技术特征。

(5) 没找到一件相关的对比文献。

对于上述 5 种检索结果,可以进行如下分析,做出相应的决策。

----

① 侵权判定的全面覆盖原则要求被控侵权方案覆盖权利要求的全部技术特征。

（1）、（2）两种结果表明,准备生产的新产品或准备使用的生产方法为别人的专利技术,如果在别人的专利保护地域内生产该种新产品或使用该种生产方法,那么需要另寻避免侵权的方法。

（3）、（4）两种结果较为复杂,应对照专利法有关条款慎重分析。如果有可能侵权,就应改变新产品或生产方法的那些被视为可能侵权的技术特征;如果不属侵权,还可以考虑是否申请专利。

（5）的结果有三种可能性:第一是确属新颖,因此不仅可以投入生产和使用,同时还应考虑申请专利;第二是没有检到有效专利,但检到了失效专利,它将不影响新产品的生产与生产方法的使用;第三是检索的国际专利分类位置定得不准确,导致什么都未检索到,此时应重新确定专利分类位置,重新检索。

6. 被动侵权的对比文献检索

被动侵权的对比文献检索也称为无效检索。它也是与工商业活动有关的专利信息检索,含有法律信息检索的成分。在工业生产活动中,侵权的事时有发生。例如国内数家生产DVD的厂商被外国公司起诉侵权的案件。当侵权人不知道其生产的某项新产品或采用的某项新工艺、新方法是有效专利而被别人指控侵权时,为了验证自己是否侵权,以及为寻求被动侵权的自我保护,需要进行被动侵权检索。

被动侵权检索属于一种综合性检索,是指将两种以上专利信息检索种类综合到一起,共同达到检索目的的检索。它主要是指将主题检索中的某一种类与著录项目检索中的某一种类结合到一起的检索。综合性检索是一个复杂的检索过程,它通常是分为多个步骤完成的,而且还需要进行同族专利检索,以确定专利保护的地域范围。

1）被动侵权检索与防止侵权检索的区别

被动侵权检索与防止侵权检索有些不同。首先是目的不同。被动侵权检索的目的是要通过检索,找出一件或几件破坏指控方专利的新颖性或创造性的对比文献。而防止侵权检索的目的是为防止该项新的工业生产活动侵犯他人的专利权,即不希望找到有关对比文献。再则,被动侵权检索的对象为指控方专利申请日之前的所有专利及非专利文献。另外,被动侵权检索首先是通过已获得的某个或某些专利信息特征检索被侵权的专利文献。可获得的被动侵权检索的专利信息主要特征如下:

（1）被侵权专利的专利权人名称;

（2）被侵权专利的申请号;

（3）被侵权专利的文献号;

（4）被侵权专利的发明创造名称。

上述专利信息特征是由专利权人在指控侵权时提供的。不论检索人获得的是哪种信息特征,都可以该特征为检索入口,利用相应的检索系统进行检索或直接索取专利授权文本。

2）被动侵权检索与新颖性、创造性检索的异同

被动侵权检索与新颖性、创造性检索的过程大体一致,区别在于检索的目的不同。新颖性、创造性检索是为了证明专利申请是否具备新颖性或创造性。而被动侵权检索是要想方设法破坏指控方专利的新颖性或创造性,通过检索,找到一件或几件可能使指控方专利无效的对比文献。

3）被动侵权检索的步骤

（1）确定指控方专利是否为授权专利和有效专利。其检索方法为，以上述专利信息特征中的任意一种为检索入口，查阅中外专利数据库中有关的授权信息，确定是否被授权；或者以申请号为检索入口，通过各国专利法律状态查询系统检索或通过登记簿查询，确定专利是否被授权且专利是否仍然有效。

（2）分析是否属于侵权。其方法为，将检索到的专利授权文本中的权利要求与被指控侵权产品或方法的技术特征进行比较、分析。分析时可参照"防止侵权的对比文献检索"的分析方法。

如果通过检索、分析，确认了专利的技术特征与被指控侵权产品或方法的技术特征不同，不属侵权，检索就可停止。如果相同，即判断为侵权时，也不应放弃努力，可进一步实施第（3）步检索。

（3）为提无效诉讼而进行检索。我国的许多实用新型专利是对原有产品的改进。专利申请人在申请专利时，由于受条件的限制，可能没有进行新颖性检索，或者虽然检索过，但未找到相关文献。而《专利法》对实用新型专利申请未规定进行实质性审查，有些发明创造尽管是授权专利，但不一定符合专利的三性要求。因此，通过检索，查找可提供无效诉讼的依据。具体检索方法与新颖性和专利性检索一致。

4）被动侵权检索实例[①]

检索被侵权的实用新型专利"新型 LED 光柱指示式血压计"，如图 2-7。

根据侵权人提供的由其生产的侵权新型 LED 光柱指示式血压计实物和专利权人指控其侵权时提供的文献号（ZL200620106637.X）进行检索判断。

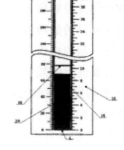

图 2-7　专利 ZL200620106637.X

【发明名称】一种新型 LED 光柱指示式血压计

【摘　要】本实用新型涉及一种新型 LED 光柱指示式血压计。其结构主要包括一根用于指示压力值的压力指示 LED 光柱，用于驱动 LED 光柱的 LED 光柱驱动电路，感测施压装置内压力的压力传感器，对压力信号进行校正放大处理的信号接口电路，对压力信号进行转换及控制显示、发声的中央处理器。本实用新型提供的新型 LED 光柱指示式血压计，在不改变现有汞柱式血压计测量方法和操作习惯的基础上，实现了以光柱指示代替汞柱指示，结束了血压计用汞的历史，有效保护人员健康和防止汞对环境造成的污染。

通过检索，证实实用新型专利 ZL200620106637.X 在保护期内。将侵权人提供的由其生产的血压计实物与该实用新型的授权权利要求书比较，若证实二者相同或等同，则认定该侵权人生产的血压计应属侵权。

根据实物和专利说明书的技术特征，对可提起无效诉讼的依据（对比文献）进行检索。经检索，查到一篇早于该实用新型 ZL200620106637.X 申请日公开的美国专利 US6168567B1，如图 2-8 所示。通过阅读这两篇文献的说明书，以及比较其附图，可以认定美国专利

①　李建容.专利文献与信息[M].北京：知识产权出版社，2002.

US6168567B1 是破坏实用新型 ZL200620106637.X 创造性的对比文献。因此可依据美国专利 US6168567B1,对实用新型 ZL200620106637.X 提出无效诉讼。

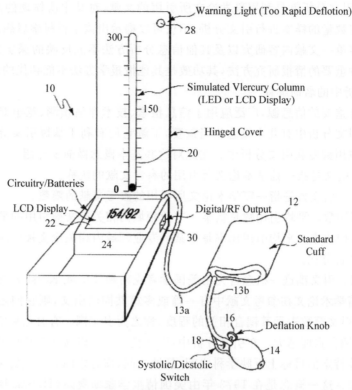

图 2-8   美国专利 US6168567B1

2.2.3   拟定量分析

从本质上说,定量分析和定性分析之间既有区别又有联系。在实际应用中将二者结合起来,可以更好地揭示事物的本质。专利信息分析也不例外,针对不同的分析目的,分析人员有时要采用定量分析与定性分析相结合的方法,即拟定量分析方法。专利拟定量分析通常由数理统计入手,然后进行全面、系统的技术分类和比较研究,再进行有针对性的量化分析,最后进行高度科学抽象的定性描述,使整个分析过程由宏观到微观,逐步深入进行。

专利信息中比较常见的拟定量分析方法有专利引文分析方法和专利数据挖掘等。它们是对专利信息进行深层次分析的方法。

1. 专利引文分析

由于引文分析能由表及里地揭示出科学思想的相互关联,探索事物的结构和规律,所以被广泛地应用到各种信息分析中。专利引证数据的特点,又使得专利引文分析具有更强的功能。

1) 引文分析的基础

在科学活动中,人们的智力劳动及其知识产品不是孤立存在的,而是以前人的劳动作为前提条件的。因而作为知识劳动主要载体之一的科技文献,在内容上必然存在相互联系和影响。正如英国著名学者 J. N. Ziman(齐曼)所说,"没有一篇科学论文是孤立存在的,它被深嵌在某学科的文献系列之中。"根据出版时间的先后,文献之间存在引用和被引用的关系。引用文献和被引用文献在内容上形成了科学思想的借鉴和发展轨迹。

一般来说,引文分析就是利用科学论文所引用的文献,对其中所体现的内容进行分析。对某一学科一定数量的样本进行引文分析,不仅可以揭示出该学科科学思想的发展轨迹,还可以挖掘出很多单一文献内容研究以及其他信息分析方法不能反映的深层次信息。因此,引文分析是一种重要的情报研究方法,其功效是其他情报学方法不能替代的。

2) 引文分析中的名词解释

引文是一种重要的信息源,广泛应用于信息检索、技术评估预测、竞争对手研究等信息分析领域。在引文分析中有几个概念相当重要,了解它们有利于掌握引文分析方法。这些基本概念已被应用到专利引文分析中。在此对这些基本概念做简要介绍。

(1) 引文。引文是指一篇学术论文所引用的参考文献的统称。

(2) 引文数。引文数是指一篇学术论文所引用的参考文献的篇数。

(3) 平均引用数。平均引用数是指某一专业领域内相关论文被引用的平均次数。

(4) 平均引用比率。平均引用比率是指某一专业领域内相关论文被引用次数占领域内相关论文总数的百分比。

(5) 引文耦。引文耦这一概念首先由美国学者克斯勒(M. M. Kessler)在1963年提出,是指两篇或多篇学术论文在参考文献中有一篇或多篇共同的引文,则它们之间存在某种耦合关系,共同的引文篇数表示其耦合相关的程度,称之为引文耦。有时也称之为"同引"。引文耦越多,说明耦合强度越大。在引文分析中,引文耦概念可以从文献拓展到学科、专业、作者、语种、国家等特定的目标上反映学科之间、领域之间、作者之间等相关的关系。

(6) 同被引。这一概念是在1973年由美国情报学家斯莫尔(H. Small)和前苏联女情报学家玛尔莎柯娃(Marshakova)同时提出的。当两篇(或多篇)独立的文献同时被其他文献所引用时,这两篇(或多篇)文献就具有"同被引"的关系,并且以它们被其他文献引用的次数来表示其相关的程度,或称为同被引强度或同被引频率。在引文分析中常常要规定同被引的阈值(学科领域或专业的不同,聚类所要求的同被引强度有所不同)作为判别相关的尺度,或控制聚类的条件。研究同被引的目的在于利用文献之间的同被引关系,把表面没有联系的文献聚类到一起,便于文献的研究,客观地反映科学活动中许多隐蔽的或深层的相关情报。同样,同被引的概念也可以被推广到文献以外的特定对象上。例如,可以在学科之间、国家(或地区)之间、作者之间等多方面,利用同被引研究来揭示其复杂的相互关系。

(7) 施引文献。施引文献是指引用其他文献的源文献。

(8) 受引文献。受引文献是指被其他文献引用的文献。

(9) 自引率。自引率是指文献作者引用自己相关文献的次数占作者论文的总引用次数的比率。

(10) 被引用率。被引用率是指文献或文献作者被引用次数占领域论文的总引用次数的比率。

(11) 引文索引。引文索引是引文分析中被广泛使用的检索工具。不同的检索系统可以建有不同的引文索引。目前被科技信息与科学研究的人员广泛使用的、比较有影响力的国际引文索引数据库有美国科学情报社(ISB)编辑出版的《科学引文索引》(Sciences

Citation Index,SCI)、《社会科学引文索引》(Social Sciences Citation Index,SSCI)和《艺术与人文类索引》(Arts & Humanities Citation Index ,A&HCI)。

3）专利引文分析简述

由于专利引文数据易于获得、数据规范，所以分析人员可以方便地建立专利引证模型，从而使专利引文分析被广泛应用到以下方面：预测竞争对手的主要新产品，寻找技术空白点，挖掘技术开发人员，评价开发新技术和信息产品平台的成本和收益，为企业提供战略定位服务，等等。

专利引文分析是指利用各种数学和统计学的方法以及比较、归纳、抽象、概括等逻辑方法，对专利文献的引用或被引用现象进行分析，揭示专利文献之间、专利文献与科学论文之间相互关联的数量特征和内在规律的一种文献计量研究方法。

（1）专利引证模型。美国工业研究院的 Anthony Brietzman 和 Patrick Thomas 认为"隐藏在专利引证分析背后的理念，是被后来的许多专利所引用的专利趋向，包含许多其后发明者所依据的重要思想，这使得它们更有价值"[1]。Fleming 等学者也提出"专利引证分析是基于这样一个前提：前向和后向专利引证的数量状态都是专利价值的指示器；尤其是前向引证的数量有更大的研究价值。一个前向引证是对由另一项专利所赋予的价值的一种参照"[2]。所谓前向引证和后向引证是相对于研究对象（需要研究的一件或多件专利）而言的，前向引证是指研究对象被在后申请的专利所引用，而后向引证是指研究对象引用的在先专利。至此，构建了专利引证的基本模型，如图 2-9 所示。在图 2-9 中，相对于研究对象 A 而言，专利 P_1、P_2 和 P_3 都是专利 A 的前向引证，而专利 M_1 和 M_2 是专利 A 的后向引证。

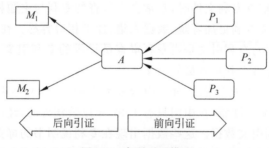

图 2-9　专利引证模型

有分析人员指出，当一件专利的被引用次数超过 10 时，在某一时间段内被引用的次数与它技术重要性专业排名高度相关。这些理论基于这样的事实：一份专利说明书中包含的发明创造背景知识一般会参考具有相同发明目的的现有技术文献。同样，专利审查员审查专利时，常常会参考主题相近的现有技术文献也，这些参照文献常被列在专利文献首页或检索报告中。

研究专利的引用信息可以识别孤立的专利和活跃的专利。孤立的专利很少被其他的专利申请所引用，活跃的专利则被大量的其他专利引证，这表明它们是影响力较大的专利或是

①　BREITZMAN A. , THOMAS P. Using Patent Citation Analysis to Target/Value Merger and Acquisitions Candidates[J]. Research-Technology Management,45：28-29.

②　JULIA F. Valuing Patents：Assessing the Merit of Patent Citation Analysis[D]. Virginia：University of Virginia,2003.

具有更高的质量。当然,专利引证模式、被引用的平均数或者施引文献与受引文献之间时间滞后的平均数会因不同的国家和地区(或部门)、不同技术领域而不同,这些影响因素在信息分析中应加以关注。

利用专利引文数据构建的专利引文指标可以用来推算技术关联程度和特定技术领域的技术关联程度等。此外,通过引文分析,了解专利之间的关系,有助于了解围绕着变化的技术领域形成网状专利保护的轨迹,并显现出技术交叉点的专利趋势,从而寻找新技术空白点。

专利引文分析之所以在专利信息分析中占有重要地位,是由专利文献及其专利引文的本质决定的。专利文献中公开的"引证"信息代表着现有技术信息。如图 2-9 所示,专利 A 被专利 P_1、P_2 和 P_3 引证,意味着专利 A 代表先前存在的技术知识,专利 P_1、P_2 和 P_3 是在其技术基础之上构建的。这种现有技术与新技术之间的紧密联系赋予专利引文的重要价值。

(2)专利引文数据的类型。一般来说,专利文献包含两种类型不同的引证。一种是由专利发明人撰写专利说明书时撰写的。这种引文既可以是专利文献,也可以是非专利参考文献,它们包含在说明书正文之中。另外一种引文是专利审查员在审查专利申请时撰写的。这种引文出现在专利说明书的扉页,或者检索报告中。

上述两种专利引证类型之间存在着差异。通常,专利申请人倾向于引用自己的早期专利申请作为背景技术,这是因为他们一般不做专利检索来了解技术状况,另一方面也不知道与他自己的专利相类似的发明创造。相对于专利申请人的引文而言,专利审查员作为该技术领域的专家,当他们审查专利文件时,常常会将审查的专利与主题相近的在先公开专利进行比较,因而列出的引文专利更加客观,数据采集、加工相对容易。在专利信息分析中,研究人员在通常情况下使用的专利引文是指专利审查员提供的专利引文,这是因为现有专利引文检索数据库往往只提供专利审查员的引文。

(3)中国专利引文数据的特点。对于中国专利文献而言,专利引文数据的类型和上述描述的内容一致,但是需要注意,在中国只有 1997 年以后获得的,经过实质审查的发明专利才有审查员给出的专利引文数据。这些数据出现在专利说明书的扉页或审查员的检索报告中。那些在国内已经被公开但未经过实质审查的发明专利申请不具有审查员给出的引文数据,只有在专利说明书的背景技术描述部分包含专利发明人引用的引文数据。此外,申请中国专利时,实用新型专利不需要经过实质审查,因而没有专利审查员引用的引文数据。只有在专利说明书的现有技术描述部分包含专利发明人引用的引文数据。采集这类引文数据的工作量较大,而且这种引文数据隐含在专利说明书之中,采集不方便。现阶段中国专利数据库中尚没有引文检索功能。

(4)商业引文数据库介绍。目前,许多商业数据库通过 Internet 提供专利引文检索,在 STN、Dialog 以及 Questel Orbit 等商业数据库中提供德温特引文索引(DPCI)检索数据库。DPCI 包含所有不断更新的专利族目录以及审查员引用的专利和非专利文献,是信息量最大、覆盖面最广、检索功能强大的专利引文数据库之一。此外,美国 Mogee 研究与分析协会开发的有自主知识产权的专利引文分析数据库(PCAD),包含的专利数据为 1975 年至今的美国专利及其专利引文。该数据库还配有专利引文的分析软件,并提供各种研究分析报告。

4）专利引文分析的功能

申请专利的发明创造与专利引文数据密切相关的特性,决定了专利引文分析作为一种有效的、专门的信息分析方法,被广泛应用于技术创新、专利定价和技术与学术评估、竞争环境中的主要竞争对手研究、了解技术发展历史、预测技术发展趋势等专利分析领域,其应用范围及发展前景十分广阔。可以说专利引文分析是专利信息分析研究中不可或缺的重要组成部分。其功能如下。

（1）提高专利信息检索的质量。各种情报检索理论和方法都围绕着如何准确、高效地显示、识别和判断检索对象内容或概念进行的,专利文献检索也不例外。然而,专利文献检索却因专利本身的特征而具有特殊性。由于各国的专利法都对专利申请文件有新颖性、创造性等方面的规定,这就使得同一领域的专利文献在技术内容上不会完全相同。在一些技术发展迅速的技术领域,用目前的技术术语进行主题词或关键词检索,可能找不到近几年的相关发明创造。另外,不同的发明人语言习惯与表达方式也不尽相同,也为检索带来了困难。

因而在专利信息分析中,只使用主题词或关键词进行检索,不易充分显示概念之间真正的相关关系,影响检索语言的缩检、扩检功能,容易发生漏检误检。专利引文检索不依赖于主题词或关键词等词汇检索,它利用引文数据揭示专利文献之间潜在的联系,因而可以扩大专利信息检索的范围,提高检索效率,得到传统检索得不到的结果,尤其在专利新颖性检索方面具有独特的优势。

（2）进行专利技术评估。专利引文的另一个重要功能是可以揭示专利文献之间或专利文献与科技文献之间的相互关系,并由此推断技术领域或竞争对手的核心技术,测算专利技术生命周期,预测技术发展趋势,从而对专利技术进行综合评估。

（3）评估科学与技术的关联度。专利申请中引用的学术论文数常用来评估科学与技术的关联度。专利审查员在审查专利申请案时,除了引用在先专利外,还会引用在先学术论文来描述在先技术与新专利申请案在专利内容上的关联性。对于某一技术领域,尤其是新技术领域,审查员引用的学术论文与对应的技术和科学发展轨迹相关,无论在定量还是定性分析时,这样的引文数量都能表征任何一个设定的技术领域的科学基础程度。

（4）确定核心技术。通过研究专利的被引用数就可以找到活跃的专利,这些活跃的专利被大量的其他专利引证,它们是相关技术领域核心技术的代表。一般来说,专利文献之间的引用是不对称分布的,相对于专利总量而言,大约有 2/3 的专利很少被引用。进而可以这样理解:如果一件专利比同时期的专利更加频繁的被引用,则该专利很可能包含着重要的技术发展优势,它的技术内容超出同领域专利的平均水平,可以被看成是一件较为重要的、处于核心竞争地位的发明,或有较大影响力的专利,或是具有更高的质量。许多后来的同类专利可能是在借鉴其技术的基础上研究出来的。研究表明,专利文献的技术水平越高,被引用的几率就越大。通常当一件专利被频繁引用超过 10 次时,就应值得高度重视,因为它很可能已经代表了某技术领域或竞争对手的核心技术。例如,美国 1986 年公布的 US4615959专利,是一件关于可充电电池技术方面的专利,共被引用了 46 次,而该领域绝大部分专利只被引用过 1～2 次。从电池技术的发展历史看,该专利与电池技术的创新有关,是电池技术领域的核心技术。

此外,在不同的技术领域,专利被引用的平均次数也会不同。技术发展快速的领域,专利被引用的平均次数较低,而技术发展相对缓慢的领域,专利被引用的平均次数较高。这些影响因素在专利信息分析中应充分考虑。

基于同样的理论,专利引文分析方法可以用来研究国家或地区层面的核心技术群。具体如下。

① 揭示技术发展阶段。由于专利引文反映了新技术对现有技术的借鉴,沿着专利引文的方向,可以寻找技术发展的轨迹;借助于专利被引用的次数,可以研究专利技术的生命周期,从宏观上推测技术所处的发展阶段。一般说来,新技术提出之初,专利引文数量较小,而随着技术的不断发展,专利引文数量逐渐增加,当技术进入成熟期后,专利引文数量达到最大值。因此,对专利引文数量的分析,不仅可以了解专利技术发展的历史,还可以帮助人们判断技术的发展阶段。

② 研究技术发展趋势。通过对专利引文随时间变化的研究,可以揭示那些专利引文数量排名虽不在前列,但是随着时间的推移,专利被引用次数不断增大的专利技术,它们很可能是该技术领域中最有潜力、发展快速的前沿专利技术。

③ 分析竞争对手。专利引文可以评估专利权人(或称为专利受让人)的技术实力是基于这样的理论:相对于整个专利体系的平均专利申请量和专利平均被引用次数而言,如果某个竞争对手拥有较多的专利申请,说明该竞争对手在相关的技术领域有较好的发展;如果其中又有多件专利被他人引用,说明该竞争对手有较好的专利组合质量,同时它的专利技术对施引者来说较为重要,由此可以表明该竞争对手具有雄厚的技术实力,通常被认为处于产业的强势地位。

在利用专利引文进行竞争对手分析时,不仅能掌握竞争对手的技术实力与技术动态,还可以帮助用户确定技术领域中最重要的技术竞争者和潜在技术竞争者,了解做出重要技术发明的技术人才,掌握竞争对手的专利活动及其专利侵权等信息。在开发新产品、新技术时,研发人员要主动进行文献对比研究,防止主动侵权行为的发生。

5) 专利引文分析的研究方法

从专利信息分析的角度讲,进行专利引文分析的方法有多种,包括利用前向和后向专利引证构建引用清单、平行专利研究、专利被引用数排序研究、专利引证与专利权人关系研究、专利引证率分析、引用时差分析等。

(1) 前向和后向引证分析。专利引文分析中最简单的方法是依据用户提供的专利号,构建引用清单,使引用信息直观化。该引文清单组合由前向引用和后向引用组成。

① 前向引证。前向引证是指研究对象被在后申请的专利所引用。大量的研究已经表明,前向引证是对一项专利(被引用的专利)所赋予价值的一种参照。

在进行前向引证研究时,常常根据用户指定的研究对象(如实例中专利号为5358317的美国专利文献,以下简称受引专利)进行引文检索,确定引用这些受引专利的专利文献(以下简称施引专利),以及专利权人的有关信息,构建引用清单,了解在受引专利公开后,相同技术领域提出的新申请专利。

【实例】[①]   如表2-5所示,专利号为5358317的专利文献是福特汽车公司申请的,研究其前向引证,旨在了解哪些专利引证了该公司的专利,并可能造成的侵权。

---

① 利用美国专利商标局专利数据库进行检索和分析,绘制表2-5和表2-6。

表 2-5　专利 5358317 前向引用清单

用户指定的受引专利号	施引专利号	受引专利的权利人	施引专利的权利人
5358317	6709075	Ford Motor Company	Ford Global Technologies, LLC
5358317	6663197	Ford Motor Company	Ford Global Technologies, LLC
5358317	6655754	Ford Motor Company	Ford Global Technologies, LLC (Dearborn, MI)
5358317	6631960	Ford Motor Company	Ballard Power Systems Corporation (Dearborn, MI)
5358317	6275763	Ford Motor Company	Ford Global Technologies, Inc. (Dearborn, MI); Eaglestar Electric Drive Systems LLP (Dearborn, MI)
5358317	6142586	Ford Motor Company	Toyota Jidosha Kabushiki Kaisha
5358317	6120115	Ford Motor Company	Toyota Jidosha Kabushiki Kaisha
5358317	6094611	Ford Motor Company	Hyundai Motor Co., Ltd.
5358317	6088646	Ford Motor Company	The Boeing Company (Seattle, WA)
5358317	6070953	Ford Motor Company	Toyota Jidosha Kabushiki Kaisha
5358317	6033041	Ford Motor Company	Mitsubishi Jidosha Kogyo Kabushiki Kaisha (Tokyo, JP)
5358317	5997107	Ford Motor Company	Mitsubishi Jidosha Kogyo Kabushiki Kaisha (Tokyo, JP)
5358317	5895100	Ford Motor Company	Toyota Jidosha Kabushiki Kaisha
5358317	5893895	Ford Motor Company	Honda Giken Kogyo Kabushiki Kaisha (Tokyo, JP)
5358317	5882093	Ford Motor Company	Aisin Seiki Kabushiki Kaisha
5358317	5879062	Ford Motor Company	Mitsubishi Jidosha Kogyo Kabushiki Kaisha (Tokyo, JP)
5358317	5875864	Ford Motor Company	Honda Giken Kogyo Kabushiki Kaisha (Tokyo, JP)
5358317	5549371	Ford Motor Company	Nippondenso Co., Ltd. (Kariya, JP); Nippon Soken, Inc.
5358317	5542754	Ford Motor Company	Honda Giken Kogyo Kabushiki Kaisha (Tokyo, JP)
5358317	5511866	Ford Motor Company	Aisin Seiki Kabushiki Kaisha
5358317	5508924	Ford Motor Company	Kabushikikaisha Equos Research
5358317	5476310	Ford Motor Company	Hitachi, Ltd. (JP)

表 2-5 中数据显示,在施引专利权人中,除了福特汽车公司多次引用自己早期专利技术外,日本本田公司(Honda Giken)、丰田公司(Toyota Jidosha Kabushiki Kaisha)以及日本三菱公司(Mitsubishi Jidosha Kogyo Kabushiki Kaisha)等著名汽车集团也多次在其专利申请中引用福特汽车公司的该件专利。数据表明:福特汽车公司与日本本田公司、丰田公司以及日本三菱公司在"电动汽车防滑制动与牵引等控制系统"技术领域都从事相似的技术研究,福特汽车公司应密切关注它们的技术动向,并仔细分析竞争对手的专利申请,分析是否构成侵权。

② 后向引证。后向引证是指研究对象引用在先专利。它能揭示出一项新技术的技术

基础和背景技术。后向引证清单是根据用户指定的研究对象（例如实例中专利号5358317的美国专利，简称施引专利），了解其引用的全部美国专利文献。通过检索，在清单中列出了被它引用的在先申请的专利号和专利权人（受引专利），参见表2-6。表中出现的受引专利文献数是该专利引证其他专利的次数。

表2-6　后向引用清单

用户指定的施引文献	受引文献	受引文献专利权人	受引文献申请日期
5358317*	4794538	Robert Bosch GmbH（Stuttgart，DE）	1988
	4809175	Honda Giken Kogyo Kabushiki Kaisha（Tokyo，JP）	1989
	4842342	Nissan Motor Co.，Ltd.（Yokohama，JP）	1989
	4930084	Honda Giken Kogyo Kabushiki Kaisha（Tokyo，JP）	1990
	4947332	General Motors Corporation（Detroit，MI）	1990
	4962969	Ford Motor Company（Dearborn，MI）	1990
	5001640	Nippondenso Co.，Ltd.（Kariya，JP）	1991
	5033002	Ford Motor Company（Dearborn，MI）	1991
	5222568	Kabushiki Kaisha Shikoku Sogo Kenkyujo（Kagawa，JP）；Sato；Kazunobu（Tokushima，JP）	1993

＊5358317是1993年1月在美国申请的专利

③ 专利引文树显示。在专利引文分析中，前向引用和后向引用的分析结果常常用引文树的形式显示，如图2-10所示。值得注意的是，专利引文树可以有多级层次，通过引文树，可以直观地反映专利文献之间相互关系，寻找核心专利所在。

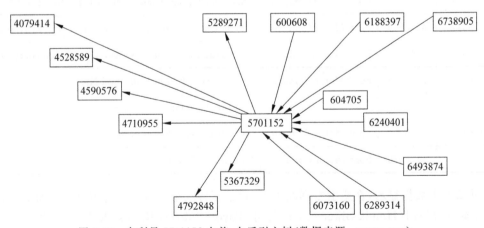

图2-10　专利号5701152向前、向后引文树（数据来源：uspto.gov）

（2）平行专利分析法。在专利研究中，专利申请自提出到被公开，需要一定的时间。一般情况下，中国发明专利要在提交专利申请后18个月才能被公开，这就造成在此期间内，有些专利申请虽然在技术主题上具有相似性，但相互之间却没有直接的引用关系。在专利信息的分析中，将这些专利称为"平行专利"，通过对前向引用和后向引用的综合研究，可以有效地寻找没有直接关联的平行专利,从而提高专利信息分析的质量和专利检索的查全率,如图 2-11 所示。

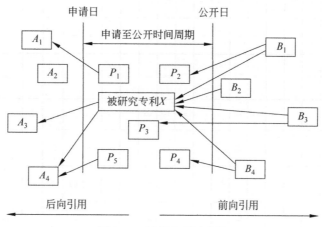

图 2-11　平行专利示意图

图 2-11 显示,专利 A_1、A_2、A_3、A_4 是专利 P_1、X、P_5 的受引专利,它们之间产生后向引用关系。专利 B_1、B_2、B_3、B_4 是专利 P_2、X、P_3、P_4 的施引专利,它们之间产生前向引用关系。通过前向引用和后向引用的综合研究,寻找到 X 的平行专利 P_1、P_2、P_3、P_4、P_5。图中,申请日和公开日是被研究的专利 X 的专利申请日和公开日。

(3)专利引证次数的统计分析。

① 单件专利被引证次数排序。研究表明,一件专利在某一时间段内被引证的次数与它的技术重要性专业排名高度相关。进而,在一定技术领域中,根据专利被引证次数的统计排序,可以反映专利技术的重要程度。

② 引证分析中的时间序列法。在专利引证次数统计排名的基础上,利用回归分析方法研究专利被引用数逐年变化的情况,可以分析其技术趋势。通常取排名前 5 名专利研究它们被引用次数与时间的关系。一般认为,一件专利在公开以后的专利引证次数排名居前,而且从第一次被其他专利文献引用之后,被引用次数逐年增加,随着时间的推移,同时该专利的被引用次数一直维持在峰值附近。可以初步推断,该专利所代表的技术,不仅是某技术领域的重点技术,而且是目前的热点技术,处于强势发展地位,是技术领域的重点技术之一。

③ 专利权人引证研究。在专利引证次数的统计排序中,以专利权人为研究对象,按其所拥有的专利被引证次数统计排序,可以揭示相关技术领域中主要的技术竞争者。如果专利权人的专利被引证总数排名靠前,同时其他权利人的对其专利引证总数也排名靠前,说明该企业在相关技术领域拥有大量核心技术属于技术先锋型企业。

(4)专利引证率分析。企业竞争能力的研究是进行竞争对手分析的重要工作。在专利指标的研究中,曾经介绍过竞争力指标的计算公式,通过计算,按竞争力指标值的大小排名,寻找技术竞争的强势企业。详细计算方法参见专利指标的相关章节。

专利引证率分析方法常常要借助专利引证矩阵展开,以此研究企业之间引用和被引用的详细信息,如表 2-7 所示。

表 2-7 专利引证矩阵

CITED ASSIGNEE(受引)

CITING ASSIGNEE (施引)	ABBOTT LABS	AMHOME PRODS	ALLERGAN	AMER. CYANAMID	BAYER	BRISTOL MYERS	GD SEARLE	GLAXO WELLCOME	HOECHST	ELI LILLY	MERCK & CO.	NOVARTIS	PFIZER	PHARM. & UPJOHN	RHONE POULENC	ROUSSEL UCLAF	SANOFI	SMITHKLINE BEECHAM	TAKEDA CHEM	OTHERS	TOTAL
ABBOTT LABS	71	34			3	3					46									47	219
AMHOME PRODS	1	320	1	2	4				3	2	4		4			4		1		14	364
ALLERGAN			925			3														16	946
AMERCYANAMID		1		65	1	1	2				41		2		1		2			4	121
BAYER	5	1			88	1					4		1			4	1	1	3	20	136
BRISTOL MYERS	2		3		2	101	1		9	3	10			1		10	4	10	1	55	269
GD SEARLE	1					1	315				4							2		25	368
GLAXO WELLCOME		1				3		17		1	10	2	1						1	17	54
HOECHST	1	1			3	4		1	222	2	15	3	5			1	9		2	54	332
ELI LILLY		4	1			2	1	1	1	200	22	1	4	6		2	7	3	3	112	394
MERCK & CO.	5			1	9	6	6	6	3	9	419	4		2	2		5	1	1	55	563
NOVARTIS					6	1	1				2	81								21	122
PFIZER	4				1	1	1	1	1		15	1	48	1		2	1	3	3	15	108
PHARM. &UPJOHN	2				1	7			2		4	1		17		1			5	62	106
RHONE POULENC	1				1	10								1	25	1		1	1	34	77
ROUSSEL UCLAF	1				1	3	1		1		2					27				7	41
SANOFI											3		1	1			66	3	1	24	99
SMITHKLINE BEECHAM	1								1	1	5	2	1	1				20		20	58
TAKEDA CHEM	1									2	6	4	1			1	1		34	9	61
OTHERS	55	41	45	10	62	101	71	30	87	35	132	51	41	45	23	19	34	30	36	3041	3989
TOTAL	164	407	975	79	184	256	409	60	331	257	779	152	112	79	58	72	163	74	93	3652	8356

注: 数据来源: mogee公司 REPORT 407A; PATENT CITATION MATRIX

表 2-7 显示出施引专利权人(Citing Patent)对受引专利权人(Cited Patent)的引用信息。例如,Allergan 公司在受引专利权人中被引用次数高达 975 次,高居首位,其中被专利权人自己引用就高达 925 次,说明 Allergan 公司在相关技术领域有较强的技术实力,是该技术领域的技术先驱者。

(5) 引证时差分析。引证时差分析是利用专利引证数据,测算现有技术和最新技术之间的发展周期,用于捕获企业正在进行技术革新的情报。推算企业专利创新的速度,从而研究公司竞争地位。具体方法是将专利权人(用户指定的需要研究的企业或个人)在相关技术领域的所有专利提取出来,先计算每件施引专利的申请日与受引专利公开日之间的时间差,然后再计算专利权人所有受引专利的平均时间差,最后计算所有专利的平均时间差。专利权人施引专利平均时间差的值越低,说明专利权人正在构建新技术,并具有较强的技术创新能力和较快的技术创新速度。

通过专利引文分析,可以了解相关专利的技术层次以及组合技术之间的关联、国家或地区之间的技术关联、特定技术领域的技术关联度等。同时,通过分析专利文献之间的相互引证关系,有利了解一项专利技术的发展过程和围绕着这一项技术的相关申请以及这一技术领域参与竞争的主要技术持有人等,同时,根据被引用专利随时间变化的情况,可以了解围绕变化的技术领域所形成的网状专利保护的轨迹,了解专利技术发展趋势以及相关领域的技术动向。

2. 专利数据挖掘

当今,在进行数据挖掘时更加注重使用多种技术集成和多种学科之间的相互渗透来挖掘信息的情报价值。这一特点使其在深层次的专利信息分析中有着广泛的应用前景,但是因其研究时间较短,目前并没有成熟的理论和应用系统。本文仅就数据挖掘技术及其在专利分析中的应用做简要探讨,旨在抛砖引玉,希望更多的学者参与研究。

1) 数据挖掘简述

数据挖掘(Data Mining)技术出现在 20 世纪 80 年代末期,是面向商业应用的研究。历经二十多年的发展,研究重点已逐渐从发现方法转向系统应用,注重多种技术的集成以及多种学科之间的相互渗透。2000 年 12 月,Gartner[①] 公司的一次高级技术调查结果就曾显示:数据挖掘和人工智能将成为"未来 3~5 年内对工业产生深远影响的五大关键技术"之首,并且还将并行处理体系和数据挖掘列为未来 5 年内投资焦点的十大新兴技术的前两位。与国外相比,国内对数据挖掘和知识发现(DMKD)的研究稍晚,出现在 20 世纪 90 年代初期,目前尚未形成整体力量。

(1) 数据挖掘的含义。数据挖掘是指从大量的、不完全的、有噪声的、模糊的、随机的实际应用数据中,提取出隐含在其中的、人们事先不知道但又具有潜在价值的信息和知识(模型或规则)的过程[②]。它是在没有明确假设的前提下去挖掘信息、发现知识。这个定义包括几层含义:数据源必须是真实的、大量的、含噪声的;发现的是用户感兴趣的信息和知识;而且所得到的信息应具有先前未知、有效和可实用三个特性。

(2) 数据挖掘其实是一类深层次的数据分析方法。在进行数据挖掘时,原始数据可以

---

① Gartner Inc. 公司是研究和分析全球 IT 技术领域最新动向的跨国公司。
② 数据挖掘在远程教育个性化服务中的应用[OL]. www.google.com.

是结构化的,例如关系数据库中的数据,也可以是半结构化的,例如文本、图形和图像数据,甚至是分布在网络上的异构型数据。因此,数据挖掘是一门交叉学科,涉及数据库技术、人工智能技术、数理统计、可视化技术、机器学习、并行计算等方面的技术。数据挖掘的核心技术历经了数十年的发展,把人们对数据的应用从简单查询,提升到从数据中挖掘知识,提供决策支持。今天,这些成熟的技术,加上高性能的关系数据库引擎以及广泛的数据集成,让数据挖掘技术进入了实用的阶段。

(3) 数据挖掘的功能。数据挖掘可以被理解为利用各种分析方法和分析工具在海量数据中建立模型和发现数据间关系的过程,运用数据挖掘的目的是为决策提供科学的支撑或以此为基础做出预测。因此,数据挖掘不仅可以对历史信息进行分析、提炼,还可以对未来的趋势和行为做出前瞻性的预测。其功能可以具体表现在概念描述、关联分析、分类聚类分析、趋势预测、偏差与孤立点分析、评价,其中概念描述是数据挖掘最基本的功能,是对分析对象的内涵及相关特征进行描述。关联分析是找出数据中隐藏的关联规则。分类聚类分析是对研究对象依照彼此相似的程度进行定义、归类。所不同的是前者需要预定义类别,后者则直接从数据源获取数据,没有预先定义好的类别存在。趋势预测是利用历史数据建立模型,从中发现规律和趋势,并据此对获得未来变化的趋势进行评估和预判。偏差与孤立点分析是对数据中的极端特例进行分析和描述,用以揭示事物偏离常规的异常现象。评价是对实力和效率的衡量。

(4) 数据挖掘与统计分析的关系。数据挖掘不是为了替代传统的统计分析技术,而是统计分析方法学的延伸和扩展,是人工智能技术的更高层次应用。大多数的统计分析技术都基于完善的数学理论和高超的技巧,预测的准确度还是令人满意的,但对用户的要求很高。而数据挖掘利用了统计和人工智能技术的应用程序,它把这些高深复杂的技术封装起来,使人们不用自己掌握这些技术也能完成同样的功能,并且更专注于自己所要解决的问题。同时,数据挖掘不是用于验证某个假定的模式(模型)的正确性,而是一个利用各种分析工具,在庞大的数据群中进行抽取、转换、分析和处理相关数据,发现模型和数据之间关系的过程。这些模型和关系可以提取决策的关键性数据,并用来做出预测。它在本质上是一个归纳的过程。

(5) 数据挖掘中的信息分析方法。数据挖掘过程中应用较多的信息分析方法有分类、预言、估值、因果关系分析、关联或相关分析、聚类分析等,由于分类、关联分析、聚类分析、因果关系分析等分析方法的研究早于数据挖掘,这些方法相对成熟,因而在数据挖掘领域被广泛应用。而自然语言分析等是数据挖掘方法中属于更高层次的信息分析方法,目前国内外也有不少涉及数据分析领域的公司从事相关的研究,但是较为成熟并且能被广泛应用的产品尚不多见。

(6) 大数据对数据挖掘的影响。大数据时代的悄然而至,日益深刻地改变着人们看待数据、处理数据的方式。大数据是一个含义广泛的术语,其实质是指庞大而复杂的数据集,具有大量(Volume)、高速(Velocity)、多样(Variety)、价值(Value)四大特点。因此需要通过新的处理模式才能获得更强的决策力、洞察发现力和流程优化能力。"量变导致质变"当数据规模发生改变后,对大数据的信息挖掘与传统的数据挖掘思路和方式也就有了明显的改变,具体表现为 3 个方面。一是在大数据时代,对数据的处理更多关注全面的数据,而不再依赖于随机采样。这种全数据集的分析给数据挖掘带来了更高的细节性,从而可以揭示传统样本分析无法揭示的细节信息。二是大数据的海量性使得人们可以不再热衷于对样本可信度的检验,因此也就无须过度关注数据集的精确度。三是大数据告诉人们更多的是"是什么"而不是"为什么",所以分析目标会从因果关系的挖掘更多向相关关系转化。

2) 数据挖掘在专利分析中的应用

就目前数据挖掘的技术领域来看,网络数据挖掘、对生物信息或基因的数据挖掘及其对文本的数据挖掘是数据挖掘的发展方向。在专利信息分析时,对文本数据进行挖掘有广泛的应用前景。在当今经济全球化过程中,技术人员创造的智力成果逐渐成为决定企业价值的主要因素。因此,专利和其他知识产权文献所提供的专利信息正在逐渐吸引研发人员、金融分析家和知识产权分析师的注意。

目前,对于综合的、组织结构较好的专利文献数据库,分析人员经常使用的分析方法包括专利技术生命周期分析、专利权人及专利申请量等专利著录项目统计分析、引文分析等。这些专利分析方法提供了分析人员希望得到的情报。但是这些情报主要侧重于某一技术领域的专利现状或者是某一专利权人的技术动态等。

(1) 应用数据挖掘进行目标分析。数据挖掘适用于对大量信息的深层次分析。专利数量的增长速度快以及需要对具体专利文献的技术内容进行分析,因此使用一般的数理统计分析方法不能实现。数据挖掘技术的应用,可以帮助专利分析人员对海量专利文献内容进行深度分析,提高研究分析人员的工作效率。从大的方面看,通过数据挖掘进行专利分析主要解决谁在申请专利,在哪儿申请的专利,什么时候申请的专利,这些专利可以分为几类,什么技术正在被申请专利等诸多问题。对于科研院所而言,通过应用技术挖掘,可以从以下几方面更好地开展专利分析:一是通过专利信息挖掘项目成果(技术)潜在的"独占性"(保护性)信息,作为确定该项目是否启动的重要参考因素;二是通过专利技术挖掘识别新技术的性能和关键知识产权,以评估技术商业化途径的可行性,为实现寻找专利技术更好的产业化合作伙伴,确定授权许可的目标铺路;三是通过对相应合作伙伴或竞争对手的技术实力、专利实力进行剖析,了解研发和产业竞争状况;最后可以通过对申请人进行分析,了解单位内部或竞争对手主要发明人的职责及科研水平。

(2) 应用数据挖掘进行数据源分析。一般而言,可用于数据挖掘的专利数据主要来自专利申请、专利权利要求、专利保护时间等信息。因此,与其他数据类型不同,从专利信息中分析一项技术比分析相关架构更为困难,因此开展专利分析的人员除了具有技术挖掘分析的能力外,还需熟悉相应的技术主题、具有一定的专利检索和解读能力。

(3) 应用数据挖掘的分析方法。在专利信息分析中,根据不同的信息分析目的和应用领域,其方法的选择也不同。本文重点介绍专利数据及文本挖掘中常见的关联分析、分类聚类分析、评价分析以及在专利分析中常用的 TRIZ 理论。

① 关联分析(Association Analysis)。在现有的书籍和教材中,信息分析专家普遍认为相关分析涉及面相当广泛,例如性质相关分析、结构相关分析、数量相关分析、内容相关分析等。而且分析方法有的以定性方法为主,有的以定量方法为主,也有不少是定性方法与定量方法相结合。本文重点讲述研究深层次相关的关联分析方法。通常,若两项或多项变量的取值之间存在某种规律性,那么其中一项变量的属性值就可以依据其他变量的属性值进行预测,就称为关联分析。换句话说关联分析是寻找数据库中值的相关性。

关联分析的实质是寻找在同一个事件中出现的不同数据项的相关性,从而找出数据库中隐藏的关联网,获得一个数据项和其他数据项之间依赖或关联的知识,从而指导决策战略的制定。在进行专利分析时,考虑到专利的本质在于通过技术的保护获得更高的超额利润或市场份额,因此,往往需要对大量的信息进行交叉关联。

②关联分析的结果常常用图形的方式显示。如图 2-12 所示,每个结点(图中的圆圈)代表一个数据项或一个数据项的不同数据,结点的大小表示不同的数据量,结点间的连线代表它们间的关系。连线越粗或连线越近,表示相关性越强;线越细或连线越远,表示相关性越弱。这种图形的显示方式对使用者来说非常直观。

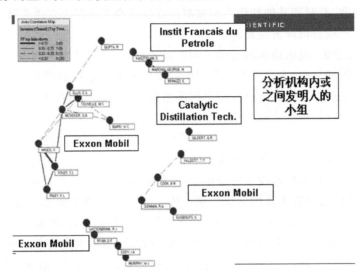

图 2-12　专利关联分析示意图

资料来源:Derwent Analytic 演示稿

③聚类分类分析。聚类分类是以大量对象的统计数据为基础,把具有相似性的一些数据组合为类群的方法总称。有助于分析隐含在专利数据中不易于直接统计得出的信息,常用来挖掘数据中的趋势、模式等特征。因其是以数量方式进行分类,又称为数值分类学。尽管从结果来看,分类和聚类的结果都是得出若干个类别,但聚集和分类的区别在于聚集不依赖于预先定义好的类,不需要训练集,用以聚类分析的数据,不仅数据量大,而且联系不明显甚至表面无联系,在聚集之后要由信息分析师解释这样分群的意义;而分类与聚集相反,它是将有形的整体对象分解为若干部分或分支,而且分类之前已经知道要把数据分成哪几类,每个类的性质是什么。

聚类分析的实质是指利用客观的计量方法,按事物某些属性的相近程度对数据库中的记录分组,把相似的个体记录放在一个聚集里,从而把要分析的数据分成不同的群组,这些有意义的不同的群组也可以称为子集或类别,这个过程称为聚类或聚集。它的目的是使属于同一类别的个体之间的距离尽可能的小,即同一个类别之间的数据尽量相似,而不同类别间的个体间的距离尽可能的大。而且类别与类别之间差别很明显。聚类的作用在于使同一类群内的事物一般都具有相同的特性,而不同类群之间却有显著的差别,进而反映同类事物共同性质的特征型知识和不同事物之间的差异性质的特征型知识。由于聚类分析具有揭示分析对象事先不为人知的各种相关关系的特别功能,借助当今计算机技术的迅猛发展,以及强大的计算机储存能力使这项数值分类方法广泛应用于竞争情报、知识产权以及其他高新技术领域。

聚类分析方法有多种不同的划分形式,其中较为常见的有逐步聚类法、系统聚类法、图示聚类、模糊聚类等。进行聚类分析时,研究相关关系所用的尺度是相似度(Similariy)。类别的判定准则一般是依据距离最小或相似最大的原则。根据分析对象的不同可以分为 Q型聚类和 R 型聚类两大类,在专利分析中,如果需要对专利的某一特征如技术主题、时间等进行分类,往往采用 R 型,如果需要对专利整体做出评价,往往采用 Q 型。

④ 图形是聚类分析结果的重要表示方式。在图形模式下,人们很容易找到数据中可能存在的模式、关联和异常等问题,使用户能快速直观地分析数据。专利信息分析中,一般情况下,聚类分析的结果采用关联结点图或等高线图。此外,在专利信息分析中使用聚类分析方法时需要有必要的分析工具做技术支持,例如,Thomson 集团公司的 VantagePoint 分析软件和 Aureka 专利检索和可视化产品,Wisdomain 公司的 FOCUST 分析工具等,这些专利分析工具将在后面的章节中详细介绍。

【实例】① IBM 公司的专利文本分析案例。

根据 1991 年在美国专利商标局公开的所有 3881 件韩国专利数据,IBM 公司利用专利文本挖掘工具对数据加工处理、聚类,得到如图 5-25、图 5-26 和表 2-8 所示结果,以此研究韩国当时的科学技术研究的重点领域,以及该国最为活跃的专利申请人等。

表 2-8 反映了 3881 件韩国专利所涉及的 19 个主要技术主题,以及这些主题包含的专利申请量和占总数的比例。

表 2-8 1991 年韩国在美国公开专利 33 个主要技术类别专利统计表

序号	技 术 主 题	专利申请量/件	占比(%)
1	Semic conductor fabrication and manufacture	201	5.2
2	Memory devices	154	4.0
3	Messaging	119	3.1
4	VCR and taper recording device hardware	98	2.5
5	TV output control	71	1.8
6	Image transmission	63	1.6
7	Optical disc technology	57	1.5
8	Artificial fibres	57	1.5
9	Food products	54	1.4
10	Logical device fabrication	53	1.4
11	CRTs	49	1.3
12	Recording control	46	1.2

---

① 资料来源:HEHENBERGER M, COUPERP. Text Mining applied to Patent Analysis[C]. 美国知识产权律师协会年会,1998.

序号	技术主题	专利申请量/件	占比(%)
13	Cooking food	44	1.1
14	Computer applications	41	1.1
15	TV picture control	37	1.0
16	CRT fluorescent materials	36	0.9
17	Telephones	34	0.9
18	TV signal control	33	0.9
19	Microwave oven	33	0.9

图 2-13 是典型的聚类分析中关联结点图(或称为气泡状图形)。图中显示了 1991 年韩国公司在美国申请的 3881 件专利所涉及的 30 个主要技术领域中,24 个技术类别的分布情况。椭圆形气泡体积的大小,与涉及的专利文献数目大小相关。例如,1 号结点代表最大的主题——半导体构造与制造(Semiconductor Fabrication and Manufacture,),它包含了 201 件专利。连线的色彩和连线粗细显示出两个主题之间的相互关系。例如,图中结点 3、结点 6、结点 17、结点 23 和结点 25 均表示与通信技术相关的技术类别,而结点 5、结点 18、结点 21 则表示与电视信号控制相关的技术类别。此外,结点之间连线的远近、连线的粗细都能反映不同的关系。结点之间连线越近或连线越粗,说明两个结点所代表的技术主题就越关联。例如,结点 10(Logical Device,逻辑装置)与结点 1(Semiconductor Fabrication and Manufacture,半导体构造与制造)两个技术主题最为关联。值得一提的是,IBM 公司专利文本挖掘系统可以根据文本中最重要的关键词自动概括每个主题的题目,信息分析师根据系统自动概括的主题题目,可以有选择的手工更新主题名称。

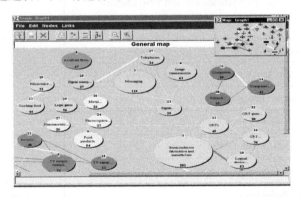

图 2-13 韩国 1991 年在美国申请专利技术类别分布图

图 2-14 显示了前 30 个专利技术主题中 7 个韩国大公司的专利分布情况。很明显,韩国高仕公司(GLDS)和韩国三星公司(SMSU)拥有最多的韩国知识产权。这两个公司的专利不仅涉及 30 个技术领域中的绝大多数,而且在数量上也站有绝对优势。

⑤ 评价分析。评价是对评价对象在某一阶段所处状态进行描述和评定。在专利领域常用的评价包括对重点技术主题的评价、对专利实力的评价以及效率评价。常用的方法有

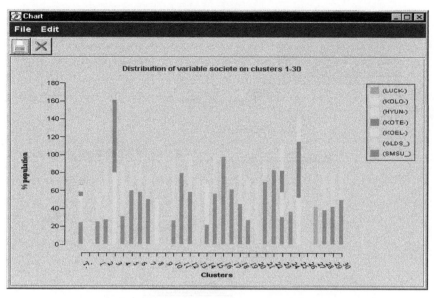

图 2-14　韩国 7 个大公司在 30 个主要技术类别的专利分布情况

主成分分析法、因子分析法和非参数效率评价法等。其中主成分分析和因子分析均是通过降维的思想,把多个指标转化为少数几个综合指标,从中找出影响因子较大的综合性因素,常被用于对专利技术主题的重要程度和专利实力的分析判断。

下面以燃料电池为例,进一步说明主成分分析法专利评价在技术主题方面的应用。

图 2-15 是基于 SCI-INSPEC 数据库检索到的 11764 条记录中最常使用的 59 个关键词进行主成分分析得到的燃料电池各个主要主题关系示意图,其中,结点代表最主要的成分,这 10 个结点,每一个都是一组关键词,在每一个记录中出现的可能性都比较大。由此,可以认为燃料电池领域最为关注的技术主题就是这 10 个结点所反映出的离子交换器、电解液聚合体、SOUD-电解液等。

⑥ TRIZ 理论。在专利分析领域,还有一种同时基于相关性分析和分类为基础的发明问题解决理论,即 TRIZ 理论。TRIZ 理论认为,问题类型和解决方案是重复较差的领域,它通过 39 种系统特征的相互作用来识别本质的"矛盾",并利用一组 40 个创新原理来说明如何解决这些矛盾。在具体应用方面,一是 TRIZ 可以被应用于专利技术的分析,即通过"定向进化"的方法对当前技术体系进行研究,从而找出最有可能出现进展或突破的领域。二是可以依照发明原理对相关专利进行分类,并据此评估自身和关键竞争对手研发重点,从中找出不同创新方法之间的相互关系,从而进行比较研究。三是可以基于专利数据分析研究某一特定技术的应用状态来进行技术预测和产品改进。

以 mops 技术为例,进一步说明 TRIZ 理论的在技术预测和产品改进方面的应用。

图 2-16 为在 1400 份专利数据的基础上,依照 TRIZ 理论绘制了不同技术解决方案沿 8 个商业维度相关趋势轴改进效果,其中 0～5 级用来衡量距离最终进化的潜力,用来衡量不同技术解决方案的先进程度,从而对新兴技术的进化可能性做出评估。

其绘制过程如下:第一步,选择 5～10 个最受关注的技术或商业维度;第二步,依照有意义的情况对每个维度赋予 0～5 的值。第三步,在雷达图上绘制不同技术在这 8 个趋势的

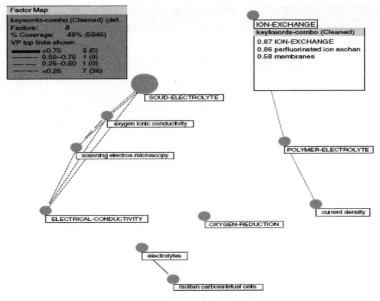

图 2-15   燃料电池技术主题网

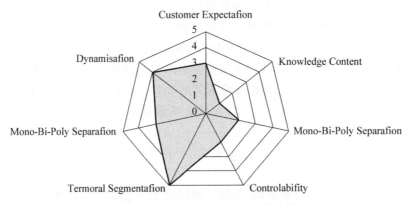

图 2-16   基于 TRIZ 理论的进化潜力评价

状态图。最后,依照状态图找出这些技术最有可能改进的方面,建立自己的技术发展优先次序及相应策略。

⑦ 大数据分析。从大数据中挖掘更多有价值的信息需要运用灵活的、多学科的方法。一些传统的分析技术,如回归分析、关联分析、数据聚类、分类等也可以被用于大数据研究中。随着大数据技术的不断发展,新的方法和工具正不断被开发出来。其中专门用于处理大数据的关键技术包括 Big Table、商业智能、云计算、Cassandra、Dynamo、GFS、Hadoop、Hbase、MapReduce、QueryGrid、流处理、非结构化数据、半结构化数据、R 语言、元数据、可视化技术等。其中可视化技术被麦肯锡认为是大数据应用的重点技术。

大数据的发展对专利信息挖掘产生了巨大的推动作用。具体表现在以下 3 个方面:一是通过连通信息孤岛将分散储存的海量专利信息加以整合,进而可以进一步挖掘专利显性信息背后的隐性信息,提升专利信息的价值。二是提升专利分析和预测的精确度实现专利分析的向前延伸。大数据的核心在于预测,通过大数据分析可以对潜在的专利风险进行预警,评估技术的发展路径,使专利分析可更好地融入产业运行决策的全过程。三是帮助专利信息服务机构通过结构化数据了解客户的需求,从而改进服务模式、丰富服务内容。

2.2.4 图表分析

图表是信息加工、整理的一种处理方法和信息分析结果的表达形式。它既是信息整序的手段,又是信息整序的结果,具有直观生动、简洁明了、通俗易懂和便于比较等特点。随着信息技术的迅猛发展,计算机与网络的普及,图表分析方法被信息分析人员普遍采用。

在专利信息分析中,按不同的分类标准可将专利图表分为不同的类型。例如,按图形的形状,可以将专利图表分为饼图、柱状图、散点图、动态曲线图、树状图、雷达图等。按空间纬度,可以将专利图表分为二维图形和三维图形等。按处理数据的手段分,可以将专利图表分为定性分析图和定量分析图。专利信息分析中常见的定性分析图表有清单图、矩阵表、组分图、技术发展图、问题与解决方案图等。常见的定量分析图表有排序表、散点图、数量图、技术发展图、关联图、雷达图,以及引文树等。本文按照处理数据的手段并结合图形形状划分专利图表。

1. 专利定性分析图表

这类图表是将被分析的专利数据用定性方法加工、处理,并将分析结果制作成相应的图表。专利信息分析中常见的定性分析图表有清单图、矩阵表、组分图、技术发展图、问题与解决方案图等。

1) 清单图表

这是一种最简单的专利信息分析图表。根据需要分析的内容要求,将采集到的专利信息一一列出,便得到专利分析清单图表。

2) 矩阵表

在专利信息分析中,利用技术矩阵图表的形式,直观地反映技术要素之间的相互关系,从而对研究对象进行深入细致的分析。表 2-9 是较为常见的矩阵分析图表。

表 2-9 专利技术功效矩阵表

功能	发明目的(技术要素)			
	目的 1	目的 2	目的 3	目的 4
技术功能 1	*			
技术功能 2	*	*		
技术功能 3			*	
技术功能 4		*		*

注:* 表示一件专利

通过矩阵形式,描述专利技术要素之间的相互关系,以便揭示出影响某一技术领域发展的重要问题,如重点技术或空白技术等。有时,增加一个时间轴,不仅可以看出技术发展趋势,还可以了解每一个重点技术聚集的时间,从而有效把握技术变化的动态。

在专利矩阵图表分析中,另一种常用的图表是技术角度图表。在专利信息分析的归纳推理阶段,分析人员常常会将采集的专利文献集合,从材料、结构、处理、效果、加工、产品等方面进行加工、整理和分类,构造技术角度图,从技术分析或技术分类的角度来揭示所研究的技术领域的专利特征。

由这种分析方法所得到的技术特征,有时并不是专利文献中直接提及的。现阶段技术角度分析方法在应用过程中,尚需要一定的人工干预。在不少专利分析软件中,均需要一定的技术专家或分析人员对相关的专利文献进行二次加工、分类。但从分析结果看,该方法结果显示直观,能揭示专利文献潜在技术特征,是专利信息分析中的一种深层次分析方法。

3) 专利技术路线图

在专利定性分析中,分析人员常常会按照技术发展的时间先后,将分析结果中专利文献的简要内容用图示的方式直接展示给客户。图 2-17 便是专利技术路线图的常见形式。

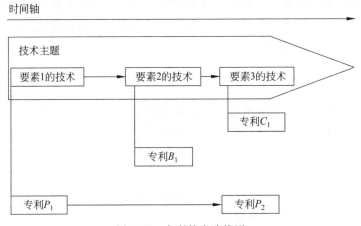

图 2-17　专利技术路线图

通过专利技术路线图可以确定技术发展过程,了解技术起源,同时提供了相关技术领域专利权人在时间和空间上的联系和分布,为可能的专利权诉讼提供了强有力的证据。图 2-17 揭示了技术领域中,不同时期技术要素的特征,以及技术要素的变化,从另一个侧面了解技术发展方向,并提供可能的新产品开发计划的线索。

另外一种技术发展图是反映技术生命周期的图表如图 2-18 所示,它是利用专利申请量与专利申请人数量随时间的推移变化的数据绘制而成。一般来说,专利申请量反映了技术

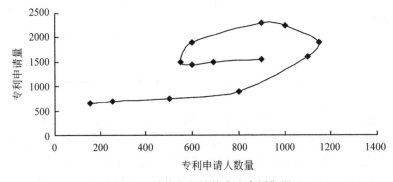

图 2-18　某技术领域技术生命周期图

开发活动的程度,而专利申请人反映了该技术领域参与技术竞争的企业或个人。了解它们之间的相互关系,便可以推断技术的生命周期,从而指导企业技术投入与开发策略。

4) 组分图

一种常见的专利技术组分图是将专利申请按应用领域分类,绘制成树状图,它常用来研究技术领域的应用范围,以及挖掘尚未实现商品化的技术应用领域,如图 2-19 所示。

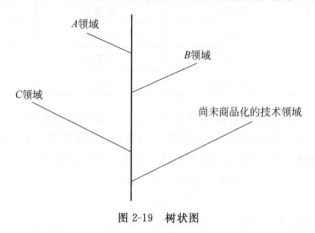

图 2-19　树状图

其方法为将某技术领域的专利按不同类型或功能分类,选出重点专利,展示相关技术特征的专利内容和数量,从而系统了解技术领域的整体构成或技术宽度,如图 2-20 所示。

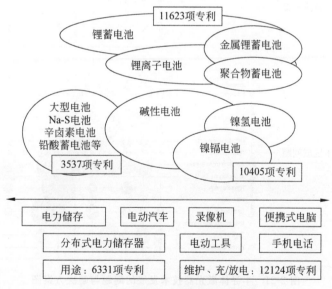

图 2-20　蓄电池专利申请组分图①

5) 问题与解决方案图

在专利信息分析中,问题与解决方案图可以按问题与解决方法一一对应的形式展开。也可以是将某一技术领域的主要技术问题与主要解决方法在 x 轴和 y 轴分别罗列出来,然

---

① 日本发明协会亚太平洋工业产权中心各技术领域专利图表实用指南[M].[S.l.]:[S.n.],2002.

后一一对应统计其专利申请量,如表 2-10 所示。

表 2-10　问题与解决方案图

发明针对的问题		解决方案	专利号
某技术领域	问题 1	方案 1	99…
	问题 2	方案 2	98…
	问题 3	方案 3	00…
	问题 4	方案 4	02…
	问题 5	方案 5	01…

图 2-21 展示了半导体激光器技术领域在近二十年的发展过程中,专利发明主要针对的问题是波长的统一、光学性能的改变、温度特性的改变、光调节等。这些问题展示在 y 轴方向上,与之对应的解决方案主要涉及设备技术,其次是系统化技术、材料技术、驱动技术等,这些方案展示在 x 轴方向上。图中圆点内的数字表示问题与对应的解决方案的专利申请量。从图中可以看出,半导体激光器技术的发展已经解决了许多实际使用中的难题,例如降低了在室温下振荡阀的要求、提高表面散热能力、集成功能的提高等。

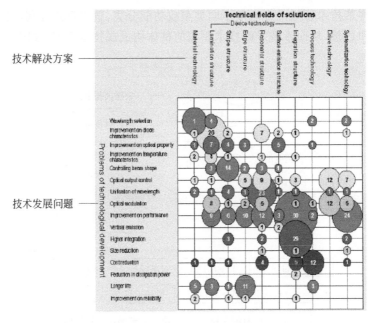

图 2-21　半导体激光器技术发展的问题与解决方案图
图表来源：hhttp://www.wipsglobal.com

2. 专利定量分析图表

在之前有关章节中,已经详细地介绍了各种常用的定量分析方法,这里仅介绍专利定量分析常见的图表。这类图表是将分析的专利数据用定量方法加工、处理,并将分析结果制作成相应的图表。专利信息分析中常见的定量分析图表有排序表、散点图、数量图、技术趋势图、关联图、雷达图以及引文树等。

1）排序表

专利数据统计排序分析是定量分析中的一项最为基础的工作,也是定量分析专利信息的重要工作之一。也就是说,在专利信息分析中一项最为基础的工作就是要对专利信息中的特征数据进行统计分析。这些外部特征有专利分类号、专利申请人、专利发明人、专利申请人所在国家或专利申请的国别、专利申请或授权的地区分布、专利种类比率、专利引文等。这些特征数据也就是要进行统计排序的对象。它们能够从不同角度体现各类专利信息。定量分析的统计对象一般是以专利件数为单位。

在完成专利数据统计的基础工作后,要根据专利信息分析的目的对统计数据进行频次—排序分析。从而直观地反映某技术领域中的重点技术、活跃的专利申请人和发明人等。根据分析目的的不同,可以制作各种不同类型的排序图表。

2）散点图

当分析的对象用变量来表示时,双变量之间的相互关系,可以用散点图进行直观的分析。所谓散点图,是指将专利分析中任意两个变量 x 和 y(如专利申请量与时间、申请人与申请量等)的每一组值(x_i, y_i)在坐标中,用散点表示,一群散点构成分析用的散点图。通过散点分布的疏密,以及散点分布的趋势来判断变量之间的相互关系。参见图 2-22。

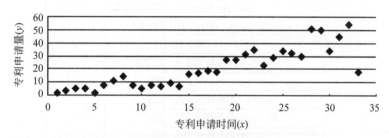

图 2-22　某技术领域专利申请量随时间变化图

图 2-22 反映了变量 x 与 y 之间的正相关关系。当时间推移时,专利申请量虽然有反复,但总体呈增长态势。在上述对散点图进行直观分析的基础上,可以将散点图拟合为某一直线或曲线,或添加趋势线,进一步研判技术发展趋势。

3）比例图

比例图有时也称为组分图,或者饼图,在专利分析中常用来直观地表示所研究内容的组成。图 2-23 是某技术领域中申请量前 10 位的国家其专利申请量比例图,而图 2-24 则是某技术领域重点技术构成图等。

4）数量图

在专利信息分析中,各种数量图通过专利申请量,直观地反映某技术领域重点技术、主要专利申请人等有关信息,如图 2-24 所示。

图 2-24 显示了在国内外电动汽车技术领域分别列在前 5 名的专利申请人的专利申请量。从中可以看到,在中国专利申请中,有关电动汽车技术的申请主要集中在日本公司手中,申请量排名第一的本田技研工业株式会社在中国共申请了有关电动汽车方面的专利 23 件,占总数的 3.05%。相对于中国专利而言,国外有关电动汽车技术的专利申请量要明显高于中国的申请。其中,Honda Giken Kogyo Kabushiki Kaisha(本田公司)、Toyota Jidosha Kabushiki Kaisha(丰田公司)、Hon Hai Precision Ind, Co., Ltd.(鸿海精密有限公司)和

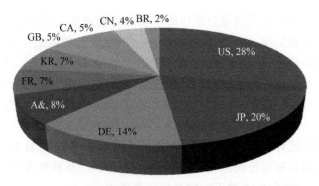

图 2-23　某技术领域前 10 位专利申请量随时间变化图

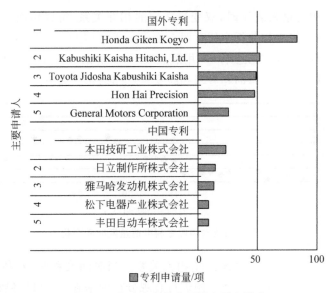

■专利申请量/项

图 2-24　电动汽车技术领域主要申请人

Hitachi，Ltd.（日立公司）等公司，申请专利的绝对数量及占总数的比例，均占优势，共申请专利 232 件，占总数的 13.81%，说明这些公司是电动汽车技术领域中最强劲的竞争者。此外，General Motors Corporation（通用汽车公司）在电动汽车技术领域也占有一席之地，是电动汽车技术领域中强劲的竞争者。

　　5）趋势图

　　在专利分析中最常见的趋势图是利用专利信息的特征数据与时间之间的相互关系来展示相关技术领域的发展趋势。有时研究人员也会利用技术要素、功能和申请量三者之间的关系展示技术发展趋势。趋势图有多种形式，如二维趋势图（见图 2-25）、三维趋势图（见图 2-26 和图 2-27）等。

　　从图 2-26 中可以看到，大约在 1997 年下半年达到技术成熟期后，"车辆辅助设备的供电"和"用车辆内部电源的电力牵引"技术在 1999 年左右相关的专利申请又达到峰值，说明该技术又得到进一步加强，很可能进入下一代产品发展阶段。

　　图 2-27 是利用技术要素、功能（用途）或申请人等多角度描述某技术领域的开发活动，

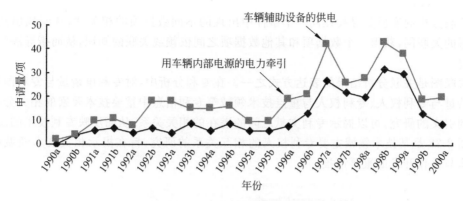

图 2-25　电动汽车的主要技术领域专利申请量的变化

注：a 表示上半年,b 表示下半年;如 1990a 表示 1990 年上半年

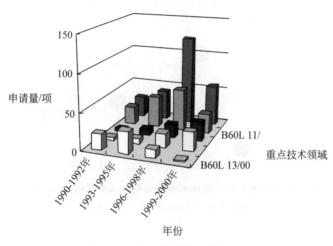

图 2-26　专利申请量三维趋势图

从中了解该技术领域的特征,为生产发展确定方向。同时显现出技术较为稳定的领域和专利申请量很低但具有发展前途的领域,即新技术空白点。

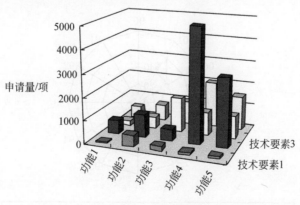

图 2-27　三维柱状图

6）关联图

关联分析的实质是寻找在同一个事件中出现的不同数据项的相关性，从而找出数据库中隐藏的关联网，获得一个数据项和其他数据项之间依赖或关联的知识，从而指导决策战略的制定。

关联图是关联分析结果的表达方式之一。在专利分析中，对专利申请量与专利国别、专利申请量与专利权人、专利权人与重点技术领域等专利信息中重要技术要素的相关分析，以及专利引文的研究，可以揭示专利文献之间的潜在的相关关系，从而反映专利技术的发展过程。图 2-28 是某技术领域主要专利权人的相互关系的研究，旨在揭示相关技术领域中，技术合作与协作开发的重要情报。

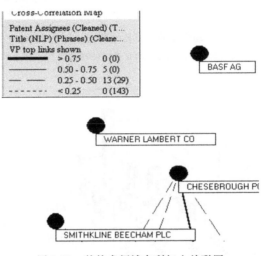

图 2-28　某技术领域专利权人关联图

数据来源：VantagePoint User Guide

7）雷达图

用雷达图可以形象地表示出专利申请中各技术要素之间的变化情况。图 2-29 反映了某技术领域中，重点技术随时间的推移而变化的信息。图 2-29 中，A44B19/26 所代表的技术其专利申请量随着时间的推移呈逐年增长的态势，这说明该技术是相关技术领域有发展前途的技术。

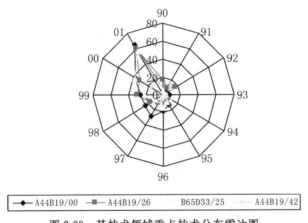

图 2-29　某技术领域重点技术分布雷达图

8）引文树

引文树就是根据某一技术领域中专利文献之间的相互引用关系,将专利号、专利权人或发明人等代表专利文献的著录项目按时间先后制作成树形图,以揭示技术发展过程,如图 2-30 所示。

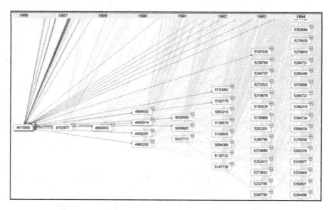

图 2-30　专利引文树示意图(按专利号展示)

2.3　专利信息分析的流程

专利信息分析的流程一般包括前期准备、数据采集、专利分析、完成报告和成果利用 5 个阶段,其中前 4 个阶段包括成立课题组、确定分析目标、项目分解、选择数据库、制定检索策略、专利检索、专家讨论、数据加工、选择分析工具、专利分析和撰写分析报告这 11 个环节。有些环节还涉及多个步骤。例如,专利检索环节包括初步检索、修正检索式、提取专利数据 3 个步骤。另外,在项目实施前期准备阶段中可根据需要加入调研环节,如图 2-31 所示。对于需要进行中期评估的项目,应当在项目实施流程的中期阶段组织实施。项目实施过程中,还应当将内部质量的控制和管理贯穿始终。

2.3.1　前期准备

研究进入实施流程环节后,首先要进行前期的准备工作,这其中包括成立课题组、确定分析目标、项目分解、选择数据库 4 个环节。

1. 成立课题组

根据项目需求,选择相应人员组建项目课题组。课题组应由具有多学科知识背景和专业技能的人员组成,这些人员主要包括专利审查员、专业技术人员、情报分析人员、政策研究人员以及经济和法律人员等。

2. 确定分析目标

在项目初期,应进行项目需求分析,认真研究背景资料,了解现有技术的特征和行业发展现状以及产业链基本构成等内容,在此基础上明确分析目标。

3. 项目分解

项目分解是前期准备阶段的一项重要工作,恰当的项目分解可为后续专利检索和分析

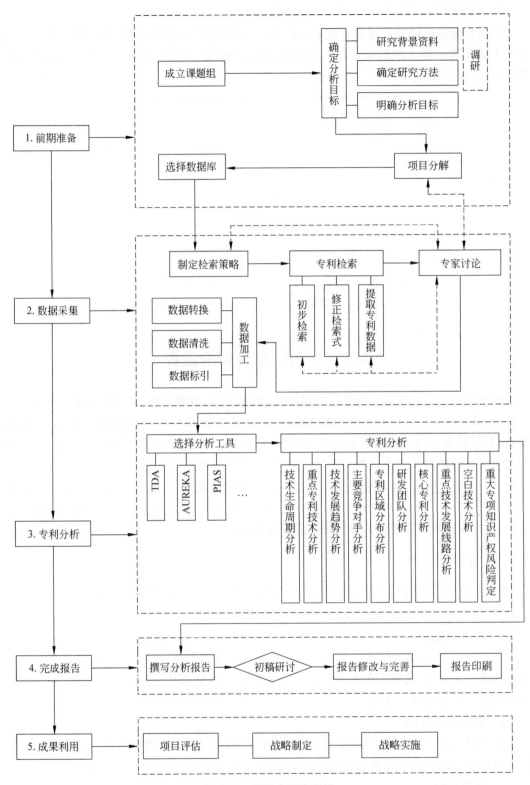

图 2-31　项目实施流程图

提供科学的、多样化的数据支撑。根据所确定的分析目标,将研究对象采用的技术方案进行分解的目的在于细化该技术的分类,如同国际专利分类表 IPC 所采用的大类、小类、大组、小组的划分方式,以更好地适应"专利"本身的特点,便于后续的专利检索和侵权判断分析。

《专利法》规定,一件专利申请如果要获得专利权需要符合单一性,这决定了一件专利申请的发明内容往往只会涉及某项技术的某一点创新式改进,而一项新"技术"往往是成千上万项创新式发明点的集合,其背后则对应着成千上万件的专利申请。如何将这些数量众多的反映该项新"技术"的专利申请进行归类整理,以反映该项新"技术"的专利布局情况,正是项目分解所要解决的问题。

项目分解应尽可能依据行业内技术分类习惯进行,同时也要兼顾专利检索的特定需求和课题所确定分析目标的需求,使分解后的技术重点既反映产业的发展方向又便于检索操作,以确保数据的完整、准确。

4. 选择数据库

根据确定的分析目标和对项目涉及的技术内容的分解研究,选择与技术主题相关的一个或多个数据库作为专利分析的数据源。通常情况下,可以将项目的分析目标、数据库收录文献的特点、数据库提供的检索字段等方面作为选择数据库的依据。

2.3.2 数据采集

在完成对研究项目的前期准备工作后,应当在所获取的背景资料以及项目分解结果的基础上进行数据采集,这一阶段的工作主要包括制定检索策略、专利检索、专家讨论和数据加工 4 个环节。将专家讨论环节设置在数据采集阶段,主要考虑到数据采集是关系到最终研究成果准确性与否的关键阶段,所以在此需要设置特别的环节以确保研究的质量。当然,在认为其他阶段也需要专家参与时,均可设置该专家讨论的环节。

1. 制定检索策略

检索策略的制定是专利分析工作的重要环节,应当充分研究项目的行业背景、技术领域,并结合所选数据库资源的特点制定适当的检索策略。一般来说,在对项目所涉及技术内容进行详细分解后,应尽可能列举与技术主题相关的关键词和分类号,同时确定关键词、分类号之间的关系,编制初步检索策略,然后通过初步检索的结果动态修正检索策略,以实现最佳的检索效果。

2. 专利检索

专利检索策略制定完成后,进入专利检索环节。专利检索主要包括初步检索、修正检索式和提取专利数据 3 个步骤。

(1)初步检索。根据编制完成的检索式和选定的数据库特点(如数据库的逻辑运算符、截词符、各种检索项输入格式要求等),选择小范围时间跨度提取数据,完成初步检索步骤。

(2)修正检索式。浏览上述初步检索结果,将检索结果按有用的和误检索的分成两组,分别进行分析研究,初步判断检全率和检准率,并对误检漏检数据进行分析,找出误检漏检原因,完成检索式修订,形成修正检索式。值得注意的是,修正检索式的时候往往要经过多次反复,不断调整检索式并判断检索效果,直至对检索结果满意,形成最终检索式。

（3）提取专利数据。运行最终的修正检索式后，就可以下载检索结果，形成专利分析原始样本数据库，供进一步使用。

3. 专家讨论

项目进入实施阶段后，可在"专利检索"步骤后设置专家讨论环节。通过邀请相关方面的专家对课题组已进行的工作从管理层面和技术层面进行指导，确保课题组后续的研究工作能有效、实用地进行。当然，也可以不必拘泥于本书所规定的专家讨论环节的启动时间，即在认为有必要咨询相关专家时，如项目启动之初、确定分析目标或是项目分解等环节，均可以组织专家进行讨论，以利于项目的后续实施。在专家的选择上，可依据研究团队的构成决定所选专家的特长方向，如果研究团队偏向专利审查，所选专家就应以产业和技术专家为主，如果研究团队主要由本领域技术人员组成，则所选专家就应以熟知专利审查审批或对各国专利制度比较熟悉的专家为主。当然，专家队伍中还应包括情报研究和政策研究等人员。

4. 数据加工

专利检索完成后，应当依据项目分解后的技术内容对采集的数据进行加工整理，形成分析样本数据库。数据加工主要包括数据转换、数据清洗和数据标引 3 个步骤。

（1）数据转换。数据转换是数据加工过程中的第一步，其目的是使检索到的原始专利数据转化为统一的、可操作的、便于统计分析的数据格式，例如 Excel、Access 的文件格式等。

（2）数据清洗。数据清洗实质上是对数据的进一步加工处理，目的是为了保证本质上属于同一类型的数据最终能够被聚集到一起，作为一组数据进行分析。这是因为各国在著录项目录入时，由于标引的不一致、输入错误、语言表达习惯的不同、专利法律状况的改变以及重复专利或同族专利等原因造成了原始数据的不一致性，如果对数据不加以整理或合并，在统计分析时就会产生一定程度的误差，进而影响到整个分析结果的准确。

（3）数据标引。数据标引是指根据不同的分析目标，对原始数据中的相关记录加入相应的标识，从而增加额外的数据项来进行相关分析的过程。

2.3.3　专利分析

在专利分析前，要结合本次专利分析的目标选择相应的分析工具。本文所称的分析工具特指用于专利数据统计分析的软件。目前国内外专利分析软件种类繁多，特点各异，因此挑选合适的分析软件对后续的专利分析起着至关重要的作用。

在完成专利分析工具的选取后，就可以利用这些分析工具对数据进行专利统计分析了。根据分析目标和项目分解内容的不同，选择相应的统计指标和分析方法，利用软件绘制各种图表，同时采用不同分析方法进行归纳和推理、抽象和概括，解读专利情报，挖掘专利信息所反映的本质问题。应当注意的是，在该流程的实施过程中应当注意保留所选取记录和相关的统计数据，以便后续阶段的使用。

2.3.4　完成报告

完成报告是目前项目实施流程的最后阶段，也是对研究成果和研究价值的集中体现和归纳，因此需要突出研究报告体例的规范性和研究内容的完整性。这一阶段主要包括撰写分析报告、初稿讨论、报告修改与完善等环节。

1．分析报告撰写及相应内容结构

分析报告应当在报告内容、报告结构和格式等方面遵循一定的规范要求，以体现整体性、一致性和规范性。分析报告的主要内容一般包括引言、概要、主要分析内容、主要结论、应对措施、建议等内容。

1）摘要

摘要是在课题组完成分析报告后，对分析报告的内容进行提炼，撰写出能够简明扼要地反映本课题研究目的和研究成果的简短描述。摘要内容可以包括项目立项背景、研究过程、主要研究成果和结论、政策建议等。摘要字数控制在 600 字左右。

2）详细摘要

为上报上级主管单位和有关领导，应会同课题组成员提炼分析报告的精华内容，并结合重大经济政策和产业发展战略，撰写详细摘要。其内容应包括项目的立项背景、研究过程、主要研究成果、重要结论、应对措施和相应的政策建议等。详细摘要既要体现主要研究成果和重要结论的内容，又要突出研究成果为重大专项的顺利实施所起的推动作用，以及对重大经济活动所起的决策支撑作用。详细摘要字数控制在 3000 字左右。

3）分析报告的主要内容

分析报告的主要内容应当包括引言、概要、主要分析内容、主要结论、应对措施、政策建议以及附录 6 部分内容。

（1）引言主要表述项目立项背景、立项的重大意义以及项目的运行情况和研究过程等。

（2）概要的主要内容包括项目的分析目标、技术背景、专利数据库与检索策略、数据处理原则、分析方法和分析工具、专利分析模块选择等。

（3）主要分析内容因不同的分析目标和项目分解内容而有所区别。一般可以根据需要在专利基础分析、专利高级分析和特需分析 3 个模块中自由组合。需要注意的是，主要分析内容应当与项目分析目标相对应，另外，对不同技术内容分析完成后，应当针对所分析的问题撰写相应的小结。

（4）主要结论是针对项目需求和项目分解内容，在进行充分分析的基础上分别给出分析报告的整体结论和各个要点分析的主要结论。主要结论应当与项目分析目标密切相关，并有分析过程和分析数据支撑。

（5）应对措施和政策建议应依据主要分析结论，结合国家宏观经济政策和相关法律法规，以及相关领域或行业的技术现状和竞争环境等内容提出应对措施和政策建议。此外，根据项目分析目标的不同以及研究对象专利风险等级的不同，采取的应对措施和政策建议的侧重点也应有所区别。

（6）附录应列出与项目研究相关的成果清单，如具有风险的专利清单、项目研究过程中形成的各类分析样本、专利分析和预警课题计划书、检索策略表、参考文献。

4）分析报告的结构标准

分析报告内容通常按照以下顺序排列：人员名单、摘要、目录、引言、概要、主要分析内容、主要结论、应对措施和政策建议等。其中人员名单应当分别列出领导小组成员、项目工作组成员、课题组成员、主要撰稿人、主要统稿人、专利检索人员以及图表制作人员、专家组成员等。报告结构案例详见专栏 2-8。

2. 初稿研讨

在分析报告初稿完成后,应当会同相关领域专家对报告的主要内容、重要结论、应对措施以及政策建议等内容进行研讨。以进一步完善报告内容、梳理报告结构、突出重要结论,使报告的应对措施和建议更有针对性。

3. 报告修改和完善

通过初稿研讨,充分借鉴相关专家的意见,并综合这些修改建议对报告中尚需改进的地方进行相应的修改和完善。

2.3.5　成果利用

报告成果主要工作包括对分析报告进行评估、制定相应的专利战略,以及专利战略的实施等。从理论上讲,成果利用是分析工作的延伸,专利信息分析的最终目的在于将专利情报应用于实际工作中。因而,应当以积极的行动将这些情报用于配合制定国家的发展战略,指导企业的经营活动,为国家或企业在市场竞争中赢得有利地位。需要注意的是,成果利用工作通常由专利信息分析报告的委托方组织实施。

1. 项目评估

一份好的项目成果必须经得起时间与实践的双重检验。项目成果必须经过严谨分析,具有条理性、系统性且合乎逻辑,并且最后获得一些清晰的科学结论,只有这样才能将专利分析的成果很好地应用于实际工作中。因此,慎重阅读和评估专利分析报告具有非常重要的意义。在实际评估工作中,通常需要对下列问题进行必要的估量:

(1) 研究报告是否明确说明了目标?

(2) 数据采集的时间跨度及区域范围是否合理?

(3) 检索策略是否准确?

(4) 数据库的选择是否具有代表性?

(5) 数据本身的质量及影响因素考虑是否全面?

(6) 使用的统计方法或分析工具是否合适?

(7) 以图表形式表达的结果是否将数据进行了合理的量化?

(8) 图表内容与文中内容是否吻合,以及图表之间的数据是否一致?

(9) 对统计数据进行推论得到的结果,解释是否合理?

(10) 是否针对研究结果做出了合理的建议?

2. 战略制定

所谓专利战略是以专利制度为依据,以专利权的保护、专利技术开发、专利技术实施、专利许可贸易、专利信息应用和专利管理为主要对象,以专利技术市场为广阔舞台,在科研单位生存和发展的环境中,以符合和保证竞争优势为使命,冷静地分析环境的变化和原因,探索未来专利工作的发展动向,寻找发展专利事业的机会,变革现有经营模式,选择通向未来的经营途径,谋求革新专利经营对策。

通常所称的专利战略包括专利申请战略、技术引进战略、维权战略、跟踪主要竞争对手战略,专利分案与续展战略、技术流转战略等。

专利战略是科研单位发展战略的重要组成部分,是利用专利手段在市场上谋求利益优势的战略性谋划。它涉及自身行业境况、技术实力、经济能力和贸易状况等诸多因素。因此,制定相应的专利战略时,应当充分利用专利分析报告的研究成果,并在此基础上注重与自身实际情况相适应,选择与自身总体发展战略相符合的专利战略。

3. 战略实施

科研单位专利战略应当根据国家发展的总体战略方针和国家专利战略的宏观框架,与自身整体发展战略相适应。同时,专利战略的制定应当客观分析所面临的竞争环境,并与自身的条件和特殊性相适应。仅仅有漂亮的专利信息分析报告与宏伟的专利战略是不够的,需要有与其相适应的体制与操作规程。没有相应的制度或管理程序作保证,再好的专利战略也无法正常、有序地实施。因此,专利管理是专利战略实施的基础与保证。专利管理工作的目的在于充分依靠和有效运用专利制度,有效整合资源,积极推进专利战略,增强技术创新能力和市场竞争能力。

在实施专利战略过程中,应将它切实地落实日常专利管理工作中,使其成为经营战略的重要组成部分,应当设立专门机构抓落实,认真贯彻已制定的专利战略,依靠专利技术、专利产品占领市场,为自身带来超额的经济效益。同时,专利战略应当具有前瞻性和相对稳定性。既要考虑眼前所面临的形势,更要对未来可能的发展变化进行前瞻性的研究。在总的原则确定后,还要依据急剧变化的形势,进行及时的微调。

第3章 研究产业的发展路径

研究产业的发展路径旨在从产业基础、产业发展阶段、产业需求、产业周期、产业动向和外部生态环境入手,对相关产业的发展规律、龙头企业的发展动向、核心技术的演进情况进行全面摸查,深入研究产业的进入壁垒和退出壁垒,对全球产业链的构成、分工,以及价值链和供应链进行完整分析。借助专利情报的辅助分析,可以找出产业变革的关键技术和相应的核心专利,找出推动产业发展的引领者,研究专利在产业发展路径中的影响力方式,梳理出清晰的技术—产业—市场路线图,按照产业生命周期的轨迹预测未来的发展方向,实施能"驾驭"这个未来方向的专利战略,为产业发展决策提供专利支撑。专利在促进创新中,与产业链、技术链、企业链和市场要素(链)间关系的示意图如图 3-1 所示。

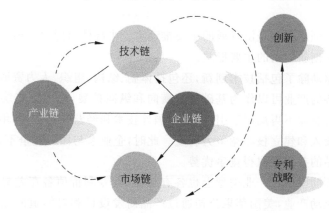

图 3-1 专利与"技术—企业—产业—市场"全链条的关系

3.1 产业价值链分析

产业链是各个产业部门之间基于一定的技术关联,依据特定的逻辑关系和时空布局关系客观形成的链条式关联关系形态,是一个包含价值链、企业链、供需链和空间链 4 个维度的概念[①]。价值链是企业在设计、生产、销售、交货以及对产品起辅助作用的一系列互不相同但又互相联系的经济活动的总合。

产业链不仅仅是产品链,同时也是信息链和功能链。在对技术依赖度高的产业中,技术、专利、企业和市场等要素是信息链的重要组成部分,以专利为切入点,结合其他产业链的关键信息,可以有效形成价值含量较高的产业决策信息。通过对产业价值链的了解,可以掌握产业的发展阶段、发展特点和未来发展趋势,从其对应的企业链中找出推动产业发展的驱动力和推动者,发现影响产业生命周期的因素,准确判断产业发展趋势,从而获得未来市场

---

① 吴金明,邵昶. 产业链形成机制研究[J],中国工业经济 2006,(4).

竞争的先机。这是一种值得深入探索的可行路径。

3.1.1 分析产业发展历史

通过对产业发展历史和现状的研究,可以找出产业发展的推动因素、产业发展的推动者和引领者,摸清产业发展中主流技术路线产业化以及专利影响因素间的内在联系。

1. 了解产业发展驱动力

从产业发展过程上,大致经历了生产要素驱动、投资驱动和创新驱动等发展阶段。

1)生产要素驱动

生产要素驱动是以土地、矿产、水等自然资源,以及环境和低技能廉价劳动力作为推动经济发展的主要力量。纺织、制造、加工等劳动密集型产业是典型的生产要素驱动。

2)投资驱动

投资驱动是以资本投资作为经济发展的主要推动力。石化、钢铁、冶金等资本密集型产业是投资驱动的代表。

3)创新驱动

创新驱动是以创新作为经济发展的主要推动力。半导体、计算机、通信等技术密集型和知识密集型产业是创新驱动的主要形式。

产业的创新驱动除了包括技术创新,还包括体制、结构、组织、人力资源和分配机制的创新。率先形成优势的产业可以作为基础进行横向和纵向扩展,形成更高层次的区域竞争优势。创新驱动使得企业不再局限于引进、吸收国外技术和经营管理方式,由产能投资向更加关注创新能力的投入和建立核心竞争力转变。此时,企业参与国际竞争不再是价格竞争,而是凭借技术和产品的差异性取得竞争优势。

产业发展的不同阶段在产业类型上也各有交织,其专利价值各存差异。信息通信领域属于典型的创新驱动产业,美国苹果公司通过产品研发设计和对渠道的控制站在了产业链的最高端,而负责组装制造苹果产品的台湾鸿海集团虽然也同在创新驱动的产业链中,且专利申请量也一直位居前列,但它是依靠人力资本和比较优势的劳动密集型企业,在现有产业发展模式下,如果不能向产业链价值高端转移,也很难依靠专利数量优势获得与产业链上游企业一样的超额利润。

2. 了解产业转移趋势

了解产业的发展历程和趋势可以判断产业发展的驱动因素、产业链的国际转移趋势、技术路线的演化方向和核心技术的主要持有者,为专利分析提供清晰的时间、地域和企业情报信息。

全球产业转移和产业分工模式的变化对后发展国家的技术追赶和产业升级具有深远影响。历史上,国际产业发展大致经历了三次大规模的产业转移。

第一次产业转移发生在20世纪50年代,美国凭借在半导体、通信和电子计算机等新兴技术密集型产业在全球的领先地位,将钢铁和纺织的传统产业向日本、德国转移。

第二次产业转移发生在20世纪60至80年代,美、日、德等发达国家集中力量发展集成电路、精密机械、精细化工、家用电器和汽车等附加值较高的技术密集型产业,将附加值低的劳动密集型和资源密集型产业转移到亚洲新兴国家。

第三次产业转移出现在20世纪90年代后,欧美和日本等发达国家和亚洲新兴的工业化国家各自发展自身的优势产业,将不具有竞争优势的产业向东盟和中国内地等发展中国家和地区转移。

通过研究半导体存储器产业发展的历史,可以更加清晰地了解历次产业转移的趋势,如图3-2所示。最早的半导体存储器技术起源于美国,产业化推动也主要是IBM、德州仪器和Intel等大型企业。随后,日本企业进入该领域,东芝、NEC、三菱等公司借助政府对半导体产业的大力扶持,很快依靠产业规模化和技术的赶超,迅速形成了从技术追赶者的领跑者的转变。韩国主要是仿照日本半导体发展模式,通过政府的大力扶持,依靠三星、现代、乐金等大企业的重金投入和技术引进,及时跟踪和学习先进的制造技术,在短短十年间就形成了世界级的制造优势,从而形成了与美、日间的三足鼎立之势。中国台湾也是仿照日、韩的发展模式,以产业集群的形式,从引进技术到自主研发,形成了半导体存储器产业发展的第四极。

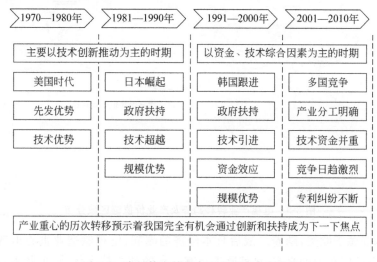

图 3-2　半导体存储器产业发展历史和趋势

通过对半导体存储器产业发展历史的了解,可以为开展的专利分析提供以下关键信息:一是明确了半导体存储器的重要技术出现的地域范围,主要集中在美国、日本、韩国和中国台湾等国家和地区;二是明确了半导体存储器产业的龙头企业,如IBM、德州仪器、Intel、东芝、三菱、日立、三星等;三是明确了重要技术出现的时间,主要开始于20世纪70年代后,在20世纪70至90年代属于基础技术突破期,这一阶段围绕着存储器容量不断上升的要求,从材料、工艺、制造各方面进行了大量的基础研究和试验,奠定了半导体存储器未来一段时间的基本发展路线;四是对日本、韩国和中国台湾等后发国家或地区的产业突破和技术追赶模式有了初步了解,对后发国家或地区的技术许可和技术来源有进一步的掌握,为追寻技术链的发展,从而找出重要专利提供了背景依据。

可见,产业的转移趋势构成了技术生长和衍生的主要途径,从基础技术诞生地,沿着产业化、规模化和市场化的方向,在所经国家、地区、企业、科研机构等所组成的"微循环"支撑下,逐渐汇集、成长、壮大,直至被新的技术和产业替代。因此,专利分析的目的之一就是要从产业转移的过程中追寻技术本源,准确地反映技术路线、产业路径和专利布局间的相互关系。

通过深入研究还可以发现,产业转移表象上是国际产业分工格局的再配置,其内涵则是技术优势先发国家对后发国家劳动力和资源的控制,而这种控制并不会随着后者经济的成长而发生本质的改变。当前,以美国为代表的发达国家正借助核心技术优势和知识产权保护,将高科技和全新商业模式注入传统产业,从而带来又一次具有较大影响力的产业转移,而这种转移则是传统工业向这些发达国家回流。近年来,在科技界逐渐升温的 3D 打印就是传统制造业回归的典型案例。可见,产业转移或产业回流的实际操控者都是产业内具有话语权的核心技术持有者。通过图 3-3 所示的电视产业历次转移及对未来的判断,可以更加详细看到这种趋势,如图 3-3 所示。

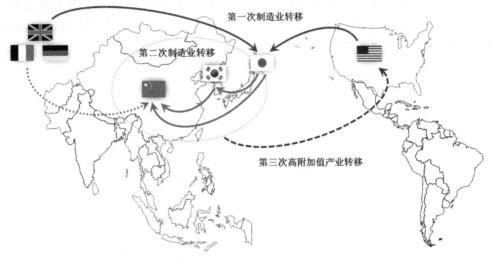

图 3-3　电视产业转移趋势及产业价值链区域分布

电视技术起源于欧美,随着二战后日本经济的崛起,电视制造业重心出现了第一次转移,逐渐从欧美转向东亚的日本,虽然欧美还有一定的核心技术优势,但随着日本在显示技术上的突破,到了 20 世纪 80 年代,世界电视产业的格局已经出现了重大变迁。之后,电视制造业的第二次转移出现在东亚国家内部①,随后崛起的韩国和中国分别依靠成本优势也逐渐成为电视制造中心,与日本形成三足鼎立之势,奠定了近二十年的世界电视制造业产业格局,至此欧美已完全从传统电视制造业退出。

欧美等国虽然退出了劳动密集型为主的传统电视制造业,但是仍然依靠技术优势,在相关的标准制订和专利联盟中占据领导地位,并正在凭借核心技术和全新的商业模式,促使电视产业链价值的高点回流。其中尤以美国最具代表性,以苹果、谷歌、微软、英特尔、高通等为首的美国跨国公司正在利用其在操作系统、处理器芯片等技术上的雄厚技术积累和强有力的知识产权保护,结合在商业应用模式上的成熟经验,逐渐将以显示技术为主的传统电视产业②,变革为更加智能的家庭终端。从而凭借在操作系统等技术

---

　　①　我国 TCL 公司 2004 年对法国汤姆逊电视业务的收购,其本质也是欧洲国家对传统制造业的剥离,将其转移到发展中国家。

　　②　据统计,目前电视构成成本中 70% 的价格集中在显示相关技术上,电视技术的历次的升级也主要是以显示技术为核心,如从显像管技术(CRT)到液晶显示技术(LCD)和等离子显示技术(PDP),再到发光二极管(LED)和有机发光二极管(OLED)技术。

方面的优势和丰富的增值服务经验,构建"智能"和"增值"两个新的微笑曲线端点,完成对电视产业革命性的改造,形成了电视"显示"技术之外的新的利润增长点和产业链控制结点,重新夺回传统电视产业链的价值高地。这一次产业转移目前正在全面上演。近来,苹果、谷歌和微软等美国强势企业的优秀业绩与日本索尼、松下和夏普等电视龙头企业的快速衰落[①]形成鲜明对比,其背后深层次体现是二者在关键核心技术方面知识产权的积累以及成功的商业模式的较量。

3.1.2 分析产业链构成与分工

产业链不仅突破了企业的有形界限,延伸了企业的功能,更是突破了区域界限,使更高层次的区域整合为一体。全球经济一体化的趋势促进了产业链的扩展,区域分工协作越来越成为经济发展中重要的组织形式。

1. 产业链构成

1)横向产业链

横向产业链是在某一特定产业内,上中下游共同形成的,包括设计、研发、制造、供应、销售为一体的产业组织形式。对横向产业链组成和分工的研究,可以掌握产业链的构成以及各个成员之间技术附加值的高低,掌握产业链上中下游各环节的主要企业。

图 3-4 所示为太阳能光伏的产业链,整个链条上包含了上游材料产业、中游电池芯片产业和下游组件和系统集成。从附加值上看,上游光伏发电用材料产业的技术含量高,属于技术密集型产业,中游电池芯片制造产业除了技术含量高具有技术密集型的特点外,由于其聚集了太阳能光伏产业 70% 的资金,还属于典型的资金密集型产业,而下游多是以组装、加工、测试为主产业劳动密集型产业。产业链的位置决定了该产业内核心技术、专利和资金的集中聚集点,电池芯片制造环节占据了该产业约 70% 的技术和资金,成为各家企业主要抢占和布局的关键结点,可以说,电池芯片制造技术及其专利成为能否控制整个产业链的关键环节。

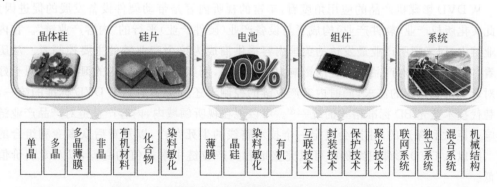

图 3-4　太阳能光伏上中下游产业链构成与价值链分布

---

① 电视一直被视为日本家电企业的战略性产品,具有家电之王的地位,因此如果电视产业出现衰落必然会引发日本家电企业的连锁反应。

2）纵向产业链

纵向产业链表示两个或多个关联产业所形成的并行产业链,每个产业链之间各自独立,但产业链与产业链之间又相互影响[①]。研究产业链间纵向关系,可以扩展横向产业链的范围,找到跨产业间的关联因素,进一步发现专利在不同产业链间的附加值及影响力大小。

以 DVD 制造产业及其相关联的版权产业为例,DVD 影碟机本身的硬件产品构成了完整的产业链条,从光头、机芯、编解码芯片、制造、测试,一直到 DVD 盘片的材料,形成了以标准制定者为主的产业联盟,索尼、东芝、松下、飞利浦等公司组建了 DVD 联盟、MPEG 等标准组织,并以专利联盟的形式控制了产业链附加值的高端。通过将 DVD 影碟机组装制造等劳动密集型产业交由后发国家和地区代工生产的形式,最终以品牌价值进行产品输出,获得产业利益的最大化,如图 3-5 所示。

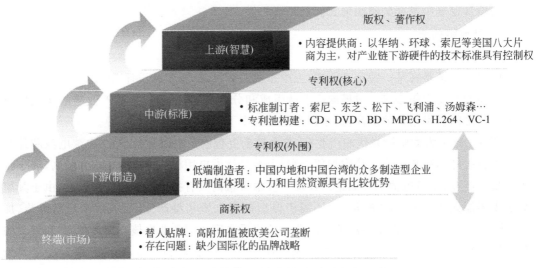

图 3-5　以 DVD 为核心的视听产业纵向产业链

从 DVD 影碟机产品的应用角度看,丰富的视听内容是带动硬件设备发展的促进因素,因此文化版权产业(软件产业)构成了与设备产业(硬件产业)平行的"内容产业链"。在内容产业链中,居于视听产业最发达的美国内容提供商成为这个产业链的主要控制者。从历史上看,内容产业链对产品产业链的影响力是巨大的,例如 DVD 影碟机的诞生就是源于好莱坞对影音市场推广的需求,同时内容产业链的控制者还直接影响到了 DVD 标准的统一,以及替代技术蓝光 BD 标准格式的统一[②]。可以说在视听领域内,内容产业链对产品产业链的影响是巨大和深远的,往往会决定一个技术路线的生死存亡,以及背后众多专利组合的寿命。所以从 DVD 影碟机案例中可以完整地看到产业链中附加值的高低,以及专利价值的高低。

因此,能够清晰地把握特定产业全球产业链的构成和分工,有助于在开展专利分析工作时更好地将专利情报与产业信息、市场信息相结合。

---

　　① 提出纵向产业链的概念,仅为专利分析过程中关注到多个并行且各自独立产业链间的相互关系,有时这种并列的产业链就其本质而言也是具有上下游关系。从产业链概念本身而言,目前尚无横向或纵向之分。

　　② 美国华纳公司在 DVD 和 BD 标准的最后确立上发挥了至关重要的作用。

2. 产业链整合

产业链整合是对产业链进行调整和协同的过程,整合的本质是对分离状态的现状进行调整、组合和一体化。产业链整合使得某个主导企业通过调整和优化相关企业关系使其协同行动,提高整个产业运作效能,最终提升企业竞争优势。

按照整合企业在产业链上的位置,产业链整合可分为横向整合和纵向整合。横向整合是指通过对产业链上相同类型企业的约束来提高企业的集中度,扩大市场势力,从而增加对市场价格的控制力,获得垄断利润。纵向整合是指产业链上的企业通过对上下游企业施加纵向约束,使之接受一体化合约,通过产量或价格控制是吸纳纵向的产业利润最大化。

以整合是否涉及股份转让可分为股权的并购、拆分以及战略联盟。股权并购型产业链整合是指产业链上的主导企业通过股权并购或控股的方式对产业链上关键环节的企业实施控制,以构筑通常、稳定和完整的产业链整合模式。拆分是指将原来包括多个产业链环节的企业中一个或多个环节剥离出去,变企业分工为市场分工,以提高企业核心竞争力和专业化水平。战略联盟产业链整合是指主导企业与产业链上的关键企业结成战略联盟,以达到提高整个产业链及企业自身竞争的目的。

产业链整合可以解释很多与专利相关的问题。例如在横向整合中,优势企业之间希望互为补充,形成新的产业竞争力,就需要企业专利重合度和互补度的分析;在纵向整合中,企业对上下游产业链的控制手段之一,就是通过核心技术来掌控附加值高端,而专利正是维护这一策略的有效"武器"。同样,在参股、控股和战略联盟过程中,企业看重的也是在产业链上形成的总体优势,它们往往会借助专利的形式来达到这一目的。例如,在智能手机领域中出现的多个联盟,以苹果、谷歌和微软三大公司的操作系统为主,形成了各自的战略同盟,通过对未来策略性专利的收购,意图达到防卫和进攻的双重功效。因此,对产业链整合方面专利问题的深度研究,有助于从专利的视角提出符合产业发展的决策建议。

3. 产业链切入点

后发国家或地区在不具备技术优势的情况下,要在先发国家或地区建立起来的秩序下发展自身经济,并保持持续发展,就必须要找准既有产业链的切入点或是未来产业链的先发点。正确判断产业链的切入点,不仅可以有效地在产业发展初期可以与先发国家保持一种利益平衡,为自身逐渐壮大赢得时间,还可以利用外围专利的手段,在先发国家核心技术的周边进行专利包围,形成相互依存和交叉授权。

以图 3-6 所示半导体产业为例,经验表明,除日本以外,所有东亚国家或地区都是通过价值链的最后一步,即芯片封装,进入半导体产业领域的。芯片封装在整个产业价值链中是劳动密集度最高附加值最小的一个环节。在以此为切入点进入半导体产业后,均会向价值链的前端移动,从处于"后端"的封装和测试开始,进入产业链"前端"的晶片①制造业务以及与之相关的电路模版生产、晶片生产、专用材料和设备的供应。

4. 区域在产业链位置

区域产业链是区域多方面因素综合作用的产物,也是地域之间专业分工、竞争合作、要素整合的结果。构建区域产业链有利于建立高效的区域之间与企业之间的新型关系,优化资源配置,提高产业效率。产业链的跨区域连接提高了区域之间在经济发展过程中的相互

---

① 晶片:俗称晶圆或圆晶,是由单晶硅制成的圆片,用于芯片制造。

依存性,表明产业链在国家和区域经济发展过程中将发挥着越来越重要的作用。

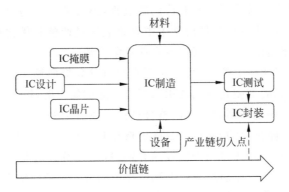

图 3-6　后发国家切入半导体产业链的通行方式①

　　区域产业链在全球产业链中的位置决定了区域未来的产业发展方向。如果区域产业链处于全球产业链的下游,那么从发展角度考虑,需要以技术创新、模式创新、组织创新、管理创新来带动区域产业链的整体提升,如果区域产业链已经处于全球产业链的中上游,则要注重技术的引领,通过创新能力的持续提高,实现产业价值的维护。

　　区域产业链的位置对实施专利战略具有很好的指导作用,针对不同发展阶段的区域经济提供适合的专利辅助手段,可以从专利战略和战术的角度为区域技术提升规划发展路线。

5. 产业集群

　　产业集群是指在相对集中的地域空间内,把相关产业的上中下游企业,尽可能地集中在一起,从而在信息交流、资源共享、成本节约和价格优势上形成紧密配合,增强产业竞争力。

　　产业集群的特征反映了产业发展到一定阶段,零散型的产业发展模式已经难以在激烈的竞争环境中取得优势,需要在某一特定领域内,形成既有竞争又有合作、既有分工又有协作、地理位置上集中的有交互关联性的企业群。企业与专业化零部件与服务供应商、配套与互补产品制造商、相关产业的厂商,以及大学、制定标准化的机构等相关支撑机构相互影响和促进,从而带动产业协同发展。

　　产业集群在带动上下游关联企业以形成规模优势外,更多的是实现了技术汇集,包括企业间、企业与科研院所间的合作研发、技术共享。例如美国的硅谷作为世界著名的电子信息技术产业聚集区,以斯坦福大学为中心,聚集了英特尔、惠普、雅虎和思科等高科技公司,企业间追寻的是专业化与核心竞争力。随着产业结构的细化,众多中小企业凭借新技术和新产品成为产业分工合作的重要力量,新创意和新发明不断涌现,在众多大型科技公司之外,构成了知识产权产生的主要来源。

　　又如韩国企业在 20 世纪 80 年代发展半导体产业时,就是通过在半导体产业集群具有优势的硅谷地区设置"监听哨"的形式,挖掘最新技术的前沿信息,积极引进技术人才,实现自身技术的快速提升②。通过专利信息的挖掘可以找到产业集群中的技术聚集者,获得为

　　① 约翰·马修斯,赵东成. 技术撬动战略——21世纪产业升级之路 [M]. 北京大学出版社,2009.

　　② DEBRESSON C. Breeding innovation clusters:a source of dynamic development[J]. Word Development,1989 (17):1-16.

我所用的技术和人才。

因此,对产业集群的了解和集群内企业、院校和科研机构的研发动向和技术动态的掌握,有助于在专利分析过程中发现基础技术信息、专利转让信息以及具有产业化前景的中小企业专利技术信息,从而以专利分析的手段为国内企业或区域在技术引进、转化、融资提供情报信息。

3.1.3 分析产业发展的推动者

产业驱动力可以分成生产要素驱动、投资驱动和创新驱动。一个产业能够经历萌芽期、成长期、成熟期,背后总是有各种因素在驱动其不断发展。了解产业发展的引领者和推动者,就是希望掌握产业发展背后的深层次机理,找出产业发展的路径、技术路线和推动者之间的对应关系。

产业发展与技术、市场密切相关,先发国家与后发国家的发展模式各不相同,又促使政府在产业发展中起到了主导或推动作用。如图 3-7 所示,这种市场主导与政府引导相互交织、螺旋递进的关系促进了产业不断向前发展,在此过程中,主导企业的作用被充分发挥出来,成为衔接技术创新、产业化和市场化的基本单元。因此,了解产业发展的引领者和推动者,实际上是对以市场为主还是以政府为主这两种不同发展模式的综合考量。

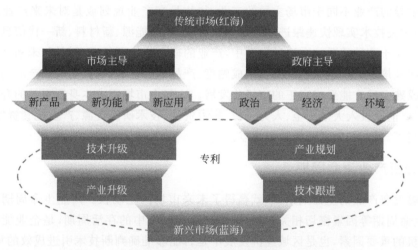

图 3-7 从"传统市场"向"新兴市场"发展的两种驱动力

1. 市场主导

以市场需求为主导,即主要由市场经济规律本身所引发,主要表现为消费者对新产品、新功能、新应用、新体验的持续需求,这种潜在的需求传导到市场竞争的主体企业后,从技术角度上就表现为对原有技术的升级改造乃至开发新的替代技术,以此来满足消费者不断提高的体验需求。技术生命周期理论比较适合于解释这种情况,即企业往往会在技术达到成熟期时就开始着手开发替代技术实现产业升级,进而保持在新市场环境下的竞争力。

这种情况下,产业升级是以技术升级为前提的,并且产业升级是以未来新兴市场存在潜在消费能力为目的的,即技术升级和产业升级过程中所有短期投入的研发资金和产业化改造资金可以从之后预期市场的经营中快速得到回报并进一步扩大利润率,这种对未来预期效益的反馈,体现得也正是以市场需求为主导的特征。

消费电子、通信技术、半导体元件、生物医药、计算机技术、工业制造等绝大部分市场自由竞争度高的领域均属于这种类型,同时也都是专利影响力大的行业。各行业不同的特点决定了其技术更新程度具有差异性,例如通信技术领域的技术更新周期要短于工业制造领域,消费电子领域的技术更新周期要小于通信技术领域。技术周期更新换代越快,意味着相应领域中技术热点变化更快,专利态势更活跃。

2. 政府主导

政府主导的产业主要是受到外部因素的影响,而非是由市场自身产生的新需求所引发的。政府主导的产业发展模式大多是后发国家主导的产业发展模式。为了减少与先发国家在技术、人才、产业基础方面的差距,后发国家政府有意识地规划一些着眼于未来的战略性产业,以此缩短与先发国家的差距。日本和韩国在电子信息和半导体产业的突破,有力地证明了政府主导产业发展模式的可行性。

由政府主导的产业发展模式包括了政治、经济、环境、战略等多方面的因素。例如,随着石油等不可再生能源的日益枯竭,各国政府均提出了以新能源为战略的新兴产业,随之而来的是风电、光伏、新能源汽车等一批产业规划陆续出台,政策的刺激以及对未来市场预期的向好,使得大量资金和技术涌入相关领域,从而带动了相关产业的技术大发展。

政府主导的产业不同于市场主导的产业,往往是在产业规划或是对未来产业预期的影响下,带动相关技术实现快速跟进发展。例如,我国在新能源、新材料、新一代信息技术等战略性产业就属于这种情况。在这种类型中,产业的概念往往还处于规划期,未来市场化更是需要长时间来培育,待产业成熟度、技术成熟度、产品的价格、市场接受度和产品利润率等多方面因素成熟之后才能形成真正的市场化发展。这与由市场需求本身所引导的升级改造不同,而是需要前期投入大量资金、人力资源、物力资源、技术研发资源、产业配套资源,并且具有持续时间长、存在一定发展风险等特点。

3.1.4 分析产业生命周期

谁能够驾驭产品的生命周期,谁就赢得了未来市场的主动权。产业生命周期与市场反馈、技术生命周期等因素密切相关,表示的是产品在市场中的存活周期,是企业能够掌握未来发展先机的重要因素,也是区域经济发展中是否能够准确判断技术引进成效的重要参考。产业发展的生命周期与专利维持期和专利寿命关联度较高。

将产品生命周期理论和产业发展阶段理论相结合,可以提出产业发展过程中关于企业进入产业、退出产业、产业市场结构、产业技术发展的如下 6 条经验规律:

(1)在产业开始形成时期,进入者的数量或者逐步上升,或者在一开始就大规模进入,然后进入者的数量开始逐步下降,产业进入者的数量最终都将变小。

(2)尽管产业的产出不断扩张,产业内企业的数量在经历了开始的上升后便稳定地下降。

(3)产业内最大企业市场占有份额的变化率呈下降趋势,产业内居于领导地位的企业趋于稳定。

(4)在产业内生产者数量上升时期,相互竞争的多样化产品和产业产品创新的数量在上升到高点之后开始逐步下降。

（5）在产业发展过程中,生产者进行生产过程创新的努力大于产品创新的努力。

（6）在生产者数量上升的时期,更多的产品创新是由新进入者完成的。

可见,在产业发展的早期,创新知识主要来源于外部,而且变化较快,不确定程度高,进入障碍较低,以产品创新为主。在这种条件下,新企业的进入是创新的主要实现形式,大量的进入导致市场结构分散。随着产业的发展和逐步成熟,以及主导技术的出现,技术创新主要是沿着既定轨道进行,规模经济是重要的创新影响因素,此时进入障碍提高,创新的限制也提高,创新型企业进入减少,创新大多是由已有的主导企业进行的,创新会导致主导企业的规模扩张,市场集中度提高,是一种技术创新与市场结构正相关的创新模式。

掌握产业的生命周期,对专利开发策略以及布局策略具有积极作用。从既有产业的发展规律入手,找出影响产业发展周期的因素,进而对未来产业趋势进行判断,提早进行专利布局,是实现掌握主动权的有效方法之一。

3.2 龙头企业链分析

企业是产业转型升级的主体,企业在市场竞争中的能力代表了区域经济发展的整体水平。专利分析的素材主要来源于企业,专利分析的成果应用主要对象也是企业。因此对产业中的企业,尤其是龙头企业进行了解,分析这些企业在经营管理、市场化竞争和专利战略方面的经验,对形成更加贴近产业发展实际的专利分析报告具有重要的指导作用。

3.2.1 选定产业内龙头企业

1. 区分企业发展类型

从企业发展特点上,大致可以分成以下几种类型。

1）技术引领型

此类企业掌握了核心技术,并依靠技术的先进性在产业中确立了自己的地位,对技术发展趋势和未来有敏锐的判断。通过对产业链中技术引领型企业的梳理,可以把握技术发展的脉络,获知技术未来走向。例如,日本日亚公司在20世纪90年代初仅是一家中小型企业,但是随着核心研发人员中村修二在蓝色发光二极管技术的产业化方面取得突破性进展,并以此形成了核心专利群,使得企业快速成长为LED领域的龙头企业,引领了LED技术近二十年的发展。通过对技术引领型企业的分析,可以梳理出产业主流技术路线的发展史和专利技术的演进。

2）市场主导型

此类企业是产业规模和市场份额上占据优势的企业,对产业发展趋势和市场转换信号具有精准的判断,能够驾驭产业方向的发展,及时调整企业战略,收缩出现衰退的产品线,及时进军未来发展热点的业务类型。例如,IBM公司历经百年,作为大型计算机、桌面计算机的领导者,始终不断地适应市场环境调整企业经营战略,在新产业形势下,积极向服务业转型,剥离桌面计算机等附加值低的制造环节。通过对市场主导企业发展方向的转变,可以了解专利热点和转移的趋势。

3）产业跟随型

此类企业是技术实力和产业链位置均不具有优势的企业,它们在参与全球产业分工中处于不利的地位,技术突破壁垒较大,难以形成综合实力的提升和持久的市场竞争力。例如我国内地和台湾以加工制造为主的企业,大多处在产业链的底端,技术创新能力不高,专利发明还主要集中于外围技术的改进。即使出现类似宏达电(HTC)在智能手机上的成功,但是由于缺乏核心技术实力,难以确保企业形成持久的市场领先地位。通过对产业链中处于跟随位置的企业进行了解,可以对专利在产业链不同位置的价值和影响力做出初步判断。

4)新进入者型

产业发展成熟后会存在一定的进入壁垒,新进入者能够冲破壁垒切入产业,主要因素可能包括技术和资金两方面。具有核心技术,能够带来替代现有产品的全新产品,从而形成市场规模。例如,美国的苹果公司在 2007 年从计算机领域切入到智能手机领域,就是凭借革命性创新,实现了后发赶超。另一种新进入者能够生存和发展主要是依靠资金优势。通过技术引进或许可,依靠成本优势,能够快速形成产业规模,占领市场。例如,我国风电的龙头企业——华锐风电,在 2006 年才进入风电领域,它借助资金优势,只用了 5 年时间就成为世界第一的风机设备制造商,但是由于发展速度过快,短时间内缺少核心技术,企业后续发展的可持续性值得担忧。

2. 确定龙头企业判定标准

龙头企业一般是指对同行业的其他企业具有很深的影响,有号召力和示范、引导作用,并对该地区、该行业或者国家做出突出贡献的企业。龙头企业具有规模大、经济效益好、带动能力强、产品具有市场竞争力的特点。市场主导型企业具有市场规模大和带动能力强等特点,是典型的龙头企业。技术引领型、产业跟随型和新进入者型企业根据其所处产业链位置的不同和发展潜力,均有可能构成所属领域的龙头企业。

从专利视角研究龙头企业及其影响力,可以结合其技术地位、产业规模、市场份额、国际组织的话语权、有效专利存量、专利运营收益等特点进行综合判断。通常,龙头企业的专利影响力要远大于一般企业,也是在专利分析时需要重点研究的主要对象。

3.2.2 分析龙头企业成功模式

主导企业或龙头企业在产业发展中发挥着引领的作用,在技术创新、人才聚集、企业经营和管理方面处于优势地位。龙头企业凭借对核心技术的掌握以及成功的商业模式,对产业发展具有很高的控制度,往往能够在技术路线选择、产业未来发展方向和市场信号转变上做出敏锐的判断。

因此在专利分析时加强对龙头企业的了解,从其组织形式和发展特点进行深入研究,尤其是解读龙头企业的专利战略和重点专利规划,对后发国家或地区借鉴经验,培育具有国际竞争力的大型企业具有重要的指导意义。

1. 了解商业管理模式

龙头企业的成功包含了多种因素,其中优秀的商业管理模式是其中主要因素,例如企业的品牌战略、专利战略、产业定位都构成了企业成功的要素。如图 3-8 所示,商业模式可以分为两大类:运营性商业模式和策略

图 3-8 企业商业模式的构成要素

性商业模式,前者主要解决企业与环境的互动关系,包括产品价值链定位、专利运营模式;后者主要是在前者的基础上加以扩展和利用,主要包括业务模式、组织模式等。

商业模式是反映企业创造价值的核心问题,是针对产品的创新,还是针对消费者需求的创新,是以企业为中心的创新还是以客户需求为中心的创新,是主要提供产品还是提供方案。因此不同的商业模式,决定了企业在专利战略运用上的差别。

例如,苹果公司在创新方面与其他公司最大的差别在于,当所有公司关注于利用创新来满足消费者需求时,苹果公司却是以产品革命性创新为目的,在产品推出后让消费者来学习并且适应这种科技创新带来的全新体验。这种模式使得苹果更能集中精力于颠覆性创新,而不局限于对消费者现有需求的满足,从而使得苹果成为重新定义智能手机的开创者,并取得了市场上的巨大成功。

2. 了解技术研发模式

龙头企业的技术研发模式对技术创新和专利策略具有同样的影响。技术研发模式可以分为轴心式研发模式、单中心研发模式和多中心研发模式[①],如图 3-9 所示。

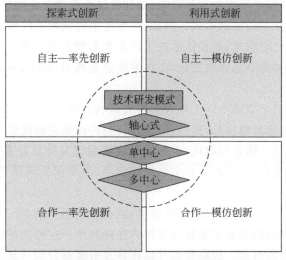

图 3-9 企业主要技术研发模式

龙头企业(特别是跨国公司)发展的特点,使得轴心式和多中心研发构成为其主要研发模式。因此通过研究龙头企业的技术研发模式,获得关键发明人信息,掌握核心技术的产出地和主要贡献者,为专利分析中确定重点专利提供辅助信息。例如,IBM 公司有遍布全球的研究机构,每个研究机构从事的研究重点各有不同,通过了解这些企业情报,可以获得专利分析所需的重要信息。

3. 了解企业发展战略

企业发展伴随着竞争,竞争战略的本质在于进攻和防守,专利作为企业参与竞争的有效武器,也应充分发挥"进可攻、退可守"的作用。因此了解各企业发展战略,可以大致总结出

---

① 轴心式研发模式是指由一个中心和多个分散的研发点组成的研发模式;单中心研发模式是一种高度集中的研究与开发管理模式,尤其适用于关键技术的研究开发;多中心研发模式是指采用同一规划下,建立若干海外研究开发实验室,分别进行相关技术的研究工作。

专利对企业的影响力大小。

根据波特(Alan L. Porder)的竞争理论,企业在发展过程中主要面临五大作用力:新加入者的威胁、现有公司间的竞争、替代品的威胁、供应商的议价能力和客户的议价能力。为抵御这五大作用力,企业发展的基本战略可以归纳为三种:一是总成本领先;二是差异化;三是集中经营。追求成本领先的企业集中于利用规模经济和低成本获得竞争优势,因此对于技术研发和专利转化等长周期项目的关注度不高,此类企业专利的影响力有限。差异化企业则希望通过具有特色的商品或服务占据产业内的特殊地位,这其中包括技术的差异化、品牌的差异化、设计的差异化等,从而培训忠实的客户提高企业竞争力。例如,苹果公司就是注重差异化的企业,显然这种类型的企业对专利运用和保护的需求显著增强。集中经营则是将企业的资源集中在特定的领域和目标上,并结合总成本领先或差异化(或二者并行)的方式进行的。

3.2.3　分析企业间的战略联盟

当前,由战略联盟内企业之间的专利合作、交叉许可、专利交易日益成为产业关注的焦点,特别是由战略联盟演化形成的专利联盟、专利池以及各类企业间联合的专利收费组织构成了专利运用中需要重点关注的形式。例如,在智能手机领域不仅形成了以苹果、谷歌和微软公司为各自核心的产业联盟,而且还形成了以苹果和微软公司联合用以抵抗谷歌公司的策略联盟。国际环境与竞争态势的变化,正在促使企业将自身的专利战略演变成各种联盟间的整体专利战略。

战略联盟是指由两个或两个以上具有共同战略利益或对等经营实力的企业,为达到拥有市场、共同使用资源等战略目标,通过各种协议、契约而结成的优势互补、风险共担的一种合作模式。在全球经济一体化的时代,企业间的战略联盟显得日益重要。成功的战略联盟不仅可以快速提升企业竞争力,而且在实现规模经济、减少研发风险、防止竞争损失方面具有积极作用。

战略联盟具有边界模糊、关系松散、机动灵活、动作高效的特点。联盟企业间没有明确的层级和边界,各方之间的关系主要是通过契约连接起来。这种关系较为松散,可以根据市场变化,随意进行组合或解散。战略联盟可以将各方资源整合到一起,进而更加高效地完成单独企业无法完成的任务。

1. 了解企业间竞争与合作关系

通过了解企业间竞争与合作的历史,可以掌握与产业发展方向、主流技术路线选择相关的信息。例如,在 DVD 标准演变到下一代蓝光光盘标准的格式制定中,先后形成了多种技术格式标准,每种格式在产业化前都是由龙头企业组建的战略推进联盟在积极推进。在 DVD 标准格式制定时,以东芝和松下为主构建的战略联盟战胜了索尼和飞利浦的战略联盟,而在下一代蓝光光盘标准制定时,以索尼、松下和飞利浦的联盟又战胜了东芝和 NEC 的联盟。松下在不同时期选择了不同的结盟对象,并最终都取得了格式之战的胜利,显示出松下公司对未来产业发展趋势和主流技术路线判断的准确性。可见,企业间竞争与合作的方向和趋势,在一定程度上决定了该产业内专利布局的重点和策略,以及对未来市场的预期判断,是在专利分析过程中需要重点关注的内容。

2. 了解战略联盟的形式与作用

战略联盟的形式使企业间增强了产业控制能力、市场议价能力、风险抵御能力和技术互换能力。战略联盟从形式上可分为纵向联盟和横向联盟。纵向联盟是产业链中研发企业、制造企业等具有上下衔接关系的上下游企业构成的联盟。横向联盟则是同一产业内具有相似产业活动的企业构成的联盟，可以包括研发开发联盟、产品开发联盟、技术推广联盟等。通过对产业内联盟形式的了解，可以对不同类型或同类型企业的专利价值和产业链位置进行初步判断。

3.3　核心技术链分析

技术链分析主要是围绕某项技术的起源、发展、演化到退出的全过程，探究技术发展的历史和趋势。将技术链与产业链和企业链融合，就能完整地看出技术与市场之间的相互促进关系。以技术链为切入点，是研究专利对产业和市场影响力的最佳途径。

技术创新是产业升级和改造的核心。对目标产业涉及的关键技术进行深入研究，有助于发现技术演进路线、技术标准实施、专利技术联盟、技术更替和存活期等信息，评估技术持有者的专利壁垒强度和进入风险。在新兴产业内，对产业化路线尚不确定的技术进行分析和挖掘，有助于找到商业前景和市场化程度高的潜在技术，从而通过政策扶持实现跨越式发展。

3.3.1　分析技术路线的演进史

通过对技术路线的演进史进行研究，了解与技术起源、技术更替、技术路线、核心技术的相关专利出现的时间结点、主要专利持有者等信息。

1. 寻找基础技术的起源

寻找基础技术的起源就是从基础技术的诞生到产业化过程中，寻找出技术的演变过程及专利布局情况，寻找基础技术的起源及其发明者，了解技术演进的原始专利，并以此为起点，沿着技术研发的路线寻找在该项技术上进行研发的主要企业和发明人。

以半导体存储器为例，表 3-1 给出的是各种类型半导体最早出现的时间表。根据此表及产业信息的反馈，再通过专利检索，可以找到每项技术的基础专利持有人。在此基础上可以沿着技术发展的路线，分析替代技术出现时间和主要技术来源。

表 3-1　半导体存储器基础技术的专利起源[①]

年份	类型	专利号	申请人
1965	SRAM	US354404A	IBM
1967	DRAM	US3386286A	IBM
1971	EPROM	US3825946A	Intel
1980	闪存	US4531203A	Toshiba
1980	分栅	US4328565A	Harari

①　国家知识产权局专利分析和预警课题组. 高密度存储器技术专利分析和预警［R］国家知识产权局专利分析和预警工作领导小组办公室，国家知识产权局专利局电学发明审查部，国家知识产权局知识产权发展研究中心. 2010.（课题组构成：李永红，汤志明，陈燕，朱世菌，田冰，陈丽娜，王少峰，尹剑峰，马克，李岩，马宁，其中田冰是引用部分主要贡献者）。

年份	类型	专利号	申请人
1994	浮体 DRAM	US5600598A	MOSAID
1998	SONOS(NROM)	US5768192A	Saifun
2001	ZRAM	US6925006A	Innovative Silicon
2006	2T-SRAM	CN100517501C	兆易创新

2. 了解早期技术及产业化情况

技术的多样性以及市场的复杂性决定了并非所有技术最终都能实现产业化,技术的产业化受综合技术成熟度、成本和市场的多重因素影响。能够在早期技术尚未完全成熟时,预测技术的未来市场前景及其所带来的商业利润,在技术和专利壁垒尚未完全形成时及早进入这一领域,是最终能否成功的关键。

例如,在半导体存储器 DRAM 的技术发展历史中,早期的基础技术由美国人发明,日本企业在预测这项技术的价值含量以及对未来整个电子信息产业带来的影响后,结合日本政府当时鼓励发展知识密集型产业的总体战略,积极进行技术许可和技术引进,花费巨资进行消化吸收和再创新,终于在 20 世纪 70 年代后期到 80 年代,以 DRAM 型半导体存储器为突破口将产品打入了美国市场。

3. 了解技术路线与市场选择关系

在技术发展的诸多路线选择中,能够获得产业化的主流技术背后所体现的专利组合才是构成影响产业发展的重要因素。无法形成产业化应用的技术,即使拥有再好的专利布局,其实用性和产业价值也几乎等于零。东芝公司在和索尼公司竞争下一代蓝光光盘标准的 7 年战斗中,投入了十多亿美金进行技术开发、专利布局、产业化和市场推广,但终因最终格式之争的落败,使得缜密布局的核心专利价值丧失殆尽。因此开展专利分析前,要梳理产业技术路线,找出哪些技术路线是主流技术路线,哪些技术路线因未被产业化已不具备专利应用价值,这是影响专利分析结论和辅助决策的重要因素。可见,分析技术路线与产业化、市场选择间的关系,对专利分析方向性、准确性和实用性具有重要指导意义。

一般来说,多技术路线共存的原因有多种可能:一是不同企业在同一时期研发类似产品,但是采取的技术方案大不相同;二是为了避免对已有专利技术的侵权而采取的规避方案;三是为了避开已有技术路线潜在的高额专利费而另行发展新技术,如 LTE 通信标准的诞生就是以诺基亚为主的企业为避开高通公司过高的专利费而采取的新技术路线;四是由于企业间或战略联盟间的历史根源或是利益分配出现分歧,而导致企业另行进行技术开发,形成新的技术路线。例如,在 DVD 联盟组建初期,索尼和飞利浦组成的同盟对由东芝主导 DVD 联盟的不认同,另行建立了 3C 组织,并自行推进 DVD-R 录制格式的技术标准,以与东芝代表的 6C 组织推行的 DVD+R 录制格式的技术标准相区别。因此,专利分析过程中除对技术本身的研究外,对各种技术路线出现原因的追溯,以及发现技术与产业化和市场间的内在关联,也是获取准确情报的关键。

4. 了解技术路线革新与产业链变化

技术路线革新还将改变产业链的组织结构和空间结构。技术的进步,使原有的工艺流程得以改变,产业链的主体构成与链接方式随之改变。例如,苹果公司以计算机设备商的身份将手机以智能终端的形式迅速推广,使得原有手机产业链的竞争格局彻底被改变。原来的龙头企业诺基亚公司因未能及时判断市场趋势而转型,而变得日渐衰落。只有能够抓住技术变革契机的企业才能快速成长,如中国台湾的宏达电公司凭借 HTC 智能手机快速提升了品牌知名度,跻身全球主要智能手机提供商。可见,新技术路线出现带来的也是产业链组织形式的改变。

技术提升还能提高生产过程的可分离性,使产业组织形式出现垂直分离,产业链环节增加;技术革新创造出新产品、新产业和新的就业机会,引导着消费需求的变动,改变区域消费结构,从而重构区域产业链条。对于不同的区域而言,产业链的技术差异性可能导致区域产业发展机会出现不均等,产业链结构与形态也会因此不同。因此,通过对产业内技术链的了解,能够对与技术直接关联性最密切的专利动向有直接掌握。

5. 了解后发国家和企业技术学习路线

后发国家企业在技术上缺少优势,实现赶超的有效方式之一就是通过技术引进、技术合作,加快对主流技术或新兴技术的引进、消化、吸收。后发国家的企业在技术学习赶超过程中的主要形式,主要是从简单的外包到合资、合作研发,逐渐形成技术学习能力的过程。对后发国家企业的技术路线学习过程和历史的深入了解,有助于掌握外围专利与核心专利的时间分布、空间分布和权属分布。通过对主流技术路线各企业间生产方式和组织形式的变化过程,了解企业技术走向以及高技术含量和专利价值的分布。

3.3.2 分析主流技术的推动者

分析主流技术的推动者就是为了了解主流技术路线产业化和商业化背后的主要推动企业或组织,它们拥有的技术很有可能就是该主流技术的核心技术,从而可以沿着主流技术推动者的线索找出影响产业发展的重要核心专利。

1. 了解主流技术推动者更替

一些产业具有进入替代明显、后来者居上、占据主导地位企业不断更替的特点,每个时期均会出现一些中小企业依靠技术的先进性发展壮大,成为市场的主导企业。了解主流技术路线推动者的成长历史有助于发现技术路线发展过程中的专利聚集点和核心专利分布。

下面以半导体存储器 DRAM 产业的发展历史为例进行说明。英特尔公司推出了世界上第一颗双极型半导体存储芯片,并首推了第一颗 DRAM 产品,用半导体存储器替代了磁存储器,率先将 DRAM 商业化,是 20 世纪 70 年代 DRAM 产品的主要推动者。但是随着日本东芝公司在 20 世纪 70 年代末与美国几乎同时推出 64KB DRAM 后,日本存储器产品的市场占有率持续上升,到了 1985 年,英特尔公司退出了其一手创立的 DRAM 市场。此后很长一段时间,以日本东芝、NEC 为主的公司成为了 DRAM 技术的主要推动者,其专利密集度和重要性远高于其他跟随型企业。随着韩国三星公司的技术学习赶超过程,凭借强大的加工制造水平,一举超越了所有日本企业,成为目前 DRAM 技术和市场的主要领导者。可见,了解主要技术路线的推动者或控制者,能够对该技术路线下专利技术流向和发展脉络有清晰的把握。

2. 了解产业化推动与专利"埋伏"

在技术产业化和产品商业化的过程中,主要技术持有者及团体组织构成了技术转化的主要推动者,这些推动者大多采取的是"产品未动,专利先行"的策略,通过事先"埋伏"好基础专利与核心专利,待商业化时机成熟,大力推进包含专利产品的产业化进程,谋求利益的最大化。

以电视产业近来逐渐升温的 3D 立体显示技术为例,该技术基础原理很早即被发现,但早期只是应用在电影领域。以电视作为 3D 技术主要显示载体产业,直到 2010 年电影《阿凡达》的上映才有了实质性突破,商业化背后正是以松下公司为首的核心技术持有者在不断推动。推动者选择在这一时间点主打 3D 显示概念,正是希望在液晶和等离子市场表现已现乏力,且后继替代技术尚未成型的情况下,为电视产业注入新的利润增长点,属于典型的主导企业产品导向性模式。

通过研究发现,3D 技术联盟的核心成员早在 2008 年之前就围绕基于电视的 3D 技术和标准格式进行了集中专利布局,通过事先"埋伏"专利的形式,待产业化成熟时机一到,从商业化运作上积极推动,在获得市场利益的同时,凭借专利的精准定位引领了产业发展方向。因此,通过分析主要技术路线产业化的推动者及其产业推进行为,可以定位核心专利所有者的范围。

3.3.3 分析技术的生命周期

技术的生长过程一般会经历萌芽期、发展期、成熟期和衰退期。正确了解技术生命周期,可以较为准确地判断基础专利、核心专利和外围专利的布局时间结点。

图 3-10 所示的是技术生命周期与专利数量和价值的关系、与产业形成过程的关系、与

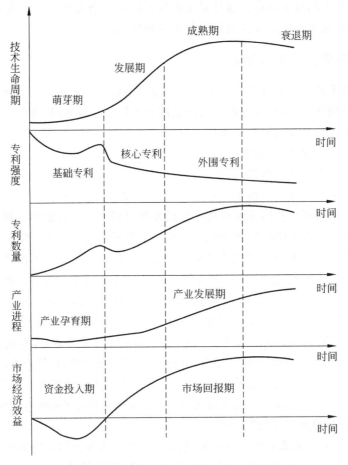

图 3-10　技术生命周期下专利、产业和市场关系

市场经济效益的关系。可以看出,萌芽期时产生的多为基础性专利,早期产业化难度较高,处于资金投入阶段;随着技术发展和成熟,进入者数量增多,专利数量也呈现上升的趋势,主要是围绕可能产业化的技术路线形成的核心专利,随着规模的扩大,市场效益逐渐显现;到了技术的衰退期,随着新技术的出现,市场焦点发生了转换,研发资金转而投入新的领域,专利布局速度减慢,此时多是一些外围专利,但产业化获得的市场效益还可以保持一段时期。

技术生命周期与产品生命周期密切相关,准确判断技术生命周期,进而形成对产品发展周期和未来市场发展趋势的预测,是掌握市场先机的重要手段。

3.4 市场竞争力分析

市场竞争力的高低决定了企业发展的方向,能够把握好未来市场方向,依据市场传递的信号对产品进行及时调整,通过技术路线的优化和产业转型来适应不断变化的市场环境,是保持核心竞争力的根本。龙头企业虽然对产业具有推动作用,但最终决定企业在产业链上影响力和控制力的还是市场的最终选择。市场才是产业链运行的原动力,企业的强势只有转化为市场动力才有意义,苹果公司的繁荣和诺基亚公司的陨落核心根源就在于此。因此,对市场影响要素进行研究是开展专利分析工作前需要重点考虑内容。

3.4.1 分析市场的驱动因素

1. 以市场需求促进技术创新和产业化

市场对技术的需求是影响专利活跃度的主要因素。在市场经济规律的自我调节下,一方面市场主体为了获得更高的利润,都有试图脱离同质化竞争较为激烈的"红海"而试图转向"蓝海"的意愿①,都希望通过对未来市场的准确判断获得发展的先机;另外一方面,由市场传导回来的信息表明,只有不断满足市场上日益多变的新需求,不断从技术更新的角度更多地满足消费者对新产品、新功能和新体验的需求,才有可能在未来的竞争中保持或是处于领先地位。因此市场需求也是影响技术发展趋势的主要因素。

市场领先度与技术创新度和专利保护密切相关。如图 3-11 所示,市场内生因素会引发对新技术、新功能和新应用的需求,企业则结合自身技术和资金实力,以及对未来产业趋势的判断力,表现出对技术升级和产业升级切入点的不同。跨国公司的技术实力较强且具有长远判断力,它们通过对现有技术的变革性创新,会努力开发出能够为其带来领先于同业竞争者并且可以获得超额利润的技术,这使其在创立了全新市场并成为全新市场领导者的同时,也获得了市场的先机。为了持续获得竞争优势,它们往往会利用各种专利手段来维护其技术的领先性和独占性。

例如,有些企业会在专利制度规则允许下尽量延长其核心专利的公开时间,避免竞争对

---

① "红海战略"与"蓝海战略"出自 W. Chan Kim 与 Renee Mauborgne 合著的《蓝海战略》。"红海"表示现存的产业或是已知的市场空间,行业边界已经被限定和接受,企业在市场需求增长缓慢和利润减少的市场空间采取白热化的竞争行为,"卡脖子"似的竞争最终将商海变成红色;"蓝海"表示现今尚不存在的市场或是未知的市场空间,游戏规则尚未制定,竞争环境尚未形成,是一种边界未定、尚未开发的潜在市场。

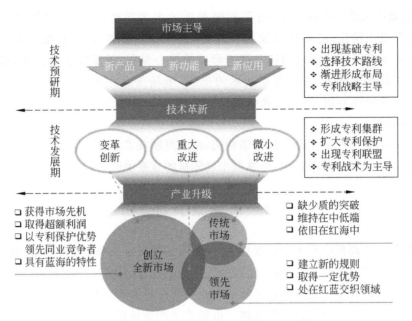

图 3-11　市场主导下的技术创新与产业升级

手过早获知自己的研发动态；再如，生物医药属于变革创新程度较高的领域，其市场领先度与技术创新度和专利保护密切相关，一项开创性的药品在其专利保护期内凭借专利的排他性会获得超额的利润，为了保持这种地位，企业往往会利用各种手段对到期专利以再保护的形式来延长其获取利益的周期。

另外，市场容量因素也会影响到产业规模以及专利竞争程度。市场经济环境下，规模效益具有放大作用，即市场对某一产品的潜在销售需求达到一定级别后，其背后必然孕育着巨大的经济效益产出点，企业对利益趋同的本性使得这一产业的竞争会变得愈发激烈。而专利作为一种确保专利权人在一定时间内能够保持垄断地位的法定权利，在激烈的市场竞争中就显得尤为重要，并会逐渐衍生成为具有一定进攻性或是防御性的武器。智能手机目前市场规模已达到数亿部，由此所导致的放大效应会传导到该产业链的各个环节，对外表现出的就是产业竞争者数量多和市场竞争激烈。为了尽可能多地分食到这块巨大利益的蛋糕，各个竞争主体间往往会通过成本控制、价格战乃至专利战等手段达到扩张的目的，此时专利在整个产业经济中更多表现出的是战略配置属性，而不仅仅是局限于法律属性上对某一项发明的保护。相比之下，市场规模容量相对较小的产业，如服务器产业，从业者和市场竞争程度相对较低，专利战爆发的可能性则会小很多。

2. 以政策引导促进产业化和技术聚集

图 3-12 所示的是以政策引导模式为主的产业发展过程。这种模式与市场驱动模式的区别在于产业的规划先于产业规模化完成，政策引导占据了主要因素，大多出现在后发国家的赶超过程中。尤其表现在新兴产业和战略性产业中，新兴产业代表了未来市场的发展方向，后发国家与先发国家处于相同或相近的起跑线上，而战略性产业则是后发国家实现关键技术自主可控的核心领域，我国在高端通用芯片和高端装备制造方面的整体落后，使得这些影响上下游产业链且关联性大的关键技术成为我国必须要突破的战略性产业。

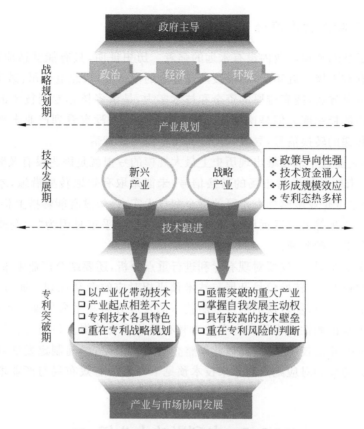

图 3-12　政府主导下的产业规划和技术布局

新兴产业专利态势受政策和资金的影响会产生较大波动。由于各国在政治、经济上的差异,以及全球经济发展中对环境要素的关注度日益增高,导致了在新兴产业中有很多会涉及适合未来长远发展的领域。例如,新能源、新材料等新兴产业的产业规模和市场容量都需要长时间的政策、资金的扶持和培育才能达到自我循环的能力。在产业规划期后,技术开发和专利申请同步,国内和国外专利布局步伐时间差异性不大,国内虽然可能会在核心技术和专利的开发上暂时的落后,但是在产业政策和资金扶持力度上,利用产业成熟度和市场化的领先性来弥补技术和专利的不足,实现技术的密集研发和专利的快速布局,利用外围专利战略迅速获得发展先机。此外,可以依靠产业和市场的先发优势,采取"走出去"战略,充分利用国内资金优势,收购或重组国外的优质技术资源,缩短研发时间,在产业化过程中减少专利风险。

与新兴产业相比,战略性产业不仅需要从技术上进行突破,而且要花费大量的资金用于自主技术的产业生态系统建设。在战略性产业的发展过程中,不仅要突破已有的技术、贸易壁垒,更为迫切的是要在现有经济秩序下构建自主可控的发展空间。事实证明,以专利作为战略性产业自主创新的突破口则是一条可行的道路。发挥专利在战略性产业中的作用,首先需要克服外国公司设置的技术壁垒和专利障碍,形成具有自主知识产权的技术路线,其次要在资金、产业和市场上形成配套机制,用于支持以技术和专利为突破口的产业整体环境的形成。

3.4.2　分析市场的转换信号

市场的风云变幻使得产业内没有永远的强者。历史证明,只有能够适应市场快速变化的企业才能生存和发展。近年来,相继破产或衰退的柯达公司、北电公司、诺基亚公司,无一不是曾经的行业领导者,拥有雄厚的资金和技术实力,是诸多核心专利技术的拥有者,对产业发展具有极高的控制度。但是这些昔日的龙头企业因为没有看到产业未来的发展趋势,准确判断市场传递的转换信号,导致未能成功转型而逐渐衰落。

例如,日本企业近年来相继出现历史上最大规模的亏损就是因为没有及时、准确地判断产业发展趋势,未能及早看清市场的转换信号,未能采取有效地转型措施,才导致索尼、松下、夏普等传统家电企业虽然拥有雄厚的资金和技术实力,却没有能够搭上移动产业发展的头班车,被苹果、三星等公司远远甩在后面,所有这一切似乎正是因为“大企业病”而导致的未能对市场趋势的准确判断。

因此在专利分析时,不仅要对现有专利进行重点分析,还要结合产业未来可能的发展方向,以及可能出现的市场转换信号开展与技术预研相对应的专利规划。通过专利分析获得相关的市场信息,通过市场转换的信号判断技术的发展方向和生命周期。正确判断市场的发展方向也是开展前瞻性技术研发和有效专利布局的重要前提。目前,高科技公司越来越重视对未来5~10年的技术预见,并以此调整企业发展战略,提前制定发展规划,以适应多变的市场格局。与此相对应则是对未来技术预见下专利的有效布局与产业增长的预测,详见本书第6章。

3.5　专利影响力分析

在专利依赖度高的产业中,专利在技术、企业和市场上发挥着重要的作用,通过对专利影响力的研究,可以从专利和技术间的关联性扩展到产业、企业和市场因素,并通过对产业路径中各要素间相互关系的了解,为专利分析提供更加贴近产业实际的分析结果。

3.5.1　从企业在产业链中的位置判断专利的影响力

龙头企业的优势地位决定了其专利的影响力要远大于一般企业的专利,对目标产业内龙头企业的梳理可以掌握基础专利与核心专利,结合龙头企业在技术路线推动的时间点,可以找出影响整个产业发展的重要专利。

1. 专利联盟的发起者和参与者

专利联盟的发起者多为技术领先型企业,其凭借技术先发优势掌握了核心技术,发起者多具有推动技术实现产业化的能力,是基础技术和产业发展的主要贡献者,其专利在整个产业的影响力和关注度较高。如DVD 6C建立专利联盟时,6家发起者的专利强度(影响力或控制力)要远大于后来加入DVD 6C专利池的其余百余家企业,美国华纳公司作为一家内容提供商,能够位列6家发起者,凭借更多的是其在产业地位,因此其能够以较少的专利量(华纳公司在6C专利池中的专利仅有不到5%)而占据领导者的地位。

案例给予我国的借鉴在于,企业在技术研发时,应及时关注产业技术动向及联盟动态,要积极参与到专利联盟的组建,获取联盟创始或初始会员的资格,努力承担技术开发任务,积极提交技术提案,为日后赢得市场的主动权。

2. 标准组织的推动者和参与者

在依赖技术标准规范及互联互通的产业,标准化的推动者和参与者的专利强度要大于非标准组织成员,积极推动标准化国家或地区的技术水平和专利强度要高于未参与标准化制订的国家或地区。

以高通公司为例,其在 2G、3G 甚至 4G 移动通信的发展阶段均是以技术标准组织推动者的身份出现的,其技术提案获得的通过最多。因此高通公司在标准制订上的话语权为其自身的专利化推行提供了机遇。但在高通推行的下一代移动通信 UMB 标准时,因标准化过程中嵌入的专利条件难以获得业界认可,使得 LTE 阵营的技术标准得以更快地发展,导致高通公司不得不放弃 UMB 标准,而转投 LTE 阵营。

案例给予我国发展的借鉴是,在技术标准垄断的产业内,获得专利优势的实施途径就是积极参与技术标准的制订,积极提案形成对技术标准的推动。此外,针对不同技术路线的标准制订,应同时跟进,并行研发,确保企业未来利益不会因某一项技术路线的夭折而受到影响。

3. 核心技术和专利组合的持有者

关键核心技术的专利持有者具有促进产业发展的推动力。例如,蓝色激光二极管专利使得日亚公司由一家中小公司一跃成为行业的领军者,并形成推动整个产业的技术驱动力。又如三星公司依靠对早期基础专利技术判断、购买和转让,从美国和日本企业获得了 DRAM 半导体存储器技术,并从日本获得了新一代平板显示 TFT 的技术授权,不仅为其产业的迅速发展奠定了坚实的基础,而且在短时间内形成了超越美、日的产业化能力和技术研发能力。

此外,专利组合的持有者正日益成为产业内具有较强专利影响力的形态,如高智公司为主的专利运营公司和专利授权组织,拥有的专利组合具有很强的技术实力。这些都成为判断重要专利的参考依据。

3.5.2 从产业链的价值分布判断专利影响力

这种影响力体现为产业链中的上游对下游或价值链中的高附加值对低附加值所形成的产业控制和影响。在产业链的整合过程中,先发国家及主导企业为了保持产业领先,会采取剥离非核心业务,缩短细分产业的方式获得核心竞争力,如美国 IBM 公司和法国汤姆逊公司将硬件制造等低附加值产业剥离给后发国家,从而投入精力巩固其在高附加值的软件和服务业上的优势地位。通信领域中,高通利用对无线通信协议、视频编码等信息产业底层基础技术的把持,占据了产业链的高端,以华为和中兴为代表的硬件设备提供商则处在产业链的中下端,获得的超额利润大大少于产业高端的跨国公司。

通过对特定产业内企业或技术所处产业链的位置,可以较为清楚地判断专利在产业链各位置的影响力大小。

3.5.3 综合技术和企业及产业因素判断重点专利

目前,专利分析多会通过一些定量或定性的专利指标,例如引证率、多方专利、权利要求保护范围等来确定产业内的重点专利,一定程度上重点专利可能具有以上特征,但是具有以上特征的专利能否真的是产业上所认可的重要专利还需要谨慎判断。现存问题主要在于过于依靠指标化进行判断,而缺少与技术、企业、产业和市场的结合,很有可能会存在与产业实际状况相脱节的误判。

通过对产业发展路径的研究,能够在专利指标判断的基础上,进一步认识产业、技术和企业各因素在重点专利成因上的影响。通过这些因素的综合,才能更好地认识专利在产业中的作用和地位,以及专利在产业所表现出的实际价值。

以下围绕DVD产业和锂离子电池产业,综合产业、技术和企业因素对重点专利范围的圈定以及专利在其中的影响力和作用方式进行示例。

1. 从产业链划定重点专利范围

在DVD的纵向产业链中可以看到,中下游产业链均是以专利为主要竞争手段的企业聚集,但专利影响力的大小却因企业所处的产业链位置而有所不同。中国台湾和中国内地以制造型为主的企业属于下游的"基础开发者",对整个产业的控制能力有限,虽然也是该领域专利申请量的主要贡献者,但相对于处在产业链中游的索尼、东芝和松下等"格式制定者"而言,专利所发挥的作用非常有限。这一产业中,"格式制定者"可以认为是整个硬件产业的核心所在,所有的技术路线选择和专利标准制订均出自这些企业,同时也是专利联盟的构建者,因此可以判断重点专利集中在"格式制定者"手中。

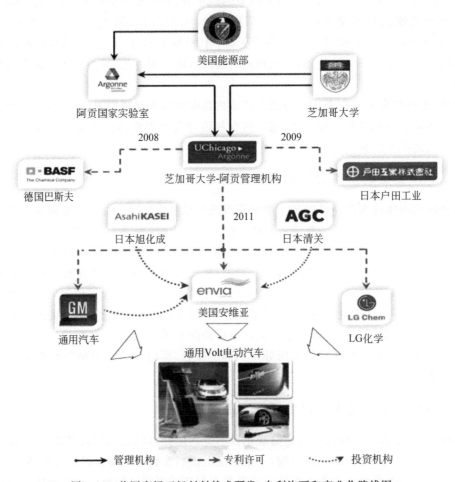

图3-13 美国富锂正极材料技术研发、专利许可和产业化路线图

再以富锂复合氧化物正极材料类型的锂离子电池在美国形成的产业链为例,如图 3-13 所示,可以看出美国围绕该技术形成了从政府扶持研发,到专利转化许可,再到吸引风险投资进入,直至逐步构建完整产业链的"官产学研"发展模式。

在该产业链中,受到美国能源部资助的核心技术研发机构(阿贡国家实验室)和芝加哥大学构成了该链条中的"基础研究"型核心专利的持有者,而位于产业链中下游的电池设备制造商美国安维亚公司构成了"应用研究"型核心专利的持有者。从而通过企业或科研机构在产业链的位置,可以清楚地判断出美国重要专利持有者的分布情况。

2. 从主导企业划定重点专利范围

DVD 产业的专利申请人数众多,选择主要的申请人对确定重点专利至关重要。从产业发展历史上看,索尼公司统一了 CD 标准,东芝公司统一了 DVD 标准,随后索尼公司又统一了蓝光 BD 标准。技术路线和标准之争,带来的是专利联盟和企业战略联盟的兴起,相继出现的 DVD 6C 和 3C 联盟原因就在于此。在 DVD 时代,能够对标准进行掌控的企业不多,东芝、松下、索尼、飞利浦、汤姆森(1C)等公司构成了技术实力较强的第一集团,因此这些申请人的专利均构成了重点专利,结合这些重点企业在技术标准制订的时间点取交集,得到的就是其技术路线下的基础专利。

该领域中其余企业虽然也在该领域申请了大量专利,但是无论从其对产业发展的掌控,还是其拥有专利本身的价值来看,均与第一集团的专利实力及对产业的掌控力无法相比。例如韩国三星公司在 DVD 时代试图通过大量的专利申请进入该领域的核心控制层,实现打造视听全产业链的目的。三星当时在专利申请数量上与东芝和松下等格式制定者不相上下,但是直到 DVD 技术衰退和被替代,该公司依然未被任何一个 DVD 专利联盟所接纳,专利数量的优势并不能换来其对整个产业链的影响力[①]。

再看一下富锂复合氧化物正极材料在美国形成的产业链的过程。拥有核心专利的美国申请人主要集中在芝加哥大学—阿贡国家实验室和安维亚公司,也就是说这些申请人的专利将对整个产业的未来发展带来重要影响。据此深入分析,以芝加哥大学—阿贡国家实验室为例,可以得到如图 3-14 所示的核心专利组合分布,从而可以进一步验证产业链内主导企业在重点专利上拥有的核心实力。

3. 从技术分解确定重点专利范围

从技术路线可以获知技术发展的特点和脉络,对主流技术路线进行分解后,可以确定重点专利的分布。以 DVD 技术为例,图 3-15 所示的技术分解构成中,主要包含物理格式和应用格式两类[②]。对 DVD 6C 联盟的专利池清单的专利分析可知,国外重点专利布局中 60% 都是和应用格式相关的专利申请,这是源于国外已经奠定了物理格式基础,只需采用外部包围的专利战略就可以形成严密的保护网。可见,国外对重点专利运用的策略是利用少量核心专利构建专利组合,采取应用型专利构建外围保护。

相比之下,我国的研发中 88% 的专利技术主要集中在国外已经奠定技术路线的物理格式上。这与当时我国科技界与产业界非常希望摆脱 DVD 巨额的专利费密切相关,试图从

---

① 三星公司 2005 年后才被 DVD 论坛所接纳的原因可参见本书第 7、9 章的详细分析。

② 物理格式表示专利发明点聚焦于光盘材料、物理结构、机械结构方面,应用格式表示专利发明点聚焦于与光盘系统相关的信源信道编解码、音视频编解码、系统文件格式、光盘格式方面。

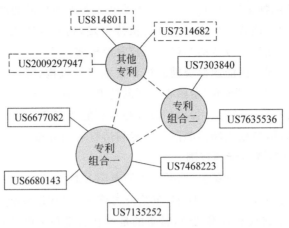

图 3-14　芝加哥大学—阿贡国家实验室富锂正极材料核心专利组合分布

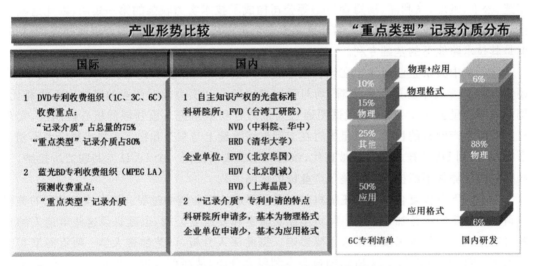

图 3-15　国内外 DVD 技术专利保护类型和侧重点对比

基础物理格式制定上就避免与国外技术的重合。可以说,我国企业所申请的这些专利都是基础性很好的技术,但是在缺乏后端产业化支撑的情况下,缺少具有自主知识产权的产业生态系统建设,这些技术犹如无本之源,难以转化为生产力,最终面临的还是被市场逐步淘汰,导致这些专利从潜在的核心专利变得价值全无。

4. 从技术趋势划定重点专利范围

从技术趋势上划定重点专利的关键点在于摸清技术发展的萌芽期、发展期、成熟期和衰退期,并据此判断重点专利出现的结点和范围。

1995 年前后是 DVD 技术基础性专利较为集中的时间段,这也与产业上这一技术当时处于研发阶段相吻合,这一点从专利联盟的专利清单中也可以证明,在其列出的必要专利中,1995 年和 1996 年的专利申请占据了大部分,说明 DVD 格式在这一时间段正处于标准制订阶段,属于技术萌芽期,重要专利的时间性特点一目了然。与此类似,DVD 的替代技术蓝光光盘标准的格式制订也于 2000 年前后开始起步,通过研究可以清楚发现,2002 年前后申请的大量专利,均是蓝光光盘标准格式的基础性专利,这一时间大约持续到 2005 年左右。

如图 3-16 所示,从芝加哥大学—阿贡国家实验室的富锂复合氧化物正极材料专利所表征的技术发展趋势可以看出,自日本最早于 1994 年提出该技术后,2000 年左右还处于该技术的起步期,芝加哥大学—阿贡实验室就围绕基础研究从分子式所有构成上完成了 4 项基础专利,且 4 项专利保护范围互相交织,构成了严密的保护网,随着之后专利申请的不断完善,重点专利的边界范围逐渐扩大,由此可以判断出围绕该申请人的技术发展趋势将会形成影响产业链的重要专利组合。

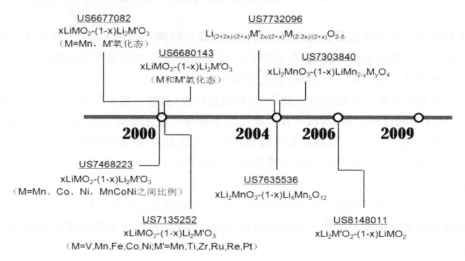

图 3-16　芝加哥大学—阿贡国家实验室富锂正极材料专利技术路线演进图[①]

①　国家知识产权局专利分析和预警课题组. 锂离子电池加工工艺专利分析和预警［R］国家知识产权局专利分析和预警工作领导小组办公室,国家知识产权局专利局电学发明审查部,国家知识产权局知识产权发展研究中心. 2012. (课题组构成:李永红、陈燕、张鹏、肖光庭、刘红梅、孙全亮、张健、武绪丽、古得龙、罗文辉、张谦、马克、邓鹏和孟海燕,其中张健和马克是引用部分主要贡献者。)

第4章　专利分析基础模块

4.1　技术生命周期分析

人们通过对专利申请数量或获得专利权的数量与时间序列的关系,专利申请企业数与时间的序列关系等问题的分析研究,发现专利技术在理论上遵循技术引入期、技术发展期、技术成熟期和技术淘汰期4个阶段,且呈周期性变化。

(1) 技术引入期。在技术引入阶段,专利数量较少,这些专利大多数是原理性的基础专利,由于技术市场还不明确,所以只有少数几个企业参与技术研究与市场开发,表现为重大基础专利的出现。此时,专利数量和申请专利的企业数都较少(集中度较高)。

(2) 技术发展期。随着技术的不断发展,市场的扩大,介入的企业随之增多,技术分布的范围越来越大,表现为大量的相关专利申请和专利申请人的激增。

(3) 技术成熟期。当技术处于成熟期时,由于市场有限,企业进入的数量开始趋缓,专利数的增长速度逐渐变慢。由于技术的成熟,只有少数企业还在继续从事相关领域的技术研究。

(4) 技术淘汰期。当技术老化后,企业也因收益递减而纷纷退出市场,此时有关领域的专利技术几乎不再增加,每年申请专利的数量和企业数都呈负增长。

基于上述4个阶段周期性变化。因而技术生命周期分析[①]是专利分析中最常用的方法之一。通过分析专利技术所处的发展阶段,了解相关技术领域的现状与发展趋势,推测未来技术的发展方向。在专利分析基础模块中,主要介绍3个子模块:专利数量测算法子模块、图示法子模块和TCT(Technology Cycle Time,技术循环周期)计算方法子模块。其中,专利数量测算法和图示法主要用于研究相关技术领域的技术生命周期,而TCT计算方法主要用来计算单件专利的技术生命周期,但是也可以计算企业专利技术的平均生命周期或技术领域的生命周期。具体计算方法详见第2.2节。

4.2　重点专利技术分析

在专利分析中,利用分析样本数据中的 IPC、ECLA、DC/MC、UCLA、FI/FT 等分类号或主题词所对应的技术内容的专利数量的多少或占总量的比例进行频次排序分析研究,可以了解分析样本涉及的重点技术主题。揭示发明创造活动最为活跃的技术领域以及技术领域中的重点技术。该模块包括分类号频次排序分析和主题词频次排序分析两个子模块。利用分类号或主题词与时间序列的组合研究,还可以探讨技术的发展趋势以及某一技术领域可能出现的新技术等。

---

① 　陈燕,等.专利信息采集与分析[M].2版.北京:清华大学出版社,2014.

4.2.1 分类号频次排序分析

分类号频次排序分析[①]是通过对所采集的分析样本中专利分类号对应的专利数量或占总量的比例进行统计和频次排序，其中排名靠前、所占份额较大的分类号对应的技术内容为重点技术。使用时应注意不同分类系统的特点，选用合适的分类系统。

【实例】　截至 2006 年底，在中国专利数据中采集有关 PVD 的专利，共 3795 项，在数据的处理中考虑了副分类，按每个 IPC 专利分类计数（注：由于 1 项专利文献可以有几个分类号，所以在 IPC 分类号统计集合中涉及的专利数大于采集的专利数），涉及的专利数为 9710 项（去除 5 项外观专利）。这些专利涉及 A 到 H 部全部技术领域的 216 个 IPC 小类，占全部专利技术领域的 628 个小类的 34.39%，显现出 PVD 专利技术常常涉及多个技术领域的特征。

在 PVD 专利技术涉及的 216 个 IPC 小类中，共涉及 1752 个分类号，取前 40 个 IPC 分类号进行总体排名，它们所代表的专利数之和是 4486 项，占总数 9710 件的 46.2%。说明前 40 名 IPC 所代表的技术内容代表 PVD 技术领域的重点技术。

从表 4-1 可以看出，国内 PVD 方面的技术主要在"溅射工艺""磁控溅射工艺""以镀层材料为特征的真空蒸发、溅射或离子注入进行镀覆""镀覆的专用设备、工艺、工艺的控制或调节""制造或处理半导体或固体器件或其部件的方法或设备""电子管"和有关"外加电磁场产生等离子体"等方面。另外，有关"用于晶片定位、定向或对准"等（例如 H01L 21/68）和"在半导体制造过程中的测试"等方面的技术（例如 H01L 21/66）也是研究的重点之一。

表 4-1　PVD 领域重点技术排名（中国）

排名	IPC	技术主题	专利申请量/项
1	C23C 14/34	以溅射工艺为特征	538
2	H01L 21/00	制造或处理半导体或固体器件或其部件的方法或设备	425
3	C23C 14/35	以磁控溅射工艺为特征	269
4	H01J 37/32	充气放电的电子管	226
5	H01L 21/306	化学或电处理改变半导体材料的表面特性或形状	170
6	H01L 21/3065	等离子腐蚀	167
7	H01L 21/205	应用气态化合物的还原或分解产生固态凝结物的，即化学沉积	156
8	H01L 21/68	用于晶片定位、定向或对准等	151
9	C23C 14/06	以镀层材料为特征的真空蒸发、溅射或离子注入进行镀覆	126
10	H01L 21/768	利用互连在器件传输电流	125
11	H01L 21/31	在半导体材料上形成绝缘层	123
12	C23C 14/08	以氧化物为特征的真空蒸发、溅射或离子注入进行镀覆	108
13	H05H 1/46	应用外加电磁场产生等离子体	106

---

① 陈燕,等. PVD 溅射技术专利情报研究报告[R].2007.

排名	IPC	技 术 主 题	专利申请量/项
14	C23C 14/56	连续镀覆的专用设备	94
15	C23C 14/24	真空蒸发镀覆工艺	89
16	C23C 16/44	以镀覆方法为特征的通过气态化合物分解、表面材料的反应产物不留存于镀层中的化学镀覆	88
17	C23C 14/14	以金属材料为特征的真空蒸发、溅射或离子注入进行镀覆	85
18	C23F 4/00	表面去除金属材料的工艺	83
19	H05H 1/00	等离子体的产生与处理	81
20	C23C 14/54	镀覆工艺的控制或调节	77
21	C23C 14/22	以镀覆工艺为特征	74
22	H01L 21/027	在半导体之上制作掩膜	73
23	C23C 16/00	通过气态化合物分解、表面材料的反应产物不留存于镀层中的化学镀覆	71
24	H01L 21/28	在半导体材料上制作电极	70
25	C23C 14/00	通过覆层形成材料的真空蒸发、溅射或离子注入进行镀覆	69
26	H01L 21/02	半导体器件或其部件的制造或处理	69
27	H01L 21/66	在半导体制造过程中的测试等	64
28	H01L 21/302	改变半导体材料的表面特性或形状	62
29	H01L 21/316	无机层的后处理	61
30	C23C 16/50	借助放电的化学镀覆方法	59
31	H01L 21/336	带有绝缘栅的场效应晶体管制造器件的工艺	59
32	C23C 14/48	以离子注入镀覆工艺为特征	58
33	H01L 21/304	机械处理改变半导体材料的表面特性或形状	55
34	C23C 14/32	爆炸法真空蒸发镀覆工艺	54
35	G03F 7/20	照相制版工艺中曝光技术及其设备	52
36	H01L 21/20	半导体材料在基片上沉积	52
37	H01L 21/265	用波或粒子辐射轰击的产生离子注入的半导体器件或其部件的制造或处理	50
38	H01J 37/317	改变物质特性或在其上加薄层处理用的电子束管或离子束管	49
39	H01L 21/283	用于电极的导电材料或绝缘材料的沉积	49
40	H01L 21/3205	非绝缘层沉积	49

4.2.2 主题词频次排序分析

主题词频次排序是通过对所采集的分析样本中技术主题词对应的专利数量或占总量的

比例进行统计和频次排序,其中排名靠前、所占份额较大的技术主题词对应的技术内容为重点技术。

本模块的实施通常要借助专业的分析工具,通过文本挖掘或自然语言技术等实现对技术主题词对应的专利数量或占总量的比例进行统计和频次排序,并借助可视化工具制作图表。有些分析工具还具有人机对话功能,允许分析人员进行人工标引获得相关的技术主题,再进行统计和频次排序。

【实例】 截至 2007 年 1 月 15 日,在 DII 专利数据库中采集到有关 PVD 的专利累计 23695 件,利用 Thomson 集团公司的 Aureka 分析工具制作相关的主题分布图,如图 4-1 所示。从图 4-1 中首先可以看出:专利最集中的区域为层状金属镀覆(Layer Metal Coating,图中心浅色区域);其次,与层状金属镀覆技术关系最为密切的是磁控溅射(Magnetron Sputtering/Workpiece Magnetic,图中线条圈出的部分);此外,与溅射技术相关的专利技术主题还涉及金属烧结区域(Power/Matal/Sintering)与金属板材与装配(Plate/Assembly)、氧化物与传导层(Oxide/Transparent Conductive Film)等区域。

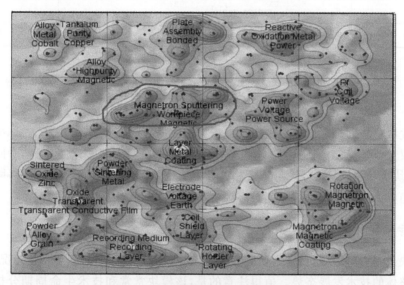

图 4-1　国外溅射技术的主题分布图

在溅射技术中最重要的技术是溅射源区域(Power/Voltage/Power Source);在图 4-1 的右下方是磁控管与磁体的旋转(Rotation/Magnetron/Magnetic/)、镀覆中的磁控管与磁体(Magnetron/Magnetic/Coating),目前来看,此区域的现有技术相对独立,只有少量的专利与屏蔽层(Coil/Shield/Layer)、刻蚀(Electrode/Voltage/Eatch)、层的固定和旋转(Rotating/Holder/Layer)相关,由此可见在磁控溅射中磁控管与磁体相关的技术开发较少,有较大的投资开发价值。另外,在图 4-1 的左下方,可以看出有不少专利和金属烧结与记录工具(Recording Medium/Recording/Layer)关系密切。

【实例】 在德温特世界专利索引数据库中检索有关锂电池方面的专利(数据采集时间:1960—2007 年),并按照应用领域进行主题分析,参见表 4-2。表 4-2 中,锂电池专利的应用领域主要有 3 个:个人计算机用锂电池专利 3677 项,其次是移动电话用锂电池专利 2958 项,第三个主要用途是便携式电子装置的专利 2256 项,通过此表可以较直观反映锂电池专利的应用情况。

表 4-2 锂电池专利技术用途的分布情况

排　名	用　途	涉及专利数/项
1	personal computer	3677
2	mobile telephone	2958
3	portable electronic device	2256
4	electric vehicle	1677
5	power supply	1335
6	video camera	1248
7	hybrid vehicle	782
8	portable electronic machine	591
9	motor vehicle	506
10	power source	484

4.3　技术发展趋势分析

技术发展趋势分析是指在所采集的分析样本数据库中,利用时序分析方法,研究专利申请量或授权量(子模块 1)或排名靠前的专利技术(专利分类号或技术主题)随时间逐年变化情况(子模块 2 和子模块 3),从而分析相关领域专利技术的发展趋势或技术领域中重点技术的发展趋势。

4.3.1　专利量逐年变化分析

该模块是利用时序分析方法,研究专利申请量或授权量随时间逐年变化情况,从而分析相关领域整体的技术发展态势。值得注意的是,该模块常常和技术生命周期分析子模块相结合,研究技术发展的整体态势和技术生命周期。

【实例】　如图 4-2 所示,通过对全球晶片减薄领域相关专利申请随年代变化趋势的分析,可以大致看出从 1968—2014 年全球晶片减薄技术的发展过程和趋势,从而对其未来发展方向形成简单判断。

图 4-2 反映了晶片减薄技术在全球范围内的专利申请态势分布,从图中可以看出,从 20 世纪 90 年代至 2002 年,晶片减薄技术的年申请量总体呈快速上升的趋势,而 2003 年申请量的增速放缓并在 2004 年出现负增长,在 2004 年之后申请量趋于稳定并在 2008 年达到峰值,随后在 2009—2011 年申请量有所下降,之后于 2012 年出现反弹。

图 4-2 中的实线表示的是 1999—2013 年全球半导体市场销售额的变化趋势,集成电路全球市场销售额在 2001 年显著下降,2002 年开始回升并持续增长,随后于 2008—2009 年再次出现负增长,并与 2010 年开始反弹。

分析表明:全球专利申请量的变化趋势与市场波动密切相关,并且专利申请量的变化

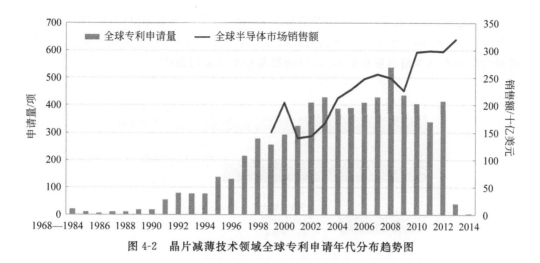

图 4-2　晶片减薄技术领域全球专利申请年代分布趋势图

滞后于市场变化大约一两年。其原因在于,晶片减薄技术的研发成本较高,且半导体厂商每年都将销售额的一部分作为资金投入技术研发中,而研发资金投入到技术的产出需要一定的时间周期,因此导致了专利申请量的变化滞后于市场变化。

2000 年,由于网络的兴起和集成电路制造商过于乐观的投资,集成电路产业景气达到历史高峰,集成电路制造商的资金充足,将大量资金投入到研发中,从而导致专利申请量在 2000—2002 年大幅快速增长。但是从 2001 年开始,伴随全世界经济发展减缓及网络泡沫的破灭,计算机、移动通信和光通信三大产业都陷入低迷。与这三大产业关系紧密的半导体产业也受到巨大影响,各大集成电路制造商纷纷宣布减产或关闭生产线,缩减研发投入,从而导致专利申请量在 2003 年的增速放缓并在 2004 年出现负增长。2002年上半年,世界集成电路市场已经在亚太地区的带动下开始恢复增长,而全球的申请量也于 2005 年出现回升并于 2008 年达到峰值。但随着 2008 年国际金融危机的到来,全球经济发展开始笼罩在危机的阴影中,在其影响下,集成电路产业没有迎来预期的加速增长,全球市场销售额在 2008—2009 年再次出现负增长,虽然 2010 年全球集成电路市场强劲反弹,但只是昙花一现,2011 年之后,集成电路全球市场销售额出现基本持平的状态。集成电路市场的持续低迷对专利申请量也产生了巨大的影响。全球专利申请量在2009—2011 年出现大幅下降,并由于 2010 年全球集成电路市场的反弹而在 2012 年出现反弹。

4.3.2　专利分类号逐年变化分析

专利分类号是利用时序分析方法,研究申请量或授权量排名靠前的专利分类号(包括IPC、ECLA、DC/MC、UCLA、FI/F-term 等分类号)随时间逐年变化的情况,分析相关技术领域重点专利技术的发展趋势,即通过专利分类号表征技术内容以及与专利分类号对应的专利量逐年变化情况表征重点技术发展趋势或技术热点变化。

【实例】　经过对 WPI 数据库中,混炼型硅橡胶、缩合型液体硅橡胶、加成型液体硅橡胶3 个技术领域的硅弹性材料专利申请进行检索,共检索到专利申请 16254 项。为了解专利申请的技术领域分布,对专利申请涉及的技术领域进行了统计分析。如图 4-3 所示,全球专利申请中,混炼型硅橡胶领域的专利申请量最多,为 5782 项,加成型液体硅橡胶方面的专利申请量为 5528 项,缩合型液体硅橡胶方面的专利申请量为 4944 项。由此可见,这 3 种类型的硅弹性材料专利申请总量相差不大,目前都是技术研发的关注点。

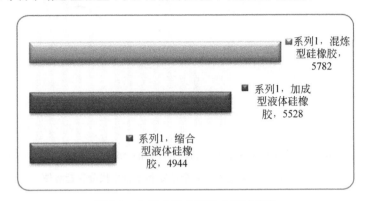

图 4-3　全球专利申请技术领域分布

对全球专利申请各技术领域的历年专利申请量分布做进一步分析,如图 4-4 所示,可以看出,近几年缩合型液体硅橡胶的专利申请比例下降明显,混炼型硅橡胶和加成型液体硅橡胶方面的专利申请占比逐渐上升,说明技术研发者的关注点在逐渐转移。

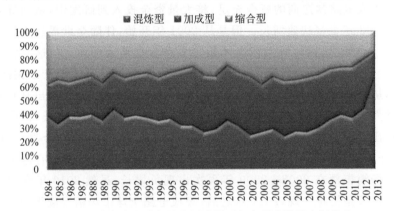

图 4-4　全球专利申请各技术领域的历年专利申请量比例分布

为了进一步了解硅弹性材料领域专利申请的技术领域状况,对全球专利申请涉及的主要德温特分类号进行了统计分析,如图 4-5 所示,可以看出,相关分类集中在硅聚合物的组合物和用途(A06-A00B、A06-A00E2、A06-A00E、A06-A00E1、A06-A00E3、A06-A00E4)及其添加剂和增强剂(A08-R01、A08-R06A);涂料和油漆(A12-B01C);涂料、清漆、油漆、油墨等(G02-A01A、G02-A05);作为其他聚合物的交联剂和促进剂(A08-D、A08-D01、A08-D05);其他胶黏剂,通用胶黏剂加工(G03-B01)等领域。

【实例】　在中国专利数据库中,采集日本东海公司有关打火机方面的专利数据,利用时间序列和回归趋势分析方法,研究其重点技术发展趋势。

该公司有关打火机方面的专利共 78 项,涉及 75 个 IPC 分类小组。经过统计排序分析,取前 20 位 IPC 分类小组,如表 4-3 所示。从表中可以了解东海公司在打火机领域专利申请量随时间变化的情况,并以此分析其技术活动动向。

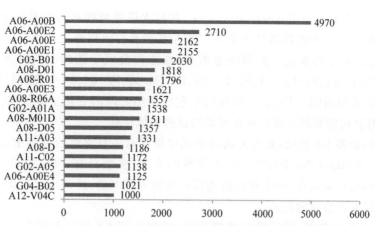

图 4-5 硅弹性材料专利申请全球主要德温特分类号统计

表 4-3 东海公司在中国申请的打火机专利前 20 名 IPC 排名 单位：项

IPC	1992	1993	1995	1996	1997	1998	1999	2000	2001	2002	总计
F23Q2/16	3	3	1	4	2	4	4	2	7		30
F23Q2/28	1			2	2	1	3		5	2	16
F23Q2/34		2	2	2	2	2	1	1	1		13
F23Q2/02						4	2	4			10
F23D11/36	2	2	2	1			2				9
F23Q2/44						4	2	2			8
F23Q2/30				2	2	1					5
F23Q2/42				1				4			5
F23Q2/167		1			1	2					4
F23Q2/46							1	1	2		4
F23D14/28	1					1	1				3
F23D3/02						1	2				3
F23D3/08						2		1			3
F23Q2/06						2			1		3
F23Q2/50		1			1				1		3
F23Q3/01	1		1		1						3
F23D3/24						1	1				2
F23Q11/00				1	1						2
F23Q2/00		1					1				2
F23Q2/36	1			1							2

数据表明：东海公司（Tokai Corporation）在打火机领域拥有的专利技术十分全面，同时有关"液体燃料技术和燃料储存器技术""安全装置及打火机外壳技术"和"电点火技术"等关键技术是其研究的重点。值得注意的是，在东海公司申请的有关打火机的专利中，F23Q2/02、F23Q2/44、F23Q2/46、F23D3/02、F23D3/08、F23Q2/06等技术领域的专利大多数是1998年以后申请的，同时这些领域的专利申请随时间的变化呈增长的态势。这说明1998以后东海公司的专利活动的重点开始向这些领域转移。

与此同时，如表4-3所示，东海公司在中国申请的有关打火机的专利中，涉及F23D11/36、F23Q3/01、F23Q11/00、F23Q2/36等领域的专利，多数是在1997年以前申请的。除F23D11/36外，这些领域在1997年以后均没有新的专利申请，反映出这方面的技术已相对成熟，东海公司不再做新的投入。

根据表4-3中的数据，进行回归趋势分析，绘制如图4-6所示的回归趋势分析图。如图4-6中，F23Q2/16（气体燃料点火器）、F23Q2/28（以电点火燃料为特征的点火器）等方面的技术呈现增长态势，而F23Q2/34（装有燃料的点火器的零件或附件）已呈现明显的下降趋势。这说明东海公司在装有燃料点火器的零件或附件等相应的技术领域的投资在减少。

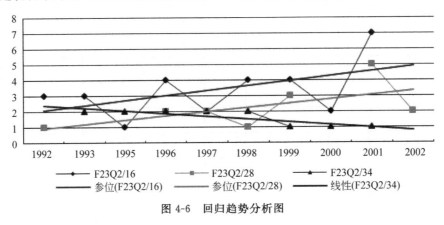

图 4-6　回归趋势分析图

4.3.3　技术主题逐年变化分析

技术主题逐年变化分析是利用时序分析方法，研究技术主题词对应的专利数量或占总量的比例随时间逐年变化情况，进而分析相关技术领域重点技术的发展趋势，即通过主题词表征技术内容，通过主题词对应的专利量逐年变化情况表征重点技术发展趋势或技术热点变化。

【实例】　截至2006年，在中国专利数据中采集有关PVD的专利共3795项，将这些专利按照溅射工艺、制造或处理半导体、半导体制造过程中的测试、等离子体、磁控溅射工艺和放电管等技术主题进行标引，再按时间序列展开，研究重点技术的发展趋势。如图4-7所示，其中三维坐标轴分别为时间轴、专利数量轴和技术主题轴。

从图4-7可以看出，溅射工艺、磁控溅射工艺、半导体制造过程中的测试等技术发展快速，其专利申请数量随时间变化增长快速，表明随着时间的推移，这些技术是该领域竞争者重点投入的技术，有较好的发展前途。与此同时，有关等离子体和放电管等方面的技术基本上是1995年以后出现的技术，而且随着时间的推移呈逐年增长趋势，这说明相关技术是该领域的技术热点,参与研究和申请专利的企业在增加,最值得关注的是在半导体制造过程中的测试等技术,相对增长幅度较大。

通常,该模块的实施要借助专业的分析工具,通过文本挖掘或自然语言技术进行技术主题统计和排序,再结合时序分析方法,实现技术主题逐年变化分析。在分析技术主题的逐年变化情况时,分析人员首先要进行技术主题的人工标引,再进行统计和时序分析。

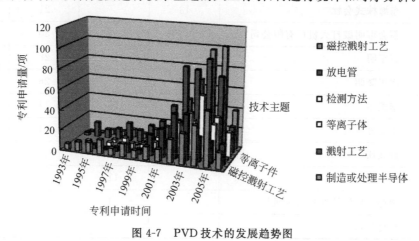

图 4-7   PVD 技术的发展趋势图

4.4   主要竞争对手分析

主要竞争对手分析是指在分析样本数据库中,按专利申请人或专利权利人的申请量或授权量进行统计和排序,进而研究相关技术领域中活跃的企事业单位和个人,即研究相关领域的主要竞争者。在专利申请人或权利人统计排序后,通常要根据分析目标进一步对重点竞争对手的专利活动做深入研究。

应当注意的是,在进行专利申请人统计分析时,如果涉及的专利申请被批准,统计中的专利申请人即为专利权人。此外,许多国家专利法都规定专利申请权或者专利权可以依法进行转让,有些国家将经过合法转让获得专利申请权或者专利权的个人或单位称为专利受让人,分析中应当加以关注。

主要竞争对手分析包括竞争对手专利总量分析、竞争对手研发团队分析、竞争对手专利量增长比率、竞争对手专利策略等。

4.4.1   竞争对手专利总量分析

竞争对手专利总量分析是指按照专利权人或专利申请人的专利数量,进行统计和排序,确定主要竞争对手。按照多数国家专利分析的习惯,专利数量通常指的是发明专利数量,当然分析中应当根据具体情况做适当调整,因为有些企业的专利战略是以申请实用新型专利为主。分析中依据不同的分析目标,一般将专利数量排名前 10 位或前 40 位的专利权人或专利申请人列为主要竞争对手进行进一步分析。

【实例】   在中国专利数据库中采集有关打火机方面的专利,按申请人申请专利的数量排序,如表 4-4 所示。数据采集截至 2002 年 6 月,分析中考虑了共同申请人的情况。

表 4-4   中国打火机专利申请量前 12 名申请人排名(2002.6)   单位:项

排名	申　请　人	发明	新型	外观	总计
1	沙乐美(福州)精机有限公司			55	55
2	黄新华		10	34	44
3	东海株式会社	13		21	34
4	新会市明威打火机厂有限公司		1	30	31
5	黄宇明		2	28	30
6	濑川隆昭	1		26	27
7	李濠中		16	11	27
8	王志林	5	19	1	25
9	舒义伟		3	19	22
10	李伊克		11	10	21
11	顺德区桂洲镇红星打火机厂		4	17	21
12	碧克公司	16		3	19

如表 4-4 所示,专利申请量位于 12 位的美国碧克公司,拥有发明专利 16 项,在发明专利拥有量排名中名列第 1,申请量排名第 3 位的日本东海株式会社,拥有发明专利 13 项位于第 2 位,它们是我国打火机行业最主要的竞争对手。

经过进一步研究发现,日本东海株式会社专利的技术主题主要涉及放电点火式气体打火机、液体燃料技术和材料、焰色反应物载体和制造焰色反应件的方法、安全装置及打火机外壳技术等方面,其技术内容十分广泛。与德国的东海清木有限公司一起,形成了强大的"东海"打火机专利技术保护网,是打火机技术领域强有力的竞争者。美国碧克公司专利的技术主题主要涉及儿童安全打火机、可选择性启动的打火机和打火机安全保险等方面的技术,它同样是打火机技术领域强有力的竞争者。关注打火机技术领域的人肯定会知道,2001年欧盟拟定了进口打火机的 CR 法规草案。其核心内容是规定进口价格在 2 欧元以上的打火机必须带有防止儿童开启装置即必须带安全锁。这意味着,素有"打火机王国"之称的温州打火机即将遭受严峻考验。其实,安全锁的工艺、结构并不复杂,且万变不离其宗。但是国外对它的技术及专利已领先一步,这些技术几乎被国外有关企业申请了专利,例如碧克公司,它在中国申请的 19 项专利中,有 16 项为发明专利,而且于 1996—1998 年在我国专利局申请了 7 项有关防止儿童开启装置的发明专利。如果我国相关企业能及时关注这些国际上主要竞争对手的专利动态,就有可能在欧盟 CR 法规遭遇战前先知先觉,处于主动迎战的地位。有人认为,CR 法规主要是受世界著名的打火机制造商美国碧克(BIC)公司和日本东海株式会社的影响的,是为了保护其在欧洲的市场份额。从深度上分析,这是国际集团公司惯用的以技术优势抢占产品市场的竞争手法。为此,相关企业应引以为戒。

4.4.2   竞争对手研发团队分析

竞争对手研发团队分析是在分析样本中,按照专利权利人拥有的发明人数量进行统计和排序,研究企业的研发规模。在某个技术领域,企业的发明人数量越多,往往表明企业在该领域研发投入和研发规模越大,相应的竞争能力就越强。实际工作中还要关注企业发明总量和新增加的发明人数量等信息,如图 4-8 所示。

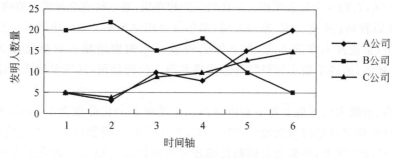

图 4-8　发明人数量图

【实例】　假设竞争对手分析涉及 A 公司、B 公司和 C 公司,它们是相同技术领域最主要的竞争者。首先统计 3 个公司历年发明人数量,然后绘制如图 4-8 所示的发明人数量图。从图 4-8 中可以看出 A 公司和 C 公司研发团队规模逐渐增大,表明它们在相关领域投入的研发力量正在加强,与之相反,B 公司研发人员在逐年减小,表明它们投入的研发力量在减弱。

4.4.3　竞争对手专利量增长比率

竞争对手专利量增长比率是通过计算主要竞争对手的专利申请数量或授权专利数量的增长率来表征竞争对手的竞争能力和发展态势。实际操作中,权利人专利量增长比率可以用竞争对手近 N 年(N 一般为 1～5 年)专利数量占总量的比来获得竞争对手专利量增长比率,再按增长比率排序分析来判断各主要竞争对手的研发活跃程度。

【实例】　截至 2014 年 8 月,在 WPI 数据库中共检索到通路器械领域相关专利 14818 项,其中,全球排名前 8 位的主要申请人涉及专利 5439 项,分别为波士顿科学(BSCI,1712 项,11.55%)、美敦力(MEDT,783 项,5.28%)、先进心血管系统(ADCA,755 项,5.1%)、库克(COKC,548 项,3.70%)、雅培(ABBO,505 项,3.41%)、科迪斯(CRDC,488 项,3.29%)、泰尔茂(TERU,413 项,2.79%)和巴德(BRDC,235 项,1.59%)。

表 4-5　通路器械(心脑血管领域)主要申请人的研发活跃度

公　司	近 5 年(2009—2013 年)申请量/项	总申请量/项	专利占总申请量的比重(%)	研发活跃度(%)
波士顿科学	265	1712	11.55	15.48
库克	244	548	3.7	44.53
雅培	211	505	3.41	41.78
美敦力	180	783	5.28	22.99
泰尔茂	171	413	2.79	41.40
巴德	55	235	1.59	23.40
先进心血管系统	34	755	5.1	0.45
科迪斯	21	488	3.29	0.43

前八位专利申请人的专利数量占总量的 36.7％,表明它们是本领域的主要专利申请人,也是我国企业应当重点关注的主要竞争对手。其中美国企业占有绝对优势,前 8 位中有 7 位美国公司,泰尔茂是日本企业,可见美国公司在通路器械技术领域的研发水平和关注度远高于其他国家和地区,它们也十分重视相关专利的保护和布局,基本构成全球该领域的主导力量。

从表 4-5 以看到:库克公司、雅培公司、泰尔茂公司这 3 家公司的申请总量比较接近,均为 500 项上下,总量并不在前 3 位,但 3 家公司近 5 年的申请量占总量比重为 44.53％、41.78％、41.40％,远高于波士顿科学等总量排名前 3 位的公司,其研发活跃度比较高,值得关注。

巴德公司、美敦力公司近 5 年专利申请占总申请量百分比分别为 23.40％和 22.99％,其中美敦力公司申请总量约合巴德公司的 3 倍,单从今年申请数量上前者是后者的 3 倍有余,但从研发活跃程度上,美敦力公司和巴德公司均保持比较稳定的研发投入和专利申请;而申请总量最多的波士顿科学公司近几年申请仅占全部申请的 15.48％,一方面在于该公司申请总量基数大,同时也说明近年来,波士顿科学公司在该领域的研发活跃度不高,专利申请缩水有关。

先进心血管系统公司和科迪斯公司,虽然其申请总量排名进入前 8 位,但近 5 年专利申请较少,分别占其申请总量的 0.45％和 0.43％。分析原因一是在于公司已经基本撤出通路器械领域的市场,转而投向其他技术的研发和申请,还有就是公司之间的并购或合作,由于医疗器械行业的细分、行业准入、技术跨度等特殊性,使得该行业的医疗器械公司以收购方式专攻某一技术的中小型企业成为它们占领该领域市场的捷径。并购对于双方来说,优势互补决定了公司之间的"强强联合",并购后的公司进一步形成垄断地位,形成双赢局面。正是如此,中国相关企业也正不断受到海外巨头的青睐。

4.4.4　竞争对手重点技术领域分析

竞争对手重点技术领域分析是利用竞争对手分析样本数据中的分类号(例如 IPC、ECLA、DC/MC、UCLA、FI/FT 等)或主题词对应的技术内容的专利数量的多少或占总量的比例,进行统计和频次排序分析,研究竞争对手发明创造活动中最为活跃的技术领域以及技术领域中的重点技术。

4.4.5　竞争对手专利量时间序列分析

竞争对手专利量时间序列分析是通过对主要竞争对手涉及的技术主题的专利数量或专利申请数量随时间的变化趋势进行统计和分析,研究竞争对手重点技术变化路线、逐步放弃的技术领域和新涉足的技术领域等问题,了解竞争对手技术发展趋势。分析中可以用主题词或专利分类号表征相关技术主题。

【实例】　图 4-9 为某领域主要竞争对手逐年技术重点变化图。图中,该公司技术重点变化路线是由 H01L21/31、H01L21/316、H01L21/3065 等方面转向 H01J37/32、H01L21/302、H01L21/68 等方向,再转向 G06F7/16、H05H1/46 等。

4.4.6　竞争对手专利区域布局分析

竞争对手专利区域布局分析是在竞争对手分析样本数据中,对竞争对手专利涉及的国

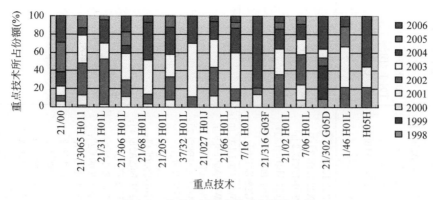

图 4-9　东京电子重点技术年度分布图

家或地区、竞争对手的同族专利涉及的国家数量进行统计和时序分析,研究竞争对手技术分布特征和技术布局的战略。该竞争对手专利涉及的国家或地区分析的实际操作可参见本书4.5节。竞争对手同族专利分析参见图 4-10。

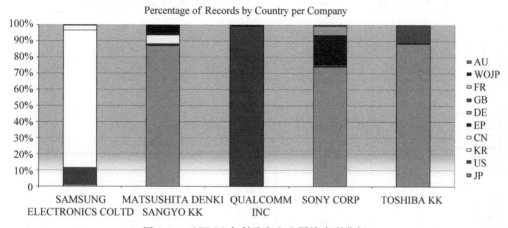

图 4-10　OFDM专利重点企业同族专利分析

【实例】　在德温特世界专利索引数据库中检索 OFDM 技术(正交频分复用技术)方面的相关专利,按照专利优先权国家对竞争对手进行统计和分析,如图 4-10 所示。图 4-10中,三星公司的研发主要来自韩国、美国和中国,而高通公司优先权专利则全部来自美国。

4.4.7　竞争对手特定技术领域分析

竞争对手特定技术领域分析是在分析样本数据时按照专利分类号或技术主题词进行统计和排序,并根据竞争对手之间专利所涉及技术主题的不同,筛选出竞争对手独特或独占的技术区域,以此研究竞争对手特定的技术领域。

【实例】　在德温特世界专利索引数据库中检索 OFDM 方面的相关专利,并按照主要竞争对手拥有的专利数量进行统计和排序,同时按照技术主题统计他们涉及最多的技术领域、独特的技术领域、最新研发的技术领域和尚未研发的技术领域等,如表 4-6 所示。

表 4-6 中技术领域用德温特手工代码表征。如表 4-6 所示,三星公司的独特领域分布

表 4-6 OFDM 技术领域重点公司技术分析统计表

申请件数	申请人	优先权国家	最多的发明人	申请延续时间	近3年占其总量百分比	最多的技术领域	独特的技术领域	最近研发的技术领域	未研发的技术领域
852	SAMSUNG ELECTRONICS CO LTD	KR[733]; US[91]; CN[26]	LEE J[73]; KIM Y[66]; KIM D[61]	1996—2007	24% of 1852	W02-K07C[631]; W01-A09D[134]; W01-B05A1A[118]	W04-F01F5[2]; W02-C03E3A[2]; W01-C01B1A[2]; W01-C01F3[2]; W01-C01G6B[2]; W03-A11G1[2]	T01-N02A2B[3]; W01-A[3]; T01-M06[2]; T01-N02A1B[2]; W02-L[2]	W01-K07C[+1]; T01-J04B1[+1]; W02-C03C1B[+1]
502	MATSUSHITA DENKI SANGYO KK	JP[451]; CN[28]; WOJP[23]	NISHIO A[44]; MIYOSHI K[32]; LI J[25]	1992—2007	18% of 502	T02-K07C[342]; W02-K07[74]; W01-B05A1A[59]	X22-K11[3]	X22-K01[4]; X22-K11[3]; T01-E02D[2]; T01-H01B6[2]; T01-J05B4P[2]; U22-E01[2]	W01-A09D[-1]; T01-S03[-1]; W01-A06B5A[-1]
363	AUALCOMM INC	US[361]; WOUS[2]	LI J[85]; LAROIA R[82]; WALTON J R[40]	1997—2008	49% of 363	W02-K07C[222]; T01-S03[114]; W01-B05A1A[93]	W01-C01D4[8]; W01-A06B8C[7]; T01-N02A2E[4]; U23-A01B5[2]; T01-C07C5[2]; T01-C11[2]; T01-M01[2]; W01-C01D3E[2]; U23-A01B[2]	W01-C01D1A[10]; W01-A06F3[9]; W01-C01D4[8]; W01-A06B8C[7]; U22-D[6]; W06-A01[6]; T01-F03C[4]; T01-N02A2E[4]; U22-E[3]; T01-E01A[2]; T01-E02D[2]; T01-E03[2]; T01-F02C2[2]; T01-L03[2]; T01-M06[2]; T01-N01D1A[2]; U22-A[2]; W01-A04A[2]; W01-A06C4A[2]; T02-C05B[2]	T01-S03[+1]; W01-B05A1A[+1]; W01-A06C4[+1]

在 W04-F01F5（视频记录系统信号的误差检测与校正），W02-C03E3A（广播线传输系统的功率控制新算法），W01-C01B1A（电话自动拨号器的号码存储），W01-C01F3（电话显示来电号码），W01-C01G6B（电话多媒体信息服务（MMS）系统）等方面，而在 W02-K07C（广播线传输系统正交频分复用系统），T01-J04B1（计算机的数据处理转换函数），W02-C03C1B（广播系统无线电传输的基站装置）领域没有研究。

4.4.8 共同申请人分析

共同申请人分析是指在分析样本中，利用关联分析方法，研究相关技术领域中最经常出现的共同申请人或专利权人，了解该技术领域进行合作研发的单位。通常情况下，共同申请人分析是在竞争对手专利总量分析的基础上所做的进一步分析，即对主要竞争对手在该领域中的合作意向进行分析，并依据主要竞争技术合作伙伴的变化判断主要竞争对手的技术重点的变化。

【实例】 图 4-11 是关于某技术领域中主要专利权人相互关系的研究，旨在揭示相关技术领域中，技术合作与协作开发的重要情报。图 4-11 中，LION CORP 公司与 SUNSTAR CHEM IND CO LTD、KAO CORP、UNILEVER NY、COLGATE PALMOLIVE CO、PROCTER & GAMBLE CO、SMITHKLINE BEECHAM PLCD 等专利权人均有较密切的合作关系，且 LION CORP 公司的专利数量也最多，表明 LION CORP 公司在该技术领域涉及技术内容广泛，技术实力雄厚。

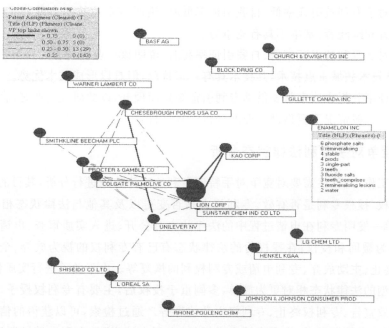

图 4-11 专利权人合作联系情况

4.4.9 竞争对手竞争地位评价

竞争对手竞争地位评价是在竞争对手分析样本数据中，通过计算专利引证率，构建专利引证率方图，研究企业的竞争能力。通常，竞争对手分为技术先驱者、重点技术持有者、技术参与者和技术模仿者。

【实例】 如图 4-12 显示,当竞争对手专利被引证率高、自我引证率高时,说明该企业专利申请量大且拥有相关技术领域的前沿技术。同时围绕着重点前沿技术形成了较好的专利技术保护网络。但因为没有现有技术可供参考,所以自我引证率高,它们是该技术领域的技术先驱者,技术竞争力最大。

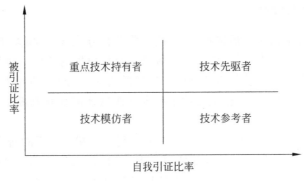

图 4-12　专利引证地图

当竞争对手专利被引证率高、自我引证率低时,说明该企业拥有相关技术领域的核心专利,但专利技术份额不高,难以成为技术领军者。

当竞争对手专利被引证率低、自我引证率低时,说明该企业技术力量薄弱,是相关技术领域的模仿者和跟随者,基本不具有竞争力。

当竞争对手专利被引证率低、自我引证率高时,说明该企业拥有相关技术领域的专利不多,不涉及某技术领域重点技术,其技术具有一定特色,但难以形成技术优势。

专利引证率分析方法常常要借助专利引证矩阵而展开,以此研究企业之间引用、被引用的详细信息。一般情况下要借助专业的分析工具进行。

4.4.10　竞争对手专利法律状态分析

在实际工作中,往往需要对竞争对手特定专利的法律状态进行分析,其目的是了解专利申请是否授权、授权专利是否有效、专利权人是否变更以及其他与法律状态相关的信息[①]。一般而言,单一发明专利在申请过程中的法律状态有公开、进入实质审查、申请公布后的驳回、撤回、视为撤回和授权;在授权后的法律状态有已有专利权的视为放弃、全部或部分无效、专利权终止、主动放弃、专利申请或专利权利的恢复等。由于并不进行实质性审查,因此单一实用新型的法律状态相对更为简单,多侧重于授权后,主要有专利权授予、专利权的全部或部分无效宣告、专利权终止、专利权主动放弃等。通过检索,可以获得的信息包括专利权有效、专利权有效期届满、专利申请尚未授权、专利申请撤回、专利申请被驳回、专利权终止、专利权无效和专利权转移等。

除判断单一专利的法律状态外,在做相关主体的知识产权审核(IP Audit)工作中也会涉及专利法律状态的分析,从而从宏观判断相关主体的专利的健康状态。图 4-13 展示了对某机

---

① 本节的分析内容和案例均来自 Thomson Reuters 公司。

构各项专利法律状态的分析结果,其中各项专利的法律状态可以快速地用"＋"和"－"做出判断,正号代表正面的信息,如通过审查、按时交缴年费等;负号代表负面的信息,包括撤销、驳回、失效、过期、未缴纳年费等信息。实际工作中,还可以进一步对上述专利法律状态的进行宏观的统计分析,以便更为直观地看出相关主体的专利法律状态。结果如图 4-14 所示。

# Records	# Instances	Number	Kind Code	Date	Derwent Accession Number	Legal Status (most recent +/-)	Legal Status (year of most rec)	Years Remaining (Earliest Prio)	Years Remaining (Publication)
1	1	EP1958627A2	A2	2008-08-20	2008-L47093	-	2014		4
1	1	EP1958627A3	A3	2010-09-01	2008-L47093	-	2014		6
1	1	WO2007122146A1	A1	2007-11-01	2008-L50489	+	2008		3
1	1	EP2010292A1	A1	2009-01-07	2008-L50489	-	2013		5
1	1	CN101426553A	A	2009-05-06	2008-L50489	-	2012		5
1	1	IN200600652I3	I3	2008-01-25	2008-L50489				4
1	1	MX2008013710A	A	2008-11-04	2008-L50489				4
1	1	BRPI0710369A2	A2	2011-08-09	2008-L50489	-	2014		
1	1	JP05041135B2	B2	2012-10-03	2008-L60337	+	2012	12	
1	1	JP2008156309A	A	2008-07-10	2008-L60337	+	2012		4
1	1	ZA200904835A	A	2012-09-26	2008-L68069				8
1	1	US20080166307A1	A1	2008-07-10	2008-L68069				4
1	1	PH12009501376A	A	2008-07-17	2008-L68069				4
1	1	MX2009007389A	A	2009-09-02	2008-L68069				5
1	1	WO2008086457A2	A2	2008-07-17	2008-L68069	+	2009		4
1	1	BRPI0806516A2	A2	2011-09-13	2008-L68069	+	2014		
1	1	IN200904479P1	P1	2010-04-09	2008-L68069				6
1	1	WO2008086457A3	A3	2008-10-09	2008-L68069	+	2009		4
1	1	AU2008204867A1	A1	2009-07-30	2008-L68069	-	2013		5
1	1	AU2008204867B2	B2	2011-07-14	2008-L68069	-	2013	13	
1	1	CA2674609A1	A1	2008-07-17	2008-L68069				4
1	1	EP2117569A2	A2	2009-11-18	2008-L68069				5
1	1	SG154004A1	A1	2009-08-28	2008-L68069				5
1	1	CN101687000A	A	2010-03-31	2008-L68069				6
1	1	JP2010515749A	A	2010-05-13	2008-L68069				6

图 4-13 专利法律状态分析

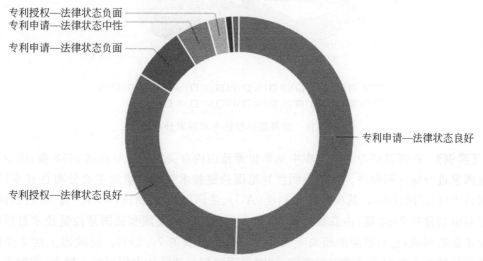

专利授权—法律状态负面
专利申请—法律状态中性
专利申请—法律状态负面
专利申请—法律状态良好
专利授权—法律状态良好

图 4-14 专利法律状态分析

此外,在分析某技术领域相关知识产权保护状态或做技术调研时,也常用到法律状态分析,前者多是对有效专利进行分析,后者更侧重对失效专利的了解。

4.5　专利区域分布分析

专利区域分布分析是指在专利分析样本中按照专利申请人(或权利人)专利优先权国家或一定区域(如国内省市代码等)对专利量(申请量或授权量)进行统计和分析,了解不同国家或地区对专利技术的拥有量,从而研判这些国家或地区间的技术实力。在专利数量分析的基础上,还可以进一步对这些国家或地区的专利技术特征进行统计和分析,研究强势国家或地区的技术特征。专利区域分布分析包括区域专利量分析、区域专利技术特征分析和本国专利份额分析。

4.5.1　区域专利量分析

区域专利量分析是指在专利分析样本中按照专利申请人(或权利人)国家、专利优先权国家以及一定区域(如国内省市代码等)的专利数量(申请量或授权量)或占总量的比例进行统计和排序,了解不同国家或地区对专利技术的拥有量,从而研判这些国家或地区间的整体技术实力。区域专利总量分析包括世界范围内国家或地区专利数量的对比分析、国内省市专利数量的对比分析、国外公司来华专利国家分布研究等。其中世界范围内国家或地区专利数量的对比分析主要用来研究世界范围内国家或地区的技术实力,国内省市专利数量的对比分析主要用来研究国内地区间的技术实力、国外公司来华专利国家分布研究主要用来研究国外在我国的专利布局,如图 4-15～图 4-18 所示。

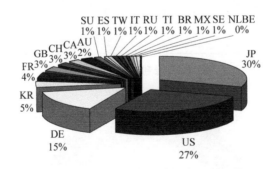

图 4-15　世界范围拉链专利国家分布图

【实例】　在德温特专利数据库中采集世界范围内有关拉链的专利共 2578 项,按专利优先权国家进行统计和排序。数据表明世界范围拉链技术领域的申请主要分布在日本(JP)、美国(US)和德国(DE)。其次是澳大利亚(AU)、法国(FR)和韩国(KR)。前 10 名的国家,其专利申请量共 2364 项,占总数的 91.70%。其中,日本、美国和德国是拉链技术最活跃的和最主要的国家,它们申请的相关专利 1810 项,占总数的 70.21%。反映出上述 3 个国家是各国拉链企业专利申请的主要国家,同时说明它们在拉链技术领域投入较大,掌握了大量

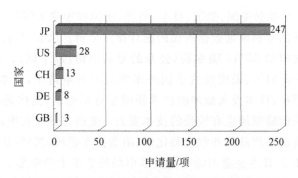

图 4-16　某技术领域国外公司来华专利国家分布图

的专利申请,基本上控制了拉链技术市场,也是拉链产品市场的必争之地。其次是法国、韩国、英国和瑞士。此外,澳大利亚、加拿大等国在拉链产品市场中也占有一席之地,如图 4-17和图 4-18 所示。

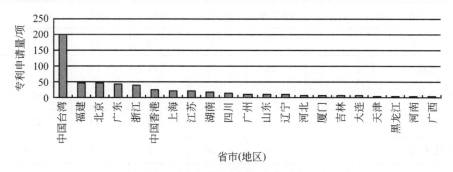

图 4-17　中国拉链专利国内省市分布图

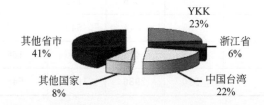

图 4-18　中国拉链专利申请中 YKK 公司与浙江省专利分布图

4.5.2　区域专利技术特征分析

区域专利技术特征分析是指在分析样本数据中,按照国家、地区、国内省市等的专利涉及的技术内容进行统计和分析,了解不同区域的专利技术特征,从而研判某区域优势技术领域或技术重点,并以此推断不同区域市场竞争的态势。其中技术内容可以用专利涉及的分类号、主题词来表征,也可以利用人工标引主题的方式确定技术内容。

区域专利技术特征分析包括国家或地区专利技术特征分析、国外在华专利技术特征分析等,其中国外在华专利技术特征分析通常与本书 4.4 节主要竞争对手分析模块相结合。

【实例】 表 4-7 是根据美国、德国、日本、英国、法国和加拿大等国 2001—2003 年 10 月在中国专利局被公开的专利申请数据所做的统计排序分析。从表中可以看出,在此期间,上述 6 个国家在中国共申请 35716 项专利(公开的专利申请,以下同)。其中,日本专利就有 23685 项,占总数的 66.31%,说明在这些国外来华的专利申请中,日本的专利占据主导地位。在几个主要领域中,日本投入最多的技术领域是电学通信,其次是在光学物理、产品的外包装和车辆为主的运输领域也有较强的技术实力。美国在华专利申请最多的也集中在电学、通信技术领域,其次是产品的外包装和化学、冶金技术领域,当然,从总体来看,美国在华专利申请是日本的 1/3,日本企业占领中国技术市场的意图十分明显。值得注意的是,德国在华专利申请排在首位的是化学、冶金领域,其次是电学通信技术领域和产品的外包装。尤其需要关注的是,法国的在华专利申请总量虽然不高,但它在电通信技术领域具有强劲的技术实力。

表 4-7 美国、日本、德国等国 2001—2003 年在中国专利布局统计表① 单位:项

领　　域	加拿大	德国	法国	英国	日本	美国
A:人类生活用品	26	232	193	65	1209	650
B:作业、运输	33	570	144	59	2823	824
C:化学、冶金	14	616	227	73	1964	900
D:纺织、造纸	0	130	8	11	411	71
E:固定建筑物	9	58	9	14	169	77
F:机械工程、照明、加热、武器、爆破	10	279	42	27	1500	332
G:物理	45	256	176	64	5153	1165
H:电学	55	444	549	67	6779	1436
外观	18	401	256	168	3677	1228
被公开的专利总申请量	210	2986	1604	548	23685	6683

【实例】 在德温特世界专利索引数据库中,检索与锂电池相关且优先权为美国的专利,利用 Aureka 专利分析工具绘制美国锂电池专利技术特征图,如图 4-19 所示。图中,美国的锂电池专利技术总体比较分散,技术涉及面广,局部形成相对集中区域,进一步分析这些技术聚集区域,阅读相关专利文献,可以看出美国锂电池技术主要集中在二次电池的 5 个部分:聚合物电解质特别是固体电解质的相关技术;电解液的电解质技术;电极的氧化物活性材料技术;非水性电池特别是锂电池技术;二次电池的正负电极相关技术。这五大部分是 2001 年以来电池技术美国专利文献技术分布的重点内容。

---

① 根据中国专利信息中心 2003 年 10 月中国专利光盘数据绘制。

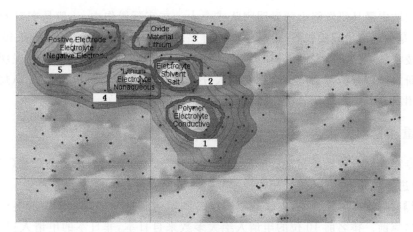

图 4-19　美国锂电池专利技术特征图

4.5.3　本国专利份额分析

本国专利份额分析主要应用在国家或区域之间技术创新能力的比较研究当中,是在分析样本中按照被研究的国家或区域内或本国或区域内的专利申请人或权利人所占的专利份额进行统计分析,了解其技术创新能力。

【实例】　图 4-20 所显示的是 1985—2007 年国内申请和国外来华申请的锂电池专利数量对比情况。其中,国外来华申请数量 1963 项,高于国内申请总量 1852 项(其中中国台湾申请 61 项,中国香港申请 6 项)。国外来华申请占相关领域专利申请总量的 51.45%,可见国外公司重视在我国锂电池领域的专利布局。

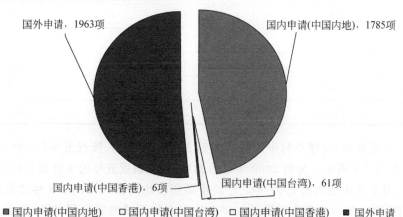

国外申请,1963项　国内申请(中国内地),1785项

国内申请(中国香港),6项　国内申请(中国台湾),61项

■国内申请(中国内地)　□国内申请(中国台湾)　□国内申请(中国香港)　■国外申请

图 4-20　锂电池中国专利申请国别分布情况

4.6　研发团队分析

研发团队分析是指在分析样本中,按照专利发明人拥有的专利数量(专利申请量或授权量)进行统计和排序,或者通过对专利发明人的合作研究(共同发明人分析)进行分析,研究

相关技术领域中最具研发能力的发明团队或个人。在实际操作中,一般是在对专利发明人专利数量(专利申请量或授权量)进行统计和排序的基础上,选择前 10 位或前 40 位的发明人作为该技术领域的重点发明人,并进一步对其进行技术特征分析,了解不同发明团队的技术特征。研发团队分析包括重点专利发明人分析、合作研发团队分析、研发团队规模变化分析和研发团队重点技术变化分析。

4.6.1 重点专利发明人分析

重点专利发明人分析是指在分析样本中,按照专利发明人拥有的专利数量(专利申请量或授权量)进行统计和排序,研究相关技术领域中最活跃的技术研发人员。

【实例】 如表 4-8 所示,从全球数字安防专利申请量排名来看,松下、三菱、东芝、索尼等公司排名靠前。排名前 10 位的申请人绝大多数来自日本,非日本的申请人仅有两家,分别为三星(韩国)和西门子(德国)。来自日本的 8 家公司申请总量占到全球申请总量的 14.9%。

表 4-8　全球数字安防专利申请的前 10 位申请人　　　　　　单位:项

排名	申请人	全球申请量/项	申请量占比(%)
1	松下	5731	4.6
2	三菱	2482	1.9
3	东芝	2376	1.9
4	日立	2075	1.8
5	NEC	1667	1.3
6	佳能	1518	1.2
7	索尼	1411	1.1
8	富士通	1325	1.1
9	三星	953	0.7
10	西门子	906	0.7

在数字安防领域,全球专利申请量排名前 10 位的申请人按近五年(2009—2013 年)申请量排名,如表 4-9 所示。分析 2009 年之后的申请量(最近五年的申请量)可以发现,三星、佳能、松下、日立等申请人的 2009 年之后的申请所占比例较大,其 2009 年之后的申请超过了其总申请量的 10%,三星公司最近五年在数字安防领域加强专利布局,其近五年的专利申请量占到其申请总量的 24%。

表 4-9　全球数字安防专利申请的前 10 位申请人按近五年申请量排名　　单位:项

排名	申请人	全球申请量/项	近五年申请量/项	近五年申请量占申请总量比例(%)
1	松下	5731	381	11
2	佳能	1518	258	17
3	三菱	2482	238	10

排名	申请人	全球申请量/项	近五年申请量/项	近五年申请量占申请总量比例(%)
4	日立	2075	229	11
5	三星	953	227	24
6	NEC	1667	161	10
7	东芝	2376	139	6
8	索尼	1411	117	8
9	富士通	1325	86	7
10	西门子	906	52	6

4.6.2　合作研发团队分析

合作研发团队分析是指在分析样本中,利用关联分析方法,研究相关技术领域中最经常出现的共同发明人,了解该技术领域的合作研发团队。通常情况下,合作研发团队分析是在重点专利发明人分析的基础上所做的进一步分析,即对主要发明人在该领域中的合作动向进行分析,并依据主要发明人技术合作伙伴的变化判断该领域的技术重点的变化。

【实例】　在牙膏专利分析样本中,按照发明人专利数量、所属机构和最经常合作的合作人情况进行统计和分析,从表 4-10 中可以了解发明人的任职情况和研究团队的配置情况。

表 4-10　牙膏专利重点发明人情况

件数	发明人	服务最多的机构	前三位合作人
73	GAFFAR A	COLGATE PALMOLIVE CO [73]	NABI N [21]； AFFLITTO J [17]； POLEFKA T G [12]
42	PRENCIPE M	COLGATE PALMOLIVE CO [42]	GAFFAR A [7]； WONG M [6]； AFFLITTO J [6]； NABI N [6]
31	WINSTON A E	CHURCH & DWIGHT CO INC [19]	USEN N [19]； DOMKE T W [5]； MISKEWITZ R M [4]
26	NABI N	COLGATE PALMOLIVE CO [26]	GAFFAR A [21]； AFFLITTO J [11]； PRENCIPE M [6]； STRINGER O [6]

4.6.3　研发团队规模变化分析

研发团队规模变化分析主要应用在对竞争对手进行综合分析当中,通过主要竞争对手专利申请或专利发明人团队的变化情况,判断企业技术实力和投资热点的改变。

【实例】 假设 A 公司实际发明人为 a、b、c、d、e、f、g、h、i、j、k、l、m、n、o、p、q、r 这 18 位,B 公司实际发明人为 A、B、C、D、E、F、G、H、I、J、K、L、M、N、O、P、Q、R、S、T、U、V、W、X、Y 这 25 位,时间轴表示相近的年份。如表 4-11 所示,A 公司历年申请专利的发明人均多于 B 公司,但 A 公司的发明人多数是相同的几个人,只有一两位新人,而 B 公司则相反,不仅累计申请专利的发明人多于 A 公司,而且每年都有新的发明人加入,且至少有三四位,说明 B 公司的总体研发团队规模大于 A 公司,而且公司一直在加大该领域的研发投入,说明 B 公司认为该技术领域有发展前途,十分重视该技术领域的投入。分析中可以结合各个公司每年专利总量以及这些新增加的发明人的技术重点分析,可以推测其技术热点的变化。

表 4-11 发明人规模统计示意表

时间	1	2	3	4	5	6
A 公司	a~l(12 人)	a~n(14 人)	a~o(15 人)	a~p(16 人)	a~q(17 人)	a~r(18 人)
B 公司	A~C(3 人)	A~J(10 人)	EIKLMNOP (8 人)	BFPTCVWX (8 人)	CGKNOSY (7 人)	AFKPC (5 人)

4.6.4 研发团队技术重点变化分析

研发团队技术重点变化分析主要应用在对竞争对手进行综合分析当中,通过主要竞争对手研发团队技术重点变化情况的分析,判断企业技术发展线路、投资热点改变和专利布局动向。其中技术内容可以用相应的分类号或主题词来表征。

【实例】 在 OFDM 技术分析样本中,研究重点发明人研究团队的技术变化情况。如表 4-12 和图 4-21 所示,表中列举了本领域主要发明人所服务的机构、与其合作最多的发明人、发明专利的时间跨度、最近涉及的技术领域等信息。针对选定的重点发明人再作技术内容动态变化图,了解该发明人历年重点技术主题变化情况。

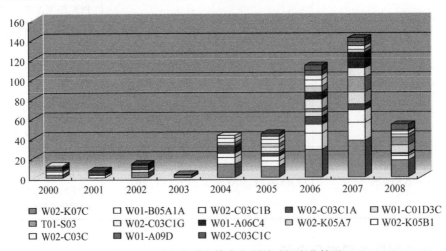

图 4-21 重点发明人技术主题随时间变化情况

表 4-12　重点发明人情况表

件数	发明人	专利权人	合作最多的前三名	时间跨度	近3年占其总量比例百分比	最多的技术领域	独特的技术领域	最近的技术领域	优先权国家
160	LI J	LI J[87]	LAROIA R[100]; DAS A[24]; RICHARDSON T[22]	1999—2008	49% of 160	W02-K07C[116]; W01-B05A1A[58]; W02-C03C1B[34]	T01-N02B1E[2]	W01-A06B8C[6]; T01-N02A2E[4]; W01-C01D1A[4]; W02-K08[4]; W01-A06B5B[3]; W06-A01[3]; U22-A[2]; U22-D[2]; U22-D05A[2]; U22-E[2]; W02-C03[2]; W02-C03A3[2]; W02-C03C1[2]; W02-C03E1A[2]	US[122]; CN[32]; AU[2]; EP[2]; JP[2]; KR[2]; WOUS[2]
117	LAROIA R	LAROIA R[87]	LI J[100]; LANEF A[23]; VENKATA UPPAL A S[22]	1999—2008	40% of 117	W02-K07C[81]; W01-B05A1A[50]; W02-C03C1A[30]; W02-C03C1B[30]	W01-A06F2A[3]	W01-A06B8C[6]; T02-N02A2E[4]; W01-A06B5B[3]; W06-A01[3]; T02-N02A2[2]; W01-C01D1A[2]	US[115]; AU[2]; EP[2]; WOUS[2]

第5章 专利分析高级模块

5.1 核心专利分析

核心专利分析主要应用于确定技术领域中的基础专利或核心专利,是指在分析样本中,对相关数据进行加工、处理和分析归纳,再通过专利引证率分析、技术关联分析、同族专利规模分析、布拉德福文献离散定律等多种信息分析方法,综合研判相关技术领域的基础专利或核心专利。其中对相关数据进行加工和处理通常要借助专业的分析工具进行。核心专利分析包括专利引证分析、同族专利规模分析、技术关联与聚类分析和布拉德福文献离散定律的应用等。

5.1.1 专利引证分析

专利的引证信息可以识别孤立的专利(这些专利很少被其他的专利引用)和活跃的专利,如果一项专利被在其之后申请的大量的专利引证,则表明它们是影响力较大的专利,或是具有更高的价值。换言之,在相同技术领域中,专利被引用次数越多,越表明对其后发明者的思想越重要,这使得它们更有价值,也反映出该专利技术的重要程度。

专利引证分析是指在分析样本中,通过对专利引证率的统计和排序分析,或者在引证率的统计和排序的基础上绘制专利引证树来研判相关技术领域的核心技术或基础专利。

【实例】 以电动汽车为技术主题,在美国专利数据库中提取1976—2004年公开的专利文献。截至2004年9月底,有关电动汽车技术的专利共2660项,去除部分数据项缺损的数据,参加统计分析的专利数为2480项。按专利被引证的次数排名,取前22位,结果如表5-1所示。

表 5-1 专利引证频次排名

排名	专利号	被引证次数	排名	专利号	被引证次数
1	5343970	140	12	4407132	49
2	4335429	112	13	4532418	48
3	4533011	90	14	4962969	47
4	4351405	69	15	5341083	46
5	5157319	66	16	5216402	43
6	4800328	64	17	4496896	42
7	4042056	59	18	4306156	41
8	4347472	54	18	4187436	41
9	3952239	53	18	4216839	41
10	4313080	50	18	4951769	41
11	5049802	50	22	3470828	40

表 5-1 中前 22 项专利被引证次数均超过 40 次,表明这些专利具有较高的价值,其技术内容是该技术领域的重点技术。同时 5343970、4335429 和 4533011 等专利被引用次数均在 90 次以上,而且比其他排名靠前的专利高出 30～50 次,说明这 3 项专利所代表的技术内容是电动汽车领域中的核心技术。

【实例】 在所采集的国外专利数据中,按专利引证率进行统计排序,并选择排名靠前的专利。例如,对 EP601788-A 做进一步引证分析,以此研究该领域重点专利以及技术的发展过程,如图 5-1 和图 5-2 所示。

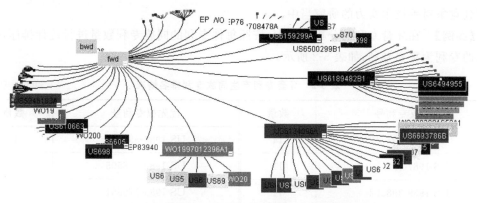

图 5-1 EP601788-A 向前引证树情况(以专利号显示)

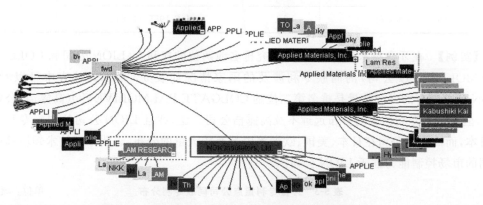

图 5-2 EP601788-A 向前引证树情况(以专利权人显示)

EP601788-A 是应用材料公司关于静电吸盘方面的专利。如图 5-1 和图 5-2 所示,该专利被大量其他专利引证,表明该专利是相关技术领域的基础专利。

图 5-1、图 5-2 都是 EP601788-A 专利被其他专利引用的引证树,图 5-1 显示的是施引专利的专利号,图 5-2 显示的是施引专利的公司名称。从图中可以看出应用材料这件关于静电吸盘的专利自引率很高(即施引专利中有大量的专利是应用材料自身的),表明应用材料围绕 EP601788-A 申请了大量相关专利,同时围绕着该专利形成了较好的专利技术保护网络,例如 US6159299A、US6500299B1、US6189482B1、US6494955 等。可以说应用材料在静电吸盘技术领域技术实力雄厚。此外,兰姆研究(图中虚线框圈出的部分)、日本疑子株式会社(NGK INSULATORS. LTD,实线框圈出的部分)等公司在该技术领域从事相似的技术研究,它们在引证 EP601788-A 专利的基础上申请了大量相关专利,并形成了新的重点技

术,例如 WO1997012396A1、US134096A、US5946183A 等,这些专利又被许多其后的专利所引用,有关企业应对重要结点的专利进一步深入研究,寻找技术突破口。

5.1.2 同族专利规模分析

同族专利规模分析是指在分析样本中,按照同族中每项专利涉及的国家数量进行统计和排序,判断重点专利。通常,专利申请人或权利人会将具有重要有价值专利在多个国家申请专利,可以说一件专利的同族专利数量越多,其专利的重要性越大。G02 模块有时还可以应用到竞争对手技术实力的研究当中。

【实例】 在牙膏专利的分析样本中,按照每件专利的同族专利数量进行统计排序,排名靠前的专利为重要专利,如表 5-2 所示。

表 5-2 牙膏专利产生同族专利排名情况　　　　　　　　单位:项

优先权专利号	数量	优先权专利号	数量
US 1988-291712	14	US 1989-399669	10
US 1987-8901	11	US 1989-398605	9
US 1989-398592	11	US 1985-775851	8
US 1989-398606	11	US 1984-685167	7
US 1989-398566	10	US 1985-813842	7

【实例】 在牙膏技术分析样本中,研究排名前两位的权利人(LION 公司和 COLGATE PALMOLIVE CO 公司)的同族专利涉及的国家情况如表 5-3 所示。从表中可以看出,LION 公司拥有的专利数量是排名第二位的 COLGATE PALMOLIVE CO(高露洁)公司的 2 倍,但是同族专利国家的分布远远不及高露洁公司广泛,并且 LION 公司的同族专利主要在日本,而高露洁公司在日本、美国、欧洲等国都有较大量的分布,表明牙膏技术领域高露洁公司的市场控制能力强于 LION 公司。

表 5-3 牙膏专利重点公司同族专利分布　　　　　　　　单位:项

同族专利国家	公 司 名	
	LION CORP(476)	COLGATE PALMOLIVE CO(205)
JP	474	69
US	20	191
EP	7	104
AU	5	142
WO	5	89
DE	14	80
BR		102

同族专利国家	公 司 名	
	LION CORP(476)	COLGATE PALMOLIVE CO(205)
CA	2	68
CN	6	54
ZA		81
MX		71
ES	4	44
KR	4	14
NO		44
HU		20
NZ		25
PH		28
FI		28
PT		38
CZ		14

5.1.3　技术关联与聚类分析

技术关联与聚类分析是指在分析样本中,借助 VantagePoint 分析软件、TDA 专利分析工具或其他知识挖掘工具等专业分析工具,利用关联分析或聚类分析方法对相关技术主题进行研究,寻找核心技术。

关联分析的实质是寻找在同一个事件中出现的不同数据项的相关性,找出分析样本中隐藏的网络关系,获得一个数据项和其他数据项之间依赖或关联的知识。聚类分析首先要将事件分类,使同一类群内的事物都具有相同的特性,不同类群之间具有显著的差别,最后研究不同类群之间内在的关联程度。关联分析与聚类分析的结果常用可视化图形方式显示。

【实例】　在德温特世界专利索引数据库中检索有关锂电池的专利,按照技术主题进行关联分析,如图 5-3 所示。图 5-3 中每个点代表出现相关主题词的专利文献多少,连线代表这些专利技术内容之间的联系程度,线越粗联系越紧密。从图中可以看出,电极技术特别是电极的材料技术、电解液技术和隔膜技术是锂电池技术领域的三大主题。其中涉及电极的活性材料专利最多,例如正极活性材料涉及钴、镍、铜、硅、铝、锰等金属离子。负极活性材料主要涉及碳基石墨电极。关于电解液的专利主要涉及有机溶剂和溶解的盐,其他电池的安装和隔膜也是发明涉及比较多的内容。

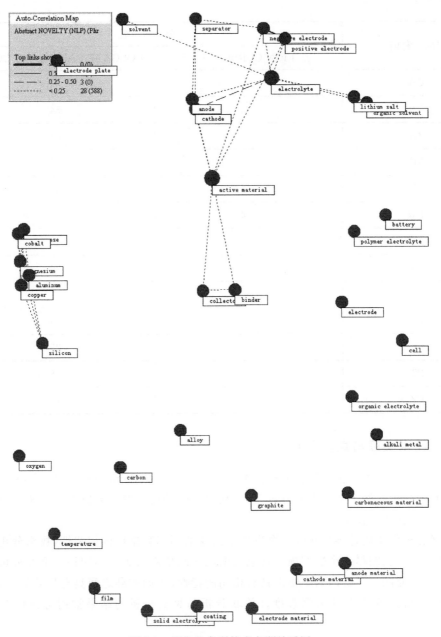

图 5-3　锂电池专利技术主题关系图

5.1.4　布拉德福文献离散定律的应用

在分析样本中利用布拉德福定律[①]按专利分类号进行区域划分,可以较科学、准确地确

___

① 1934 年英国文献学家 S. C. 布拉德德(Bradford)明确指出,对某一主题而言,将科学期刊按刊载相关论文减少的顺序排列时,可以划分为对该主题最有贡献的核心区,以及含有与该区域论文数量相同的几个区域。每个区域里的期刊数量成 $1 : n : n^2 \cdots$,这就是为后人所称道的布拉德福文献离散定律。

定某技术领域中专利文献的核心分类,从而寻找技术领域中的核心技术区域。

通常,为了确定某一技术领域的核心专利分类,将布拉德福定律应用到专利文献的分类统计时,可以把采集的专利数据按专利分类分为 3 个区域:

第一区域为本领域核心技术分类,该领域的专利文献相对集中于少量的核心分类上;

第二区域为本领域的一般性分类,该区域的分类号较多,但是每个分类号下集中的专利文献并不多;

第三区域为与本领域相关分类,该区域的分类是那些主题与本领域技术内容有关联的类别。

【实例】 在中国专利数据库中采集 2002 年通信技术领域的专利文献(截至 2004 年 3 月公开的中国专利),共 2007 项。应用布拉福德定律,对其做统计研究,如表 5-4 所示。数据表明,2002 年通信技术领域的专利申请按每项专利文献的主分类统计,其中,集中在 H04N、H04Q、H04M、H04L、H04B、H04J 等 9 个分类号中的专利数达 1810 项,集中在 H04R、G02B、G06F、G02F、G11B、H04S、H04H 和 G03B 等 26 个分类号中的专利数仅有 175 项,而其他若干分类号中的专利数只有 22 项。表中清楚地反映出通信技术领域专利文献的核心、一般和相关三个分类区域。

表 5-4　2002 年通信技术领域核心技术分类研究

分类区域	分　类　号	专利申请量/项
第一区域 本领域核心分类区	H04N、H04Q、H04M、H04L、H04B、H04J、H04R、G02B 和 G06F	1810
第二区域 本领域一般性分类区	G02F、G11B、H04S、H04H、G03B、G01S、H01L、H01Q、H04K、G03G、H01J、H05K、G06T、H02M、H03M 等 26 个分类号	175
第三区域 本领域相关分类区	G01B、G01C、G01M、G01R、G04B、G05B、G06K、G07F、G08G、G09B、B60P、B66B、F24F 等若干分类号	22
总　　量		2007

实际操作中首先要对采集的数据做一定的研究,还要选择合理的时间跨度,在划分区域时要设定不同区域其专利数量占相关技术领域专利总量的比例。需要注意的是,不同技术领域,应该有不同的划分标准。

5.2　重点技术发展线路分析

重点技术发展线路分析是指在分析样本中,通过专利引证率分析或技术内容变化研究,并以此为基础绘制专利引证树或技术发展时间序列图等,最后通过它们研究相关技术领域重点技术发展线路。重点技术发展线路分析包括专利引证树线路图分析、技术发展时间序列图和技术应用领域变化分析。

5.2.1　专利引证树线路图分析

专利引证树线路图分析是在样本中通过专利引证分析(专利引证或被引证次数、专利引证率等)确定各阶段重点专利,然后对重点专利构建专利引证树,专利引证树中的重要结点反映了专利技术的发展线路，如图 5-4 所示。

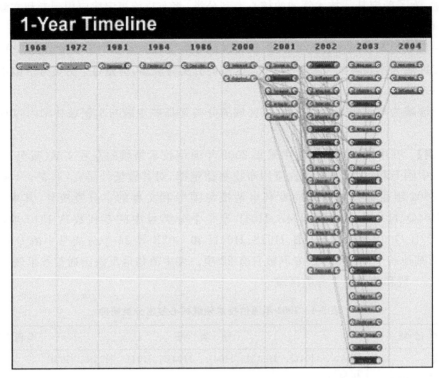

图 5-4　专利引证树状图

5.2.2　技术发展时间序列图

技术发展时间序列图是在分析样本中，首先通过专利引证分析（专利引证或被引证次数、专利引证率等）确定各阶段重点专利，然后对重点专利构建技术发展时间序列图（雷达图、树行图等）来反映专利技术发展线路。

【实例】①　根据产业技术发展的过程和重要专利的筛选标准，分别绘制了锂离子电池正极材料重点专利发展路线图以及锂离子电池正极材料——富锂复合氧化物材料重点专利发展路线图，如图 5-5 和图 5-6 所示。在图中给出了相关专利的技术特点、公开号、优先权日等信息，带有虚线边框的专利代表该专利进入中国进行布局。数据截至 2011 年 12 月 31 号全球范围的专利。

图 5-5 中体现了锂离子电池正极材料在 20 世纪的大致发展脉络，可以看出，在 20 世纪 70 年代就出现了保护氧化钴锂材料、氧化镍锂材料，以及尖晶石结构的氧化锰锂材料、硫及含硫化合物材料的专利，其中，GOODENOUGH 等于 1979 年提出了 $Li_xCo(Ni)_yO_2$ 结构，THACKERAY 和 HUNTER 等均提出了尖晶石的锰酸锂结构，而日本三洋于 1979 年提出了 $Cu_xFe_yS_z$ 的结构，20 世纪 70 年代是锂离子电池正极材料刚刚出现的萌芽时期，这段时

---

① 国家知识产权局.锂离子电池关键材料专利分析和预警项目研究报告[R].[S.l]:[S.n.],2012：150.

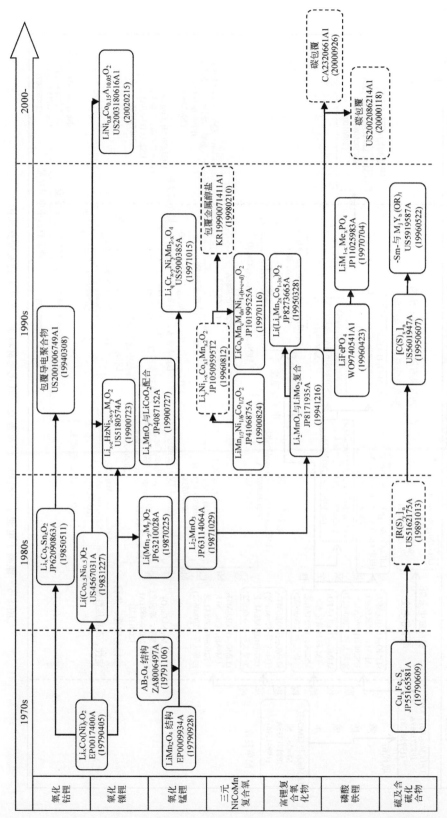

图 5-5　锂离子电池正极材料重点专利发展路线图

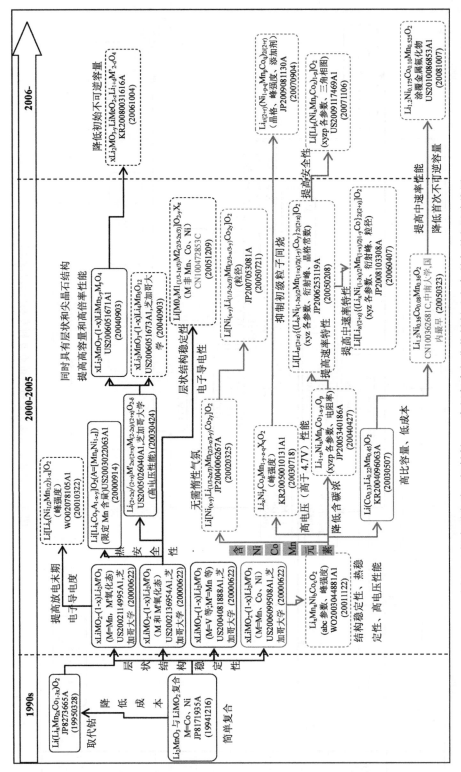

图 5-6　锂离子电池正极材料——富锂复合氧化物材料重点专利发展路线图

间提出的材料结构奠定了锂离子电池正极材料发展的基础。

进入 20 世纪 80 年代,美国燃烧工程有限公司、日本旭化成、日本日立等企业开始纷纷针对氧化钴锂、氧化镍锂和氧化锰锂材料进行研究,开始出现了金属位掺杂改性的专利申请,硫及含硫化合物材料也开始向有机多硫化合物方向发展,可见,这一时期的申请主要集中在对上述材料进行简单的改进,以提高其性能,使其能进一步应用在电池上。

进入 20 世纪 90 年代,锂离子电池开始出现了商业化,这促进锂离子电池相关材料的快速发展。此时关于锂离子电池正极材料的申请出现多元化发展,不仅有针对上述传统材料的掺杂等改性方式,还开始出现对上述材料包覆改性的专利,同时新的材料体系三元 NiCoMn 复合氧化物、磷酸铁锂材料、富锂复合氧化物材料都开始出现。比如加拿大能源科技公司提出了氧化镍锂材料;日本三洋公司提出了氧化锰锂和氧化钴锂配合使用的概念;而日本本田公司则提出了三元 NiCoMn 复合氧化物 $LiMn_{1/3}Ni_{1/6}Co_{1/2}O_2$,进一步地,多家日本企业日本本田、日本富士、日本户田工业以及美国 3M 等企业纷纷对三元 NiCoMn 复合氧化物材料进行改进。

而且这一时期,日本三洋公司、日本三井公司分别首次提出 Li_2MnO_3 与 $LiMO_2$ 复合的体系,以及 $Li(Li_xMn_{2x}Co_{1-3x})O_2$ 材料结构,也即是近年来研发热度较高的富锂复合氧化物材料。同期,得克萨斯大学、ARMAND、GOODENOUGH、加拿大魁北克水电等学者和企业提出了磷酸铁锂材料体系,并且,日本电池进一步地对磷酸铁锂材料的掺杂改性申请了专利。

进入 2000 年以后,芝加哥大学—阿贡实验室在氧化镍锂材料的基础上进一步发展了 $LiNi_{0.8}Co_{0.15}Al_{0.05}O_2$ 结构的材料体系;美国威伦斯、CNRS 公司、蒙特利尔联合公司、加拿大魁北克水电等企业纷纷对磷酸铁锂材料的包覆改性进行了一系列的申请,而且这些申请也纷纷进入中国,给我国磷酸铁锂材料的研发和应用带来一定的影响。

可以看出,日本三洋公司从 1994 年就开始提出了 Li_2MnO_3 与 $LiMO_2$ 复合的概念,此为富锂复合氧化物材料的雏形,随后日本三井公司在 1995 年就提出了 $Li(Li_xMn_{2x}Co_{1-3x})O_2$ 的构想;上述这些专利都只在日本本国进行了申请。直到 2000 年,芝加哥大学—阿贡实验室完善了富锂复合氧化物材料的概念,用 $xLiMO_{2-(1-x)}Li_2M'O_3$ 的形式申请了系列专利,但这些专利只在美国进行了申请,没有进入其他国家。在这之后,日本松下公司、日本杰士汤浅公司、日本住友公司、日本三菱公司、芝加哥大学等申请人针对富锂复合氧化物材料进行了一系列的申请,并开始进入美国、日本、欧洲、韩国、中国等多个国家,开始在各国海外市场进行布局。

最早进入中国的专利是 2001 年日本松下、公立大学法人大阪市立大学申请的 WO02078105A1,涉及 $Li[Li_x(Ni_{1/2}Mn_{1/2})_{1-x}]O_2$(峰强度),以及日本杰士汤浅申请的 WO2003044881A1,涉及 $Li_xMn_aNi_bCo_cO_2$(abc 参数、峰强度)。在 2000 年以后,富锂复合氧化物材料的申请主要集中在金属元素的选择(特别是针对含有 Ni、Co、Mn 元素的选择上),以及化学计量比例的选择、晶格常数的选择上,中国申请人在国外申请人的层层布局下,针对富锂复合氧化物材料的金属元素的选择上具有一定的自主申请。

5.3 技术空白点和技术热点分析

5.3.1 技术空白点分析

技术空白点分析是指对分析样本中专利数据进行专利技术功效矩阵分析,即对专利反映的主题技术内容和技术方案的主要技术功能、效果、材料、结构等因素之间的特征进行研究，揭示它们之间的相互关系，寻找技术空白点。这种研究方法的结果常常用功效矩阵图表形式进行表示。通常可以按照按材料（Material）、特性（Personality）、动力（Energy）、结构（Structure）、时间（Time）等技术方案的要素对分析样本数据进行加工、整理和分类，构建功效矩阵表。在实际工作中也可以将因素与因素进行组合，如材料与处理方法，材料与产品等，形成多种矩阵图表，来研究技术重点或技术空白点。

【实例】　本案例涉及有关二氧（杂）芑化合物技术主题的研究。分析人员将1984—1998年有关二氧（杂）芑化合物的56项专利进行加工、整理和分类。然后按流化床体燃烧特征（Fluid bed combustion charactenstics）、二级燃烧温度控制（Secondary combustion temperature control）、二级燃烧混合控制（Secondary combustion mixing control）和二级燃烧持续时间（Secondary combustion retention time）这4个技术主题和使二氧（杂）芑分解（Dioxin decomposition only）、降低成本（Cost reduction）、维护和保养（Improved maintenance）、残渣类型与数量的波动（Accommodation to fluctuations of refuse type and volume）和热恢复及其他（Heat recovery and others）这5个发明目的进行分类整理，并按3年为一个时间跨度进行统计，得到如表5-5所示的结果。

表5-5　专利技术功效矩阵示意图

Purpose / Technical item	Dioxin decomposition only					Cost reduction					Improved maintenance					Accommodation to fluctuations of refuse type and volume					Heat recovery and others				
Application year	84-86	87-89	90-92	93-95	96-98	84-86	87-89	90-92	93-95	96-98	84-86	87-89	90-92	93-95	96-98	84-86	87-89	90-92	93-95	96-98	84-86	87-89	90-92	93-95	96-98
Fluid bed combustion characteristics	●	●	●					●				●				●			●	●				●	●
Secondary combustion temperature control	●	●	●	●	●		●				技术空白点							●	●				●		
Secondary combustion mixing control	●	●	●	●			●						●					●			技术空白点				
Secondary combustion retention time	●	●	●			技术空白点																			

数据显示：该技术领域的发明主要集中在1987—1995年，技术主题主要集中在二氧（杂）芑分解过程中流化床燃烧特征、二氧（杂）芑分解过程中二级燃烧温度控制、二氧（杂）芑

分解过程中二级燃烧混合控制、二氧(杂)芑分解过程中二级燃烧持续时间等技术领域。其次,涉及的另一个技术主题是流化床燃烧中残渣类型与数量的波动研究。值得注意的是,有关该技术主题的专利大部分是 1993 年以后才出现的,属于新的技术热点。另一个需要注意的是,在表中有 6 个区域没有专利申请,它们是该技术领域的技术空白点,即潜在的技术发明点,这也是寻求专利创新的方向。

5.3.2　技术热点分析

技术热点分析是针对研究对象(技术领域或竞争对手)的分析样本,用技术点与时间作为研究要素,判断技术领域或竞争对手随时间推移技术重点发生变化的情况。有时时间要素可以置换为近几年变化的比率。

【实例】　图 5-7 是针对索尼公司在智能视频技术领域技术热点的研究。数据表明,2005 年之前索尼公司主要集中在背景建模视频分割和图像预处理方面;2005 年之后,分布广泛,包括目标轨迹跟踪、物品状态分析、异常状况检测、人体特征识别、路况特征识别、智能视频检索、视频诊断等方面,特别是目标轨迹跟踪、人体特征识别、背景建模视频分割和图像预处理方向。近年来,索尼对背景建模视频分割、图像预处理、目标轨迹跟踪、人体特征识别等技术分支更加重视,是其研发热点。

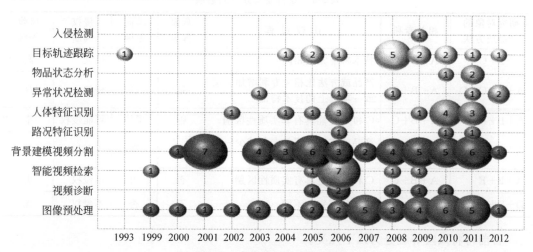

图 5-7　索尼公司技术热点图

5.4　重大专项的专利风险判定

国家科技重大专项项目(简称重大专项)的专利风险判定一般是指将某重大专项中所采用的技术、产品或方法(包括专项实施单位拥有的专利和没有申请专利的技术)列为研究对象,并将研究对象与现有相关专利的权利要求进行比较,主要依据专利侵权判定过程中的全面覆盖原则和等同原则,以及判定是否存在侵权风险的分析方法。

重大专项的专利风险判定一般由重大专项专利现状分析和重大专项专利风险等级[①]判

---

① 本书所说的知识产权风险主要是指专利风险。

定组合而成。

5.4.1　重大专项的专利现状分析

重大专项的专利现状分析主要是指为保障国家经济活动中重大专项的安全和顺利实施,对重大专项采用的技术的产品或所涉及的专利现状进行分析。

重大专项专利现状分析的作用是摸清我国重大专项(如神华集团煤变油重大专项)中的专利现状。实际操作中,首先列举重大专项中涉及的技术内容;其次按照项目分解内容按列表的形式明确每个技术内容中专项实施单位拥有哪些专利、哪些技术的产品或方法没有专利、哪些技术属于购买他人的专利等。

5.4.2　重大专项的专利风险等级判定

重大专项的专利风险等级判定[1][2],不同于其他数理统计方法的分析模块,它首先要在技术空白点分析模块应用的基础上检索出与重大专项的技术方案相关的专利,再通过分析人员的阅读的方式比较必要的技术特征,最后利用归纳、推理等定性分析方法判定重大专项所采用的技术是否存在专利侵权风险的因素,如表 5-6 所示。

表 5-6　专利侵权分析判断表

研究对象的产品或方法	相关专利	比　较　过　程	全面覆盖	等同原则	侵权判断	风险等级
A+B+C	A+B+C	技术特征完全相同	是	×	侵权	高
A+B+C+D	A+B+C	产品或方法比相关专利增加一项或一项以上的技术特征	是	×	侵权	高
A+B+D	A+B+C	C 和 D 可能具有非实质性区别	否	可能	可能侵权	中
A+B	A+B+C	产品或方法比相关专利减少一项或一项以上的技术特征	否	否	不侵权	低
A+B+E	A+B+C	C 和 E 确定具有实质性区别	否	否	不侵权	无
D+E+F	A+B+C	技术特征完全不同	否	否	不侵权	无

目前可将风险等级分为以下几类。

1. 高风险等级

如果研究对象所采用的技术方案中的必要技术特征与相关专利权利要求的全部必要技术特征相同,即适用全面覆盖原则,则构成高风险等级,其具体表现形式可以分为以下 4 种。

(1)研究对象所采用技术方案的技术特征包含了相关专利权利要求中记载的全部必要技术特征,则研究对象的产品和方法落入专利权的保护范围。

(2)相关专利权利要求中记载的必要技术特征采用的是上位概念,而研究对象采用的是相应的下位概念,则研究对象的产品和方法落入专利权的保护范围。

---

① 有关专利风险等级判定内容由于其涉及专利技术特征分析、侵权判断标准与原则等诸多问题,建议设立专题研究课题,对相关问题做进一步研究。

② 本部分的风险等级判断标准依据 2001 年北京市高级人民法院关于《专利侵权判定若干问题的意见(试行)》的通知整理。

（3）研究对象在利用相关专利权利要求中的全部必要技术特征的基础上，又增加了新的技术特征，则研究对象的产品或方法落入专利权的保护范围。

（4）研究对象对在先技术而言是改进的技术方案，并获得了专利，属于从属专利，未经在先专利权人许可，实施该从属专利也覆盖了在先专利权的保护范围。

2．中度风险等级

如果研究对象有一个或一个以上的技术特征与相关专利权利要求保护的技术特征相比，从字面上看不相同，即存在区别技术特征，但经过分析可认定两者可能是相等同的技术特征，即存在适用等同原则的可能，则构成中度风险等级，满足等同原则需要同时具备的条件如下。

（1）研究对象的技术特征与专利权利要求的相应技术特征相比，以基本相同的手段，实现基本相同的功能，产生了基本相同的结果。

（2）对该专利所属领域普通技术人员来说，通过阅读专利权利要求和说明书，无须经过创造性劳动就能够联想到的技术特征。

应当注意的是，如果最终确定该区别技术特征能够同时满足等同原则的上述条件，则此种情况下的专利侵权的风险应提升到高风险等级。

3．低风险等级

如果研究对象与相关专利权利要求保护的技术特征相比少一个或一个以上的技术特征，即研究对象的产品或方法采用的是基础专利，所对比分析的相关专利属于从属专利，则构成低风险等级。

应当注意的是，如果研究对象的产品或方法在未获得专利权人许可的情况下实施了该从属专利，则此种情况下的专利侵权的风险应提升到高风险等级。

4．无风险等级

如果研究对象的产品或方法所采用的技术方案中必要技术特征与专利权利要求的全部必要技术特征完全不相同，或虽然存在部分相同的技术特征，但是二者的区别技术特征具有实质性的差别，则构成无风险等级。

5．暂时无法明确风险

由于研究对象（产品或方法）的技术参数或技术特征不能完整获得，因此无法准确判断研究对象的产品或方法是否存在风险。

第6章　专利分析特需模块

6.1　专利创造挖掘

6.1.1　专利创造挖掘要点

专利创造挖掘的关键在于将专利创造与技术研发各阶段、各环节的主要工作任务紧密衔接和配合。对于专利创造而言,其首要前提是能够充分获取可供筛选的大量基础原材料——各种各样的技术创意和发明构思。有了数量可观的技术创意和发明构思,才有可能在此基础上遴选出具有较高技术价值和商业价值的技术发明点作为未来申请专利的备选对象。

为此,专利创造过程需要完成的一个重要任务,就是对收集到的大量技术创意和发明构思进行初步甄别,筛除明显不具有技术可行性、技术价值或商业价值过低的创意构思,仅仅将技术上可实现、具有较高技术价值和商业价值的技术创意和发明构思保留作为进一步进行深入挖掘、提炼梳理技术发明点的对象,以提升专利创造工作的整体效率。

经过初步甄别而遴选出来的技术创意和发明构思,还需要在专利工程师或外部专利代理人的引导下,以相关技术研发人员为主体,围绕其技术发明点撰写技术交底书,并将其作为进入科研机构或企业内部专利申请程序的初步提案材料。由于在此之后的业务操作将转由科研机构或企业的专利部门主要负责,因此有必要对技术交底书等专利提案材料进行评审。评审的目的如下:一是对前期的专利创造工作进行一次评估确认,二是通过对相关发明构思在技术和商业层面的重要性、最有效的保护形式等重要内容进行研究和确认,为即将展开的专利申请工作奠定坚实的基础。

基于此,可以将专利创造挖掘的基本流程整体上分为 3 个阶段:发明构思的收集与筛选;发明创新点梳理与挖掘;技术交底书的撰写与评审,如图 6-1 所示。下面具体说明相关环节的操作要点。

1. 发明构思的收集

做好发明构思收集工作的前提如下:一方面要要求参与专利创造的人员全面了解和把握所在科研单位技术研发、商业运营等方面的战略、现状、组织模式等基本状况;另一方面要求专利部门结合自身组织运行架构设计并建立符合内部运行机制的发明构思提交和收集机制,并在此基础上,开放而无偏见地广泛收集发明构思。

1) 全面准确掌握所在机构的基本状况

如同战争准备过程中对战场地形特点的勘查,对技术研发、商业运营等方面基本状况的全面了解和掌握,意义在于提前熟悉并明晰即将展开的专利创造工作所处的基本"地形"。一般而言,需要提前掌握的基本情况主要包括如下几个方面。

(1) 整体战略定位和未来发展方向,包括当前阶段任务和远期规划目标等。

(2) 自身的技术特点、优势、劣势以及在行业中的位置。

(3) 相关技术研发部门或项目组的技术研发内容及进展,特别是重点研发项目的内容

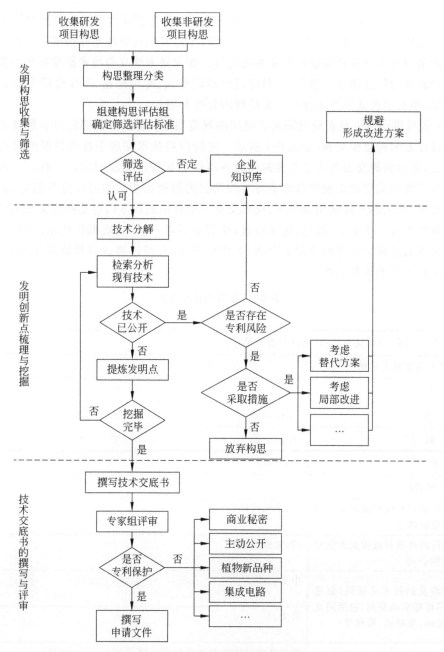

图 6-1　专利创造挖掘过程示意图

及进展。

（4）相关技术研发部门或项目组中研究人员的工作内容、职责、专业、特长、产出专利的可能、产出专利的类型、在技术研发中的地位和作用、对发明构思挖掘能否发挥催化作用等。

（5）内部其他技术部门的技术研发情况，了解是否存在提供发明构思的可能。

2）合理设计发明构思提交收集机制

为有效收集发明构思，专利部门需要理顺并合理设计发明构思提交收集的机制，以提高发明构思提交收集的效率。通常情况下，设计发明构思提交收集机制需要关注如下要点。

（1）提供接收发明构思的专门渠道和专门接口。为方便技术研发人员提交发明构思和专利部门收集汇总发明构思，需要安排统一收集、汇总发明构思的接收渠道和接收端口。最优的方式是通过专利管理信息化业务系统进行。如果尚未建立与技术研发等相关部门互联互通的专利管理信息化业务系统，专利部门可指定专人、专用邮箱、专线电话专职负责接收发明构思，相关接收联络方式应在科研机构内公布并周知。

（2）设计供研发人员提交发明构思使用的规范表格。机构专利部门可参照技术交底书的形式设计发明构思提交表，如表6-1所示。之所以将技术交底书作为发明构思提交表的基础模板，是因为提交发明构思需要提供的各项信息与技术交底书大体一致。二者之间的差别仅在于发明构思提交表中需要填写与该发明构思密切相关的商业竞争信息，例如可能的竞争对手、发明的实际应用情况等；技术交底书中提供的技术内容是在相关发明构思技术内容的基础上进一步充实、提炼、优化而成，相对于后者，技术交底书在技术发明点的提炼、专利保护形式的设计等方面考量更全面、工作更深入，在经过遴选需要填写技术交底书时，也不必进行大量的重复工作。

表6-1　发明构思提交表

提交日期：　　年　月　日

1. 发明构思名称：（可简单初拟，或者空着不填写）					
2. 发明人或联系人名单					
姓　　名		姓　　名		姓　　名	
工作电话		工作电话		工作电话	
手　　机		手　　机		手　　机	
E-mail		E-mail		E-mail	

3. 发明构思信息

该发明可运用在现在或未来的哪些产品或领域上	（简单描述罗列）	
可能进行同样项目或提交类似专利的其他公司	（如知道则填）	
本发明涉及的技术关键词（很重要，请尽可能多地罗列，包括同义词、近义词、缩略语、简称等）	中文：	
	英文：	
国际申请（请在括号内作打√，或在括号内作其他标记）	是否建议对该专利进行国际申请：建议（　）不建议（　）	
	建议进行国际申请的国家或地区，可多选： 美国（　） 日本（　） 欧洲（　） 韩国（　） 中国台湾（　） 其他（　）	建议进行国际申请的理由： 1. 与该专利相关的科研机构产品将在该国家或地区进行推广或销售（　） 2. 该国家或地区有本科研机构的竞争对手（　） 3. 本专利技术含量高，比较基础，值得进行多国或地区申请（　） 4. 其他原因，请说明（　）

本发明所属技术领域	尽可能多地列举相关技术链或有关技术领域 （例如：硬件加速—运动估计—图像处理）
本发明是否已经被运用或正考虑运用在公司正设计的产品中	是（　）：使用日期（　　　　　　）；哪个产品（　　　　　　） 否（　）
本发明技术方案若被他人使用于其产品/服务中，是否可以通过对该产品或服务进行检测后获知	是（　） 否（　）
本发明是否需尽快申请	是（　）：哪个日期前申请最佳（　　　　　　） 否（　） （备注：专利必须在产品公开或销售前提交申请）
与本发明有关的竞争对手	

4. 发明内容描述

本部分内容应包括下述基本要点：

（1）本发明的核心思想。

（2）本发明的主要内容。

备注：该部分主要是为实现发明目的而要采取的具体的技术手段，它要结合附图（包括电路图、流程图）的具体结构进行详细说明。

如果是产品发明，应该表明产品的构成及各部分之间的关系，各部分都起什么作用；其中属于自己发明的部分是什么。

如果是方法发明，应该表明该方法由几个步骤构成，每个步骤要求什么条件，各步骤之间是什么关系，各起什么作用等。

例如：电学类申请中的电路方框图，电路图的连接配置关系、工作原理说明，集成电路型号与引脚编号接线关系。

一般应达到同行看到该部分材料后能够清楚，并能实施为准，但可以保留技术诀窍。

（3）现有技术中同类方案的缺陷（不能达到的功能）、本发明与现有方案之间在功能和结构上的不同之处。

（4）本发明最应该保护的技术点（按重要次序罗列）。

其他需要说明的事宜	

填写发明构思提交表，一是可以规范发明构思的提交内容和撰写形式；二是可以采集管理发明构思的必要信息，便于进行后期的分析和统计；三是可用于发现关联发明构思以整合内部研发资源，防止重复研发和重复申请专利。

基于发明构思提交表中包含的数据项目，可以将其纳入专利信息管理数据库，至少也要制作 Excel 格式的管理表格，以实现对发明构思的有效管理。

（3）强化发明构思提交流程中的激励并弱化审核。发明构思的形成和提交过程，实质上是一个将技术研发人员头脑中隐性的创新思想显性化的固化过程，同时也是一个将零散、杂乱的创新知识格式化的规范过程。进行发明构思的梳理和提交，可以在一定程度上实现隐性知识成果的固化规范管理。

因此，在设计发明构思的提交流程时，一是要注重对技术研发人员主动撰写提交发明构思的激励，尤其是要激励最终形成专利申请并获得专利授权的发明构思的撰写提交行为，让技术研发人员愿意提交发明构思；二是要弱化对发明构思提交的行政审核，主要是要弱化来自于技术研发人员所在部门的层层审核，要注重为发明构思的提交创造宽松的工作氛围和环境，避免设置不必要的人为障碍，尽可能不让技术研发人员背负承担报告审批责任的包袱。

　　3）开放收集发明构思

　　有效收集发明构思的关键，一是要突出重点，即要以开展的技术研发项目作为获取发明构思的基础性来源进行重点收集；二是要开放大门，即要对源自技术研发项目之外的各种发明构思予以关注，克服实践中常常出现的"非我发明症"①。

　　（1）依托研发项目收集发明构思。根据技术研发战略整体部署安排的技术研发项目，是专利创造中发明构思最主要、最重要的来源。专利部门在安排实施专利创造工作时，应当紧紧围绕技术研发的整体战略进行，也就是说专利创造工作的基本立足点在于紧贴技术研发并为技术研发提供支持和服务。要做好技术研发项目的专利创造，需要注意如下要点。

　　① 要优化专利创造资源的配置。应该把具有优势的专利创造资源重点配置到对具有重要意义的重点技术研发项目上。

　　② 要针对技术研发项目尤其是重点研发项目进行专利创造的强化管理。例如，可以对其一线研发人员进行必要的专利创造专题培训，帮助一线研发人员正确认识发明并树立专利创造意识；可以建立发明构思提交管理平台，为研发人员提供随时可以提交自己的想法或构思的方便快捷的渠道；可以实时跟踪技术研发项目并深入到子项目的具体研发中，以子项目为单位在每一技术环节尽量收集足够多的发明构思，等等。

　　③ 要激发一线研发人员参加专利创造的积极性和主动性。例如，可以鼓励研发人员在学习和掌握专利创造基本知识的基础上，从自身所负责的研发子项目的每一个技术细节中寻找创新点；同时，还可以鼓励研发人员在与其他子项目进行技术衔接配合和交流研讨中，发现子项目之间相关技术组合产生的技术创新点。

　　（2）面向全员收集发明构思。好的发明构思不仅仅来自于研发项目和技术人员，还可能来自于其他部门和工作人员。因此，还需要注重对非研发项目的发明构思进行收集，作为技术研发项目发明构思收集之外的有益补充。

　　实践表明，真正具有高商业价值或技术价值的发明创造，很多并非来自技术人员。这一点已经得到广泛的认可，也正在被越来越多的事实所证明。例如，为人们所熟悉的卡拉 OK 打分系统、手机防盗功能等。创新的本质，是对未来需求的趋势预测、挖掘和掌握。谁率先准确掌握了用户的潜在需求，并通过专利对相关发明创新进行保护，谁就可能在激烈的市场竞争中占据先机并最终赢得市场。真正有价值的需求，往往是源于产品的最终消费者，因此需要关注和重视技术研发项目之外的技术创意和发明构思，无论其来自于技术人员还是非技术人员。必要时，也可以通过加强培训和开展专项活动来激励广大员工产生并提交此类发明创意。最终收获的不仅是可能具有高商业价值的专利资产，更为重要的是员工专利意识和专利素质的整体提升，而后者直接关系到科研机构专利工作的深度和有效性。

　　值得特别说明的是，来自于非研发项目的发明创意固然不可轻视，但是其绝非最主要的发明创意的源泉，其仅仅只是作为研发项目专利创意的有效补充。一般情况下，应当将

---

　　① 所谓非我发明症，在此特指技术研发部门不关注不属于其实施的技术研发项目所取得的技术创新成果，对相关技术创意和发明构思视而不见。

80%以上的专利创造资源用于研发项目的发明创意保护上,对于非研发项目的专利创造投入不宜超过20%。

2. 发明构思的筛选

1) 分类整理

由于内部收集的发明构思往往源于不同的研发项目,涉及不同的技术领域,解决不同的技术问题,并且提交发明构思的技术人员的技术水平和专利素养也不尽一致,因此有必要对收集到的发明构思进行分类整理,以便于后期进行筛选和过滤。

在实践中,为了便于加强对技术和专利的协同管理,必要时可结合自身的技术体系特点建立专属的专利技术分类体系。借助这一专利技术分类体系,可以促使自身的专利与技术研发形成更加紧密的结合,有助于针对某一技术主题快捷、准确地找出相关的专利,这些专利既包括自己的专利,也包括竞争对手的专利。为了提高专利管理的整体效率,在发明构思进入专利工作体系之初,就应当将其归入相关的专利技术分类之中。无论是从专利管理的角度,还是从知识管理的角度看,这都有其必要性。

在尚未建立起符合自身技术体系特点的专属专利技术分类体系的阶段,可以采取相对变通的方式进行分类处理。例如,可以简单地借用国际专利分类体系进行大致分类;也可以按照产品类和方法类对发明构思进行初步分类。分类的主题、级数和原则取决于科研机构管理专利及相关技术信息的实际需要。

由于技术人员的技术水平和专利素养参差不齐,因此对他们提交的发明构思还要进行初步整理,使之基本达到文字表述准确、专业用语规范、关键技术点齐全、技术要素完整、图表清楚规范的要求。

2) 过滤粗筛

发明构思筛选的目的是对价值不大、可行性不足的"杂质"进行初步过滤,筛选出具有一定价值的发明构思,以提高后续流程的整体效率。进行发明构思筛选时,应注意如下要点。

(1) 对发明构思的筛选要联合进行,至少应包括专利管理部门及技术研发部门的人员,在可能的情况下,还可吸纳市场营销部门的人员参与。

(2) 此阶段参与筛选的人员为各相关部门业务骨干即可,不必要求管理层参与,以便筛选工作能够长期持续坚持进行。

(3) 确定发明构思筛选标准(参见表6-2)时,既要考虑技术因素,也要考虑市场因素。在技术方面主要考虑发明构思的技术创新内容是否为现行主流技术的进一步发展所必需的技术是否为现行主流技术的替代性技术,是否是引领未来技术发展的下一代技术等;市场方面,主要考虑其商业化应用的价值以及是否容易发现侵权、是否需要尽早获得保护等。

(4) 发明构思是否被过滤剔除最终应由技术研发部门确定,因此在过滤剔除相关发明构思前,必须经过该发明构思所属研发项目的技术研发部门复核。如果技术研发部门认为应当申请专利,应尊重其意见,准许相关发明构思进入下一阶段的专利申请管理流程。

(5) 被过滤剔除的发明构思仍应得到良好的管理和共享。即便一项发明构思被确定剔除,也并不意味着该发明构思就一无是处。可以将其纳入知识管理库尤其是相关技术研发部门的知识管理库中进行管理和共享,以供未来相关的技术研发工作借鉴参考。

表 6-2　发明构思评估标准

评估	发明类型			注　解
	关于现有产品或技术的发明	关于新产品或技术的发明	利用已有思路的发明	
A(杰出)	1. 其他公司不得不用的关于现有产品或技术的发明; 2. 与尖端技术相比仍然优秀的发明,并且该技术的可行性已被证明; 3. 发明可以被大规模采用	1. 其他公司不得不用的关于未来主导产品或技术的发明; 2. 与尖端技术相比仍然优秀的发明,并且该技术的可行性已被证明; 3. 大规模采用该发明已提上日程	1. 发明主题是最重要的,并且能够用现有的技术来实施; 2. 融合已有技术可以成为基础专利的发明; 3. 发明的主题被作为重要的研发课题提上日程; 4. 可以服务于科研机构未来主导产品的发明	1. 相当于战略专利; 2. 有希望成为卖点的发明; 3. 领导用户需求的发明; 4. 有资格申请国外专利的发明
B(优秀)	1. 发明的技术优势非常大,并且其他公司很难避开; 2. 发明非常符合科研机构技术研发规划,并且基本可以保证可行性	1. 发明的技术优势非常大,并且其他公司很难避开; 2. 发明符合科研机构技术研发规划,并且其技术可行性可以预期	1. 发明主题是被列为"基本想法类型"的典型发明; 2. 发明内容亦属被列为"基本想法类型"的典型发明	
C(良好)	具有技术优势的发明,并且很难避开			
D(主动公开)	具有较小的技术优势,科研机构不必为此获得专利,但是有必要防止其他科研机构获得这种专利			
E(未定)	1. 与传统技术相比,没有太大差别的发明; 2. 被采用的可能性不大的发明; 3. 具有专利性,但对科研机构价值不大而不值得申请专利; 4. 具有专利性,但需要保守技术秘密而不能申请专利			需要提供报酬

在某一技术研发项目的发明构思筛选评估完成后,应对整个发明构思的相关工作进行总结与回顾,视情形采取相应措施。一是要总结项目发明构思相关工作的整体执行情况,分析与初期专利规划之间的差异、原因、优缺点;二是要根据总结,分析和发现的不足,结合实际研发需求开展专利补充检索;三是要总结项目发明构思产出及分布,确认发明构思重要性及应用前景。

同时,结合专利检索结果和发明构思筛选情况,制定专利布局策略。对发明构思产出在相关技术点的分布情况进行规划、评估,区分发明构思的重要性,提前对相关研发项目可能产出的核心专利、关键专利、标准相关专利等进行规划安排。

3. 发明点的梳理提炼

发明点的梳理提炼是一项非常细致、深入的工作,需要依据特定的工作要求有条不紊地实施和推进,通常需要经过技术分解、检索查新、现有技术比对分析、必要技术特征提炼等环节。由于在专利创造过程中专利风险识别排查和规避两项工作往往容易被忽视,而技术比对操作较为直观,因此,下文主要介绍前者。

1) 知己知彼,全方位检索查新

与其他检索相比,专利创造过程中对于发明构思的检索具有以下特点:在检索性质上,是一种查新检索,目的在于评估检索对象是否是新技术,是否未被公开或已被申请专利;在检索意图上,不仅通过检索比对初步判断本项目研发的技术是否具有新颖性、创造性,同时还注重借鉴相关专利文献提供的技术解决方案,为技术人员进一步研发创新提供技术启示;在检索结果的利用上,一方面相关检索结果将作为提炼发明点、设计权利要求的对照依据,另一方面也是识别排查相关风险专利的重要根据。

具体而言,针对发明构思的检索包括多个层面:一是对技术分解后得到的每个技术创新点进行检索,以确认该技术创新点是否可以成为发明中的发明点;二是对技术创新点的上一级技术组成进行检索,确认整体技术方案是否可申请专利;三是对技术创新点的相关联技术进行检索,确认相关联技术是否存在可申请专利的可能性。

在实际进行发明构思检索时,需要注意以下要点。

(1) 以结点作为检索中心对象,通过功能替代、上下位概念、应用领域扩展等因素适当扩展检索范围,全方位进行检索。

(2) 检索到相关的现有技术之后,要组织专利创造工作组成员尤其是技术人员对现有技术文献进行解读和分析,全面、深入地掌握现有技术对于特定技术问题的整体解决思路和方案,进而分析和确定专利创造和布局的机会与方向。

(3) 在未检索到相关结果时,要兼顾全面和效率,适时中止检索。

2) 未雨绸缪,排查和规避风险

在检索查新的过程中,可能会发现部分发明构思中的创新点已经被公开。对于这些创新点不能简单弃之不理,需要分情况进行评估,提前部署和安排对于潜在专利风险的规避和应对。

专利创造中的风险排查和规避,主要是对照检索查新后发现的相关专利对发明构思进行比对分析,预估相关技术方案可能面临的潜在专利风险,并着重从技术上寻找规避替代的解决方案,提前制定风险应对预案,为最大程度避免和减小损失做好准备。

在具体实施的过程中,首先要综合考虑多种因素,进行风险评估。经过检索后,如果发现该技术已经被他人公开或者申请专利或者获得专利授权,需要先对本发明构思所体现的产品是否存在专利风险进行评估。评估考虑的因素包括风险专利的专利权人是否属于竞争对手,风险专利的专利申请国是否也是本科研机构相关产品的主要市场所在国,风险专利在技术上是否难以回避,风险专利所涉及产品的市场规模和市场份额等。在具体实施过程中还要及早寻找技术规避方案。规避方案有多种渠道和途径,在专利创造过程中,对于专利风险的规避主要从技术角度入手。典型的方法包括以下两种。

(1) 技术上寻找替代方案。可能形成替代技术方案的技术解决途径如下。

① 要素改变,即采取其他技术要素解决同样技术问题,比如其他方法、其他部件、其他材料、其他结构或其他工艺等。

② 要素减少,即减少某些要素解决相同技术问题,达到相同的技术效果,实现改进。

(2) 从技术上进行新的研发和改进。由于专利保护以权利要求的保护范围为准,因此可以针对竞争对手的相关专利分析其权利要求书和说明书,选择某个可能取得突破的技术问题进行深入研发,寻求纵向范围的针对性解决方案,形成新的发明构思,或是避开已公开专利的保护范围,或是形成外围的专利封堵,或是形成全新的技术解决方案。

3) 精益求精,千锤百炼出发明点

发明点的提炼不是简单确认技术点是否"新",而是从专利运用、技术占位、市场控制、侵权诉讼举证等方面综合进行考量,涵盖了技术、市场和法律等多重因素。提炼的基本要求是直至用于描述主要发明点的技术特征是且仅是关于该发明的最基本的必要技术特征。

在根据发明构思提炼发明点时,一般需要考虑以下要点。

(1) 发明点首先是未公开的新技术。根据检索查新结果,应当尽可能找出发明点真正区别于现有技术的创新所在,理清构成其基本技术方案的必要技术特征,明确足以构成严密保护的从属权利要求和外围专利。

(2) 发明点不仅仅是技术创新点,还需要具有一定创新高度,最好在技术上占据较为关键的位置。例如,解决了产业技术上的难题或产业发展上的共性技术,或对未来技术发展起到引领作用。总之,发明点最好能够占据相关产业技术的重要技术结点。

(3) 发明点的寻找和确定可以适当扩展范围。可以特定的技术创新点作为基点,根据保护目的沿着研发项目的技术线路适当扩展范围,结合多个技术创新点形成多个发明点或者发明点组合,实现由基于个别专利的点状保护到基于专利组合的面状保护的升华。

(4) 在寻找发明点的过程中,应当注意关注位于竞争对手薄弱技术环节、具有战略意义的可变为专利的发明点。必要时,甚至可以有意识地针对竞争对手的薄弱技术环节进行有针对性的技术研发,以扩展自己的竞争优势,为将来在商业竞争中占据主动地位提前布局。

(5) 在寻找发明点的过程中,还应注意拟申请专利的发明点在未来的商业化应用中应易于发现被使用并且易于举证,这将有利于未来实际的商业化应用中侵权证据的搜集和举证,以及预估相关技术的市场和经济价值等。

在做好发明点提炼的基础上,可以比较并注明各发明点的重要程度,以在后续的专利申请文件撰写及审查意见答复中对重要发明予以重点关注。

4. 专利提案的撰写和评审

技术交底书作为专利提案的基本形式,是专利创造过程中最为重要的输出成果,同时也是专利创造过程最终评审的主要对象。

技术交底书是专利创造工作形成的重要成果,是发明人将需要申请专利的发明创造,清楚、完整地呈现给专利代理机构或所在机构专利部门的文件。技术交底书记载了具体的发明创造内容,是专利部门评判发明创造是否合适进行专利申请的基础,也是撰写专利申请文件的基础。

梳理和撰写技术交底书,对于发明人按照专利工作的相关要求重新审视其技术创新成果十分重要。发明人的业务专长在于相关技术的研发,即便对申请专利十分熟悉,也很难准确把握好专利申请乃至专利布局这样一些专业性很强的工作的程度。因此,有必要根据撰写技术交底书的规范要求引导发明人对其发明创新进行系统化、结构化的梳理、归纳和提炼。

1) 技术交底书的撰写

根据所记载的技术方案在项目中的地位和作用,可以将技术交底书分为核心技术型、外围应用型、规避设计型和预研型4种类型。每种类型的技术交底书对机构的重要程度和侧重方向不同,各有侧重。

(1) 技术交底书撰写的基本要求。技术交底书的最低撰写要求包括 3 个方面:一是清楚地描述现有技术及其缺点;二是清楚地描述发明采用的技术方案;三是清楚地描述发明技术方案的有益效果。技术交底书在满足前述最低撰写要求的前提下,一般还需要进一步满足以下 3 个方面的撰写要求。

① 全面提供相关实施例。在撰写技术交底书时,需要进一步提供能实现发明目的的多个不同的、变通的、替代的实施例。这些实施例的提供,一是有助于专利工程师对相关技术特征进行归纳提炼,形成尽可能上位的技术特征,从而获取更大范围的专利保护;二是有助于对发明技术方案的外围技术改进点、外围技术应用进行全面保护,形成核心与外围相互配合、层级严整、保护严密的专利保护体系。

② 提供产生有益效果的原因。在技术交底书中,对采用的技术方案要分析产生有益效果的原因。这一分析有助于专利工程师准确发现实质性发明点,进而围绕核心发明点设计专利保护的具体方案。

③ 提供附图并详细描述附图。附图是专利申请文件的重要组成部分,同时也有助于专利工程师快速、准确地理解发明的技术方案。因此,需要在撰写技术交底书时提供相关附图并结合技术方案对附图进行详细描述。

(2) 核心技术型技术交底书撰写要点。核心技术型技术交底书记载的技术是整个研发项目中产生的最具有价值的技术,其往往是投入众多人力和财力进行重点研发的重要结晶,此类技术带给机构的回报也相当可观。在实际处理过程中,从技术研发部门提出专利提案到专利部门进行相关处理,都要采取严格的保密措施。在撰写技术交底书阶段,专利部门应尽可能为此类技术研发项目配备经验丰富、专业能力较强的资深专利工程师,与研发部门的主要技术研发骨干就相关技术发明点进行多角度深入挖掘,针对拟申请专利的技术方案的技术特征逐个进行讨论,对技术特征的多种情况均需仔细探讨,力求对技术手段进行最大限度的概括,并尽可能包含多种实施方式,力争形成保护范围既大又稳固的权利要求组合。

(3) 外围应用型技术交底书撰写要点。外围应用型技术交底书主要应用于产品外围技术的发明创新,是围绕核心技术型技术交底书所记载技术方案的外围技术创新点进行的外围扩展和应用。在外围应用型技术交底书中,首先记载了将核心技术应用在当前项目中的技术方案;其次,还将核心技术方案广泛与其他项目结合,产生多种广泛的应用方案。这种技术交底书有助于形成以核心技术为主导,以实际应用为扩充的专利布局,可以为竞争对手进入相关技术领域设置多重屏障。在研究撰写外围应用型技术交底书时,专利工程师可与相关产品的直接研发人员就实际产品技术创新点及其可能的应用进行全面深入的探讨,并对技术交底书进行详细描述,力求能够全面描述技术方案及其可能的应用。

(4) 规避设计型技术交底书撰写要点。规避设计型技术交底书记载的对象主要是技术研发人员在项目研发过程中为了规避竞争对手的某些专利而产生的技术方案。通常,需规避的目标专利是专利部门根据研发部门的技术研发项目进行深入检索和筛选后发现的专利,对行业内类似项目的影响重大;研发部门规避设计产生的技术思路极有可能被同行业借鉴而开发出类似的技术,对此种类型的技术交底书,除了考虑所规避的专利技术外,还应当尽可能地扩大其多种变形实施方式。在实际撰写规避设计型技术交底书时,需要以所规避的专利作为参照,对区别技术特征做重点描述,其余部分可参阅规避的专利。

（5）预研型技术交底书的撰写要点。预研型技术交底书记载的内容是在应用型项目研发之前进行基础性技术开发而产生的技术创新成果。其具有很好的技术前瞻性，但其可实施性较差。在撰写预研型技术交底书时，需要发挥一定的想象力，主要侧重于基本原理方面的技术内容，无须过多考虑具体实施的技术细节。只要在技术原理上可以实施，即可形成符合专利法要求的技术方案。

2）专利提案评审

为了做好专利创造成果的评审，应当建立专门的专利评审组织，例如专利评审委员会，对专利创造所产生的专利提案成果进行评审。评审组织成员应当至少包括专利工程师、技术专家及专利部门负责人。其中，技术专家应当由机构各个技术部门选派资深技术人员组成，在技术专家的人选和人数方面，应当综合考虑在各技术领域的分布和配置。

（1）专利提案评审流程以及相关人员的职责。应当建立专利提案的内部评审流程，明确评审组织各成员在流程中的活动及相应的职责，并且将该流程及职责通过信息化系统实现。图 6-2 给出了一个专利提案评审的示例。

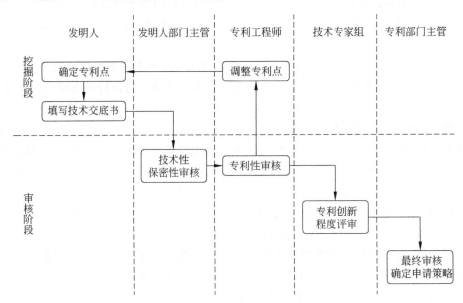

图 6-2　专利创造评审流程示例图

与专利评审相关人员的主要职责分别如下。

① 作为发明人的技术研发人员主要负责将专利创造的技术创新点转化成技术交底书，并作为专利提案提交评审。

② 技术研发部门主管应当对技术方案的技术性、保密性需求进行审核确认。

③ 专利工程师主要从以下方面对专利提案提出初审意见：是否符合《专利法》对于专利三性的要求，但不应过分强调；技术方案是否披露清楚、完整、可实施；是否违背专利法其他规定；申请专利后，发现侵权以及取证的难度如何。

④ 技术专家主要从以下方面对专利提案提出评审意见：是否属于目前就已经普遍使用的现有的技术；技术方案理论上是否可行，是否存在无法逾越的技术障碍；技术方案

是否能够解决所提出的技术问题,取得相应的技术效果;该技术对于产品实现的重要性,以及在行业或产业链中的作用;该技术是否需要保密,防止专利公开后技术被他人剽窃和利用。

⑤ 专利部门主管需要在综合专利工程师初审意见、技术专家评审意见的基础上做出评审结论,例如专利申请类型和方式、申请策略等。

需注意的是,发明构思是否申请最好由技术研发部门主要决定,专利部门则主要决定专利申请的类型、方式和策略。

(2)专利提案评审结果走向。在经过专利创造的评审之后,相关专利提案的可能走向有如下几种情况。

① 某技术处于领先地位,同时该技术或是在一定时期内可以确定不会被竞争对手突破,或是不会因为产品的公开而被模仿,在这种情况下,对于该技术可以考虑作为商业保密进行保护。

② 某技术尚未被竞争对手开发成功,但是相关产品一旦公开面市,该技术容易通过反向工程进行拆解分析后被模仿,在这种情况下,对于该技术就需要通过申请专利进行保护。同时,还应当根据产品上市的时间安排及竞争对手的大致研发进度来确定申请专利的时间和公开的时间。

③ 某技术已经被确认有多个竞争对手在竞相组织技术研发,因此,该技术需要尽快进入专利申请阶段,及时占领先机,以防止他人申请后陷入被动。

④ 相关技术价值不高,不必要申请专利,可以考虑予以主动公开。

对于需要申请专利的专利提案,需要对相关专利提案按照技术重要性及商业重要性的高低进行排序,以确保重要的专利提案在后续的科研机构或企业的内部专利申请流程中得到相应的关注和重视,如表6-3所示。

6.1.2 专利创造挖掘规划与管理

专利工作,尤其是专利创造挖掘工作效率的高低,常常取决于相关领导的重视程度以及相关的规划与管理工作。

1. 专利创造规划

专利创造作为专利工作最为基础、最为常规化、最需要部门间协作配合的一项基本业务,针对其制定工作规划尤其必要。从形式上看,这种规划可以有两种基本形式,或为专利工作整体规划的组成部分之一,或为专项制定的专门规划;从内容上看,应当根据所处的专利工作发展阶段,结合行业特点、技术特点、整体战略,制定相应的专利创造工作规划,促使专利创造工作在与技术研发战略、市场运营战略等整体战略协同一致的前提下有策略、有计划地部署和开展。通常情况下,专利工作的发展阶段不同,其专利创造的特点和重点均有所不同,如图6-3所示。

1)专利创造规划的制定依据

科研机构中,专利创造工作是业务构成体系的有机组成;同样,专利创造规划也是自身规划体系的有机组成。这一定位决定了在专利创造规划制定的必须基于自身整体战略规划而不能与之相悖,必须符合自身业务体系及流程架构而非各行其是。当专利工作尚处于起步

表 6-3 专利提案梯队排序表示例

分类	序号	专利点	内容	重要性	新颖性	申请失败风险	授权可能性	申请必要性	申请形式	与标准的结合度
第一梯队专利提案							50%	必须申请	新申请	与标准相关，超出标准范围之外，即使没有标准授权的话，该专利者授权也会产生很大的控制效果
							50%	必须申请	考虑在某时点提交的方法专利上提优先权进行修改	与标准相关，超出标准范围之外，即使没有标准授权的话，该专利者授权也会产生很大的控制效果
第二梯队专利提案							10%	优先申请	提交新方案	与标准结合度将最紧密
							70%	优先申请	提交新方案	与标准结合度低
							70%	优先申请	提交新方案	与标准结合度低
							90%	优先申请	考虑在某时点提交的装置专利上提优先权进行分拆	与标准结合度低
							90%	优先申请	提交新方案	与标准结合度低
第三梯队专利提案							90%	优先申请	考虑在某时点提交的装置专利上提优先权进行分拆	与标准结合度低
							90%	建议后期再考虑申请	提交新方案	与标准结合度极低

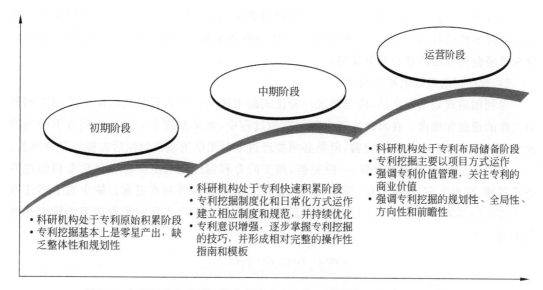

图 6-3　专利创造在科研机构专利战略和业务不同发展阶段的特征和侧重点

阶段时,必须充分考虑专利创造等业务的新生性、从属性,紧密结合专利工作开展的实际情况,实事求是地谋划和制定具体规划。

具体而言,立足自身整体战略,制定专利创造规划时,应当以技术研究开发战略规划、市场开发计划作为基本依据,结合所在行业的技术发展趋势和热点等因素,进行综合考虑后进行制定。在此过程中,应注重专利创造规划与相关战略规划、行业技术发展趋势的深度融合和协调一致,如图 6-4 所示。

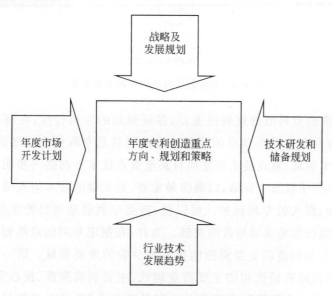

图 6-4　制定专利创造年度规划的考虑依据图

在制定专利创造规划时,还需要紧扣上述几个方面体现和增强规划的针对性、指导性。例如,在进行技术研发战略规划时,关于未来前沿技术的布局和储备是规划的重要内容。要谋求未来长远的竞争优势,在制定专利创造规划时,就必须立足长远,在确保培育积累前沿技术的同时,提前周密部署专利,为技术创新成果提供严整、绵密的专利保护,有效培育未来经营和发展的核心竞争优势。

2)专利创造规划的基本内容

专利创造规划制定之后,应当形成一份正式的书面文档作为规划期内组织开展专利创造工作的规范和指南。在具体推进专利创造的过程中,如果发现专利创造规划有不恰当的地方,可以进行修正、补充和完善,但是必须要经过专利团队的缜密讨论后方能调整和修改。

如图 6-5 所示,从内容上看,一份完整、翔实的专利创造规划至少应当包括专利创造的技术领域、重点方向、挖掘目标、策略、成员、责任人和里程碑等基本要素。缺少对上述任意一个要素的部署和安排,都有可能导致在后续的专利创造推进实施中出现诸多不确定的执行障碍。

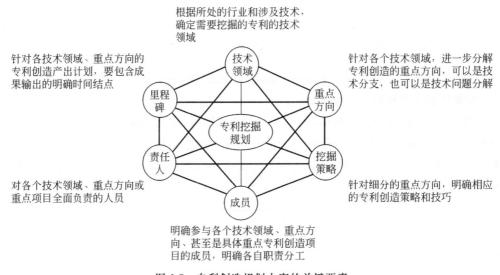

图 6-5　专利创造规划内容的关键要素

为了更好地突出专利创造规划的重点,保证规划的可执行性,在制定专利创造规划时,可以强化对专利创造重点项目的规划。重点项目是专利创造规划的重中之重,需要通过明确重点技术领域、重点技术研发项目甚至重点技术方向进一步明确专利创造的重点,并在资源投入上予以重点保障,以确保最重要、最关键的技术研发项目的技术创新成果得到充分、全面、深入的专利保护。可以说,重点专利创造项目的实施成败,往往是影响专利创造规划执行实施成功与否的关键。为此,在制定专利创造规划时,需要遵循"二八原则",以确保专利创造的主要资源能投入到少数的重要领域。第一,"少数的重要领域"主要是支撑和保障科研机构的主要商业模式、主要利润来源、核心竞争力的领域,即要对"现在和将来靠什么赚钱""产品靠什么保持竞争力"提供支持和保障;第二,要确保至少有较大比例的专利申请源自于对"少数的重要领域"的专利创造。这样,才能真正发挥专利作为市场竞争手段的作用,集中力量在重要技术创新上形成强有力甚至是压倒性的集群优势,以有效保持并不断增强的竞争力,从而体现专利部门在经营发展中不可或缺的独有价值和贡献。

此外,为加强专利创造规划对执行实施过程的引导和要求,有必要根据具体情况规划制定相关的专利创造指标。比如,发明构思指标和专利申请指标。这就需要根据其各个部门研发能力、承担项目的多少、不同的产品或技术各自的特点等情况,由上而下安排各技术研发部门或项目的发明构思指标和专利申请指标。通过将发明构思提炼和专利申请纳入各技术部门的工作范围和考核范围,可以为专利管理部门更好地组织专利创造打下较好的基础,在总体上规划专利产生的规模、不同技术领域专利的申请量,促使零散、自发、个案、滞后、被动的发明构思产出向有计划、有侧重、及时、主动的发明构思产出转变;同时,还可增强专利产出与技术研发项目进展之间联系的紧密性,使得技术研发方向更加可控,有利于进行有效的专利部署和风险规避。应该注意的是,要严格把控专利质量,防止任务专利和垃圾专利的产生。

2. 专利创造管理

在组织实施专利创造时,往往一开始计划做得很好,但到最后专利创造工作取得的效果却是一般,甚至可能没有能够为技术创新成果提供良好的专利保护,白白错失建立巩固专利竞争优势的良机。归结起来,这种状况的出现往往是由于在整个专利创造过程中缺乏有效的项目管理,整个专利创造项目团队处于松散、放任的状态所致。因此,为了保证专利创造的进度和质量,必须进行科学、有效的项目管理。主要做好以下 3 个方面的管理:一是对专利创造项目计划实施进度的跟进管理;二是对专利创造项目产出专利的组合管理;三是对专利创造过程中相关部门之间协作配合的沟通管理。

1) 专利创造项目的进度管理

为了保证专利创造的顺利进行,必须按时完成每个工作阶段的任务。具体负责专利创造项目的专利工程师,应当作为整个专利创造项目的统筹管理者担负起项目进度安排和检查敦促的责任。要在不同的阶段分别制定任务进度计划表,明确各阶段任务的人员、具体工作以及各团队成员的具体职责,确定具体进度日程和输出结点,建立每周、每月的进度定期汇报机制,保证有效推进专利创造。

表 6-4 提供了一张关于专利创造项目的进度跟进管理表。一般而言,专利创造项目的进度跟进管理表必须具备 3 个关键要素:专利创新点、时间点和责任人。其中,专利创新点应当是对各具体技术方案发明点的核心提示,以便在后续跟进管理中清晰明了管理重点;时间点既包括技术人员完成技术交底书的时间结点要求,也包括专利申请递交到国家知识产权局的时间结点要求,这是控制整个专利创造项目进度、确保专利创造计划落地执行的关键;责任人可以是技术人员,也可以是专利工程师,实践中应以具体负责经办专利申请的专利工程师为最佳人选。

表 6-4   专利创造项目的进度跟进管理表

序号	技术组成	技术要素	专利创新点方案概述	技术交底书预计完成时间	预计提交申请时间	责任人

序号	技术组成	技术要素	专利创新点方案概述	技术交底书预计 完成时间	预计提交 申请时间	责任人

在专利创造实施过程中,进度管理表应当每周更新并向项目团队成员通报。

2)专利创造产出专利的组合管理

专利创造管理的第二个重要方面是对专利创造过程中发掘出的专利进行专利组合层面的有效管理。为此,专利部门需要对专利创造成果进行初步的价值评估,将其作为后期专利资产管理和运用的基础。

表6-5是一张专利创造项目产出成果的专利组合管理表。该表是为了专利资产组合和评估管理的需要,将拥有的专利按照一定的标准划分成若干专利组合来加以管理的。相应地,为了提高专利组合管理效率,应当建立与之相对应的数据库,并在专利管理信息化系统中设计配置相应的功能。该管理表必须具备3个关键要素:价值层级、价值依据、法律状态。在专利创造项目完成后,这个管理表应当每年或每3年进行更新,并且其评估流程和标准应当明确而固定。

表6-5 专利创造项目专利组合管理表

序号	专利名称	专利申请号	申请日	价值层级	价值依据	法律状态

表6-5中,价值层级就是依据技术、市场、法律等方面因素综合权衡专利价值高低而区分的不同层级类别。例如基本专利、核心专利、重要专利、普通专利等。一般地,在技术上占据制高点和关键点,在市场上具备广泛的应用前景,在法律上能够及时方便地举证,具备这些特征的专利的价值层级最高。当然,在大部分情况下,一件专利难以同时具备以上特征,在具体评估权衡时可根据实际情况灵活掌握。

价值依据是价值层级划分和评估的依据和理由。无论是何种层级分类都必须有明确的标准和理由,并经过科研机构专利管理团队讨论、确定后将之标准化,之后不能随意增删或修改,若要增删或修改也应当严格遵循程序。

法律状态也就是专利权利有效性所处的状态,主要包括申请、公开、实审、授权、视为撤回、视为放弃、失效等。专利处于何种法律状态与其所在的具体国家密切相关。对于法律状态的管理是对于特定技术研发项目直接相关专利资产的有效维护和管理。技术研发项目涉及专利的整体法律状态，很大程度上影响了整个项目专利资产的价值高低。

3）专利创造协作配合的沟通管理

专利创造不仅涉及内部的专利工程师、技术人员，还有外部的专利代理人的参与，每一类参与角色都可能是多个人员，整个项目涉及的人员少则五六人，多则数十人，甚至近百人，需要相关部门之间以及专利部门与外部专利代理机构之间就有关协作事宜进行密切配合。为此，对于专利创造工作跨部门事宜的协作管理，需要对协作工作模式和流程设计给予重视，通过建立健全、顺畅、有效的协作沟通机制和平台，在各部门、各成员之间搭建起有效沟通的桥梁，才能保证整个项目有条不紊地推进。

图 6-6 给出了专利创造项目中各部门、各成员之间沟通模式的实例。为了减少因项目成员众多而导致的沟通上的混乱，可以在技术人员、专利代理人中各确定一名接口人，作为专利创造项目进展控制和具体专利案件管理的统一接口；但是，具体涉及技术的每个案件细节的沟通，仍然可以由技术人员与专利代理人直接完成，也可以经由专利工程师转达。在专利创造主要由内部专利工程师与技术研发人员协作进行的情况下，图 6-6 所示的对接结构可以简化为在技术研发人员和专利工程师中各确定一名接口人的形式，由其作为控制专利创造项目进展和管理具体专利案件的统一接口。

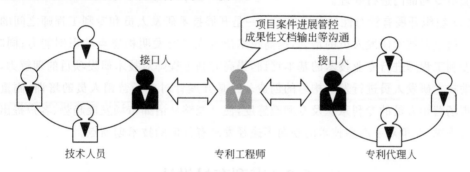

图 6-6　专利创造项目团队沟通模式实例

需要特别说明的是，无论采取哪一种沟通对接模式，每一个案件的文档成果输出，都必须经由专利工程师进行审核，以便控制质量。

3. 培育专利创造文化

同样的专利管理制度机制，在不同的地方取得的收效可能迥然各异。导致出现这种巨大差异的重要原因之一，就在于企业文化中是否融入了专利的元素，并进而在企业文化中生发出枝繁叶茂的专利文化。

就专利工作处于起步阶段的中国科研机构而言，培育专利文化，首要在于培育专利创造文化。这是因为专利创造工作基本涉及了可能与专利工作相关的主要业务部门，专利创造意识的增强有助于相关部门更容易理解和认同其他的专利工作；同时，专利创造工作处于专利工作的前端，产出的成果是后续程序的基础原材料，其质量在很大程度上决定了后端专利工作可能取得的成效的高低。

然而，如何将专利创造文化深刻融入企业文化的血液？如何鼓励员工尤其是技术研发部门员工的广泛参与？如何建立这种激励的机制或平台？如何及时有效地收集非来源于研发项目的、高价值的专利创意？破解这一难题行之有效的方法是建立一套合理可行的系统机制，并以其为依托在活动组织、宣传、培训、创意收集、激励政策等方面扎实推进。根据实践经验，可以采取以下措施。

（1）举行类似于"专利周"或"专利月"的活动。通过漫画、板报、讲座、趣味抢答、优秀专利和优秀发明人展示等多种方式，利用一周或一月的时间，对全体员工集中进行高强度的专利意识灌输，培育强化科研机构专利文化氛围。

（2）每年面向全体人员举办年度"创意大赛"。例如，"手机创意大赛""金点子创意大赛"等，诱发全体员工进行脑力激荡，产生优秀的专利创意。

（3）制定系统的专利奖励制度，并加大宣传力度。例如，根据专利政策导向设置包括专利申请奖、专利授权奖、专利效益奖、核心专利奖、优秀发明人奖、优秀发明部门、优秀专利布局奖等奖项，从各个方面激发员工的创新激情和参与、配合专利工作的热情，促进专利工作的全面提升。

（4）建立专利创意收集系统，实现流程机制的信息化，有机融入信息化办公系统中，使员工可以轻松找到入口并方便快捷地使用，这样一旦有了好的专利创意，就可以随时上线填写提交给专利部门进行处理。

（5）组织开展有针对性的系统培训。一是开展技术研发人员和专利工程师之间的双向培训。通过对技术研发人员的培训，提高技术研发人员对发明构思点的识别能力；同时，通过对专利工程师进行专业技术的基本培训，提高专利工程师对技术研发项目的理解力，便于其协助技术研发人员进行发明构思的创造。二是开展针对市场营销人员的培训，侧重培育提升市场营销人员的专利意识及专利敏感度，使其能够从诸如市场发展趋势、客户提出的或潜在的需求、竞争对手产品技术的动向等途径发现有价值的技术创新点。

6.2 专利布局设计

专利布局是一种有规划、有策略的专利创造和部署行为。通过实施专利布局，可以有效地克服专利申请的盲目性和零散性，由被动地"为专利而申请专利"转变成"为发展需求有目标、有规划地申请专利"，并因此而提升专利申请的资源利用效率以及专利群的整体价值，为技术研发规划的顺利实施提供有效的专利支撑。

6.2.1 专利布局分析和布局实施的基本问题及主要影响因素

从竞争的视角看，专利布局的目标在于依托专利储备的建立和强化，增强在特定领域的专利控制力，培育、维护和提升专利技术竞争优势。

1. 专利布局分析和布局实施的基本问题

为了培育专利技术竞争优势，无论是进行专利布局分析，还是实施专利布局，都需要从有利于参与特定领域的专利技术竞争出发，全面考量分析、谋划专利布局必须解决的几个基本问题：布什么？布何处？何时布？针对谁布？布多少？

1）布局内容——布什么

在技术研发项目中,往往涉及多个领域、多个路线、多个细分技术、多个技术结点、多个技术方案等,内容繁多,因此需要通过分析梳理,理清需要产业技术竞争的焦点及未来的发展趋势和方向,明确技术研发项目创新成果最具布局价值的发明创新成果所在,明晰需要专利布局加以重点保护的主要技术方向和技术重点,进而确定专利布局的主要投入方向和重点。

2）布局地点——何处布

由于专利权的地域属性,一国专利主管机关授予的专利权只在该国境内发挥法律效力。在当前知识经济全球化的大背景下,创新主体的研发创新成果往往不仅仅需要在本国获得专利保护,还需要在国外获得专利保护,甚至是多个国家的专利保护。考虑到海外专利申请费用高昂的因素,所以需要选取最必要的若干国家申请布局专利以获取专利保护。为此,在分析实施专利布局时,必须根据对市场发展前景和自身发展策略的综合研判,梳理确定需要布局专利的具体国家。

3）布局时机——何时布

一方面,在产品技术研发项目推进过程中,专利布局时机需要根据产品技术推出的统一部署来进行整体安排,同时,在技术研发项目的不同推进阶段所取得的技术创新成果的成熟程度客观上也存在较大区别;另一方面,在技术发展的不同阶段,需要布局专利的对象和重点均有所不同。技术萌芽期,主要针对底层技术、基础技术进行专利布局;技术发展期,主要针对实现有关功能的应用技术进行专利布局;技术成熟期,主要针对相关技术的改进完善和标准化进行专利布局;技术衰退期,则主要针对克服技术制约瓶颈的突破性技术或下一代技术进行专利布局。因此,需要根据发明创造成果所处的不同技术发展阶段、产品技术推出的战略部署等,综合考虑确定专利申请布局的恰当时机。

4）布局定位——针对谁

专利布局本身是一个产业技术竞争范畴的问题,需要时时处处体现竞争的理念。参与和应对产业技术竞争,一个不可回避的问题就是要知道自己的竞争对手是谁? 谁对自己的威胁或影响最大? 因此,在分析和实施专利布局时,需要着力分析理清专利布局所要考虑的竞争参与者,了解和把握竞争对手在主攻方向上专利布局的状况和特点,并针对竞争对手设计专利布局的策略。即便自己是技术研发最前沿的领军者,暂时未见有威胁的竞争对手,也需要从扎牢营寨、布好防线出发,围绕自身技术创新成果设计安排好防御性的专利布局,有效防范和遏制后起的潜在竞争对手可能发起的专利无效、专利规避、专利交叉许可等可能的攻击。

5）布局力度和强度——布多少

在实施专利布局过程中,专利布局的力度和强度是一个需要引起足够重视的问题,能够用于专利申请布局的资金总是相对有限的,因此需要在可能布局的领域、地域、方向上要分析确定布局的力度和强度。其中,所谓布局力度,是指专利布局投入资源的大小;所谓布局强度,是指特定的单位时间内专利布局投入资源的大小。一般而言,专利布局力度与特定技术研发项目、特定技术、特定技术路线、特定技术结点的重要性紧密相关,越是技术重要、产品市场份额影响大、产业前景广阔的技术，所需的专利布局力度就越大；专利布局强度与产业和市场的突发事件或关键发展结点紧密相关，例如，特定国家制定出台重要的产业政策、特定产业启动制定产业技术标准、特定产品的用户需求趋于爆发、新产品技术的推出等，均需要在短时间内迅速建立或强化专利组合布局。

2. 影响专利布局分析、实施方向及重点的主要因素

无论是在专利布局分析过程中，还是在专利布局具体实施过程中，下列因素可能会对专利布局分析及布局实施的方向和重点产生影响，需要加以关注。

1）自身的发展规划

专利布局首先应该以自身的技术发展规划为基础，根据未来的发展定位进行专利规划，为技术、产品和市场的发展战略提供必要的专利支撑。在开始进行技术规划和市场规划的同时，就要开始着手进行专利布局分析和规划，在产品开始研发前就要开始准备专利部署。通过专利布局规划，可以使项目研发分阶段、有计划地开展，确保在重点对象上的专利产出数量和质量，所获得的将不再是若干件离散的专利，而是围绕于特定的技术、产品，由具备一定内在联系，能够互相补充、有机结合，整体发挥作用的多个专利集合形成的专利组合。通过这种组合形态，可以有效地增强对优势技术点的保护效力，以及与竞争对手的专利对抗能力，使未来热点领域的专利保护范围更具威慑力。

2）自身的产品市场占有情况

随着产品市场占有率的扩张，技术模仿者会大量出现，同时由于影响到竞争者的利益，专利纠纷出现的概率也会随之增加。如果知识产权积累的规划没有跟上，可能会对自身的发展产生不利影响。因此，随着市场占有率的提升，有必要增加专利申请的数量、提高专利的技术覆盖范围、完善保护性专利布局。

3）未来的专利定位

如果对于专利运用的定位仅仅是防御，保护自己的产品更好地进行市场拓展，那么专利的积累只要和产品紧紧结合即可，不需要太多的前瞻性申请和储备性申请；如果对于专利运用的未来定位是实现专利许可、授权甚至作为诉讼的标的，则需要注重挖掘和部署一定数量具备行业控制力的专利。

4）研发投入的重点

在重点项目上往往会投入较大的研发资源。这些项目的成功与否甚至关乎未来的生存。对于这些重点项目，应在专利布局上加以侧重，保证专利申请的数量和质量，优化专利组合的结构，形成有效的专利保护和专利对抗能力。

5）市场扩张情况

需要根据未来几年市场的扩张情况来确定专利的积累量以及部署地域。例如，当需要增加产品种类或准备进入某个地域时，相关的专利布局也需要及时跟上，保证满足基本的保护效果；当产品种类和扩张地域相对比较固定时，专利积累的数量规模也应趋于稳定，要更加关注结构的优化和调整，以免消耗不必要的科研成本。

6）自身的技术积累和技术优势

市场竞争日益激烈，一家科研机构或企业已经很难在某个行业或领域从技术上完全超越其他竞争者,占据绝对优势。产品或技术上的竞争优势,往往是通过产品或技术上的一项或几项差异化的特性或功能来体现的。反映在专利上,也是如此。为此,专利布局也需要紧紧围绕这些差异化的技术竞争优势来展开,通过点上的突破和布局推动整体专利竞争优势的提升。唯有紧扣自身技术特色,挖掘具备差异化竞争优势的技术方案,围绕这些方案进行专利布局,巩固和强化在这些优势点上的控制力,才有可能使自身的专利武器更具威胁性和攻击力,进而在细分市场中获得持久而强大的竞争力。

7) 行业的专利分布现状和变化情况

行业内专利的分布现状在一定程度上反映了该领域所受到的关注度和风险分布状况,而从其变化情况则可以了解到行业的发展动向。应根据行业总体情况调整自身的专利申请量、增长率以及专利部署的结构分布,以维持自身的专利竞争地位。例如,当某个技术领域的专利申请量增长很快的时候,在该领域的专利储备量也应适当向上调整增长速度;当行业整体的专利申请量和增长率下降时,就需要考虑出现该情况的原因并重新审视自己的专利布局规划。

8) 技术发展趋势和技术发展阶段

技术演进趋势、行业发展动态等外部因素也应当被关注。根据这些因素对未来的市场竞争环境的影响做出预判,确立未来的技术热点、市场增长点和面临的风险威胁点,从牢牢占据技术控制优势和有效管控专利风险的角度双管齐下,确定专利布局的方向和重点、专利组合的具体形态,并以此指导专利申请文件的撰写工作,甚至为研发项目的规划指引方向。

在不同的技术发展阶段,专利竞争态势和未来的市场预期不同,相应的专利布局重点也会有所差异。例如,在技术发展萌芽期,科研机构专利布局的重点在于及早对一些基础性技术和共性技术进行专利申请,完成专利圈地;在技术成长期,科研机构专利布局的重点在于在实现有关功能的应用技术以及在重要的技术应用方向上取得优势地位;在技术成熟期,科研机构专利布局的重点是根据市场状况对专利的数量、结构分布进行调整,并对可能的替代性技术和产品进行专利储备。

9) 竞争对手的情况

专利布局的目的之一就是为了与竞争者在专利上达成一种势均力敌或者保持优势的状态。为此,需要参考其主要竞争对手的专利储备现状、变化情况,以及其产品和市场扩张情况,制定自身的专利布局方案,确保在专利对抗时具备足够的筹码。

6.2.2　地域布局分析

专利地域布局分析主要是基于专利的地域性特征,根据所参与产业的技术全球竞争需要,在世界范围内分析确定需要进行专利保护的主要区域和具体国家,统筹部署专利申请和布局,从而确保在相关地域中处于有利的竞争地位。

1. 专利地域布局的分析维度

总体上,在分析与选择专利申请布局的地域时,可以从市场竞争情报和专利竞争情报两个方面综合考虑和确定。

1) 市场竞争情报分析

从市场竞争情报视角分析研究专利申请布局的备选地域时,可以从所关注的目标市场和竞争对手关注的市场两个方面来判定。

（1）自身关注的目标市场。科研机构虽然一般不参与产品市场运营活动中，但是，对于具有良好发展前景的海外市场，仍然有必要进行关注并前瞻布局专利，为今后在这些海外市场的专利技术许可授权、转让交易、合作运营建立必要的专利堡垒和根据地。

此类值得关注的市场目的国分为以下几类：

① 针对特定产业发展制定出台鼓励性产业政策的国家；

② 制定出台环保限制政策、可能影响或带动特定产业发展的国家；

③ 特定类型产品市场容量不断扩大、需求不断膨胀的国家；

④ 特定产业初具基础、产业链大致成型、进入良性循环的国家；

⑤ 关联产业和关联产品快速发展、可能产业辐射效应并带动科研机构所处行业领域进入成长发展轨道的国家；

⑥ 针对特定产品的潜在用户需求趋于爆发临界点的国家；

⑦ 正在洽谈产业技术合作或者已有合作项目落地的国家等。

（2）竞争对手关注的目标市场。一方面，无论是竞争对手的现有市场还是其潜在市场地域，都有可能会成为未来开展技术合作和运营的目标地域，所以需要通过专利布局来增强未来对抗竞争对手的专利竞争力。另一方面，为了在全球范围内与竞争对手的产品市场扩张及专利攻击相抗衡，也有必要在竞争对手的市场上围绕竞争者的产品部署对抗性专利，实施遏制性的专利布局。同时，需要特别关注竞争对手现有的重点市场和潜在的重点市场，在这些市场上进行专利布局，将极大地发挥专利布局的遏制效果和对抗作用。

此类值得关注的市场目的国分为以下几类：

① 竞争对手产品的主要生产国；

② 竞争对手产品的主要销售国；

③ 竞争对手正在洽谈产业技术项目或已有产业技术项目落地的国家；

④ 竞争对手专利技术许可授权等运营运用的主要国家；

⑤ 竞争对手未来发展战略和规划关注的主要国家。

2）专利竞争情报分析

在依托专利分析手段分析和确定专利布局备选地域时，应主要关注全球范围内特定领域专利申请存量和增量的整体布局和变化趋势，以及龙头企业和主要研发机构专利申请的分布及变化态势。

（1）分析全球专利申请分布格局和变化态势。在全球范围内全面检索特定领域的专利申请，按国家分析该领域专利申请量的国别分布，以找出该领域专利申请存量规模较大的国家、存量较小的国家。通过与该领域产业的国家分布情况相对照，从专利存量规模与产业规模的匹配程度，发现其中可能存在机会的国家。

同时，还要对各个国家在该领域专利申请的增量及增长率情况进行分析，以发现其中专利申请量快速增长或者处于上升通道以及出现下降趋势或处于下降通道的国家。根据对各个国家在该领域专利申请增长或下降的情况，对需要进行专利布局或加大布局力度的国家进行研判。

（2）分析主要申请人专利申请分布变化态势。在对该领域主要专利申请人专利申请分布变化态势进行分析时，一是要着重分析发现各个主要专利申请人专利申请的主要目的国；二是要关注专利申请增量和增长率变化明显的主要申请人，分析找出这些专利申请人专利申请增长聚焦的主要国家；三是分析主要专利申请人在各主要国家专利申请布局的技术方向和技术重点。

（3）分析主要国家专利申请布局竞争态势。在对主要国家专利申请布局竞争态势进行分析时，一是分析在该国主要进行专利布局的主要申请人，以掌握该国该领域的竞争者构成格局；二是分析该国该领域专利申请分布的主要技术，以及专利申请增长较快的新兴技术，以掌握该国该领域专利竞争可能聚焦的具体技术领域和技术方向。

2. 专利地域布局的分析和设计步骤

一般而言，专利地域布局分析和设计至少包括 3 个基本步骤：一是分析市场发展状况，确定布局的具体地域；二是分析专利技术发展状况，确定需要布局专利的具体技术及技术重点；三是分析市场发展的关键时间结点，确定专利布局时机，如图 6-7 所示。

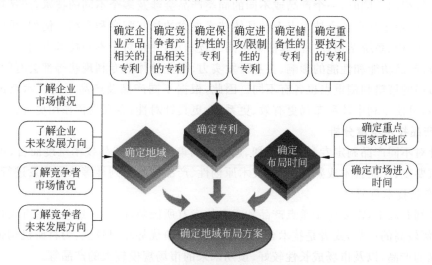

图 6-7　专利地域布局分析步骤

1）分析市场发展状况

要了解自身和竞争对手的市场情况及未来发展方向等信息，并在此基础上确定科研机构需要在哪些地域布局专利。例如，对于自身的市场情况和未来发展方向，需要了解自己的主要市场分布国家、不同产品在不同国家的分布情况、自己未来的市场区域规划、将要进入哪些国家和地区等信息。

2）分析专利技术发展状况

在不同地域，根据需要保护的技术、现有的专利储备情况、可能受到的专利威胁、竞争对手相应的专利布局等，确定在特定地域需要申请什么专利、达到什么专利布局效果。例如，在不同的地域，应根据自身技术创新成果和竞争对手专利布局状况的不同进行相关的专利申请；而对于基础性、创新性很强的专利技术方案，则可以考虑在尽可能多的地域布局，进行专利圈地，抢占技术控制地位。

3）分析专利布局时机

依据市场重要度的大小、未来进入的时间顺序、竞争对手产品的投放时间等因素确定专利布局的时间。例如,在主要市场国优先重点进行专利申请布局,然后再随着市场的拓展计划将专利触角扩展到其他未来要进入的国家和地区;而对于较为重要的专利技术,也可考虑同时在各个国家同期进行申请,完成专利布局。

考虑到进行海外申请、形成专利布局所需的时间较长、成本较高,科研机构应及早制定规划,以便配合海外市场的开拓进展及时完成专利部署,并每年甄选一定比例的优秀专利方案进行海外申请,有步骤地完成海外专利布局工作。

在一些国家出台与自身的产品相关的产业发展规划和扶持政策时,可以启动应急布局方案,在短时间内在该国进行大量的专利申请,建立专利优势地位。

6.2.3 产品技术布局分析

不同的产品,所占市场规模、竞争情况、销售区域等因素都有很大的差异,其未来发展的方向也不尽相同。同时,一个产品或不同的同类产品会涉及多个不同的技术,产品功能和特性的实现,依赖于其在各个技术点上的具体技术方案的相互配合和支持。例如,手机会涉及软件、硬件结构、系统结构、芯片、算法等不同的技术点,并且对于不同技术点而言,由于其技术属性、对产品功能和性能的影响、自身研发实力、行业整体的专利现状等都会有所差异,所以专利布局的策略和侧重点也各有不同。因此,根据不同产品及产品不同技术点选取不同布局策略,可使专利申请和布局更有效、更系统、更具针对性,专利发挥作用更大。

1. 产品技术维度分析

在针对不同产品制定专利布局规划、选择布局策略时,就产品技术维度而言,可以从产品技术重要度、产品技术成熟度、产品技术原创性、产品技术系列性等状况出发进行分析。

1）产品技术重要度

在专利布局上,需要对于重点产品和重点技术有所倾斜和侧重,这包括占有大量市场份额、销售额较高的产品,或者是技术含量相对较高、竞争优势相对较强、为科研机构带来较大利润贡献的产品,以及市场成长性较好、预期未来的市场规模较大的产品等。

对于重点产品和技术,需要保持较高的专利布局密度和适当的专利布局数量,以更加周密地对产品进行保护,并有效防御竞争对手的专利攻击;而对于普通产品和技术,根据实际竞争需要,在成本允许的情况下,专利布局力度和强度适中即可。

2）产品技术成熟度

不同的产品,其技术设计和市场应用的成熟性有所不同。可以根据产品技术的成熟度,选择最为经济合理的布局策略,以便在新产品新技术上抢占专利技术制高点、保障成熟产品的营销自由和既有优势、为未来产品和技术的进一步发展储备专利。

针对新产品新技术,应强调专利圈地为主,注重在其关键技术点上的专利部署,对相关的技术方案进行多角度的扩展申请;同时,在前瞻考虑专利封堵的情况下,对一些并未实际使用、技术效果或成本经济性稍差的备选技术方案也可考虑进行专利申请布局。

针对成熟的产品和技术,应以密织专利保护网、完善产品功能改进完善相关技术的专利保护性布局为主要原则,并注重部署对抗性专利。

针对预研产品和预研技术,可重点对相关基础性技术、共性支撑技术、实现主要功能形状的应用技术以及可能的技术应用方向进行储备性专利布局,为后期产品上市打下专利布局的坚实基础。

3)产品技术原创性

对于原创度较高的产品技术,需要在其各个原创设计点进行密集的专利部署,构建完整的专利保护圈,强化其保护性专利布局,通过强大的专利组合来保证其对同类设计的专利控制权,防止他人模仿和规避设计,增加跟随者的进入门槛和成本。

对于在他人产品技术基础上进行后续研发的改进性产品技术,可以着重于围绕他人的基础专利布局外围专利在其具备一定技术优势的改进点进行密集部署,形成一定的专利抗衡实力。

4)产品技术系列性

对于系列性的产品技术,需要重点针对该类产品技术中所包含的通用技术部署专利,并对其各种实现和应用方式、改进优化方案、替代方案等进行覆盖。而对于单一产品技术,则可以侧重于该产品技术与其他产品技术的差异点或优势点部署专利。

例如,在移动通信技术领域,技术发展历经了 2G、3G、4G 时代,并正在向 5G 时代发展演进,在移动通信技术代际演进更替过程中,既适用于现行移动通信标准又适用于下一代移动通信标准的底层共性技术,就属于需要重点布局部署专利的关键通用技术。基于对诸如移动通信技术等系列性技术的底层通用技术的专利布局,有助于专利申请人在该技术领域形成具有较强竞争力的专利控制力。

2. 专利维度分析

在针对特定产品制定专利布局规划、选择布局策略时,就专利维度而言,可以从产品技术体系的专利分布状况、产品相关技术的技术路线竞争格局、产品相关技术的专利申请人状况等角度进行分析。

1)分析产品技术体系的专利分布状况

为了全面、深入地分析产品的已有专利布局状况,首先需要对特定产品涉及的各项相关技术进行技术分解,从产品角度建立产品技术体系。在技术层次上,理清底层基础技术、共性支撑技术、应用技术、外围改进技术;在技术分支上,按照一定的技术逻辑理清同层次的细分技术分支构成。例如,构成计算机所需的存储系统、显示系统、通信系统、计算处理系统、电源系统等,又如特定化学药品相关的化合物、晶型、制剂、用途等技术分支。

按照前述技术分解形成的产品技术体系,全面检索分析目标国在各层次技术、各技术分支、各技术结点上的专利分布状况。在专利存量上,关注专利申请量主要聚集的重点技术层次、重点技术分支以及重点技术结点;在专利增量上,关注专利申请量增长变化趋势明显的相关技术所处技术层次、技术分支、技术结点。

专栏 6-1

案例:抗抑郁药帕罗西汀的技术体系可以细分为 5 个技术分支 3 个技术层级共 18 个子技术结点。按照该技术体系,可以清晰准确地理清关于抗抑郁药帕罗西汀的专利布局的基本状况;同时,还可以一目了然地把握各个企业或研究机构在帕罗西汀上的专利布局及其可能面临的专利技术竞争对手,如图 6-8 所示。

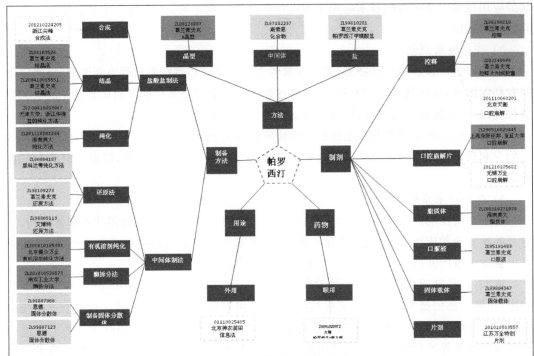

图 6-8　帕罗西汀的专利分布图

　　由图 6-8 显示信息可知,葛兰素史克是抗抑郁药帕罗西汀领域地位十分重要的研发者和专利控制者。在基础组分上,葛兰素史克掌握了关于帕罗西汀晶型和盐的重要专利;在制备方法上,掌握了关于帕罗西汀盐酸盐制法中结晶技术的重要专利,还掌握了中间体制法中关于还原法的重要专利;在制剂上,掌握了控释技术、口服液技术、固体载体技术的重要专利。

　　2) 分析产品相关技术的技术路线竞争格局
　　一般情况下,实现产品的特定相关功能往往有多种技术路线、多种技术解决方案,并不限于特定产品中直接应用到的技术路线、技术方案。因此,在对产品相关技术进行分析时,还需要对相关的、可以有效替代的各条技术路线、技术方案进行检索分析。
　　除已经在特定产品中实际应用的技术路线外,还需要分析涵盖产业主流技术路线和其他替代性技术路线。替代性技术既包括技术原理完全不同全新技术路线,也包括在材料替换、组分或比例更改、技术要素删减、位置关系或逻辑关系等更改等方面的技术替代。
　　对相关技术路线的专利分析,重点关注并分析各技术路线以及相关关键技术结点的专利分布和控制状况,明晰各条技术路线专利竞争格局、专利布局空间及潜在专利风险的大小。

专栏 6-2

　　案例:在有机硅单体制备技术上,存在多条技术发展路线,由不同企业在不同时期主导推动相关技术路线的技术发展,并掌控其主导技术路线上主导技术发展期间的重要专利,如图 6-9 所示。

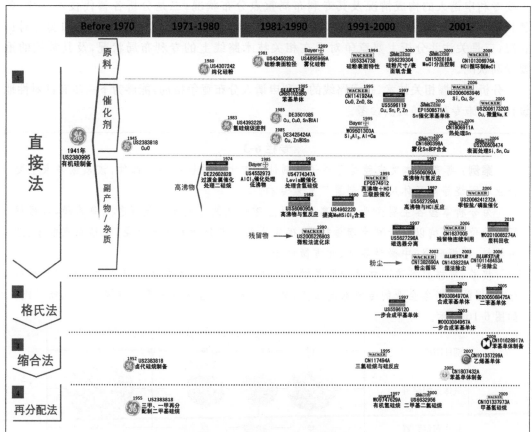

图 6-9　有机硅单体制备技术路线

　　其中,GE 公司早期引领直接法制备有机硅单体的核心技术,主要集中在制备原料和催化剂方面,在上述领域拥有优势显著的专利组合布局。

　　信越公司是直接法制备有机硅单体近年若干重要技术的发明者和拥有者,在原料和催化剂技术的新发展上,其专利组合布局十分重要。

　　瓦克公司全面开发直接法制备有机硅单体的相关技术,在制原料、催化剂以及去除副产物和杂质等方面,拥有较为重要的专利组合布局。

　　道康宁公司主要发展直接法制备有机硅单体过程中副产物和杂质去除的核心技术,并在格氏法制备有机硅单体的技术路线上具有垄断性优势,其在格氏法上拥有的核心专利组合很难回避和规避。

　　在缩合法和再分配法上,专利申请布局较为分散。

3) 分析产品相关技术的专利申请人状况

　　对于产品相关技术的主要专利申请人分析,主要理清相关技术的专利控制格局以及主要竞争对手的专利布局状况。分析过程中,需要将业内有影响的龙头企业和有实力的科研机构纳入分析范围,即便它们可能不是专利申请的主要大户。

为此,一是分析在各层次技术、各技术分支、各技术结点上的主要专利申请人,掌握主要专利申请人的构成情况及其专利布局重点分布状况;二是分析各替代技术路线、各替代技术解决方案上的专利申请人构成状况,掌握各技术路线专利竞争格局和实力对比状况;三是关注并分析主要竞争对手在相关技术路线上的专利布局状况,及其掌控的重要专利状况。

分析和掌握相关技术、技术路线的专利申请人分布竞争格局,能够为下一步有针对性地设计和实施专利布局提供参考。

专栏 6-3

案例:等离子体反应腔是等离子体刻蚀机中十分关键的核心部件,该领域多家主要企业均围绕等离子体反应腔部署了大量专利。

为分析掌握各主要企业在等离子体反应腔领域的专利布局状况和竞争格局,可根据行业地位和影响以及专利申请量规模,确定需要重点分析的主要对象,包括东京电子、应用材料、拉姆研究、中微半导体、北方微电子。

接着,可按照等离子体反应腔关键技术的分解方案对各企业所申请的专利进行标引分析,据此明晰各企业的专利布局重点、各细分技术上各企业专利布局实力的强弱对比,如图 6-10 所示。

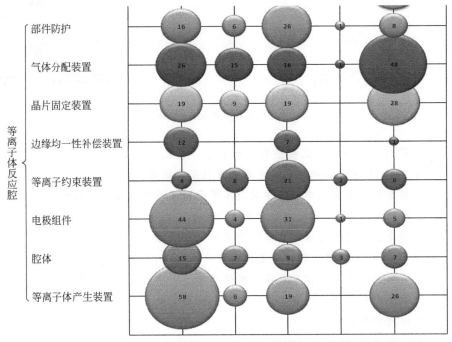

东京电子　应用材料　拉姆研究　中微半导体　北方微电子

图 6-10　主要企业在等离子体反应腔关键技术的专利布局

此外,还可以根据专利申请时间,对各企业专利申请量的增长、衰减等布局动态进行深入解析,进而准确把握各企业的专利布局策略及策略的变化。

4) 分析自身在产品相关技术上的现有专利布局状况

针对目前产品相关技术已经申请专利布局的状况,可以分析自身总体专利布局规模和水平在产品相关技术的所有专利申请人中处于何种水平;以及自身专利布局的重点所在。是否足以充分体现和维护自身的技术优势,与产业技术发展方向是否相吻合,与主要竞争对手相比谁优谁劣,是否存在专利风险;梳理哪些产品技术上近期取得或者即将取得发明创新成果,哪些创新成果与产业技术发展方向相吻合,哪些创新成果可能对主要竞争对手构成制约和影响。

6.2.4 专利布局时机

1. 专利申请布局时机的参考因素

当申请人决定将其发明创造提出专利申请后,就需要考虑何时提出申请最为有利。一般而言,由于包括中国在内的绝大多数国家的专利制度中都遵循"先申请原则",因此,及早提出专利申请通常对申请人来说是较为有利的,这样可以防止竞争对手抢先申请。然而,考虑到技术成熟度、保护期限、项目研发进展等方面的因素,并非是绝对地说专利申请提出得越早越好,一般至少需要考虑以下几个方面的因素。

1) 业界研发状况

考虑业界研究水平以及竞争对手的研发状况,特别是竞争对手研究相同领域、相同技术方向的可能性。如果自身的实验室研发实力在业界非常领先,而竞争对手目前还不具备条件研究出同样的技术成果,则不需要急于申请,待业界的竞争对手注意到此研究方向并准备研发时再申请专利,这样可以避免专利过早公开而导致竞争对手不需要研发投入就能洞察技术的发展趋势和细节,给竞争对手可乘之机。尤其是对于高新技术产品而言,首先考虑的不是申请专利,而是采取严格的内部保密措施,并实时关注和评估业界的发展状况,选择最佳时机进行申请。同时,由于专利的法定保护期限是从申请日起算,合适的延迟申请可以使得保护期限后移,对市场的控制期限更加久远。

当然,如果自身的技术创新成果属于业界正在研究的热点,同时有多个竞争对手正在进行开发,那么则应该抢先申请,尤其是行业水平相差不大,竞争对手实力较强时,更应该及早申请,避免被对手抢先申请。

2) 技术发育程度

考虑技术本身的成熟度,如果在技术创新成果尚未成熟时过早申请专利,可能会由于不具备授予专利权的条件而影响专利权的获得,或者由于方案不成熟而导致专利权的保护范围非常狭窄;将不够成熟的技术方案过早的暴露给竞争对手,极有可能使竞争对手在短时期内迅速投入研发并赶超自己,或者部署非常多的外围专利,使得自己的技术发展方向受到很大局限,自身权益受到很大影响。因此,为防止竞争对手以自己的专利为基础展开外围研究和专利部署,申请人一般应等到核心技术与周边研究大致成熟后再申请基础专利,力争最大的权利保护范围,使得基础专利与外围专利申请保持协调,最好是形成具有立体保护效果的"专利组合",在基础专利外围形成坚实的"技术壁垒"。例如,针对产品的发明创造,应该先期申请专利,然后针对制造工艺、改良等方面循序渐进地申请专利。

3) 研发项目进度

技术创新方案大多来自于项目研发过程中各个阶段的成果。因而,将专利布局的思想嵌入整个研发项目的流程并贯穿于研发项目的各个阶段,配合研发的进展进行专利部署,有助于科研机构或企业及时妥当进行专利布局,确保在各个技术点上高效、高质产出专利,并使专利布局策略和方向随着研发项目的推进不断修正完善,如图 6-11 所示。

研发流程	概念阶段	计划阶段	开发阶段	验证(上市)阶段
专利分析	1. 了解竞争对手的进展 2. 全面、深入了解该领域的现有的专利技术部署 3. 初步评估研发项目的专利风险		1. 逐步判断各个开发技术方案的专利风险 2. 回避设计	1. 评定产品的整体知识产权风险 2. 确定知识产权解决策略:许可(或交叉许可)、外购、重新设计等
	↓指导		↙修正	↓指导
专利布局	专利布局策划:进行技术组成分解,根据专利分析结果,确定专利布局策略、方向,制定计划,明确输出时间结点要求,落实责任人		专利布局执行:确定专利申请技术方案、输出技术交底书	专利布局总结、完善:对专利布局进行评审、总结,收集产品上市后用户的新业务新功能需求,发掘产品改进方案

图 6-11 专利布局嵌入研发项目(IPD)全流程各阶段示意

(1) 概念和计划阶段。在概念和计划阶段,主要是对该项目的技术组成进行分解,检索分析现有专利技术,全面、深入地掌握项目涉及的现有专利部署情况,据此初步评估专利侵权风险,研究确定专利布局策略和方向,区分专利密集区、空白区和核心区,以此确定专利申请的思路、策略和突破点,制定专利布局方案。

① 针对现有技术的密集区,布局策略和方向可以重点围绕以下工作进行:针对某一技术方案进行改进或细化;移用其他领域的某一技术方案,解决相应的技术问题;将其他领域或本领域某些技术方案进行有机组合,解决具体的技术问题。

② 针对现有技术的空白点,布局策略和方向可以重点围绕以下工作进行:采用全新的技术方案解决现有技术存在或将来可能存在的技术问题;移用其他领域的某一技术方案解决相应的技术问题;将其他领域或本领域某些技术方案进行有机组合解决具体的技术问题。现有技术的空白区包括以下几种:该产品或业务领域有多条技术发展路线,现有技术主要集中在某些路线,还有个别路线几乎没有涉及;一条技术发展路线在某些技术问题上有分支,其中某些分支几乎没有涉及;一条技术发展路线在某些技术问题上几乎没有涉及。专利布局时,一旦发现有空白区,应当集中资源尽量扩大在该区域内的专利保护力度,以取得专利压制权,确立专利优势地位,获得专利抗衡的能力。

③ 针对现有技术点的核心区,布局策略和方向可以重点围绕:采用全新的技术方案解决现有技术存在的技术问题;针对现有技术方案进行改进,哪怕是非常细微的改进,主要包括针对其缺陷或不足的改进;采用不同的技术手段达到同样的效果;流程或方法的进一步优化等;将该专利的技术方案具体细化或者变形;移用其他领域的某一技术方案或某些方案的组合,同样可解决某些技术问题。

(2) 开发阶段。在开发阶段,主要是实施概念和计划阶段制定的布局计划,针对具体技术实现方案——确定需要申请布局专利的技术发明创造方案。该阶段需要注意以下事项。

① 注重对不同技术实现方案进行对比分析,提炼出共性技术点,将其作为专利申请和布局的重点。

② 对研发过程中获得的突破性技术进展采取多角度、全方位的专利部署方式,周密申请布局专利,有效进行专利圈地。

③ 对研发过程中产生的备用技术方案进行遴选,对其中可能具备保护、对抗、储备效用的技术方案进行专利申请,纳入相应的专利组合。

④ 及时根据在研项目研发资源的分配、项目进展情况,判断各个技术点上的专利布局方案的可执行性,对布局策略和方向进行修订和调整。

⑤ 依据已经提出的具体的技术实现方案,进一步明确专利风险的对象,针对威胁较大的专利进行规避设计,围绕相关的专利权人部署必要的对抗性专利。

(3) 验证(上市)阶段。在验证(上市)阶段,重点开展以下方面的工作。

① 针对前期的专利布局成果进行查漏补缺,若此时某些方案做了较大修改,也可以考虑针对修改后的方案进行新的专利布局,以防"漏网之鱼"。

② 再次进行充分的检索,对行业内其他竞争对手进行情报收集,排查潜在的专利纠纷和诉讼等风险,完善其对抗性专利布局。

③ 在产品上市之后,收集用户反馈的新的业务需要和功能需求,以及产品出现的问题,发掘产品改进和升级方案,依托已有的技术优势,部署进一步的外围专利保护等,以维护在该领域的专利竞争优势。

2. 专利布局的时间规划

1) 短期专利布局规划

短期专利布局的主要任务在于为即将上市的产品提供专利保护,针对产品开发中的各项技术成果进行专利创造,在其优势技术点上进行重点部署,并完成既定的专利申请量指标;同时配合中长期发展规划,执行中长期专利布局的工作,关注下一代产品的专利部署、启动基本的专利保护点的铺设工作。

这期间,以在各个技术点迅速积累大量的专利申请为主。通过维持一定的专利申请量和储备量,初步建立自己的专利库,为商业扩展提供必要的知识产权支撑和保障,以避免出现大的专利风险空间。

此外,在保证数量的同时,不能放松对质量的要求。并有意识地注重不同保护主题和保护内容的专利搭配,为实现专利组合打下基础。

2) 中期专利布局规划

中期专利布局的主要任务主要在于结合中期产品规划和商业发展情况,以及竞争对手的专利申请状况,完成阶段性的布局目标,根据需求初步完成保护性专利布局、对抗性专利布局和储备性专利布局,形成一定数量规模的专利组合。

在该阶段,专利申请是一个量、质并重的过程,申请量通常将趋于稳定增长,该增长率基本和行业平均增长率保持一致,这个阶段的目的是不断完善和巩固已经成型的专利储备库,扩展在产品、技术、市场地域上的专利布局覆盖范围,进一步优化专利布局的结构分布、提升专利布局的产业控制力。

3) 长期专利布局规划

长期专利布局规划的主要任务是同长期商业发展战略、产品规划路线和专利定位相呼应,支撑未来的市场发展。一般而言,长期专利布局规划要更加关注其提升专利的整体价值,在这个阶段,专利储备已经达到一定的数量规模和结构分布,在部分领域具备一定的专利实力甚至优势地位,应该开始更加关注以下内容。

(1) 专利的运用价值的提升和专利成本的有效控制。

(2) 开展专利运营、获取附加收益。

(3) 依靠专利获取行业的控制力、积极推进自身专利与标准有效地结合。

(4) 在保持其专利优势地位和对抗能力的前提下,对专利组合进行结构优化,有意识地去除专利组合储备库中的冗余专利。

在这个阶段,可以考虑对于价值不高的专利予以放弃或者转让,并且基于自身的经济实力和专利实力的增长,可以采取更为多元化的方式来完善其专利布局,补充其专利组合中的专利构成,例如利用交叉许可、购买、与他人结成战略联盟等方式。

6.2.5 专利布局的基本样式——专利组合构建

1. 专利组合的基本结构形式

专利组合是专利布局的成果所表现出来的一种专利之间的组织结构形态。构建专利组合是指导专利布局规划的重要思想,而最终形成的专利组合是否能够达到预期的技术保护、专利防御、专利攻击等效果,更是检验专利布局成效的重要手段。

要使得专利布局最终形成能够有效发挥控制技术、保护产品、专利防御等作用的专利组合,就需要从专利组合一般所应具备的结构特征入手,结合所预期达到的效果,对专利布局过程进行规划和指引。

技术关联性是专利组合中不同专利间的联系纽带,而其预期的运用功效则是专利组合中各专利所共同遵循的中心要求。所针对的对象不同,不同的专利组合可以具备不同的技术关联结构以及不同的运用功效。正是基于技术关联结构和技术运用功效,二者共同决定了专利组合中专利的具体构成。

1) 按照技术关联结构划分

从技术关联结构上,专利组合可以分为集束型、降落伞状、星系状、链状和网状覆盖型 5 种基本类型。

(1) 集束型专利组合。集束型专利组合往往由某一技术方案主要发明点的核心专利以及各种替代技术方案的若干竞争性专利构成。这些专利之间的技术关联,在于通过不同原理、不同结构、不同材料、不同组分、不同位置关系或不同逻辑关系等可相互替代的不同技术方案,来解决同样的技术问题、实现同样的技术功能、达到相似的技术效果,如图 6-12。

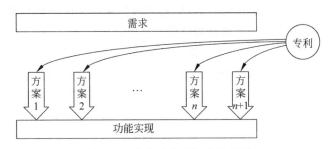

图 6-12 集束型专利组合示意图

当某一技术方案公开后,竞争对手很容易通过技术分析而设计出替代技术方案时。因此,为了防范竞争对手利用替代技术方案轻易地实现专利规避,需要围绕基本技术方案研究可能实现技术规避的替代技术方案并申请相关专利,由此构建集束型专利组合,设置专利屏障。在这种专利组合面前,竞争对手将很难找到有效实现专利规避的替代技术方案,受制于集束型专利组合的封堵。

例如,在大型冷却塔整体工艺中,冷却性能的改善是非常重要的一个技术点,可通过不同的技术手段和方式来达到冷却的目的。某公司利用 3 个专利通过 3 种途径改善冷却效果:专利 1:通过增加叶轮或风扇的方式来改善冷却性能;专利 2:通过射流器加大空气和水流的接触面积的方式来改善冷却性能;专利 3:通过填料池与集水池间设置遮挡物的方式来改善冷却性能。这 3 个专利所保护的技术方案虽然技术机理不同,但都能够有效实效同样的技术目的、取得相似的技术效果。因此,这 3 个专利即构成了一个小型的集束型专利组合,对 3 种可能的技术途径进行了有效的专利封锁。

专栏 6-4

　案例:数据中心制冷技术包括机柜级制冷技术、行级制冷技术、房间级制冷技术、模块化制冷技术等类型;相应地,数据中心制冷技术专利组合可以包括机柜级制冷技术专利、行级制冷技术专利、房间级制冷技术专利、模组级制冷技术专利。这些专利的集合便构成一个集束型专利组合,如图 6-13 所示。

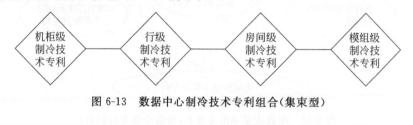

图 6-13　数据中心制冷技术专利组合(集束型)

---

(2)降落伞状专利组合。降落伞状专利组合往往以某一基本技术方案主要发明点的核心专利为中心,结合围绕该基本技术方案形成的各种技术改进优化方案的若干外围专利构成。这些专利之间的技术关联,在于基本技术方案和外围改进优化方案之间的系列性技术改进关系,主要体现为对基本技术方案所涉及的材料、结构、位置关系、逻辑关系、配方、组分等方面的技术改进,如图 6-14。

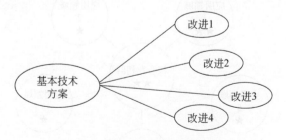

图 6-14　降落伞状专利组合示意图

很多时候,某一技术方案从最初提出到实际应用在产品的过程中,以及在产品的更新换代中,会产生一系列技术改进、优化方案。为了全面有效保护该技术方案及其后续改进完善技术方案,建立并持续保持在该技术结点的专利优势,构建形成技术跟随者难以规避的专利壁垒,科研机构或企业可以以基本技术方案的专利为核心,配合外围的技术改进专利,共同构建形成降落伞状专利组合。

专栏 6-5

案例:某公司研发得到一种电镀液的基本配方,后续研发发现可以通过添加某些添加剂获得改进的镀覆效果,进一步研发得到各类添加剂优选使用量和搭配组合。在此基础上,该公司申请了这种电镀液基本配方的专利与各种改进配方的专利。这些专利以电镀液基本配方专利为核心,配合外围的配方改进专利,共同构成了降落伞状专利组合,如图 6-15 所示。

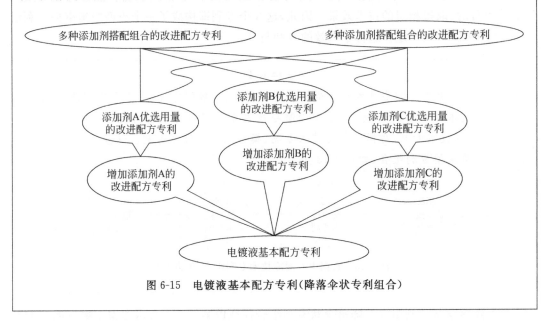

图 6-15 电镀液基本配方专利(降落伞状专利组合)

---

(3)星系状专利组合。星系状专利组合往往由某一技术方案主要发明点的核心专利以及将该发明技术方案应用在多个不同领域中时产生的延伸性专利构成。这些专利之间的技术关联,主要体现为围绕同一技术方案提供不同应用领域的技术扩展,如图 6-16。

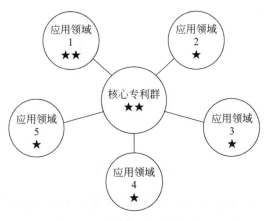

图 6-16 星系状专利组合示意图

案例：某公司在负离子产生及处理技术方面的技术研发获得了创新突破,并将处理技术核心部分申请了相应的基础性专利。经论证,该技术创新成果可被应用在许多工业和生活领域,因此,该公司在进一步研究开发的基础上,陆续在包括空气净化、除臭、垃圾处理、农业杀虫、水净化等多个应用领域均申请了大量专利。这些专利的集合便构成一个星系状专利组合,如图 6-17 所示。

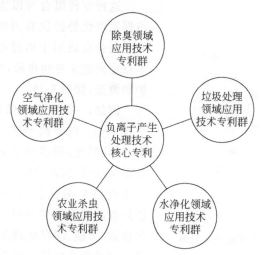

图 6-17 负离子产生处理及处理技术核心专利(星系状专利组合)

(4) 链状专利组合。链状专利组合往往由某一技术方案主要发明点的核心专利,以及为该技术方案的产业化实现和应用提供支持的产业技术链上下游支撑性专利共同构成。这些专利之间的技术关联,是围绕某一技术或产品的产业化实施提供覆盖产业技术链关键技术结点的一整套技术解决方案,如图 6-18。

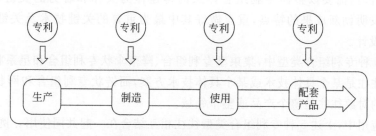

图 6-18 链状专利组合示意图

当产品或技术创新涉及产业技术链中多个环节,力图对产业技术链上下游各主要环节有效进行专利技术控制时,可以考虑构建链状专利组合。这种类型的专利组合,能够对产业技术链的不同环节都具备一定的专利控制力和影响力,其主要优势在于在产业技术链全链条上具有较突出的整体专利竞争力,能够为产业技术的整体布局,推动产业技术链资源整合提供专利竞争优势的基础性依托。

例如,某公司具备从液晶电池的原料制备到部件制造和成品组装的全流程生产和研发能力,在各个环节都申请了若干专利,这些专利整体上便成为一个链状专利组合。

(5)网状覆盖型专利组合。网状覆盖型专利组合往往由一个产品所涉及的各技术子系统各主要技术点的专利共同构成。这些专利之间的技术关联,在于围绕同一产品不同方面的技术特征在各个方面提供全面的专利保护。当需要对某个重要的产品技术实施全面完整的专利保护时,可以考虑构建网状覆盖型专利组合。

这种专利组合可以为产品所用技术整体上占据竞争优势提供有力的专利支撑;同时,这种专利组合也适用于通过对特定领域多个重要技术点全面建立专利布局,实现对该领域的全面保护和覆盖,如图 6-19。

例如,一个数字图像处理装置,其中包含 10 个技术点:白平衡处理、数字缩放、图像质量评测、自动曝光、图像格式转换、图像方向校正、动态图像获取、运动检测、电源管理、缓存。某公司分别在白平衡优化、自动缩放(包括硬件和方法)、提高图像质量评测水平、延迟曝光、动态图像检测、节能、缓存处理方式、图像方向校正方法等不同技术点申请了相应的专利,在该装置的每个技术点上基本都部署了一个以上专利,那么这些专利便构成一个网状覆盖型专利组合。

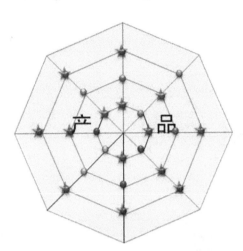

● ——技术点 ★ ——专利

图 6-19 网状覆盖型专利组合示意图

(6)专利组合体系。需要特别指出的是,特定类型的专利组合往往是由更低技术层次的下位专利组合所构成,上述专利组合类型中的每个专利布局点都可能是若干个专利构成的一个更小的专利组合。因此,专利组合不仅是专利的组合,而且是专利组合的组合。简言之,专利组合实质上是具体专利或下位专利组合的组合体系。基于此,在谋划构建专利组合时,需要以整体专利组合体系的构建作为关注和着力的关键,并紧扣所属技术领域及发明创新成果的特点,重点做好其中最为重要的关键技术及关键技术点的专利组合布局设计。

在前述 5 种专利组合类型中,集束型专利组合、降落伞状专利组合和星系状专利组合所针对的对象往往是某个具体技术或某个具体技术方案,而链状专利组合和网状覆盖型专利组合所针对的对象往往是整个产品或整个领域。

在实际应用中,上述 5 种专利组合类型往往相互结合在一起共同使用。例如,对于一个产品,其专利组合整体上呈现为网状覆盖型专利组合;而在各个技术点上,又可能是以降落伞状专利组合或集束型专利组合存在;又如,对一项重要技术,其专利组合整体上呈现为星系状专利组合;而在该星系的中心位置,则可能是一个小型的降落伞状专利组合,而在各个星系点上,则有可能是链状专利组合或集束型专利组合。

2)按照运用功效划分

从运用功效上,专利组合可以分为保护性专利组合、攻击性专利组合、储备性专利组合3 类。在这些专利组合类型中,围绕不同的运用功效,对组合中专利的数量和技术构成有着不同的需求;同时,专利组合中不同的专利彼此相互协同、支撑,保证了专利组合运用功效的实现。

（1）保护性专利组合。这种组合中的专利一般都和科研机构或企业自身的技术或产品方案密切相关，一般包括围绕其技术创新成果所提炼形成的基础性专利、互补性专利，以及部分竞争性专利和支撑性专利。

这种类型的主要目标是对技术创新成果以及应用这些成果的产品提供充分的专利保护屏障，以确保对该技术创新成果的技术控制力和专利竞争优势，提高技术跟随者尤其是竞争对手的规避设计难度和研发成本。

对于保护性专利组合，可以围绕产品的原料、零部件、制造工艺、功能构成、结构特征、理化特性、操作方法等各方面进行专利布局设计。在实际申请部署专利时，又往往以自身的优势技术为出发点，围绕技术的基本方案、该技术在产品中的主要应用方式等建立核心保护圈，并在其重要的改进方向、主要的应用扩展领域以及关键的配套支撑技术上提前建立外围专利屏障。此外，还可以适当地向上下游扩展，通过沿产业技术链上中下游延伸的专利布局来增强其整体保护效力。

（2）对抗性专利组合。这种专利组合的主要目的是为了预防和抵御其主要竞争对手针对自己发动专利攻击或市场挤压。此类专利组合中的专利技术方案未必和自己的技术或产品方案密切相关，但一定与竞争对手的技术或产品发展方向具有较强的相关度。

对抗性专利组合的主要备选专利可以包括行业中很难绕开的重要技术的基础性专利；围绕竞争对手技术特点、产品方案的产业化实现方案或产品技术升级改进而设置的外围改进性专利；以及针对竞争者未来的技术发展方向和产品拓展方向前瞻部署的前沿技术专利。

对于对抗性专利组合，可以依托自身的优势技术领域，根据竞争者的产品特点、市场分布和规划情况、研发资源重点投入方向以及专利布局状况，在细分市场和细分领域中寻找能够钳制和抗衡竞争对手、甚至占据领先地位的专利布局部署点。例如，在竞争对手研发投入和专利布局的薄弱点上，以及在竞争对手产品的主要改进方向上，申请布局遏制性专利。又如，围绕竞争对手的核心专利，从不同的技术实现方案、技术效果、技术成本、技术应用等各个层面，进行纵向扩展和横向扩展，申请布局大量外围专利，进而对核心专利形成严密的包围，有效覆盖竞争对手核心技术进入商业应用时可能采取的最佳产品结构和技术实现方式，形成较强的专利控制力和明显的专利竞争优势。

（3）储备性专利组合。在研发项目中，往往会有一些技术创新方案暂时未找到合适的应用产品或领域，暂不具备市场应用价值，或者该技术本身或者其实施所依赖的相关技术暂未成熟。此外，科研机构也往往会针对某些未来可能会带来高附加值、成为研发热点、突破产品性能瓶颈、主导产业发展、引领市场需求等方面的技术发展方向而提前进行研发。

围绕上述技术的技术创新成果部署的专利，主要是作为科研机构未来发展的战略性专利储备，由此构成储备性专利组合。此类专利组合中的技术方案大多属于前瞻性前沿技术方案，目的在于提前控制前沿技术的专利制高点。

对于储备性专利组合，可以通过技术和市场信息的调查和跟踪，前瞻研判未来哪些技术产品和技术会引领行业发展和产业变革、哪些技术将对产品的主要性能表现起到制约和控制作用、哪些领域可能会出现突破性的发展，并对产品未来可能的结构变化、性能演进、功能增减或整合需求做出预测,并根据这些判断和预测提前在相关产品和技术领域进行专利布局部署。在设计实施储备性专利布局时,还可以瞄准行业技术标准,以成为下一代行业技术标准的制定和参与者为目标进行专利布局部署。

2. 专利组合的构建方式

1) 层级搭建

一般而言,专利组合的形成是从某个技术点上专利组合的构建开始的,并以各个技术点上的专利组合作为基本单元,逐层搭建各级的专利组合。

对于某个技术点而言,与之与有关的各个技术方案所对应的专利在整体上构成了该技术点的专利组合。而对于某个产品或某个领域,选择其所涉及的各个技术点的专利组合,并在各个组合中筛选与该产品的特征有关的专利,即构成了该产品的专利组合,进而围绕该产品所涉及的各个产业链环节,选择相应技术点专利组合中的有关专利,即构成了针对某个产业的专利组合。

在每个或每级专利组合中,都可以根据其力图实现的功效而布局相应的专利。例如,搭建各个技术点的专利组合时,主要是对科研机构或企业自身研发成果进行专利的挖掘创造,完成对技术方案的基本保护,并有意地针对潜在的技术模仿和跟随者在一些重要的规避和改进方向部署专利。此外,还可以有意地针对某些竞争对手可能基于该方案进行改进规避的产品技术方案部署专利。

专栏 6-7

案例:Intel 公司是全球计算机处理器领域的龙头企业,在计算机处理器关键的指令技术上构建了强大的专利组合。分析表明,Intel 公司指令技术专利组合由程序流控制技术专利组合、数据运算技术专利组合、系统指令技术专利组合、数据传送技术专利组合、多道程序技术专利组合共同组成,如表 6-6 所示。

表 6-6 Intel 公司计算机处理器指令技术专利组合布局体系

一级技术分支	二级技术分支	专利申请量/项
程序流控制——多核调度	多核调度	1
	多线程控制	0
	分支	4
	进程控制	0
	流水线控制	8
	线程控制	25
	中断与异常处理	10
	转移	5
	子程序调用与返回	3
	其他类型	8

一级技术分支	二级技术分支	专利申请量/项
数据运算	格式转换	5
	饱和/舍入控制	3
	打包/分组/压缩/解压缩	10
	对齐	1
	矩阵转置	2
	逻辑运算	1
	算术运算	29
	移位运算	9
	其他运算	28
系统指令	Cache 管理	18
	标志处理及控制寄存器操作	3
	其他处理机控制与杂项指令	27
数据传送	DMA	0
	IO	0
	存储器/寄存器	26
	寄存器/存储器	13
	压缩/解压缩	0
	并行处理	0
	其他类型	0
多道程序执行	多核	5
	多线程	43
	流水线	0
	协处理器	0
	其他	0

其中,以 Intel 公司数据运算技术专利组合为例,这一专利组合又主要由格式转换技术专利组合、饱和/舍入控制技术专利组合、打包/分组/压缩/解压缩技术专利组合、算术运算技术专利组合、移位运算技术专利组合以及矩阵转置等其他技术上的零散专利共同构成。

可见,Intel 公司指令技术专利组合是一个多分支多层级搭建形成的专利组合体系。这样的专利组合体系对指令技术形成了较为完整的覆盖,强化了 Intel 公司在计算机处理器领域的专利竞争优势。

2）动态组合

专利组合的组织划分并非是静态的、固化的,而是随着技术演进、产业发展和市场竞争环境的变化相应地动态调整,以此与相应专利运用目的相匹配,实现相应的专利布局意图。

例如,随着旧竞争对手的消失、新竞争对手的出现,针对旧竞争对手的对抗性专利组合将失去存在的必要,而围绕新竞争对手技术特点、专利分布、市场状况,科研机构或企业将需要重新组织布局以该竞争对手为目标的对抗性专利组合。

又例如,随着新的市场地域的开拓,需要针对其在该地域的产品规划、法律环境和市场竞争态势,组织布局能够有效保护在该地域市场行动自由的专利组合。

再例如,随着技术的发展演进,一些新兴技术的配套技术、产业配套和市场应用环境逐渐成熟,原属于储备性专利组合中的专利将可能成为其保护性专利组合中的成员。

专栏 6-8

案例:Akustica 公司在构建 CMOS 芯片技术专利组合时,紧扣技术研发演进不断在新技术点上申请专利,实现了专利组合的动态组合演进,如图 6-20 所示。

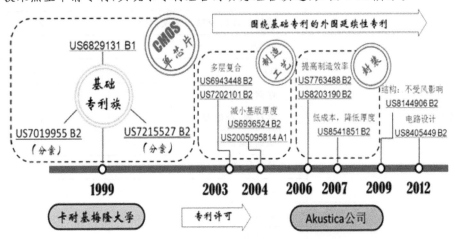

图 6-20　Akustica 公司在 CMOS 芯片技术的专利组合

Akustica 公司在最为核心的 CMOS 单芯片技术基础上,首先发展芯片制造工艺相关技术,重点在芯片的多层复合技术、基板减厚技术上申请布局专利,充实了 CMOS 芯片技术专利组合。

此后,Akustica 公司又重点在芯片封装相关技术上申请布局专利,着重在有助于提高制造效率、降低成本等产品化相关技术上部署若干重要专利,进一步使该公司所拥有的 CMOS 芯片技术专利组合进一步丰富完善,强化了对 CMOS 芯片产品制造紧密相关的外围应用技术的保护。

3）扩充来源

一般情况下,专利组合中的专利以对自身研发成果提炼形成的专利为主。除此之外,还可以包括在委托开放、合作研发中获得的具有专利权或共有专利权的专利;也可以包括通过购买、并购方式所获取的专利，以及其所在的各类技术联盟、专利联盟中联盟成员彼此共享的专利。这些专利与科研机构自身研发成果形成的专利共同构成了科研机构可掌控利用的各种专利组合。

以前述 Akustica 公司 CMOS 芯片技术专利组合的构建为例，可以看到 Akustica 公司 CMOS 芯片技术专利组合中相关专利的来源是多元化的，一部分来自于卡耐基梅隆大学的专利许可授权，另一部分来自于 Akustica 公司基于自行研发产生的技术创新成果申请的专利。Akustica 公司正是依托卡耐基梅隆大学的专利许可授权，为后续开发技术研发并构建 CMOS 芯片技术专利组合奠定了技术和专利的基础。

4）功效规划

实际工作中，需要根据自身专利和技术竞争实力、所处产业的发展特点、市场竞争环境等确定其各个产品或技术上的专利组合的主要运用功效。例如，如果属于技术模仿和跟随者，且其专利尚处于初步积累阶段，其专利组合就应侧重于保护性和防御性；如果科研机构属于技术领先者且已有一定的专利积累量，其专利组合则可以进一步重点考虑其攻击性和储备性。

通常来说，在总体的专利申请中，保护性的专利申请应该约占 50% 或以上的比例，为其自己产品和产品中的自有技术提供保护。为了应对未来可能出现的与竞争对手之间的专利诉讼纠纷、进行交叉许可等情况，应当有针对性地申请布局的防御性/攻击性专利所占比例可保持在 10%～20% 之间。为了对未来的技术演进和下一代产品发展提前做好专利储备，保持和强化科研机构未来的竞争优势，一般还需要申请占布局总量 10%～30% 的储备型专利。

3. 专利组合的构建示例

科研机构或企业在实际建立专利组合时，可从多个角度综合进行规划，确定各方面的布局目标和方向，并确定具体的专利布局主题和重点，使专利组合的构建考虑更加周全、保护更加严密。

以激光打标设备的专利布局为例，在进行专利组合构建时，从 4 个角度提出了专利布局保护的规划设计方案：一是整体自成体系；二是遵循目前行业规范；三是前瞻考虑未来技术标准；四是有效保护现有技术与前瞻性布局相结合，如图 6-21 所示。

围绕上述目的，可以从以下几个方面进行激光打标设备专利组合的构建。

1）整体自成体系

所有的专利申请可以成为一个有机的、系统的专利保护组合，即使在没有技术规范和后续装置标准的情况下，也可自成体系。

首先，在技术新概念上通过若干项关键专利来进行保护。

其次，通过一些专利从技术实现角度对本项目进行保护。如对飞行打标和随动打标的专利申请和布局。

再次，通过部分专利对生产线上必需的一些辅助装置进行专利申请，以达到在生产线的正常运转方面部署专利壁垒。例如，对姿势调整装置的专利申请布局。

最后，通过部分专利对设备的工作环境进行保护。例如，对防水装置的专利申请布局。

2）遵循目前的行业规范

从与目前行业正在执行实施的行业规范相结合的角度出发，针对相关技术解决方案进行专利部署,尤其是能够优质高效替代现行主流技术解决方案的替代技术方案。如果这些技术方案或技术方案的效果在现行行业技术规范体系下逐步成为行业认可接受的主流技术,那么对这些技术的专利申请布局将显著提升业界影响力和控制力。例如,对编解码技术、压缩解压缩技术等技术改进替代的专利申请布局。

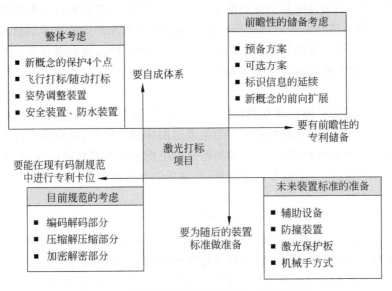

图 6-21　激光打标项目的专利组合构建示意图

3) 前瞻结合未来技术标准

如果将部分可能在未来将要制定的装置标准中的装置方案进行了专利申请,这些专利都将会在未来进行的装置标准规范中发挥必要的作用。当未来装置标准制定实施时,这些专利将会作为很好的卡位专利发挥有力的专利控制作用。例如,对防撞装置和激光保护板的专利申请布局。

4) 现有技术保护和前瞻性布局相结合

在对正在使用的技术方案进行专利申请保护的同时,也应对一些前瞻性的技术方案考虑进行专利保护,以达到提前占据下一代产品技术专利制高点、有效对后发追随的潜在竞争者进行必要的专利封锁的专利布局目的。

6.3　专利运用模块

6.3.1　专利许可与转让

1. 国外的专利许可与技术转让经验

1) 美国的专利许可与技术转让经验

高校及科研院所是技术创新的重要基地之一,美国为了提高联邦政府投资高校科研成果的技术转化率,于 1980 年 12 月颁布了《拜杜法案》,对美国大学的科研成果转化工作产生了强大的促进作用。

一般认为,美国大学的技术转移机构主要有 3 种模式[①]。

模式 1:威斯康星校友研究基金会(WARF)模式。WARF 是在法律上完全独立于威斯康星大学的非营利法人,但同时又附属于大学,通过合同的方式将大学的发明权属授予基金会拥有,基金会再将盈利反馈给学校。

模式 2:麻省理工学院首创的第三方模式。成立专门面向大学的专利管理公司,学院与公司签署协议,将学院的发明提交给公司,公司掌管专利申请和许可事宜,收入与学院四六分成,开创了大学技术转移的第三方模式。

模式 3:斯坦福大学的 OTL(Office of Technology Licensing,OTL)模式。由学校亲自管理专利事务,将发明创造申请专利,再把专利许可给企业界;经过一年的试点并取得成功后,与 1970 年正式成立技术许可办公室。

其中,斯坦福大学的 OTL 已经成为大学科研成果向工业领域转移的最活跃、最有影响力的组织,其大学技术许可模式已得到美国高等教育领域的广泛认可,甚至被称为美国大学技术转移的标准模式;也影响了欧洲、日本等发达国家,成为国际高等教育领域的标杆和范本。

(1) OTL 的目标和职能。斯坦福大学技术许可办公室的目标是努力促进斯坦福大学的科研成果转化为对社会有用的工业产品,并在技术许可过程中获得收益,最终回馈教学和科研,进一步支持斯坦福大学的研究和教育事业[②]。

其工作职能主要包括两方面:一是负责授权发明专利的许可和转化;二是负责著作权(主要是计算机软件著作权)的管理和经营、商标的授权许可、有形研究产权(主要指那些不可专利性的生物材料,如转基因物种等)的管理[③]。

(2) OTL 的组织框架和人员。[④] 截至 2014 年 4 月,斯坦福大学技术许可办公室总共有 43 人,设有办公室主任 1 名,不设副主任,技术许可专员 12 人,许可联络专员 10 人,产业合同办公室 6 人,会计办公室 3 人,行政管理员 6 人,合规管理人员 2 人,专利申请部门 1 人,信息管理部门 1 人。

整体上看,斯坦福大学技术许可办公室采用的是扁平化的组织管理结构;其中技术许可专员和许可联络专员占到了总人数的 50%,是最核心的部门。

(3) OTL 的相关制度[⑤]。

① 管理体制。斯坦福大学技术转移办公室直接由分管科研的副教务长负责领导和管理并向定期向上级部门教务长以及学校校长报告工作。

② 研发体制。斯坦福大学进行专利转化的科研经费主要依靠联邦政府、高校、企业和社会的资助。斯坦福大学在专利转化上推行与企业进行联合研发转化的合作模式;总的来说包括外部资助研究、校内资助研究以及合作研究 3 种模式。

- 外部资助研究模式(Sponsored Research)。该模式是指由斯坦福大学以外的企业、联邦政府等提供进行专利科研项目所需要的资金和材料等。斯坦福大学目前的科

---

① 徐棣枫.威斯康星之路与 WARF 奇迹——高校技术转移实现模式选择[J].学海,2009.3.
② 赵丹丹.斯坦福大学技术许可办公室运转机制的研究[D].首都师范大学,2014.
③ 费思易.美国高校专利转化研究及借鉴[D].湘潭大学,2013.
④ 赵丹丹.斯坦福大学技术许可办公室运转机制的研究[D].首都师范大学,2014.
⑤ 费思易.美国高校专利转化研究及借鉴[D].湘潭大学,2013.

研项目主要采用这个模式。

- 校内资助研究模式(University Research)。该模式是指斯坦福大学内部设立各种类型的科研基金会,斯坦福大学的校内人员可以通过内部的申请批准流程获得科研基金。斯坦福大学技术许可办公室研究基金就是比较典型的校内资助基金。
- 合作研究模式(Cooperative Research)。斯坦福大学作为一所全美著名的综合性研究型大学,经常与校外的其他大学、科研机构、企业等就专利研发转化开展广泛的合作研究。斯坦福大学坐落于美国硅谷附近,因此与美国硅谷中的企业经常进行专利研发转化的合作。其合作方式是企业虽不提供研究资金,但向斯坦福大学研究人员提供其需要的科研材料、设备、人力等。斯坦福大学则提供合作研发专利所需要专家、实验人员以及材料等。对于斯坦福大学与企业的合作研究所产生的专利,根据发明人作用的大小来确定权属。如果发明是斯坦福大学或企业单独完成的,那么专利权由发明人单独所有,而对于合作专利的专利权则需要根据美国专利法的规定来确定权利的归属。对于合作研发专利的许可授权利益由双方共同所有。

③ 激励体制。斯坦福大学技术许可办公室制定了激励政策,激励在校教职工及学生进行专利科研申请,并与企业开展联合开发。对于研发的专利成果,斯坦福大学技术许可办公室会对其进行价值评估并协助进行专利转化。

在收益分配方面,斯坦福大学技术许可办公室对于专利转化获得的现金收益先扣除15%作为技术许可办公室的运营费用。剩余的收益平均分成三份,一份归发明者所有,一份归发明者所在的系所有,最后一份归发明者所在的学院所有;而对于专利入股所获得股权收益,先扣除股权收益的15%作为技术许可办公室的管理费用,剩余的净收益在发明者和学校之间分配。学校所获得的这部分收益全部用于技术许可办公室研究和奖学金基金。

在专利授权许可后,斯坦福大学技术许可办公室派授权专员负责监督专利许可的实施。授权专员从被授权企业获得财务和发展报告,并根据这些信息,重新与企业协商和修正许可合同。

(4) OTL 的工作流程[①]。在四十多年的实践中,斯坦福大学 OTL 已经形成从最初的科研成果披露到收益分配再回馈教学和科研的一套比较完善和成熟的工作流程,如图 6-22 所示,可分为科研成果的保护、科研成果的推广和科研成果的转化 3 个主要环节。

① 科研成果的保护。

- 发明披露。发明披露是技术许可的首要环节。斯坦福大学技术许可办公室每天都会收到来自斯坦福大学教职员工和学生的发明披露。每一个到斯坦福大学技术许可办公室申请的发明披露被分配到一个许可专员那里完成后续的相关事宜。斯坦福大学技术许可办公室接收发明披露后,给每项技术标记一个案卷号,然后由许可办公室主任分配给特定的许可专员。然后由许可专员的小团队负责科研成果转化工作。每个许可专员都是生命科学,物理科学或两个领域的专家。
- 专业评估。在这个阶段,许可专员必须完全熟悉这项发明以了解其创新之处和潜在的应用价值。通常情况下,许可专员需要辨别发明的创新性、潜在的市场价值、可开发的用途和应用、相对的竞争优势、同时需要寻找对此可能感兴趣需要技术转移的

---

① 赵丹丹.斯坦福大学技术许可办公室运转机制的研究[D].首都师范大学,2014.

公司。接收到原始发明披露后信息收集和评估工作立即启动,通常专利申请提出之前完成。客观、翔实的专业评估给专利申请和许可协议谈判提供了很好的参照意见。

- 专利保护。在完成基本信息和专业评估信息收集的基础上,斯坦福大学技术许可办公室许可专员将决定斯坦福是否为此项发明申请专利。专利申请的提交和跟进往往是由外部的专利律师事务所进行。

为了节省专利申请成本,斯坦福大学技术许可办公室并没有为所有的发明提交专利申请,许可联络员往往先要寻找对此发明感兴趣的企业,并进行初步的沟通和谈判,等找到有意向的企业后才会着手专利申请工作。一旦有企业申请技术许可,这笔专利申请费就理所当然的由被许可方支付,"是否有潜在的企业用户,潜在用户是否愿意支付申请成本,或者评估这项发明能否带来更多的收益等是直接影响专利许可人员决定是否申请专利的重要因素。"

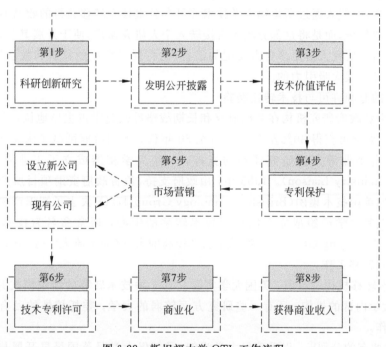

图 6-22　斯坦福大学 OTL 工作流程

② 科研成果的推广。经过发明披露、专业评估及专利申请等前期准备工作,接下来就是斯坦福大学技术许可办公室工作对发明技术的市场营销,这也是实现成功商业化的重要环节。这一环节包括寻找潜在的技术使用方,联系潜在的技术使用方,寻求企业内部的推荐人等工作。

- 寻找潜在的技术使用方。企业通过在斯坦福大学技术许可办公室的官方网站上注册自己的免费账户,通过这个账户来浏览在该网上登记的专利的相关信息,寻找自己感兴趣的专利;同时,许可专员也会主动联系一些相关的公司;另外,技术许可办公室也会将部分地区的营销工作交给有相关的技术背景和营销经验的校外人士来负责,加大市场营销力度。

- 联系潜在的技术使用方。技术许可办公室努力通过多种渠道寻找潜在用户，许可专员将会联系潜在的用户，全盘告诉他们技术发明的所有细节，例如，通过解释这项发明是什么及如何运作。据统计，最终约有 30% 的发明披露得到许可。

③ 科研成果的转化。

- 谈判许可协议。如果某一公司对此项发明有兴趣，下一步就是开始许可协议的谈判。包括许可类型的选择（独占或非独占），许可对象的确定，费用条款的签订，等等。OTL 的理想目标是达成一个互惠互利的许可协议，即一个双赢的交易。

- 收入的分配及使用。一旦获得收益，斯坦福大学技术许可办公室就会按照收益规定进行分配。斯坦福大学的收入分配政策十分简便易行。关于许可使用费（Royalties）的分配，斯坦福大学技术许可办公室首先从中提取 15% 作为日常开支费用，其余由发明人、发明人所在的系，发明人所在的学院三方平分。通过技术转移获得的收入要反馈给学校的教学及科研活动，斯坦福大学每个科研人员都有自己的研究账户，发明人通过斯坦福大学技术许可办公室技术转移获得的收益有时并没有直接领取现金，而是将这部分收入直接转入个人研究账户，便于开展其他学术活动，这也就给了研究人员更多自由支配的经费，也将促进后续的科研和教学工作，这对发明者是有很大吸引力的。

2）英国的专利许可与技术转让经验

英国大学和政府研究机构在基础研究和长期战略性研究中占主导地位，在国家投入的科研经费中，大学可获得 30% 左右。20 世纪 80 年代，英国政府削减了大学的经费，促使大学寻求来自企业等方面研究经费的支持，一些大学相继成立了工业界联络办公室（Offices for Industry Liaison）。1985 年，由政府支持、负责政府资助项目所产生的科技成果转化工作的英国技术集团（British Technology Group，BTG）失去了知识产权实施利用的垄断权后，许多大学纷纷成立专门进行技术转移的中心，通常命名为技术许可办公室（Technology Licensing Office）；一些研究水平较高的大学（如牛津大学等）开始成立独立的公司开展技术转移工作。

（1）技术转移机构。目前，英国大学实际上有 3 种技术转移的组织模式并行：大学拥有的公司、大学内部的机构，还有一些研究方面较弱的大学，委托校外的私有公司负责其技术转移工作。

① 大学拥有的公司[①]。以爱丁堡大学为例，爱丁堡大学是英国最早开展与工业界联系的大学之一。1984 年就成立了独立的公司专门从事技术转移方面的工作，1997 年公司与大学科研项目管理部门合并，成立爱丁堡研究与创新公司（Edinburgh Research and Innovation，ERI）。ERI 是一个完全由学校拥有的下属公司，负责该校科研项目管理、技术转移、咨询服务、新公司创立、孵化器和学校科技园等工作。

ERI 的董事会由大学和当地企业的代表组成，董事会对 ERI 的工作提供决策支持。ERI 的经费来源主要是大学的对外咨询服务收入和技术转移收入，其中，技术转移的收入主要源于知识产权的转让费和提成费，每年 ERI 将所获利润全部返回学校。

ERI 由科研项目管理部门、技术转移部门、欧盟项目办公室、对外咨询服务部、法律部、

---

① 霍京盟.英国大学的技术转移及知识产权管理[J].电子知识产权，2005.9.

运行与财务部、政策研究部构成。另外，ERI 还负责大学拥有的两个孵化器和科技园的运行管理。

② 大学内部的机构——技术许可办公室 TLO[①]。除了设立下属公司外，英国大学还形成了比较完善的两个层次的大学技术转移组织，以便对技术转移活动进行管理。

在院校层面上，英国大学通过纷纷成立专业化的大学技术转移机构——大学技术许可办公室，使得大学科研人员和产业界均能快速、准确地获取足够的帮助；在国家层面上，通过国家技术转移协会的建立，可以对各个大学技术许可办公室进行系统的培训和指导，从而提高其运作效率。相对于其他欧盟国家，英国大学建立技术许可办公室的数量比较多，比例比较高，职能也比较完善，技术许可人员数量也是欧盟国家中最多的。

（2）技术转移模式[②]。英国大学普遍开展着基础研究和应用研究，基础研究占主导地位。基础研究成果主要是通过学术出版物的方式进行传播，应用研究成果主要有两个渠道进入工业应用领域，传统的方式是无偿传播和使用，任何人均可无偿使用；目前以从工业化应用中获得收益的有偿使用方式为趋势。

技术转移模式主要有如下 3 种。

① 技术许可。这种方式是最普遍采用的，可以使大学在拥有知识产权的同时，获得该项知识产权工业应用的提成收益。

② 创立新公司。这种模式是指依赖大学的知识产权建立公司，大学在这类公司中占有一定的股份。成立这种类型公司的数量也常常在英国被用来作为衡量某个大学技术转移的指标。

③ 合作研究。当一个已经申请或尚未申请专利的发明构思还不够成熟时，吸引工业界的经费支持进行合作研究，这也可以认为是一种类型的技术转移。在研究过程中或研究成果刚刚取得时，大学与企业可以签订一种选择权协议，企业一次性付给大学一笔经费，给大学对初期不太成熟的成果一个进一步研究发展的阶段；相应的大学给企业该项成果形成的知识产权第一拒绝权，即只有在企业对形成的成果不感兴趣的情况下，大学才可以对其另行处理。

3）德国的专利许可与技术转让经验[③]

德国有着深厚的科学传统和强大的科学基础，科技水平始终保持在世界前列。德国科研工作主要由高校、科学协会、州立科学院和企业四大系统承担。其中高校是科研支柱，每年高校科研经费约占科研总投入的 1/3。德国的技术转移体系是建立在其科研体系基础之上的，科研机构不仅从事技术创新活动，也深入到技术转移和推广的工作中。

德国的技术转移机构主要包括德国技术转移中心、公共研究机构、史太白技术转移中心以及高校设立的技术转移中心或公司。

（1）德国技术转移中心。德国技术转移中心是德国的一个全国性非盈利公共组织，分布在德国各地，原则上每个州都有一个分中心。中心的主要职能如下：

① 技术交易服务，无偿为技术供需者提供中介服务；

---

① 饶凯，等.英国大学专利技术转移研究及其借鉴意义[J].中国科技论坛,2011.2.
② 霍京盟.英国大学的技术转移及知识产权管理[J].电子知识产权,2005.9.
③ 段存广.德国高校的技术转移模式及启示[J].高科技与产业化,2014.10.

② 咨询服务,为企业寻求合作伙伴,支持该地区的技术创新;

③ 专利信息服务,帮助企业查询专利信息以及申请专利的咨询,为企业查询国内外的科技、经济和科研成果等各种数据;

④ 本地区产业和科技发展的前瞻性研究,引导企业和科研机构的技术创新方向;

⑤ 负责组织各种形式的学术报告会和展会。

(2) 公共研究机构。德国拥有世界上最密集的科研机构,包括马普学会(MPG)、亥姆霍兹联合会(HG),莱布尼茨科学联合会(WGL),弗劳恩霍夫协会(FHG)等。这些机构从事科技创新的同时,也推广自身技术成果以引导技术转移。例如,FHG 各研究所为企业及各方面提供科研任务,主要采取"合同科研"的方式,客户借助了研究所雄厚的科研力量,研究所也可将科研成果直接转移。

(3) 史太白技术转移中心。史太白技术转移中心成立于 1971 年,在 54 个国家设立了739 个分中心,定位为技术转移服务组织,担当政府、学术界和工业界的联系平台。主要服务包括咨询服务、研究开发、国际技术转移和专业培训。

(4) 高校设立的技术转移中心或公司。德国很多大学设有专门的部门联系与相关企业的合作事宜。如柏林工业大学设有技术转让部,职能是管理合作项目,宣传大学的重要技术成果,进行国际合作和交流。柏林工业大学还建立了一套完整的数据库,企业如果对某个项目感兴趣,很容易就能直接找到负责的教授进行协商。同时,德国工商会提供的数据显示,80%的德国企业已经将高校科研成果市场化看成企业技术创新的一条捷径。

4) 日本的专利许可与技术转让经验①

日本政府借鉴了美国高校技术转移的成功经验,仿效美国《拜杜法案》及相关政策,于1998 年 5 月,颁布了《大学等技术转移促进法》(日本称 TLO 法)。

《大学等技术转移促进法》鼓励和扶持高校设立 TLO,伴随 TLO 的设立与发展,日本高校大量技术成果顺利转移到企业中,实现了技术成果的产业化、商业化,日本高校技术转移的效率得到提高,企业技术水平得到提高。

(1) TLO 的类型。组织形态而言,日本 TLO 可以主要分为内部组织型(如校内机构)和外部组织型(如股份公司、财团法人等)两种,其中外部组织型又可分为外部单一型和外部广域型。

之所以采取多种组织形式,主要是由日本公立大学和私立大学不同产权性质所导致的。由于之前日本国立大学尚未获得独立法人资格,因此无法直接利用校内资源实现技术交易,所以这类大学大多采用成立股份公司或者非营利性财团法人的组织形式挂靠在学校外部。私立大学本身则为独立法人,具有独立经营权,因此所属 TLO 全部为校内机构,直接利用本校资源实施技术交易。TLO 组织形式上的差别主要是为了规避产权上的限制,但无论从成立目的、组成人员还是交易方式上,都是基本相同的。

① 内部组织型。如图 6-23 所示,内部 TLO 由于属于高校的内部机构,其技术转移活动的过程相对来说要简单,从科技成果的专利申请到技术转让协议的签订,都可以由内部TLO 进行一元化管理。

② 外部单一型。如图 6-24 所示,外部单一型 TLO(简称单一型 TLO)通常由特定的大

———————————
① 郭庆.日本高校技术转移模式及其对中国的启示[D].湘潭大学,2013.

图 6-23　内部组织型

学法人出资设立,主要以股份公司法人或有限公司法人的形式存在,主要面向特定高校开展技术转移业务。大学法人可以通过获取 TLO 的股权,从而保留对 TLO 的经营管理的影响力。

图 6-24　外部单一型

③ 外部广域型。如图 6-25 所示,外部广域型 TLO(简称广域型 TLO)完全独立于大学法人,具有最高的自主性和最广泛的业务范围。由于并非单一的面向个别高校开展技术转移业务,其可以与多所高校进行业务合作,从而充分利用不同地域、不同高校的优势资源,广泛的开展技术转移业务。

图 6-25　外部广域型

(2) TLO 的运行机制[1][2]。虽然,TLO 如上所述分数种类型,不同类型的 TLO 的运行模式之间存在着一些差异,但是作为技术转移中介机构,它们运行的主体过程相同。TLO 运行模式主要分为 3 个阶段:科技成果的挖掘与评估、科技成果专利化后的转移、技术转移的收益的返还。

第一阶段:科技成果的挖掘与评估。进行技术转移以前,TLO 首先需要对挖掘的科技成果的商业化价值进行市场调研、评估,确定后续技术转移活动的可行性。在确定该项科技成果的转移过程能够获得收益之后,TLO 与高校等研究机构订立技术转让协议,由 TLO 承接专利申请等技术转移活动,完成科技成果的专利化。

第二阶段:科技成果专利化后的转移。这一阶段是整个技术转移过程的核心,TLO 将着手向企业进行专利权转让,与企业订立专利实施许可协议,让专利化后的科技成果顺利进入企业。在这个过程中,TLO 需要为企业提供专业的技术指导与其他支持,甚至先行对专利成果进行二次开发,以确保企业在技术转移过程中面临最小的风险,帮助企业顺利实施专利成果的产业化、商品化。

第三阶段:技术转移的收益的返还。技术转移过程完成后,企业将专利的实施费用支

付给 TLO,由 TLO 进行收益的分配,即负责将技术转移的收益返还给研究人员、高校,以及保留自己实施技术转移的相关费用。

2. 国内的专利许可与技术转让现状[①②]

中国与日本相似,效仿美国《拜杜法案》(1980 年)并在科学技术成果转化方面展开了立法与政策的制定,一些主要立法活动甚至要早于日本,例如,《科学技术进步法》(1993 年)、《促进科技成果转化法》(1996 年)。

我国的高校技术转移体系主要有 4 种模式,如表 6-7 所示。

表 6-7　我国的高校技术转移体系模式

模　　式	特　　征	具　体　形　式
传统模式	校企点对点的直接合作模式	高校自有成果的推广和转化
技术孵化器模式	点对线的过程推进模式	1. 大学科技园模式 2. 国家工程中心 3. 省校研究院模式 4. 校企联合研发机构模式
技术转移平台模式	中介平台的点对面服务模式	1. 大学与企业合作委员会模式 2. 产学研合作办公室模式 3. 技术转移中心模式
技术创业模式	点对体的高科技企业创业模式	高校以技术创立高新技术企业

1) 传统模式

传统的技术转移模式是一种点对点的模式,这里的点分别指高校和企业,前者是技术的提供方,后者是技术的接纳方。在这种模式下,科研人员和管理人员通过自己的努力,为本校的科研成果寻找适合的企业,或企业在高校寻找满足自身需求的科研成果,并将这些成果在企业实现产业化,所以它是一种典型的技术推动型技术转移。

这种模式产生的时间较早且行之有效,是其他技术转移模式产生之前最常使用的方法,也是目前最常见的技术转移模式。其缺陷是由于技术转移主要依靠科研人员或管理人员直接与企业联络,所以该模式的参与主体只涉及大学和企业,不能通过有效的第三者将这种合作扩展开来,因此合作规模和技术交易额普遍较小。

2) 技术孵化器模式

这种模式以高校为点,以技术转移孵化过程为主线,由不同的机构来实现技术转移,比如国家工程中心、大学科技园以及校企联合研发机构等组织。

(1) 大学科技园。大学科技园毗邻大学,借助集群式创新优势,形成了产学研创新的支撑集群,包括企业孵化器群、技术研发机构群、高校科技产业群、教育培训机构群、中介服务机构群和配套服务机构群等,已经成为国家技术创新体系中的重要力量。

虽然大学科技园承担着孵化大学科技成果的重要任务,但目前高校的科技成果通过大学科技园实现转移尚处于探索阶段,资金保障等问题有待在实践中进一步研究解决。

(2) 国家工程中心。国家工程中心由政府资助,具有深厚的政府背景,例如由国家科技

① 郭东妮. 中国高校技术转移制度体系研究[J]. 科研管理,2013.6.
② 梅元红,等. 高校技术转移模式探析_清华大学技术转移的调研与思考[J]. 科技进步与对策,2009.24.

部建立的国家工程技术研究中心、国家发改委设立的国家工程研究中心等,其建立的主要目的是解决一些基础性、共性的问题,一些针对关键技术难题的研究也会成为其资助的对象。在此种方式下,政府职能部门是主导,科研单位以及大学是主要依托,由大学和企业共同建设,也会有一些投资机构或者中介机构加入,主要以中试开发为主,比较重视工程技术的配套,涉及技术的推广与应用。总的来说,国家工程中心有利于工程技术向相关产业进行扩散和转移。

(3) 省校研究院。省校研究院是指高校和省、市级政府合作成立研究院,利用大学的技术和人才优势,按照长期合作、互惠互利、优势结合、共同发展的宗旨,充分发挥省校双方优势,强化政府的指导功能,面向区域经济社会发展需求而成立的实体机构。

(4) 校企联合研发机构。校企联合研发机构模式是指企业和高校在双方共同确立的专业技术领域开展合作,以建立联合研究所、联合研究中心、联合实验室等研发机构为技术转移纽带的技术转移模式。

校企联合研发机构模式的特点是,企业发挥熟悉市场的优势和资本优势,高校发挥研发实力强的优势,充分实现了校企优势互补,技术转移效率高。从技术转移的阶段分析,虽然相关研究以高校为主,但企业已在早期介入技术开发阶段的工作。

3) 技术转移平台模式

技术转移平台模式是一种在高校设立类似中介性质的平台,以促进技术转移的模式,但由于设立的机构并非独立于高校之外的法人组织,因此不属于严格意义上的中介机构。它是一种点对面的对应关系,以大学为点,对应着技术接受方的整个层面,这个面包括所有的企业、地区等。高校中比较常见的技术转移平台模式主要有大学与企业合作委员会、产学研合作办公室、技术转移中心等。

(1) 大学与企业合作委员会。大学与企业合作委员会(以下简称企合委),是大学与企业合作的窗口,通过会员制等形式吸纳成员单位,采取多种服务开展与企业的全方位合作。由于技术转移多数是从会员企业提出的研发任务开始的,因此该模式具有较明显的市场拉动型特征。

(2) 产学研合作办公室。产学研合作办公室是大学和地方科技管理部门合作成立的办公室,是双方科技合作的平台。产学研合作办公室通常设在高等院校,其主要职责是根据地区需求,充分利用大学的科技力量来加强学校与地区的产学研合作。

此模式以地方政府和高校为主,还涉及地方企业,是一种典型的由政府支持的产学研合作模式。从技术转移的阶段看,主要涉及技术的推广。由于产学研合作办公室既有了解地方情况的政府官员,也有了解学校情况的管理人员,有利于找到双方的有效结合点,并且地方官员的介入对于调动政府资源开展工作也有很大的帮助。

(3) 技术转移中心。针对国内不完善的技术转移体系,国家、地方政府和高校陆续成立了一些技术转移中心。这些技术中心有的是新成立的技术转移专门机构,有的则来源于高校技术转移职能部门。2001 年,清华大学、四川大学、华东理工大学、华中科技大学、西安交通大学、上海交通大学等高校分别设立了技术转移中心。

这些技术转移中心大多以公司为依托,具有独立的法人地位,是开展技术转移的专门机构,并且与高校有着紧密的联系。从技术转移中心模式的参与主体看,除了供需双方,转移中心还发挥着中介的作用,一些有实力的技术转移中心甚至可以承担部分孵化的功能。从技术转移阶段看,该模式主要是对已有技术进行筛选后推广和产业化应用,处于技术推广和技术应用阶段。

由于该模式运行时间短且大多来源于原有的高校技术转移机构,受原有技术转移工作方式的影响较大,甚至沿袭了一些原有体制的诟病,因此,这种模式尚需要进一步完善。另外由于以各个合作公司为依托,而这些公司往往缺乏资金和人力,从而限制了中心进行技术转移的能力。

4）技术创业模式

技术创业是为了适应高科技迅速发展而提出的一种全新的技术转移模式,是一种点对体的高科技企业创业模式。它由大学资产经营公司及其企业独立投资,或者社会公司共同出资,以大学技术资源为基础建立的高科技企业创业模式。

在此模式下,高校往往不直接出面和企业或技术接收方接洽,而是以入股的方式参加和建立高科技企业,大学的科研成果以技术入股的形式体现在所建立公司的股份中。在双方共同创办的高科技企业往往以具有自主知识产权的专利技术成果为支撑,高校也能参与公司的重大决策,有利于相关技术顺利实现技术转移,为以后的产业化打下了坚实的基础。

在技术创业模式中,参与主体主要是大学、风险投资机构、中介机构以及大学资产经营公司等。高校科技企业多为高新技术企业,运作时需要不断开发新工艺、新技术,因此该模式鼓励大学、科研院所的中高级人员、硕士以及博士利用业余时间到企业参加研发活动,这不仅有利于降低技术风险,也可以加快研发进度。与其他技术转移模式的一大不同之处是,此模式转移的主要是技术应用,针对性更强,方向也更加明确,而且相较于一些基础研究,这种技术研究的风险更小。

5）香港的技术转移经验

目前,香港的高等教育由大学教育资助委员会（简称教资会）负责。该机构是一个非法定的咨询委员会,其成员由香港特区行政长官委任,主要包括香港以及香港地区以外的著名学者、高等教育行政人员和社会领袖。该组织不受香港教育部门领导,负责管理香港的 8 所高校（包括香港城市大学、香港浸会大学、香港科技大学、岭南大学、香港中文大学、香港教育学院、香港理工大学和香港大学）,扮演着政府和大学的"缓冲剂"的角色,集管理、监督、评审职能于一身。

受知识经济日渐成熟的影响,进入 21 世纪后,香港更加注重高校知识的转移。在此背景下,教资会于 2006 年成立了知识转移工作小组,鼓励院校采取措施提升自身在这方面的能力。下面以香港科技大学为例进行介绍。

（1）技术转移机构。该校的知识转移工作由研发部门负责,校长办公室为研发部门配备专管研发工作的副校长,并下设合同、拨款行政办公室,技术转移中心（Technology Transfer Center, TTC）, HKUST R&D 有限公司。

其中, TTC 的工作目标包括将技术和研究信息转让给工商界,并为研发项目吸引业界资金;保护并管理学校研究产生的知识产权;建立与当地产业的联系,促进创新和技术开发;将知识产权授予相关产业,造福社会。TTC 的主要职能包括管理和保护学校的知识产权;技术的市场推广;技术许可;从工商界寻求研究合作和资金;引导与外界伙伴的合作。

HKUST R&D 有限公司是学校以签订商业合同为目的而创办的全资拥有的公司,该公司拥有持有并转移由学校员工及学生创造的知识产权的唯一权利,可以代表学校及其员工持有公司的股权。

TTC 与 HKUST R&D 有限公司共同为学校的知识转移提供保障。

（2）技术转移模式。学校的技术转移模式主要是两种：联合研究和衍生企业。其中，联合研究包括接受企业的资助进行研究并应用于企业、与企业合同式的合作研究、与业界合作试验及应用 3 种类型。

衍生企业的模式是学校自设研发公司，并设立创业中心作为企业孵化器为师生提供创业机会，师生可将其在校期间的研究成果发展成商业实体或创新产品。

6）国外技术转让经验对我国发展的借鉴

通过上述各主要国家和地区的高校技术转移情况以及我国发展现状，可以看出美国和日本的 OTL/TLO 是比较成熟的模式。总结其有如下的几点主要经验值得我国借鉴。

（1）OTL 的效益。OTL 的直接经济效益很小，据统计，美国大多数大学的 OTL 都难以实现收支平衡，最成功的斯坦福大学也只有大约 1/3 的专利通过实施许可产生效益。OTL 的主要意义在于其间接效益，加强了大学与产业的联系，引导大学研究面向产业需求、实现互动，这才是 OTL 的主要效益。

（2）对 OTL 的资助。美国的经验表明，一个新设立的大学 OTL 平均要在 7 年后才能实现收支平衡。据统计，美国大学 OTL 有 30％亏本，50％保本，盈利的只有 20％。其原因在于大学的专利与企业的专利相比，需要更多的再投入才能进入市场，而大学方面也需要用较长的时间积累经验，建立社会信用和商业网络。因此，在 OTL 建立初期的 5～7 年内，政府的资金支持是必要的。

（3）OTL 的机构类型。美国和日本的 OTL 组织形式各有差异，美国 OTL 多是设立在大学内的机构，而日本根据大学的专利管理和专利许可能力，采用了不同的机构类型；但其运营机制基本相同，都是独立经营、自收自支。

3. 专利许可与转让的形式

专利许可是指专利权人许可他人在限定的时间和地域范围内使用专利，被许可人向专利权人支付专利许可使用费。专利许可标的为专利使用权，不影响专利使用权的归属。

从形式上看，专利许可主要包括独占许可、非独占许可、排他许可、交叉许可、分许可、强制许可六大类，其中独占许可、非独占许可、排他许可是专利许可贸易的 3 个基本种类，如图 6-26 所示。

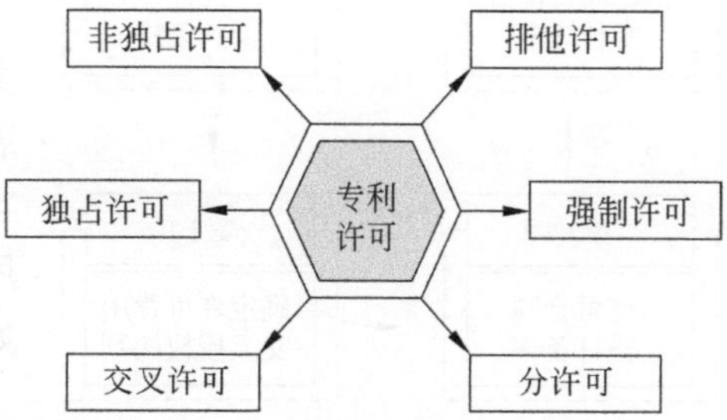

图 6-26　专利许可的六种方式

4. 专利许可与转让的运营

根据许可类型的差异，许可的运营形式主要包括限制型许可和互惠型许可两种类型。其具体的运营形式如下。

1）限制型许可

限制型许可是指通过技术或其他方面的优势地位，限制竞争对手扩张或进入市场的专利许可运营方式。常用的限制型许可包括回授条款、强制性一揽子许可、发现专利侵权趁机进行授予许可、利用授权许可扩大本企业技术的市场 4 种方式。

（1）回授条款。回授条款是指专利权人以许可为条件，要求被许可人必须将基于该专利而做出的改进或发明专利,授权给许可人。在专利许可合同的有效期内,在原有技术和专利基础上可能需要进行较小的改进,甚至需要进行实质性的重大改进和拓展。对专利进行这样的后续改进的知识产权权属问题,各国法律的规定有所不同。

(2)强制性一揽子许可。在国际技术转让中,限制性商业行为最为突出,各种限制性条件也为数最多。一揽子许可即把被许可方需要的技术和不需要的技术作为一个整体,一起许可给被许可方。被许可方不得只购买其需要的技术,而不购买其不需要的技术。在不同国家的法律上,以及在不同的国际条约上,对限制性商业做法的规定可能会不尽相同。

(3)发现专利侵权趁机进行授予许可。这是企业直接从专利权获得收益的一个方式,当发现其专利权存在侵权,可以主动向该侵权对方提出签订授权许可使用合同的建议,要求其支付相应的使用许可费。这也是人们常说的"棍棒"式的许可。如果对方不愿意签订许可使用合同,则作为专利权人的企业可提出专利权侵权损失赔偿诉讼,同样能达到提高本企业专利收益的目的。

(4)利用授权许可扩大本企业技术的市场。企业取得专利权后积极地向其他企业提供授权许可,也是扩大本企业市场的一种重要战略。提供这样的授权许可一般可以达到扩大本企业已经权利化的技术的市场和分散、转换产业的风险。

一旦某个产品或技术通过专利获得了排他性独占权,尽管有从专利独占那里获取相应利益的优点,但是那一技术的市场可能不能充分发育扩张,其他类似技术还可能抢占或夺取其相应的市场。因此,通过授予其他企业廉价的使用许可,施展扩大其技术专利市场的战略从而获得极大利益者也不在少数。

2) 互惠型许可及其运营流程

互惠型许可是指通过企业的专利授权许可和企业之间的交叉授权,实现双方均获利的形式。随着市场竞争的日趋激烈和科学技术综合化、复杂化趋势的日趋明显,这种互惠型许可已成为专利许可的主流。

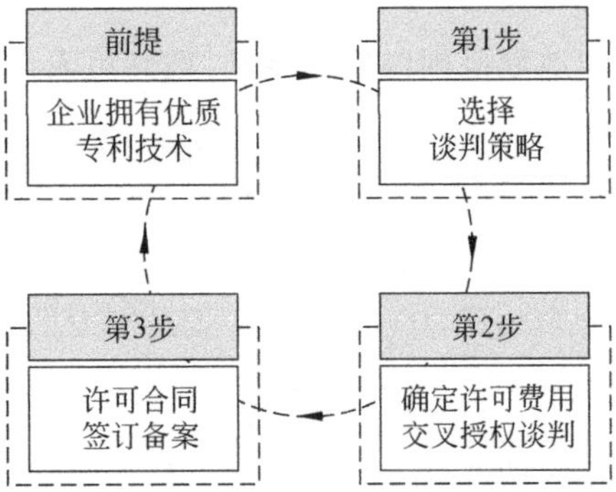

图 6-27 专利互惠许可流程

互惠的专利许可交叉授权,是企业互相取长补短的极佳形式。要真正达到这一目标,企业本身应该首先拥有优秀的技术专利,这是与对方开展谈判获得对方有价值的技术专利的基础。整个互惠型许可依次经过选择谈判策略→确定许可费用、交叉授权谈判→许可合同签订备案 3 个步骤,如图 6-27 所示。

企业在进行专利交叉授权谈判时,首先要决定用什么样的策略进行谈判。可以选取的策略包括将所申请的专利权分割,以扩大拥有专利权的件数;选择关键的几项专利作为核心专利等。这样,专利交叉授权谈判就变成为本企业的专利群和对方进行的谈判。

选定谈判策略后,双方开始进行专利交叉授权谈判,双方企业持有专利的件数和许可费用是谈判的重要内容。国内专利交叉授权谈判中,企业双方经过持久性的长期谈判,多数能够实现双方许可费用的均衡。但与国外企业谈判中,由于国外企业提出的强硬要求很多,并坚持彻底争论,可能会造成谈判破裂,转而进行诉讼。谈判结束后,双方签订许可合同并备案。

5. 专利许可与转让的费用

无论哪种许可方式,企业进行专利技术许可能否实现,关键在于许可方对该专利价值的心理预期和被许可方对该专利应用价位能否达成一致,即专利许可费用是否合理。需要考虑许可费用确定的因素及其计算方法和流程。

1) 专利许可费用的确定因素

经过近百年的商业、司法实践以及学者们的努力,国际上已经形成了正常情况下计算专利许可费率的一般惯例。在这些惯例中,专利许可费高低需要考虑的因素主要包括专利法律属性、专利技术本身因素、专利许可策略,如图 6-28 所示。

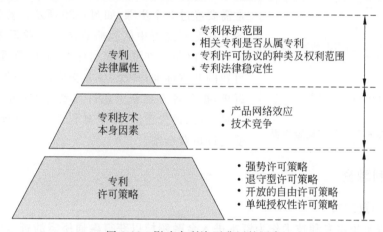

图 6-28 影响专利许可费用的因素

（1）专利法律属性。专利是法定权利的属性本身决定了专利权利的价值取决于其法律状态,即专利许可费受专利法律状态的影响。根据商业实践经验,影响专利许可费高低的法律因素主要包括专利保护范围、相关专利是否从属专利、专利许可协议的种类以及许可的权利范围和相关专利的法律稳定性[①]。

（2）专利技术本身因素。技术属性对专利许可费的影响十分巨大。考虑到技术种类多样、技术效果和经济效益的差异比较难用客观尺度进行衡量。常用的衡量标准包括,技术的先进性、由信息化时代所带来的越来越多的产品网络外部性特征、由实践中总结出来的专利技术在不同技术领域对市场竞争的影响等[②]。

（3）专利许可策略。对于专利权人来说,从战略上明确专利许可的利益诉求并非难事,但错误的许可策略则可能造成与权利人的利益南辕北辙,带来巨大的损失。

要做到专利许可行为符合自己的经营战略,真正重要的是确定自己的许可策略。即根据企业自身的市场地位、研发实力、资本实力、相关产品的特性等因素以及许可专利在相关产品生产过程中的重要程度、许可专利在战略上对权利人的重要程度,另外还应当考虑被许

[①] 被许可人获得的利益的大小取决于其获得的权利的多少以及相应的时间和地域的限制。更重要的是,取决于许可协议本身的性质以及由该协议的法律性质所带来的被许可人能够获得的权利范围。专利的法律稳定性取决于两个方面,一个是专利权利的种类;另一个是专利权利是否经过无效程序以及随后的行政诉讼程序。

[②] 一般来说,具有网络效应特征的产品容易形成技术上的依赖,从而导致较高的专利许可费;而专利越是对市场竞争产生大的影响,越容易产生较高的许可费。

可人所在国(地)专利保护的强度等综合因素,从企业综合利益、经营发展战略高度来决定专利许可的策略。通常企业的专利许可策略包括强势许可策略、退守型许可策略、开放的自由许可策略、单纯授权性许可策略四种类型。

2) 许可费率计算方法

专利许可费率的计算基础植根于专利技术价值的高低。为了追求客观性和价值的量化,理论及实务界发展出一系列关于专利技术价值的计算规则,以对专利技术的市场价值进行评估,主要包括成本法、市场法、收益法三类[①]。

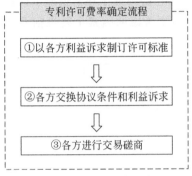

图 6-29　专利许可费率确定流程

在专利许可商业实践中,许可费通常是双方谈判的结果,是多方、长时间博弈的结果,其协商的过程通常需要经过 3 个步骤,如图 6-29 所示。首先,明确协议各方在专利许可中的战略意图和利益诉求,据此明确许可条件(包括许可的权利种类、地域范围等)、制定许可费的基本标准;其次,各方交换协议条件及基本利益诉求,据此各方重新考虑许可费标准;再次,各方进行交易磋商、讨价还价,力争有利于己方并能为对方所接受的许可费金额。

6.3.2　专利融资

1. 专利融资方式

专利融资是指将专利技术作为资本进入金融领域以获得融通所需的资金的相关活动,即以专利权为资本通过金融手段在金融市场(包括银行、风险投资公司)获得一定的现金流。专利融资更多地体现为专利无形资产的市场价值,高校及科研院所不直接参与市场化运营,但在专利技术转化过程中,了解专利融资的方式和重点,有利于形成更加贴近市场的专利组合。

按照融资所形成的权益性质,可以将专利融资分为负债式专利融资和所有者权益式专利融资两大类。前者是指专利权利人将其所拥有的合法且目前仍有效的专利资产出质,从银行等融资服务机构取得资金形成企业负债,并按期偿还资金本息的一种融资方式;后者是指作为专利权利人将其所拥有的合法且目前仍有效的专利未来预期收益进行估值、股份化等处理。各级政府为支持相关主体使用专利融资,可以设立专门的政府基金或有政府基金参与的融资服务机构,购买相关主体专利未来预期收益化处理的新增股份,科技型中小企业从基金或融资服务机构取得资金形成企业所有者权益。负债式融资从形式上还可以分为专利组合、专利质押等,所有权益式融资从形式上还可以分为专利基金、专利信托和专利证券化等,如图 6-30 所示。

[①]　成本法主要从专利技术持有人的角度来评估重置类似的专利技术所需要花费的成本,在专利许可业务中,用来帮助专利权人自我评价专利技术的价值。市场法通过与专利技术过去的交易价格或者类似技术的交易价格进行对比和修正,来评估专利技术的现时交易价值,是一种相对客观的评价方法。收益法是从专利技术的购买者角度,通过计算实施专利技术的预期收益的方法来评估专利技术的现值。3 种评估方法从不同角度来计算专利技术交易价格,均存在不可克服的障碍。

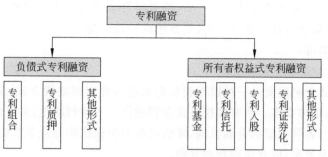

图 6-30　专利融资主要方式

2. 专利融资流程

由上述对专利融资方式的介绍可知,专利融资具有多种方式,涉及金融、市场、政府、企业等多个主体,不同融资方式的流程或多或少存在一定差异。

1) 负债式专利融资流程

负债式专利融资由于仅涉及专利权所有人、中介机构和资金所有人三方,因此其运营流程相对简单,主要由融资辅导和融资供给两大系统组成,如图 6-31 所示。

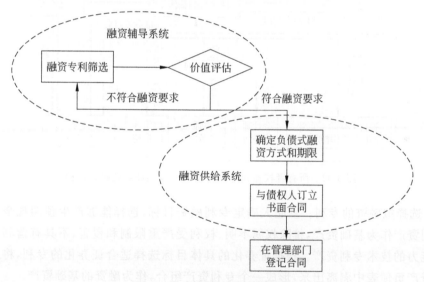

图 6-31　负债式专利融资流程

融资辅导系统主要是指专利服务中心、专利展示交易中心、技术产权交易所等各类中介,发挥相应的政策咨询、信息发布、专利检索、投资引导、项目推介以及专利交易等作用,配合无形资产评估事务所、律师事务所、专利管理咨询机构、专利经营机构等社会中介组织,为科技型中小企业专利融资提供服务,推动专利融资业务的顺利开展。

融资供给系统为资金的提供方,主要是指政府、金融机构,其中政府通过设立中小企业技术创新基金、专利实施计划、风险投资引导基金等项目,为科技型中小企业的专利创造、专利商品化、产业化,多方位筹集资金。金融机构以银行为主体,在商业银行和政策性银行建立为科技型中小企业服务的职能部门,开展专利质押等试点工作。

负债式融资的具体流程如下:首先是专利权所有人将能够出质的专利资产筛选出来,

并自己或寻找第三方对其进行价值的评估,接着对符合融资要求的专利资产确定负债式融资方式和期限,与资金所有人进行谈判,双方达成一致后签订书面的合同,最后将合同在管理部门予以登记即可。

2)所有者权益式专利融资流程

所有者权益式专利融资是一种以专利预期收益为导向的融资方式,交易结构和法律关系相对复杂、参与主体众多。所有者权益式专利融资是一项创新性、系统化和结构化金融安排,涉及融资企业、各种类型的金融机构、评估机构和担保机构等众多市场主体,交易环节众多,环环相扣,联系紧密,因此流程相对复杂。

下面以其中具有代表性的专利证券化为例,其具体流程如图 6-32 所示。

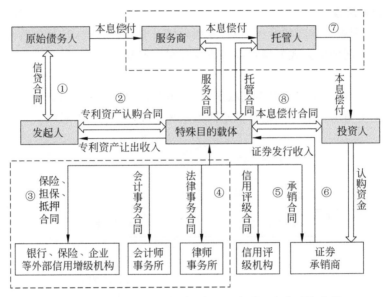

图 6-32　所有者权益式专利融资——专利证券化融资流程

(1)选择拟融资的专利。发起人确定专利融资目标,选择能够产生预期现金流的优质技术专利资产作为基础资产,排除权属不明、权利受严重限制和侵害、不具有营利能力和较强变现能力的技术专利资产。根据证券化的具体目标选择适合证券化的专利,将这些专利资产从资产负债表中剥离出来,形成一个专利资产组合,作为融资的基础资产。

(2)组建特设信托机构(SPV),实现资产的"真实"出售。发起人选定拟融资的专利资产后,就要选择或设立一家特殊目的载体(SPV)。SPV 有信托(Trust)和公司(Company)两种。以信托关系设立的 SPV 称为特殊目的信托(SPT),以公司形式设立的 SPV 称为特殊目的公司(SPC)。

(3)完善融资组合,进行内部评级。SPV 确定后,必须首先完善融资结构,与相关的参与者签订一系列法律文件,明确融资过程中各相关当事人的权利义务。还要聘请信用评级机构对资产组合的信用风险及资产证券化结构进行评估,以决定是否需要信用增级以及增级的幅度。

(4)进行信用增级,发行评级。为了能使将要发行的专利资产能最大限度地吸引投资者,SPV 需要提高专利支持证券的信用等级,这种信用增级既可以是发起人也可以是第三人提供。在按评级机构的要求进行完信用增级之后,评级机构将进行正式的发行评级,并向投资者公布最终评级结果。

(5)发售融资证券,并由 SPV 向发起人支付购买价款。信用评级完成并公布结果后,将经过信用评级的证券交给证券承销商去承销,可以采取公开发售或私募的方式来进行。从证券承销商那里获得发行现金收入,然后按事先约定的价格向发起人支付购买证券化资产的价款。

(6)证券挂牌上市交易。证券发行完毕后,到证券交易所申请挂牌上市。

(7)资产售后管理和服务。发起人要指定一个资产池管理公司作为服务人或亲自对资产池进行管理,负责收取、记录由资产池产生的现金收入,并将这些收入全部存入托管银行的收款专户。接着,由托管银行按约定建立积累金,交给 SPV,由其对积累金进行资产管理,以便到期时对投资者还本付息。

(8)向投资者支付本息。发行证券筹集的资金支付给发起人作为转移资产的对价,资产收益支付证券的本息。按照证券发行时说明书的约定,由委托银行按时、足额地向投资者偿付本息。如果资产池所产生的收入在还本付息、支付各项服务费之后还有剩余,那么这些剩余收入将按协议规定在发起人和 SPV 之间进行分配,资产证券化交易的全部过程也随即结束。

3. 专利融资的核心问题

专利融资主要有政府主导、市场主导以及政府与市场相结合的 3 种不同发展模式,需要诸如专利技术交易中心、专利价值评估机构等市场主体来支撑专利融资的完成,高校及科研机构更多体现为技术转移与专利许可,较少会采取市场化的专利融资方式。获得有效专利融资的核心问题集中于专利价值的评估。

专利的价值体现在其为企业现在或者将来创造的价值,包括从产品到市场能给企业创造的利润和从产品、成本上给企业带来的利益。

一般银行以及金融机构在进行专利价值评估的时候,主要考虑专利的经济价值、技术价值、专利权价值、合同价值和竞争价值 5 个方面因素。

专利的经济价值主要根据专利权相应的产品及技术所在专利保护的国家涉及产业规模及在研发、制造及市场经济环境的重要度而定。

专利技术价值主要看该发明是否能促进整个产业、公司技术进步,是原创性的技术还是仅仅是改进技术。

专利权的价值主要评价专利权取得后对企业的影响和阻止其他企业取得专利权的价值。

合同上的价值主要评价申请专利转让的可能性,及时回收开发成本的多少。

竞争价值主要评价和相关企业或发明可能应用领域中的竞争关系,主要体现在提高进入成本的能力,降低运营成本的能力以及增加客户价值的能力。

6.3.3 专利价值

1. 知识产权评估方法

知识经济时代,知识产权已成为企业生存发展、国家产业转型升级的重要抓手。由于其蕴涵着巨大的经济价值,知识产权转让、许可、出资等交易日益活跃,因此如何衡量和确定相关知识产权的价值尤为重要。知识产权价值量的确定常常依赖于知识产权价值评估。

一般而言,知识产权的价值由市场决定。知识产权价值评估较有形资产评估而言相对复杂,因为知识资产种类繁多、千差万别,可比性差,并且其受客观环境影响较大,其效用发挥的期限、无形损耗及风险方面不确定因素较多。评估毕竟只是评估机构考虑相关因素并依据一定的计算方法对知识产权价值所作的预测,由于不可能充分、准确地考虑一切未来将出现并起作用的实际因素,估价并不一定等于价值。

也就是说,知识产权价值评估或定价只能是一种预测性的评价,评估者的结论必须是建立在相关市场情况的分析和预测基础上,是对市场价值的估计和判断,而最终由市场决定和反映出的价值才应当是真正的知识产权的价值,也是对评估值的一个检验。

目前,对知识产权价值进行评估基本上沿用了有形资产评估方法:市场法、成本法、收益法。专门适用于知识产权价值评估的理论和方法还没有确立。

1) 收益法

收益法评估依据的原理是,一项财产的价值等于它在未来带给其所有者的经济利益的现值。该方法从产生收益的能力的角度来看待一项资产,因此,它只适用于直接产生收益的经营性资产,该类资产通过生产经营带来收益,同时通过生产经营的进行,其在若干个会计期间内会连续不断地创造出收益。非经营性资产由于使用用途的特性,其价值会随着使用而渐渐地消耗掉,不能像经营性资产一样,给使用者带来未来收益,一般不采用收益法来评估。

2) 市场价值法

市场价值法建立的基本依据是,一个投资者或买主,不会用高于市场上可以买到相同或相似资产的价格去购买一项资产。这是评估中替代原则的具体应用。应用的前提是有一个充分活跃的公平资产交易市场,参照物的各项资料是可以收集到的。市场价值法是最直接、最简便的一种资产评估方法,也是国际上特别在有形资产评估中首选的方法。它以现行价格作为价格标准,通过市场调查,选择几个与被评估资产相同或相似的已交易同类资产作为参照物,将被评估资产与它们进行差异比较,并且在必要时进行适当的价格调整。市场法只有存在与被评估资产相类似的资产交易市场时才适用。

3) 成本法

成本法又称重置成本法,是以重新建造或购置与被评估资产具有相同用途和功效的资产现时需要的成本作为计价标准。成本法依评估依据不同可分为两种:一种是复原重置成本法,又称历史成本法,以被评估的资产历史的、实际的开发条件作为依据,再以现行市价进行折算,求得评估值;另一种是更新重置成本法,以新的开发条件为依据,假设重新开发或购买同一资产,以现行市场计算,求得评估值。一般都选择更新重置成本法进行评估。简而言之,重置成本就是为创造财产而实际发生的费用的总和(研发成本、开发成本和法律成本)。

2. 单件专利价值评估

单件专利价值的评估可以从多个维度进行,一般而言,包括从技术、法律、市场等进行综合考量。

1) 权属的完整性

权属的完整性即该专利人或委托人所拥有的专利权权属的完备程度。权属越完整,则其体现的价值就越大。

2）法律的保护程度

法律的保护包括两个方面,专利所处的状态以及权利要求的完整性。专利所处的状态指技术在专利申请中所处的状态,是处于初审阶段还是实质性审查阶段或是获得专利证书阶段,越是在后面的阶段其价值越大。专利的类型不同,保护程度也不一样,发明专利由于通过实质性审查,因此剽窃他人专利或者在获得专利证书后被宣告撤销的可能性较小。相对于其他两类专利而言,其技术含量较高,申请的周期较长,权利人承担的风险也较大,因此价值相对较高。权利要求的完整性是指专利申请权利要求书所提出的需要保护的专利的范围,也体现了权利要求书的质量问题,有的权利要求完整,较好的保护专利权人的权利。有的权利要求不完整,仅仅保护专利权人的一部分的权利。

3）剩余使用年限

一般要采取专利技术的经济寿命与法定使用年限孰短的办法来确定剩余使用年限,使用年限越长其价值越大。

4）诉讼专利

有关专利是否涉及侵权诉讼、无效诉讼等专利纠纷之中。一旦有关专利被卷入这类诉讼,尤其在法院未下裁决之前,其评估须在按照一般评估方法评估出的价码上再打折扣。但是在取得诉讼胜利后,该专利的价值将会实现成倍的增长。

3. 专利组合价值评估

针对专利组合的评估,可以从以下几个方面进行:单个专利平均价值、技术宽度价值、技术深度价值和综合价值 4 个层面,如图 6-33 所示。

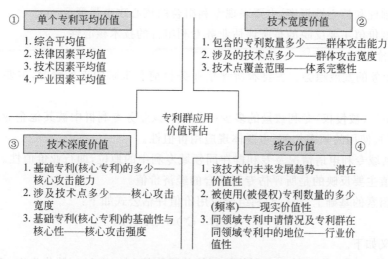

图 6-33 专利组合应用价值评估示意图

1）单个专利平均价值

单个专利平均价值应考虑如下因素。

（1）综合平均值:该专利组合中,在前面进行单个专利应用价值评估时每个专利的综合平均值。

（2）法律因素平均值:该专利组合中,在前面进行单个专利应用价值评估时每个专利的法律因素的平均值。

（3）技术因素平均值：该专利组合中，在前面进行单个专利应用价值评估时每个专利的技术因素的平均值。

（4）产业因素平均值：该专利组合中，在前面进行单个专利应用价值评估时每个专利的产业因素的平均值。

单个专利平均价值主要反映的是所评估业务专利群的基本应用价值情况。

2）技术宽度价值

技术宽度价值层面考虑的因素主要包括以下几个方面。

（1）包含的专利数量多少。该业务专利组合中，所包含专利数量的多少，该指标主要反映该业务专利群的群体攻击能力。

（2）涉及的技术点多少。该业务专利组合中所有专利覆盖关键技术点的多少，主要反映专利组合的群体攻击宽度。

（3）技术点覆盖范围。该业务专利组合中所有专利对关键技术体系覆盖的完整性。

技术宽度价值主要反映的是所评估业务专利组合的技术宽度覆盖情况。

3）技术深度价值

（1）基础专利（核心专利）的多少。该业务专利群所包含的基础专利和核心专利的多少，主要表现专利群的核心攻击能力。

（2）涉及的技术点多少。该业务专利组合中所有专利覆盖核心技术的多少，主要表现专利组合的核心攻击宽度。

（3）基础专利（核心专利）的基础性与核心性。该业务专利群中核心专利（基础专利）方案的技术基础性和核心性深度，主要表现专利组合的核心攻击强度。

技术深度价值主要反映的是所评估业务专利组合的技术核心性。

4）综合价值

（1）该业务的发展趋势。主要看所评估业务目前和未来的市场情况，主要表现市场价值性。

（2）被使用（被侵权）专利数量的多少（频率）。该业务专利群中被其他企业所使用的专利多少，以及被使用的频率如何，主要体现应用价值性。

（3）同领域专利申请情况及专利群在同领域专利中的地位，即行业价值性。

综合价值主要反映的是所评估专利组合的经济价值。

在上述因素的基础上，提供专利组合应用价值评估公式如下：

$$V = (A \cdot B \cdot C^n) \cdot (X + Y)$$

其中参数含义如下。

A：为每个专利组合中单个专利价值评估的平均值（由 $0 \sim 100$，转化为 $0 \sim 100\%$）。

B：为每个专利组合所依托的技术/产品的现有/预期市场规模（可以赋值的形式给定不同的值，譬如 $1, 1.2, 3$ 等）。

C：为叠加固定值，需预先设定，譬如，1.2 或 1.5（可修改的系数值）。

n：为专利被使用频次绝对值，单位为 1/（专利×公司），一个专利被一家公司使用则数值为 1。

X：为技术宽度评估值。

Y：为技术深度评估值。

其中,根据应用环境的不同,X,Y 可采用 5 阶 2 的 n 次幂递增等比数列,即 2、4、8、16、32…,或者,采用斐波那契数列,1、2、3、5、8…来合理区分并列因素重叠时出现的逆误差现象。上述数值的获取拟采用先定性后定量的方式进行选择,并转化为%比的系数。

一般情况下,X 和 Y 被视为重要度相同。

6.3.4 专利与技术标准

1. 技术标准分类

不同的机构对标准有不同的定义。国际标准化组织将"标准"定义为由一些技术规范或其他明确的准则所组成被用作规则、指南或特征的定义的文件,其目的是要求产品、工艺及服务等达到一定的要求。我国政府文件中将"标准"界定为对重复性事物和概念所做的统一规定。它以科学、技术和实践经验的综合成果为基础,经有关方面协商一致,由主管机构批准,以特定形式发布,作为共同遵守的准则和依据。

技术标准是指对标准化领域中需要协调统一的技术事项所制定的规范,包括技术标准、产品标准、工艺标准、检测试验方法标准以及安全、卫生、环保标准等。按照其形成过程不同,技术标准可分为法定标准和事实标准两大类。法定标准是指由政府及其授权的标准化组织或国际标准化组织制定或确认的技术标准。事实标准是指由处于技术领先地位的企业、企业集团制定(有的还需行业联盟组织认可,如 DVD 标准需经 DVD 论坛认可),由市场实际接纳的技术标准,如图 6-34 所示。由于技术标准所包含的技术日益复杂,且技术的研发需要巨额投入,研发能否成功以及能否被接纳为标准都存有风险,因而由少数企业独自研发形成技术标准的情形会越来越少,企业更愿意结成技术联盟共推技术标准。

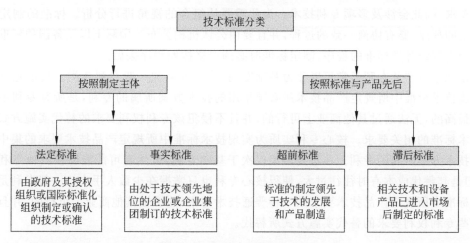

图 6-34 技术标准的分类方式

根据标准制定与产品制造的先后顺序。标准的制定一般有两种情况:一种是超前,即标准的制定领先于技术的发展和产品制造;另一种是滞后,即在相关的技术和设备产品已经进入市场后再制定相应的标准。在国际竞争越来越激烈的今天,先标准后制造已成为跨国公司跑马圈地的重要手段。

2. 标准引入专利

传统意义上,标准与专利技术本来是互不相干的,两者在本质属性上存在差异。标准追求公开性和普遍适用性,强调社会集体利益,力求能够以最小的成本推广使用。

专利在法律上是一种具有较强排他性和绝对性的私有财产,专利持有人追求的是利用专利权使自身的利益最大化,不允许未经授权的推广使用。标准与专利的这种利益互斥性,使早期的标准化组织在制定技术标准时都尽可能地避免将专利技术引入标准中。但是,自20世纪90年代以来,专利数量的迅速增长以及专利技术产业化速度的不断加快,使得专利与标准的关系发生了根本改变,从分离走向结合,出现了技术标准专利化趋势,专利逐渐成为标准中一个不可或缺的部分。具体的引入流程如图6-35所示。

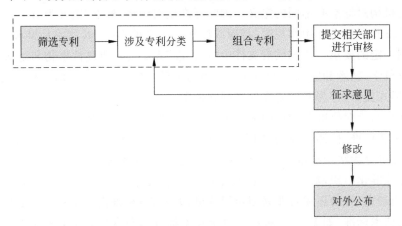

图 6-35　专利选入技术标准流程图

作为促进社会化大生产发展的重要手段,一个技术标准通常规定了一个或一类产品的技术要求,因此会涉及多项专利技术。为此需要从组合的视角进行分析。标准的制定需要有一定的程序,要有协商一致的过程,并且要由公认机构公布。国际上以及各国的标准化组织都规定制定各类标准的程序,制定标准时必须严格按照程序去做。

标准中所涉及专利通常可以分为基础专利、核心专利和一般专利3类。其中基础专利为实施技术标准中所规定产品技术所必须采用的技术方案所属的专利,是所有专利中重要程度最高的,无法通过其他商业上可行的,并且不侵犯该专利权利要求的替代实施方式来实现技术标准的相关要求。核心专利实质为实现技术标准中所规定产品技术要求的集中最优专利技术方案所属的专利。在重要性上仅次于基础专利,虽然有可能能够被其他专利所替代,但是其替代成本有时往往过大,使得核心专利也只掌握在少数人手中。一般专利是实现技术标准中所规定产品技术要求的一种普通技术方案,能够被其他商业上可行的,并且不侵犯这些专利权利要求的替代实施方式所替代。

6.3.5　专利联盟与专利池

1. 专利联盟功能及组织形式

专利联盟(也称专利同盟、专利经营实体等)是指由多个专利拥有者,为了能够彼此之间分享专利技术或者统一对外进行专利许可而形成的一个正式或者非正式联盟组织。

专利联盟的出现是科技发展和专利制度结合下的必然产物,通过集中管理成员专利的合作方法,实现了规避"专利丛林"和"反公共地悲剧"的功能。更为具体的,专利联盟能够消除专利实施中的授权障碍,有利于专利技术的推广应用。专利联盟还能够降低专利流通成本,有利于专利技术的推广使用。如专利联盟不仅可以通过"一站式许可"等多种方式降低专利许可中的交易成本,还能减少专利纠纷,降低诉讼成本。此外,专利联盟通过集体谈判与跨国公司相抗衡,可以有效应对技术壁垒,减少贸易摩擦,增强企业抗风险能力。组建专利联盟,从"零散制造"走向"共同创造",形成集成创新的合力,才能有效抵御来自外部专利战略的攻击,突破非关税贸易壁垒。

近年来,随着市场竞争的日益激烈和世界知识产权体系的飞速发展,出现了许多不同形式的专利联盟组织模式,大致可分为3种主要模式:独任管理模式、专利平台管理模式、独立的第三方管理模式。

1)独任管理模式

这种模式是参与联盟的拥有特定技术或标准的几个较大的专利权人联合,把自己的专利权共同授予其中某一家企业,作为整个联合许可合同的代理,由该企业对外进行一揽子许可,负责分配许可收益。专利权人并未组建新独立实体。如 DVD 3C 专利联盟就是典型的独任管理模式,其联合许可的执行人为飞利浦。

2)专利平台管理模式

这种模式采用组织化的方法来对多种技术或标准以及多个产品类别进行管理,旨在为许可人和被许可人提供更灵活的协议。进入池内的各成员可以拥有针对特定标准的各自独立的许可,许可人和被许可人之间可以就一些具体事项达成协议,比如交叉许可和非必要专利的许可。目前采用这种组织形式的专利联盟只有 3G 平台。

3)独立第三方管理模式

这种模式是把专利联盟的管理事务托付给一家与专利权人没有人事和资本关联的独立第三方,由其决定申请加入标准的专利是否具有必要性,以免出现共谋限制价格或产量等垄断性行为。很显然,这种模式将有效排除专利权人的不当影响和共谋垄断倾向。我国的专利联盟大都采用这一组织形式。

2. 专利联盟的运行机制

从大的层面上看,专利联盟的运行包括专利联盟设立和运营两个阶段,其中专利联盟组建运行主要包括两项必要程序。首先是征集和审定所需要的专利,并组成相应的专利联盟;其次是确定专利联盟的管理结构和对外实施许可,包括制定关于管理人和各专利权人权利配置的规则等,对外许可、纠纷处理等。具体运行机制如图 6-36 所示。

组建完成后,专利联盟要成功开展运行,需要满足如下条件:第一,专利联盟中的专利必须是有效专利;第二,专利联盟中的专利技术是非竞争性的;第三,专利联盟的专利政策安排不能给下游制造企业带来竞争劣势;第四,有独立专家或者评估师判定哪些专利对于实施上述技术标准不可或缺,在此基础上确定必要专利持有人的集合;第五,专利联盟中的企业不能形成价格联盟;第六,必要专利持用人需要任命专利联盟管理人员签发许可,收集专利许可费,对必要专利持有人分派专利许可费等执行性管理任务;第七,必要专利持有人保有向专利联盟之外的当事人签发许可的权利;第八,专利联盟中的许可人对专利联盟内部成员签发的许可是非排他许可;第九,全部回授规定限定于被许可人获得的必要专利,并且包含非独占许可条款,以及其他公正、合理的条款;第十,相关专利共同定义了一种技术标准。

3. 专利池的构建和机制

由专利联盟的功能及机制可以看出,其实质就是通过构建专利池,实现池内专利的布

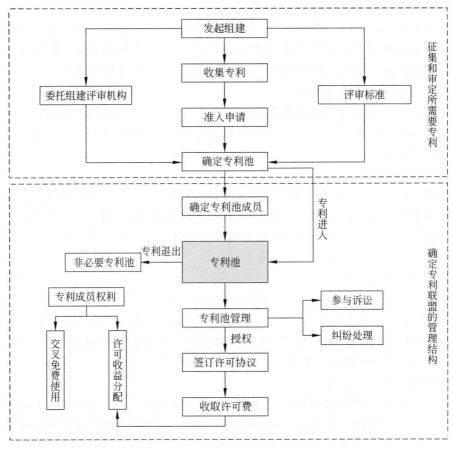

图 6-36　专利联盟的运行机制图

局、创新、产业化等，从而维持池内企业的技术优势最终实现价值最大化的有组织行为。从这一意义可以认为专利池是专利联盟功能实现、运行机制有意义的核心。以下着重对专利池的构建和运行机制进行阐述。

专利池是指不同类型专利权的两个以上所有者相互许可或向第三方许可的协议。专利池组建的初衷是加快专利授权，促进技术应用。专利池的合法要件包括，必要专利、许可必须基于非歧视的基础、必须有机制确保商业上的机密咨讯不可互相交换；不可抑制产业未来的研发和创新。

构建专利池首先应对入池的专利进行筛选，防止非必要专利的进入。判定一项专利能否进入专利池的最终标准有两项：一是该项专利是否为某一技术领域内相互补充的必要专利，即某一标准推行过程中不可避免会涉及的专利；二是该项专利商业上的必要性，即生产该许可产品不可避免的专利或寻找该专利的现存替代品经济上不可行（如替代成本过高等原因）。

构建和运作专利池需要根据一定的原则，同时也需要一定的管理机构进行管理。根据专利池运作和构建原则，先是要成立一个中立的管理机构对入池专利进行筛选、技术跟踪和评估，超出有效期限的专利即被清除出专利池，新授权的专利会被邀请加入。管理机构的职责还表现为使专利池的成员可以使用池中的全部专利从事研究和商业活动，且彼此间不需要支付许可费;池外的企业则可以通过支付使用费使用池中的全部专利,而不需要就每个专利寻求单独的许可。

专利池管理机构的设立一般采用两种方式：一种是由专利池另行成立一个专门的独立实体,即将标准制定机构与专利许可机构分离,专利池成员首先与独立实体签署专利授权协议,再由该独立实体统一负责专利许可事务;另一种是不另设独立机构,由专利池委托其部分成员代表专利池负责专利管理工作。

专利池的运行机制如图 6-37 所示,主要包括内部交叉许可机制、对外许可机制和许可费收取、收益分配机制三方面。

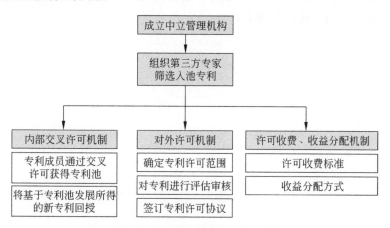

图 6-37　专利池的组织运行机制

内部交叉许可机制是指专利池成员通过交叉许可获得整个专利池,与此同时,各成员必须把基于该专利池发展所得到的新专利回授给专利池成员全体。其特征主要表现为,当事人为享有专利权的权利所有人双方;专利权利所有人之间签订许可协议对各自所持有的专利权相互进行许可不涉及对第三方的共同许可问题。

对外许可机制是指专利池权利人对第三方的专利许可问题。开展对外许可时,首先要考虑允许许可的范围。知识产权的地域性使得专利池中专利的保护范围不同,一般认为,专利池许可的范围应该与专利权保护的地域范围相一致。对外许可协议的签署是专利池对外许可运行的关键环节,其中的核心问题是许可模式的采用和许可费用的支付。对外许可的基本模式是一站式许可,即专利权人将个人享有的某一技术领域的专利交由一个正式或者非正式的机构进行管理,此机构将所有专利池中的专利统一进行许可或者用于生产,并根据统一的许可费率对外提供专利许可,并依据专利权人在专利池中的专利贡献的多少进行许可费用的划分。在签订许可合同前,应当考虑清楚以下问题：专利许可人将哪些权利授权给被许可人;授权被许可人利用专利技术可制造什么产品;授权被许可人在什么范围内销售和使用;如何计算专利许可费;专利许可费什么时候支付;支付价款采用什么方式;授权专利的有效期和可实施性;授权的专利是否有品质保证;因授权专利引起诉讼纠纷时,如何解决等等。当这些条款都达成一致,许可协议签署后,专利池对外许可机制运行正式运作。

一般情况下,各国专利池对外许可机制的具体模式有所不同,我国通常采用第三方管理模式。即将专利池的事务交付给一个独立第三方,由其决定申请入池的专利是否具有必要性,之后进行审阅评估,拟定标准草案,实施专利池管理措施,收取专利使用费,分配利益。

这既避免了因为技术垄断而被指控的情况发生，也避免了因利润分配不均而产生的诉讼。

协议签订前，专利费的收取、制定收益分配标准问题也应该得到解决。基本原则为许可费用的收取应当遵循一次性收费的原则，不能重复收费。要按照扣除管理机构成本支出后依据相应的约定进行分成。关于专利许可收费标准，许可费率一般不超过专利产品净售价的 5%，且根据非歧视原则对外一般执行统一的收费标准。为了确定合理的专利收费标准和专利池成员间的分配比例，专利池确定专利许可费收取和分配的计算方法包括成本累计法、市场比价法、所得估算法等。由于专利池权利人在专利许可上占有强势地位，造成了专利信息的不对称性，为了保护被许可企业的合法权利，由标准化组织限定最高专利费率，是促进专利许可双方利益平衡的重要方式。

第7章 专利信息分析案例

7.1 案例1：工业机器人专利分析和预警

工业机器人是第三次工业革命的重要代表产业,美国将其视为"再工业化"制造业回归的重要机会,德国则将其作为"工业4.0"和"智能工厂"计划的重要载体,日本将工业机器人产业视为重振制造业的重要契机。中国作为制造业大国,未来随着人力成本和人口老龄化不断加剧,对工业机器人的需求将呈现快速上升的趋势。工业自动化的转型与升级也是中国发展的必然之路,而技术革新和创新发展是工业机器人产业实现转型的关键,有效实施专利战略,将有效促进我国工业机器人产业完成跨越式发展。

1. 工业机器人领域专利总体态势

1) 中国市场和专利增速高于全球

如表7-1所示,全球范围内涉及工业机器人技术的专利申请共121531项,其中在美、欧、中、日、韩五大专利局受理的专利申请合计109721项,占总量的90%。其中,中国国家知识产权局(SIPO)受理的工业机器人技术直接或间接相关的专利申请量共有23938项。其中国内专利申请18815项,占全部申请总量的78.6%,国外来华专利申请5123项,占全部申请总量的21.4%。

表7-1 全球及中国工业机器人技术领域专利基本状况

全球(项) (同族121531项)		中国(23938项)	
		国内(18815项)	国外来华(5123项)
时间范围	1954.1.1—2014.7.31	1985.1.1—2014.7.31	
发展趋势			
	1954—1971年起步期;1972—1987年技术准备期;1988—1994年低迷期;1994年至今加速增长期,2012年达到峰值9482项	1985—2000年稳步发展期;2000年之后呈现快速增长趋势,2013年达到峰值5369项	
区域分布	日本:38044(30%) 中国:21571(18%) 美国:11698(10%) 俄罗斯(含前苏联):9928(8%) 德国:9726(8%)	中国:18815(78.6%) 日本:3371(14.1%) 德国:348(1.5%) 瑞士:231(1.0%)	美国:386(1.6%) 韩国:251(1.0%) 瑞典:153(0.6%)

全球（项） （同族 121531 项）		中国（23938 项）	
		国内（18815 项）	国外来华（5123 项）
主要申请人	安川：5823（4.8%） 发那科：4512（3.7%） ABB：2231（1.8%） 三星：2016（1.7%） 日立：1907（1.6%）	上交大：299（1.2%） 哈工大：265（1.1%） 新松：126（2.5%） 清华：244（1.0%）	发那科：1199（5.0%） 安川：806（3.4%） ABB：445（1.9%）
主要技术领域	控制器：20444（16.8%） 电动机：3144（2.6%） 减速器：1560（1.3%）	控制器：2133（8.9%） 电动机：471（2.0%） 减速器：246（1.0%）	控制器：1350（5.6%） 电动机：75（0.3%） 减速器：210（0.9%）

产业数据显示，2013 年中国共购买了 36560 台工业机器人，同比增长近 60%，占全球销量的 20%，使中国超越日本成为了工业机器人全球第一大市场。在巨大的市场预期作用下，可以预见 ABB（来华申请 445 项）、库卡（KUKA）（114 项）、发那科（FANUC）（1199 项）和安川电机（Yaskawa）（806 项）等为代表的国外产业巨头势必会继续加大针对中国市场的产品和技术研发投入力度，从而带来持续的专利产出。

从目前的中国专利申请的构成来看，国外来华申请的数量增速（27.5%）低于我国国内专利申请增长速度（37.9%），说明国内申请人对专利的重视程度也在不断加强。但是我国实用新型专利仍占有较大比例（49.4%），技术含量还有待进一步提升。

2）五大国家或地区引领专利创新

如图 7-1 所示，工业机器人领域专利申请量领先的国家/地区为日本（38044 项）、美国（11698 项）、德国（9726 项）及韩国（8028 项）等。

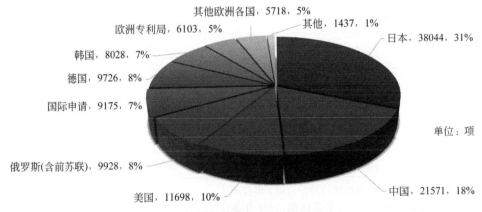

图 7-1　全球专利申请国家/地区分布图

如图 7-2 所示，国外来华申请相关专利的国家和地区中，日本（3371 项）遥遥当先，其他来华进行专利布局的国家还有美国（386 项）、德国（348 项）、韩国（251 项）、瑞士（231 项）等。

如图 7-3 所示，国内工业机器人发展迅速，专利申请量最大的前 5 个省份依次为江苏（3168 项）、北京（2013 项）、浙江（1827 项）、上海（1721 项）和广东（1234 项），与上海、常州、昆山、苏州、徐州、青岛等地大力建设工业机器人产业园区的情况相吻合。由此可见，目前我

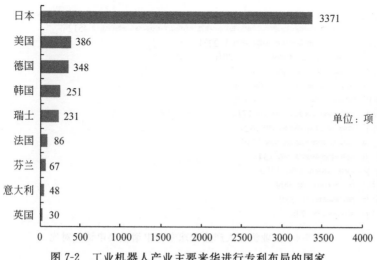

图 7-2　工业机器人产业主要来华进行专利布局的国家

国地方政府设立工业机器人产业园的发展模式对相关技术的发展起到了良好的促进作用，但是各地的产业园如何实现差异化发展，避免重复投入和恶性竞争，是需要各地方政府关注的问题。

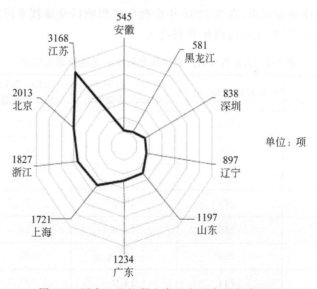

图 7-3　国内工业机器人产业主要专利申请地区

3）四大跨国公司掌握关键专利技术

如图 7-4 所示，在工业机器人产业全球重要专利申请人中，日本的安川电机公司和发那科公司分别以 5823 项、4512 项专利申请位居全球前两位。ABB（2231 项）、三星（2016 项）、日立（1907 项）、三菱（1836 项）、丰田（1780 项）、精工爱普生（1714 项）、松下（1624 项）、富士通（1549 项）、本田（1343 项）、东芝（1193 项）、索尼（999 项）、库卡（889 项）和西门子（748 项）等公司紧随其后。在这前 15 位全球重要申请人中，日本企业占据了 11 席，可见目前日本在工业机器人领域具备雄厚的研发实力，在专利技术方面的竞争优势明显。

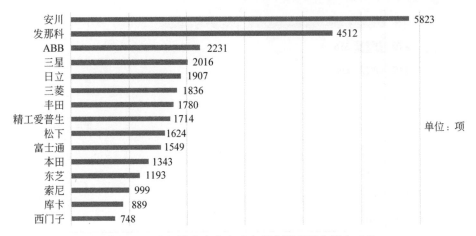

图 7-4 工业机器人产业全球专利申请重要申请人对比

在国外来华专利申请方面,如表 7-2 所示,四大龙头企业中的三家,即发那科(1199项)、安川(806 项)、ABB(445 项)占据着中国排名的前三位,表明这些龙头企业十分重视在中国的专利布局。并且发那科、安川和 ABB 的全球专利申请活跃指数分布为 0.93、0.76、0.97,而对应的中国专利申请活跃指数提高到 0.95、6.65、1.48,表明它们对于中国市场的重视程度超出了全球平均水平,在受 2008 年金融危机影响后全球技术研发和专利申请相对收紧的大环境下,它们依然在中国增加专利投入。

表 7-2 工业机器人产业中国专利申请重要申请人对比

申请人名称	专利申请量/项	2000—2009 年平均申请量/项	2010—2012 年平均申请量/项	活跃指数
发那科	1199	92.4	87.7	0.95
安川	806	22.3	148	6.65
ABB	445	24.7	36.7	1.48
上海交通大学	299	18.2	19.7	1.08
哈尔滨工业大学	265	13.8	19	1.38
沈阳新松	259	9.56	81	8.48
清华大学	244	11.2	31.7	2.83
中科院沈阳自动化所	214	14.9	18.3	1.23
北京航空航天大学	198	9.1	21	2.31
浙江大学	189	6.75	27.7	4.1
东南大学	173	6.38	28	4.39
鸿富锦	173	13.8	30	2.17

其中排名后 7 位的国内申请人的总量之和(1668 项)比排名前三的国外公司的专利申

请总量(2450项)还少46%,并且这些国内申请人基本上为国内大学和科研院所,这一方面说明了国内的工业机器人企业的技术研发实力还有待提高,而且在专利保护方面暂时比较薄弱,另一方面也可以看出我国在产学研结合上还具有巨大的发展潜力。

4）三大关键零部件成为创新焦点

由于相关关键零部件技术受制于国外企业,导致我国工业机器人本体制造企业的相关零部件采购成本甚至远高于国外同行。目前我国工业机器人产业急需突破制约关键零部件发展的关键技术,尤其是减速器相关的技术。

在上述三大关键零部件中,如图7-5所示,减速器的成本占比最高,而其专利申请量却最小,全球仅涉及1560项,而日本企业具有垄断性优势。

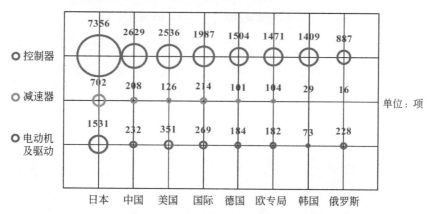

图7-5　工业机器人三大核心零部件全球专利申请的国家和地区

以三家国外来华龙头企业和三家国内龙头企业的关键零部件专利申请量进行对比,如图7-6所示,安川和ABB的技术优势在于电动机(227项,137项)和控制器(175项,78项)两方面,库卡的技术优势在控制器(114项)方面。国内申请人中新松在控制器(53项)方面、广州数控在电动机(32项)方面有一定专利积累。

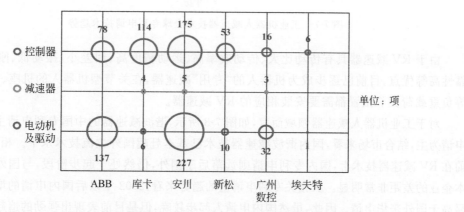

图7-6　工业机器人三大核心零部件中国专利重要申请人

2. 工业机器人关键技术专利态势

1）减速器核心专利为日本垄断

在减速器领域全球专利申请量排名中,日本住友公司以544项排名第一,日本纳博公司

（413 项）、谐波传动公司[①]（233 项）分列第二和第三位,遥遥领先其他公司,充分体现了全球三大机器人减速器公司在该领域的主导地位。

在工业机器人减速器领域,日本企业的整体实力较强,基本处于垄断格局。

总体来说,如图 7-7 所示,RV 减速器和谐波减速器这两种技术的专利申请增长均呈现上升趋势,谐波减速器技术的专利申请量相对较小,近年来增速较慢。由于 RV 减速器最大厂家纳博于 1996 年推出了一款新产品 RV-E 上市,因此纳博于 1995 年开始围绕 RV 减速器布局了大量专利,导致 RV 减速器技术专利出现明显增长。随着纳博新产品 RV-N 于 2007 年推出上市,RV 减速器专利申请迎来爆发式增长。而 2008 年受全球金融危机影响,谐波减速器和 RV 减速器的专利申请量都出现了不同程度的降低。

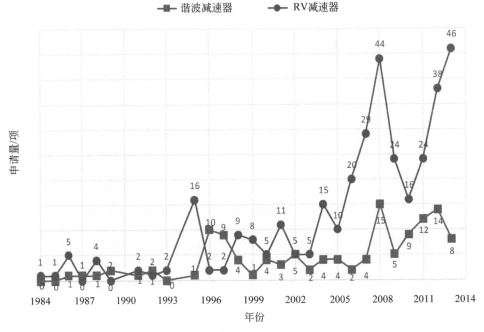

图 7-7　工业机器人减速器技术全球专利申请技术趋势

由于 RV 减速器具有传动比大、传动效率高、运动精度高、回差小、振动低、刚性大和可靠性高等优点,目前已逐步成为机器人的"专用"减速器,在关节型机器人的机座、大臂、肩部等负重载荷关节位置都需要安装相应的 RV 减速器。

对于工业机器人减速器领域而言,如图 7-8 所示,谐波减速器的中国专利申请主要以国内申请为主,结合市场来看,国内谐波减速器技术已基本赶超国外主流技术水平。相对而言,目前在 RV 减速器技术上,国内专利申请则远落后于国外,仍然处于起步阶段,与国外尤其是日本企业的差距非常明显。从相关专利申请量的趋势来看,2002 年以后国内申请的增长速度明显高于国外来华申请。因此,虽然国内申请人起步较晚,但是目前表现出强劲的追赶势头。

2) 电动机核心专利技术竞争激烈

至 2014 年 7 月底,工业机器人电动机的全球专利申请量累计达 3144 项,来自于日本的

---

① 谐波传动公司总部位于美国,但是其产品在日本和德国研发和制造。

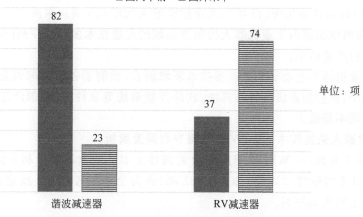

图 7-8　工业机器人减速器技术中国专利申请类型

专利申请量最多(1531 项),远超排名其后的欧洲(903 项)、美国(358 项)、中国(232 项),表明日本在工业机器人电动机技术领域具有明显的专利技术优势。

工业机器人电动机全球专利申请人的排名也表明,日本企业占据着主导地位,其中排名前五名全部为日本企业,分别是安川电机(290 项)、松下电器(166 项)、发那科(145 项)、精工爱普生(114 项)、三菱电机(69 项)。而排名前 15 位的申请人中除了西门子(47 项)和 ABB(24 项)其余均为日本企业,这些排名靠前的重要申请人来源为:国际电气巨头、汽车整车或部件生产企业、机器人供应商。

工业机器人电动机中国专利申请 546 项,其中国外来华申请 75 项,中国国内申请 471 项。国外来华申请中发明占比高达 95% 以上,而在国内申请中,发明申请仅占 48%。

从国内申请的区域分布来看,排名前五的江苏(66 项)、北京(58 项)、上海(58 项)、浙江(31 项)、广东(24 项)主要是集中了产业优势、科研背景和经济实力的东部沿海地区。

3) 控制器创新差距相对不显著

至 2014 年 7 月底,工业机器人控制器的全球专利申请量累计达 20437 项,其中日本、欧洲、美国、中国申请量排名靠前,并且这 5 个国家或地区受理的工业机器人控制器专利申请占到全球相关申请量的 85%,日本在工业机器人控制器技术领域具有明显的专利技术优势。

从工业机器人控制器全球专利申请人排名来看,日本企业占有绝对优势,排名前五的企业为安川电机(762 项)、发那科(647 项)、本田(346 项)、三星(306 项)、丰田(305 项),除三星外全部为日本企业。

工业机器人控制器领域的中国专利申请有 3483 项,其中国外来华申请 1350 项,中国国内申请 2133 项。但在国内申请中,有 882 项实用新型,仅有 1 项 PCT 申请,说明国内工业机器人控制器相关企业在海外专利布局力度很弱。从技术角度上来看,中国国内专利申请量虽然在数量上略占优势,但缺少核心专利,影响力较弱。

从国内专利申请区域分布来看,工业机器人专利申请排名前五位的地区为江苏(343 项)、广东(289 项)、北京(270 项)、上海(227 项)、浙江(151 项)。对国内的申请人排名进行分析可以得出,发那科(125 项)、安川电机(107 项)、精工爱普生(70 项)、松下电器(125 项)

等日本企业排名前列,欧洲库卡(57项)排名第五,国内排名靠前的专利申请人为上海交通大学(49项)、中科院自动化所(45项)、北京航空航天大学(35项)、东南大学(33项)等高校和研究所,这表明中国国内工业机器人控制器领域的先进技术多还处在基础研发阶段,还需要一定时间进行产业转化。

相对于工业机器人电动机和减速器技术领域而言,控制器领域的国内企业与国外企业的差距相对较小,在控制系统的核心算法、软件控制系统等软件方面,国产工业机器人在控制器上总体问题不是很大。

3. 工业机器人关键技术——RV减速器专利深度解析

至2014年7月底,在WPI数据库中检索到涉及RV减速器的专利申请为346项,如图7-9所示。日本的纳博(228项)和住友(82项)作为全球知名的RV减速器生产企业,目前已形成事实上的市场垄断。

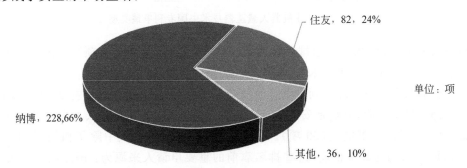

图7-9　工业机器人减速器技术全球专利申请量

日本纳博是RV减速器技术的首倡者,且每年保持较高申请水平,在RV减速器技术上具有绝对优势;中国虽然有发展RV减速器技术的规划和努力,但技术高度和专利权稳定度较之日本和欧洲申请还有一定差距。

纳博重点在组装/工艺、核心部件、输入端、齿形/啮合、轴承以及输出端技术分支进行专利布局,尤其是在组装/工艺与核心部件这两个技术分支上,纳博分别具有160项与83项专利申请,住友分别具有31项与17项专利申请,显示出核心部件与组装/工艺是RV减速器的核心技术和研发重点。除此之外,纳博还在输入端技术分支进行了重点布局,住友还在轴承技术分支进行了重点布局,说明这两家公司在RV减速器领域已经具有各自的技术特色。

如表7-3所示,RV减速器领域的中国专利申请为144项,其中国外来华申请107项(74项发明和33项外观设计),中国国内申请37项(24项发明和13项实用新型)。值得注意的是,国外来华申请人在使用发明专利保护其产品技术方案的同时,还通过外观设计专利保护其产品外观,防范其产品外观被仿制和假冒,此举值得国内企业参考借鉴。

表7-3　RV减速器中国专利主要申请人的专利状态　　　　　　　　　　单位:项

	排名	名称	申请	有效	无效	未决	发明占比(%)
国外来华申请	1	纳博	75	53	0	22	63
	2	住友	32	12	4	16	84
总计			107	65	4	38	73.5

	排名	名称	申请	有效	无效	未决	发明占比(%)
国内申请	1	南通振康	7	6	0	1	57
	2	山东帅克	4	2	0	2	50
	3	江苏泰来	4	2	0	2	50
	4	陕西秦川	4	1	0	3	100
	5	浙江恒丰泰	4	3	0	1	75
总计			23	14	0	9	66.4%

整体来看,RV减速器领域国外来华申请已初步形成纳博一家独大、住友积极跟随的局面,目前国外来华专利申请在数量和质量上已经占据绝对优势,对国内企业进入该领域形成了一定的专利壁垒。

对于RV减速器领域中国国内专利申请人而言,研究起步较早的是陕西秦川,目前南通振康申请量最多,而山东帅克、浙江恒丰泰虽然在该技术上的研究起步较晚,但都在积极跟进。从产品层面来说,中国的RV减速器技术尚未进入成熟阶段,基本结构和部件尚未成型,核心部件和组装/工艺的持续改进是目前首要解决的问题。

1) 日本企业以专利获取市场竞争优势

纳博是世界上最大的RV减速器制造商,其产品占领了全球工业机器人精密减速机市场近70%的份额,如图7-10所示。纳博于1986年开始进行RV减速器技术的专利申请,从2004年开始,纳博的申请量快速增长,尤其是2008年达到46项专利申请的顶峰,之后2010年有所回落,由此表明纳博非常看好RV减速器技术的产业前景,进行了较大的研发和专利投入。纳博于2002年开始在中国进行RV减速器技术的专利申请,虽然2012年全球申请量出现下降,但是反而增加了在中国的专利申请,说明其近年来加强了对中国市场的重视。

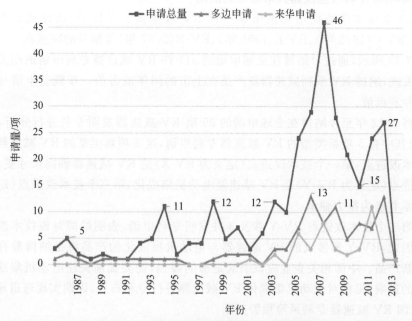

图 7-10 纳博 RV 减速器的专利申请量趋势

从 RV 减速器专利的全球地域分布来看,纳博在所有国家和地区都十分注重在组装/工艺、核心部件上的专利布局,如图 7-11 所示。纳博在中国还重点布局齿形/啮合(13 项)、输入端(10 项);纳博在欧洲还重点布局输入端(10 项)、齿形/啮合(9 项);纳博在美国还重点布局输入端(18 项)、轴承(16 项);纳博在韩国还重点布局润滑/冷却(5 项)、输入端(5 项)。

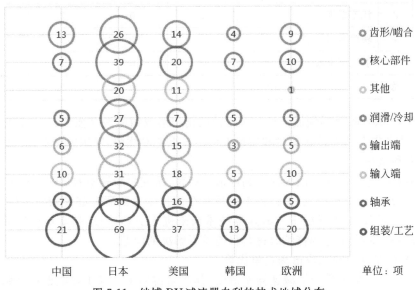

图 7-11　纳博 RV 减速器专利的技术地域分布

值得注意的是,核心部件作为 RV 减速器技术中最重要的技术分支,纳博在中国对该技术的专利布局反而相对较少,因此中国 RV 减速器企业可以抓住机遇在国内重点布局该技术分支专利,以抢占先机。

2) 日本纳博专利信息披露其未来市场战略

从 1985 年日本纳博向市场推出第一件 RV 减速器产品以后,陆续又推出了 RV-A (1988 年)、RV-C(1992 年)、RV-E(1996 年)、RV-N(2007 年)等型号的减速器。

如图 7-12 所示,通过对纳博在全球申请的 315 件 RV 减速器专利申请的相关技术进行研究可以发现,纳博 RV 系列减速器新产品在上市的同年或者前一年就会申请与该产品对应的发明专利申请。

通过将 2012 年至今纳博在全球申请的 39 项 RV 减速器发明专利进行分析,如图 7-13 所示,发现其中有 5 项新类型的 RV 减速器专利申请,这 5 项新类型的 RV 减速器涉及 3 个方面的技术改进点,第一个技术改进点(定义为 RV-X)是 RV 减速器轴向尺寸更小化,第二个技术改进点(定义为 RV-Y)是 RV 减速器电动机集成化,第三个技术改进点(定义为 RV-Z)是将轴承替换为推力轴承。

其中第二个技术改进点 RV-Y 涉及 3 件发明专利申请,表明纳博对该技术改进方向更加重视。因此,RV-Y 所涉及的 RV 减速器与电动机集成化的产品将是纳博最有可能在近期上市的新产品。中国相关企业应该引起足够的警惕,需要提前关注电动机集成化 RV 减速器技术的影响,提前对电动机集成化 RV 减速器进行专利布局,以期实现弯道超车。

3) 我国 RV 减速器专利风险预警判断

通过对 RV 减速器领域国外来华和中国国内专利申请趋势的对比可以发现,如表 7-4

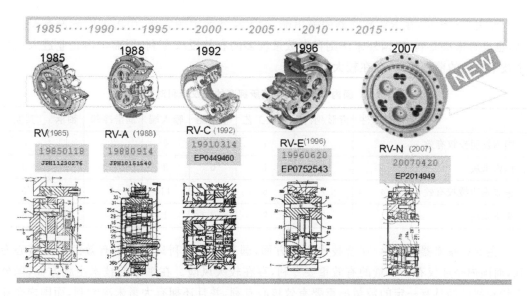

图 7-12　纳博 RV 减速器新产品上市和专利申请之间的关系

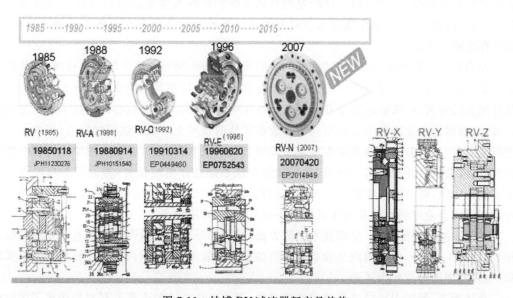

图 7-13　纳博 RV 减速器新产品趋势

所示,国外来华申请人将会进一步拉大与国内申请人的差距,巩固其专利壁垒,因此从整体上来看,国内相关企业的专利风险在未来呈现逐步增大的趋势。

表 7-4　RV 减速器中国国内和国外来华专利申请法律对比　　　　　　　单位:项

类别	授权量	授权后有效	授权后失效	视撤和驳回	未决量	已审发明授权率	未决发明预期授权量
国内发明	8	6	2	2	8	80%	6
国内新型	12	7	5	0	0	—	—
国外来华	36	34	2	5	26	87.8%	23

如表 7-5 所示,在 RV 减速器的输出端、输入端技术主题方面,中国国内既没有授权专利,也没有未决专利,而国外来华则存在数量较多的有效授权专利,因而国内企业进入这几个技术主题的壁垒较高,存在较大风险。

表 7-5　国内申请发明申请所拥有的授权专利对比表

	核心部件	齿形/啮合	组装工艺	输出端	输入端	润滑冷却	轴承	其他
国内发明授权有效	2	1	1	0	0	2	1	0
国内未决	4	3	1	0	0	0	1	0
来华发明授权有效	4	7	6	3	11	1	4	0
来华未决	1	6	7	3	1	2	6	3

在 RV 减速器的齿形/啮合技术主题方面,国外来华专利具有多个有效的重要核心专利,而国内企业仅有极少量的有效重要专利,存在较大风险。在轴承的技术主题方面,国外来华专利已经具有一定的数量的重要有效核心专利,并且还拥有大量未决专利,而国内企业的有效专利申请仅为一件,通过比较发现其请求保护的技术方案已经被在前的国外来华专利所公开,因而,国内企业在该技术主题上的基础有效专利和重要有效核心专利均为空白,因此存在重大风险。

在 RV 减速器的核心部件主题方面,看似国内申请和国外来华申请实力相当,但是国外企业在 2000 年以后就开始在中国国内进行专利布局,并且在其他国家已拥有大量核心技术部件相关的专利,在来华进行专利布局的这些年中,尚未再次迎来核心部件技术的研发成果高峰,因而国外企业将来华专利布局重点放在了外围技术上。根据这样的特点,国内企业在进行研发时,可以参照国外企业未在华布局的其他国家专利,在其基础上继续进行核心技术的改进,以及进行外围技术的研发,进而加强在核心部件方面的优势,努力缩小与国外来华申请人的差距,降低在产业应用中的专利侵权风险。在核心部件的技术主题方面,国外来华专利和国内企业专利均涉及数个有效重要核心专利,风险较小。

在 RV 减速器的润滑/冷却技术主题方面,尽管国外来华和国内企业的有效专利的数量相当,均为 1～2 个,但是国内企业有效专利的稳定性较差,也即国内企业在核心专利上实质是空白的,因而存在较大风险。

总体而言,我国 RV 减速器技术尚未成熟,国外来华企业的大量专利布局构成了国内企业的专利风险来源。

国内相关企业形成行业专利联盟对于抗衡国外来华专利布局极具意义,这也是国内企业降低专利风险的有效途径。国内申请人在团结抗衡国外来华企业的同时,也应该加强对各技术主题专利的申请,防止国外来华企业的专利组合形成难以逾越的障碍。

研究表明,国内 N 企业某品牌 80E、110E 和 160E 等型号的减速器产品外观与纳博的某外观设计专利具有一定的相似度,可能导致国内该企业面临纳博的外观设计专利诉讼风险。

目前资料显示,国内 N 企业的这些型号产品的推出时间应早于纳博的某外观设计专利的申请日,因此国内 N 企业可以采用无效该外观设计专利或采用先用权抗辩等策略来进行应对。如有可能,国内企业可以对国外来华专利或专利申请进行无效检索和分析,降低国外企业在 RV 减速器上所构建的专利壁垒。

4. 中国工业机器人产业创新模式和专利路线图探索

1）美日欧中产业发展模式及专利路线比较

（1）全球工业机器人产业优势区域专利情况对比。如图 7-14 所示，日本企业在工业机器人产业上的专利布局模式特点为相关专利申请量大，非常重视向海外市场进行布局；在关键零部件上的专利申请量占比高。

专利		全球	日本	欧洲	美国	中国
五种发明专利总申请量	项	12174	6141	3392	1914	67
	趋势					
	占比		50.4%	27.9%	15.7%	0.6%
控制器	项	2998	1628	747	428	19
	趋势					
	占比		54.3%	24.9%	14.3%	0.6%
电动机及驱动器	项	504	281	105	84	1
	趋势					
	占比		55.8%	20.8%	16.7%	0.2%
减速器	项	321	269	32	14	0
	趋势					
	占比		83.8%	10.0%	4.4%	0.0%
核心零部件合计	项	3823	2178	884	526	20
	占比	—	57.0%	23.1%	13.8%	0.5%
核心零部件在全产业链中的占比		31.4%	35.5%	26.1%	27.5%	29.9%

图 7-14　全球工业机器人关键零部件五种专利申请量对比

欧洲企业在工业机器人产业上的专利布局模式特点为重视系统集成和应用专利申请，关键零部件相关专利申请占比不大，但是从技术市场控制力度上来看专利布局的效率较高。

美国企业在工业机器人产业上的专利布局模式特点为专利布局早，但申请量相对稳定，专利申请集中度不高，关注 ITC 技术与工业机器人技术的融合。

综上所述，日本、欧洲、美国企业的专利布局特点服务于各自的产业发展模式，或者说美日欧产业都非常重视通过专利布局实现对目标市场的控制。

（2）中国机器人概念上市公司专利情况现状。在中国证券市场的 54 家机器人概念上市公司中，41％的相关上市企业没有任何涉及工业机器人方面的专利申请，仅有 20％的相关上市企业拥有 10 项以上的专利技术。

对中国证券市场上涉及机器人概念的上市公司进行统计，共有 597 项相关中国专利申请，其中有效专利 333 项，失效专利 55 项，未决专利 209 项；在有效专利中，实用新型约占 3/4，其专利价值还需经受市场检验，而发明仅占 14％，表明这些上市公司所拥有专利数量不足,技术高度有待提升,与国外来华企业的技术竞争中,难以获得足够的专利支撑。

在这些拥有工业机器人方面专利申请的上市公司中,经统计分析发现,70%的公司的业务集中在门槛较低的系统集成应用方面,涉及工业机器人关键零部件技术的公司仅占23%,仅有新松机器人自动化股份有限公司与哈尔滨博实自动化设备有限责任公司这两家企业正在尝试对工业机器人产业进行全产业链布局。但是与国外来华专利相比,目前这两家企业专利的技术高度仍显不足,且相当一部分专利申请的动机并非是单纯是为了寻求知识产权保护。

2) 日本模式——RV 减速器产业及其专利策略

日本企业纳博提交 RV 减速器最早的专利申请之后,引发了其与日本企业住友之间一系列的专利较量。

(1) 住友以 RV 减速器的组装工艺技术主题为突破点,时隔 5 年从纳博核心专利的外围申请了其 RV 减速器的首件专利,以该件专利为基石,通过这一系列专利申请的布局策略,住友将其 RV 减速器专利技术寿命延续至今。住友通过借助针对纳博核心专利衍生的外围专利形成了自己在 RV 减速器技术上的知识产权的优势。

(2) 在核心专利被他人从外围突破进而丧失主动权的情况下,纳博绕过已被对手掌握的技术主题,从客户的技术需求出发对技术的改进,开发了全新的核心技术并产生了数件重要专利,同时还寻求到了对自身发展极为有利的合作伙伴,使其精密减速器事业迎来了新的高潮。纳博在难以走出被住友包围的困境的情况下,没有盲目地反包围防御,而是另起炉灶,开发了全新的技术路线,从多个技术主题扩散发展,在发展到一定程度后,以更成熟的技术回过头在早期被住友包围的核心专利周边进行核心和外围专利的申请,再次掌控了技术上的主动权。其对专利的重视以及专利策略的合理使用是其制胜的重要手段。

日本 RV 减速器企业在全球的专利布局策略如下:

① 对中国市场重视,因此对每个技术分支上均进行了专利布局。

② 进行专利布局时对各目的国的技术优势有所考量。

③ 关注与 RV 减速器相关其他技术主题发展,并进行了周密的专利布局,包括材料选择、编码器和马达重叠设置等。

3) 欧洲模式——德国库卡公司及其专利策略

库卡作为一家最初从事焊接业务的欧洲企业,其在例如焊钳等末端执行器上的专利申请量较多,在库卡分为两个市场上独立运作的公司,即库卡机器人有限公司及库卡焊接设备有限公司后,更有针对性的分别在机器人和控制器及控制方法上加大了研发投入,目前控制器及控制方法已成为库卡专利申请量最大的技术领域。上海新工厂的投产,是库卡全球战略中的重要一步,其目标就是占领中国的工业机器人的自动化解决方案市场,为了与市场相适应,库卡在中国,对机器人控制方法及控制器进行了大量的专利布局。

库卡注重全产业链专利技术合作,并且除了在其具有传统优势的汽车行业外,库卡还通过合作和收购的方式,在下游的太阳能和机床上下料等一般性行业中进行了专利布局。近年来,库卡在减速器、电动机等核心零部件上,通过自主研发、专利合作和购买等多种方式,也进行了专利布局,显示出其正在加速机器人行业上游的投入,以形成上中下游全产业链发展。

更重要的是,从数据统计来看,库卡公司通过相对不多的全球专利布局(887 项)实现了较大的全球市场份额(2013 年库卡工业机器人约 10 亿美元销售额,占库卡公司总营收 24 亿美元中的 41.7%),具有比较高的专利布局效力,值得我国相关企业学习和借鉴。

7.2 案例 2:数字安防专利导航分析

1. 数字安防产业发展方向导航

1) 数字安防产业是物联网的重要组成

(1) 物联网关键环节专利密布。物联网[①]是继个人计算机、互联网之后的全球信息化的第三次浪潮,已被各国列为重点战略新兴产业。物联网可概括为三层逻辑架构:一是感知层,主要负责信息搜集,对物质世界感知,包括二维码标签和识读器、RFID 标签和读写器、摄像头、GPS、传感器、终端、传感器网络等;二是网络层,负责信息传输、信息初步处理、分类、聚合等;三是应用层,为各行各业提供应用的基础。

统计显示,物联网三层架构下全球专利总量已超过 550 万项。其中感知层专利最密集,总量超过 224 万项;网络层专利同样超过 222 万项,应用层专利相对较少,也有 112 万项。从专利趋势上看,2009 年当各国开始重视物联网产业后,专利呈现较快增长,年增速达到 13%,且这一时期专利数量约占到物联网相关专利总量的 64%。

(2) 产业链两端成为争夺焦点

① 感知层是物联网发展的基础。感知层属于物联网的基础环节,是实现将物理世界各种状态的信息,如图像、视频、温度、位置和物品属性等进行感知和存储的基础网络设施。某市的数字安防产业当前的重心也正集中于物联网感知层方面。

统计发现,感知层 224 万项全球专利构成中,传感器技术占据 186 万项,属于专利高度密集区,也是物联网信息采集的主要触手;除此之外,其他感知设备的专利分布并不均衡,MEMS 传感器涉及约 8.3 万项专利,RFID 标签涉及约 4.4 万项专利,二维码技术涉及约 3900 项专利。

某市高新区物联网产业的高速发展很大程度上得益于感知层产业的发展,因此在享受当前增长带来的高盈利同时,也应当适时引导园区的产业结构和企业发展方向兼顾应用层等物联网未来价值高点转移。

② 应用层是物联网未来价值所在。应用层被认为是物联网产业发展的核心商业价值所在,据估测,当物联网到达成熟阶段后,其产生的产值将超过物联网整体的 50%。

(3) 数字安防是物联网相对成熟的代表性产业。数字安防产业是物联网中相对独立的部分,基本不用依附于其他行业,行业发展比较早,产业集中度高,是目前物联网概念中相对发展较为成熟的代表性产业。

数据表明,全球范围内数字安防产业的专利申请量已经突破 13 万项,并且还呈现稳步发展的态势,这与数字安防产业的市场态势基本吻合。视频监控领域占据数字安防产业的大部分产值,也是某市目前产业优势聚集区,市场竞争较为激烈,有效增强数字安防产业的整体实力,将会成为某市实现物联网大发展的重要突破口。

---

① 2005 年,在突尼斯举行的信息社会世界峰会(WSIS)上,国际电信联盟(ITU)发布的《ITU 互联网报告 2005:物联网》中正式提出"物联网"这一概念。

2) 全球数字安防产业竞争格局

（1）全球数字安防产业格局及竞争力分析。

一是跨国公司具有较高的市场占有率和较快的增长速度,专利储备较国内更为充足。

2013年安防行业全球50强占据了全球68%的安防市场和40%的视频监控市场,销售平均增长率也达到了12.3%。其中美国霍尼韦尔、德国博世、瑞典安讯士等海外龙头的市场销售额名列前茅。从专利层面看,这些海外公司也具有较强的技术实力,其专利申请量分别为306项、360项和128项。这种高速的增长一方面源于全球安防市场需求的不断扩大,另一方面也与安防产业行业集中度不断提升息息相关。

二是视频监控安防产业核心专利掌握在发达国家手中,高质量专利带来强大专利控制力。

在视频监控的核心技术——视频图像压缩算法方面,国内安防企业长期受发达国家H.264、H.265、MPGE等标准的限制,在这些包含核心专利的标准上尚未形成与对手谈判的筹码,只能被动接受。

国外安防龙头和优势企业占有产业发展的先机,已经针对视频监控领域的关键技术进行核心专利布局,并依靠强大的专利控制力维持甚至扩大其在安防产业竞争中的优势地位。

三是基于核心技术和专利的全球资源整合日益加速,国外步伐明显快于国内,国内企业的国际化理念还有待加强。

研究发现,数字安防产业领域广、企业多的特点使得一家企业难以覆盖所有业务,因此基于产业链和核心技术的“大安防”行业并购与整合已经成为行业内的惯例。在智能视频分析方面,全球十余年来已经出现了多次重要的并购。

相比之下,我国行业龙头还显著缺乏类似的国际化经验。但可以预测,随着中国数字安防企业未来5年国际化程度的加速,基于全球优质资源的收购与并购将会更多地出现中国企业的身影,因此对拥有优质技术和专利企业的定位和估值,进而运用国际化的经验开展相关的运作,很有可能成为中国企业亟须补足的短板。

四是从平安城市到智慧城市,视频监控在安防产业的比重和地位呈上升态势,未来有望成为专利重点布控领域。

近年来,安防产业市场需求的一大趋势是从平安城市向智慧城市转变。相比于平安城市中大型综合性管理系统的要求,智慧城市对感知设备的要求更加高端,从而对视频监控技术提出了更多的需求。

统计数据显示,视频监控安防系统的投入在平安城市建设中约占总投入的28%左右,而在智慧城市建设中将不少于33%,这种转变意味着视频监控安防系统在整个安防产业中的占比会更高,其地位也随之提升。

总体而言,根据数字安防产业区域特色划分,全球数字安防产业专利呈现如下特点:一是欧美等国握有核心专利,在前瞻性技术方面拥有优势,专利总量少,但市场份额大;二是日韩企业拥有专利数量优势,在图像处理等环节拥有技术优势;三是以色列拥有先进的安防专利技术,创新型企业众多。

（2）中国数字安防产业聚集区竞争力分析。国内数字安防产业以珠三角、长三角和环渤海三大产业聚集区为主。三个地区汇集了全国72%的安防专利,其中包括发明专利占据77%,有效专利占据79%,视频监控类专利占据78%。

① 环渤海聚集区。环渤海地区中，共有 670 家企业拥有安防相关技术，共 2700 项发明专利。就发明和实用新型这两种专利比较而言，北京最多(3853 项)，其次是山东(1499 项)、天津(1485 项)和辽宁(903 项)。

② 长三角聚集区。长三角地区中，共有 970 家企业拥有安防相关技术，共有 3040 余项发明专利和 2700 余项实用新型专利。就发明和实用新型这两种专利比较而言，上海最多(2884 项)，其次是某市(2060 项)、南京(913 项)和苏州(835 项)。

③ 珠三角聚集区。珠三角地区中，共有 570 家企业拥有安防相关技术，共有 2200 项发明专利和 2400 余项实用新型专利。就发明和实用新型这两种专利比较而言，深圳最多(4526 项)，其次是广州(1217 项)、东莞(373 项)和珠海(300 项)。

3) 数字安防产业未来发展趋势

(1) 单一服务向智能网络过渡。数字安防产业物联网趋势的发展，使得传统安防细分产业正在朝着智能化、网络化、高清化和集成化的方向发展。欧美发达国家已经在系统集成方面拥有很强的实力，专利体现出的创新热点也从单一设备制造向系统集成转变，更多地向以智能化和网络化的未来产业模式转移。

由于安防产业分散的市场所导致的差异化需求，使得数字安防产业难以实现全球统一的完全标准化的硬件产品。这种定制服务为安防产业链专一化的企业提供了巨大的生存空间，培育了相当数量的专业化龙头企业。然而随着安防产品高清化、智能化、网络化和集成化趋势对整体解决方案和联网监控运营需求的增长，具有系统解决方案能力的集成商和产品制造商的市场竞争力日趋增强。单一环节龙头企业的市场增长空间正在不断被压缩，其市场定位也开始转变，正逐步从单一产品提供商向系列化产品供应商，进而向整体解决方案提供商转变，最终发展成综合性安防监控公司。

(2) 政府市场向民用市场侧重。我国传统数字安防市场主要集中于政府、公众事业和企业级应用，欧美安防民用市场占比已经过半。随着我国未来物联网的快速发展，智能家居、智慧社区等关联产业的逐渐成熟，数字安防产业未来由政府市场主导向民用市场侧重是一大趋势，专利创新热点和专利布局趋势也会逐渐在向民用市场转移。研究发现，珠三角已经围绕民用安防市场提早进行专利部署，深圳安居宝、珠海太川等企业均已开展了智慧家居和智慧社区的专利探索。随着安防产业物联网趋势，互联网产业的专利密集型特点势必会向安防产业转移，这在一定程度上也会使得安防产业成为未来专利活跃领域。

(3) 设备制造向运营服务转移。国外经验显示，欧美安防运营服务市场模达 7000 亿元，是安防产品市场的 10 倍。目前，我国安防运营服务总产值只有 100 多亿元，只占安防总产值的 5%，与发达国家差距较大。数字安防产业未来在物联网中的高商业价值部分就是应用层的运营服务。因此，随着未来 5 年我国安防产业的转型，安防运营服务将在物联网产业发展中扮演重要角色。

目前某市高新区龙头企业正在由单纯的设备制造商向综合系统提供商转移，在此过程中，应充分借鉴欧美发达国家企业在安防运营服务方面的经验和创新模式。

2. 某市高新区数字安防产业发展定位

1) 某市高新区物联网发展定位

(1) 某市高新区物联网初具规模。某省是国内物联网技术研发和应用研究的先行地区，位处全国物联网产业发展的"第一方阵"，在关键技术攻关、新型传感元器件制造、商业化应用开发以及网络运营服务等方面已形成一定领先优势,并已明确将其列入九大战略性新兴产业的重中之重来抓。

某市高新区作为省物联网产业的核心区块和主要发源地,已集聚了多家物联网龙头骨干企业,从上游关键控制芯片设计、研发,到中游 RFID、传感器和终端设备制造,再到下游物联网系统集成以及相关运营业务的产业链体系基本形成。

统计显示,某市高新区物联网产业相关 123 家企业已有中国专利申请 9244 项,其中有效专利 4687 项,正在审批的专利 3162 项,授权有效专利中,维持时间 5 年以上的专利 2440 项,占比超过一半。企业方面,某市 A 公司(646 项)、C 公司(475 项)、B 公司(412 项)位列专利申请量前三,显示出某市高新区物联网产业总体专利状况良好。

(2) 数字安防产业成为重要一环。数字安防产业是物联网产业重要一环,其产业内容涵盖了物联网的感知层、网络层和应用层。目前某市高新区在物联网各个环节上均已形成一定优势,其中以 A 公司、B 公司、C 公司行业龙头的安防企业在感知层的视频监控方面的优势最为明显。

某市高新区物联网产业规划显示出,数字安防类企业所贡献的生产总值占据了某市高新区物联网总产值的很大部分,显示出某市物联网产业中,数字安防具有优先的主导地位。

(3) 视频监控产值占比最为突出。数字安防产业是由包括视频监控、入侵检测、防盗报警(门禁考勤)及其他细分行业在内的综合性行业。视频监控在安防领域应用最广,所占的产业比重最大,占整个安防产业总产值超过一半。

资料显示,全球视频监控产业的规模超过 140 亿美元,目前正处于高速增长阶段,年均增速接近 20%,中国是带动这一市场增长的主要动力。全球视频监控技术专利申请量达到 6.8 万项,约占全球数字安防产业专利申请总量的 52%,中国视频监控专利申请也超过 1.7 万项,占安防专利总量的 48%。

某市高新区数字安防产业在这一领域拥有一定的专利储备,主要集中于 A 公司、B 公司、C 公司等行业龙头公司手中,三家企业 2014 年产值有望超过 230 亿元,是某市高新区物联网产业的主要贡献力量。某市高新区安防企业承担国内 80% 以上百万级的视频监控项目,视频监控安防产业已颇具规模,目前正在着力打造创新型数字安防产业集群。

2) 某市高新区数字安防产业区域优势

国内数字安防产业以珠三角、长三角和环渤海三大产业聚集区为主,某市其产业结构集中在视频监控安防环节,园区安防企业承担着国内 80% 以上百万级的视频监控项目,视频监控安防产业已颇具规模,目前正在着力打造创新型数字安防产业集群。

(1) 龙头企业优势显著。某市高新区数字安防行业拥有 A 公司、B 公司等全国视频监控领域的龙头企业。A 公司、B 公司等园区安防龙头企业连续几年入围全球安防 50 强和中国十大安防品牌等榜单,视频监控产品如 DVR、NVR、摄像机等长期占据全球市场的前几位,行业地位继续稳固。

(2) 瞪羚企业发展迅速。以 C 公司为代表的瞪羚类企业发展迅速,短短 3 年时间,专利数量已经位居行业前列,总量超过 300 项。目前其 IP 摄像机已经占据国内市场份额第三,行业地位仅次于 A 公司和 B 公司,园区视频监控龙头企业竞争格局由双雄争霸逐步演变为三驾马车,显示出某市高新区安防产业的后备力量在快速成长。

统计显示,某市高新区现有数字安防类企业共有 62 家,对已公开的专利申请统计,总计有 7093 项专利申请。其中像 C 公司(475 项)等瞪羚类企业已经显现出良好的专利增长势头,总量方面已经超过 B 公司(412 项)。未来随着数字安防产业的快速扩张,一些基于新模式创立的企业,在数字安防的细分门类上拥有很好的发展潜力,短时间内已经开始重视专利申请,未来会与 A 公司等区内龙头企业形成良好的梯队,实现区内安防企业在产业链和技术上的优势互补。

(3) 产业配套相对完善。某市高新区数字安防产业形成了集科研开发、制造生产、集成应用、运维服务等各环节为一体的完整产业链体系,具备了较强的产业链优势。目前已经拥有了包括视频采集、编码、传输、存储、控制、解码输出、大屏显示、中心管理平台软件等在内的全线监控产品和行业整体解决方案,每个企业依靠自身核心技术而各具特色。

3) 某市数字安防产业面临问题

近年来某市高新区数字安防产业取得快速发展,A 公司、B 公司、C 公司等企业均以超过 40%增速发展,但研究中发现,某市高新区数字安防未来在产业结构、企业合作、专利储备、企业梯队建设、民用市场创新等方面还有进一步提升的空间。

(1) 产业结构视频监控独大,综合集成有待加强。某市高新区数字安防产业发展和技术创新,目前过于集中在视频监控产业环节,尤其集中在三大龙头企业,容易导致某市数字安防产业存在高度依赖性和不稳定性,不利于培育产业发展的多极增长点,这对某市数字安防产业的健康持续发展构成潜在隐患,产业结构还需要适当优化调整。

研究发现,某市数字安防产业相关的 1996 项专利中,视频监控专利有 1492 项,占74.7%,尤其是以 A 公司、B 公司、C 公司等为代表的龙头企业的产品和服务基本集中在视频监控领域,但是诸如入侵报警(211 项)、门禁对讲(293 项)以及系统集成等其他安防相关产业相对较弱,安防产业结构整体呈现视频监控独大的特征,产业结构相对单一。

在门禁对讲和入侵报警安防领域,某市的专利申请量(504 项)仅占国内申请量(17840项)的 2.8%,从专利申请规模、专利申请增速、创新主体数量、发明申请占比等各个方面来看,这两个环节与视频监控相比均处于明显劣势地位。

(2) 龙头企业竞争大于合作,产业协同有待完善。研究发现,A 公司、B 公司和 C 公司三家龙头企业在视频监控相关产品服务、解决方案和行业应用方面业务类似,在技术关注点和创新重点方面也有相似之处,从专利技术分布来看,视频监控前端、智能视频分析、存储和传输等技术均是企业技术创新的重点,三家龙头企业对于摄像机部分的专利技术改进最多,但是从未来关注度上,智能分析成为三家公司共同的关注点。

因此,有效整合高新区龙头企业创新资源,在共性技术方面,分担研发成本,建立共同受益机制,可以有效增强产业协同;在互补技术方面,通过专利联盟或产业联盟的构建,可以有效降低单一企业创新成本和风险抵御能力,进一步增强企业的国际化经验。

(3) 专精特新企业实力不均,梯队建设有待巩固。某市高新区安防产业发展特点类似于通信行业的深圳(华为、中兴)和机械制造行业的长沙(三一和中联),均是通过企业双雄的模式实现螺旋式的上升。A 公司和 B 公司作为国内前两大安防龙头,成为某市高新区作为全国安防核心区的重要推力,随着 C 公司的快速成长,未来有可能演变成三足鼎立之势。但某市与深圳和长沙两地发展也有不同之处,主要表现在知识产权的聚集和国际化程度方面,某市三家龙头企业与华为、中兴、三一和中联在各自国际行业内的专利话语权及地位还有一定差距。深圳和长沙不仅是全球通信制造业和机械制造业的加工制造中心,同时也是全球创新资源和专利产出的聚集地,某市目前虽然已经成为全球安防制造中心,但还未能成为全球安防创新和专利产出的聚集中心,未来在依靠龙头企业和专精特新企业构建全产业链创新体系方面,还有很大的发展空间。

(4) 行业整体风险防范缺失,专利联盟有待建立。某市高新区数字安防产业的高速增长以及龙头企业的海外市场扩张,吸引了更多的海外专利持有者的注意。从某市高新区几大龙头企业目前应对类似海外非专利运营实体(NPE)的经验来看,基本还是各自为战,缺乏行业统一预警和风险结盟机制,每家企业在面临同一对手时,还是基于企业自身利益来采取应对方案,缺少对行业统筹的考量,往往会导致在后企业应对较为被动。

因此未来如何建立既能反映某市高新区企业共同风险诉求的统一应对机制,又能兼顾各自企业发展的独立性,应当是某市高新区所有安防企业共同谋划的议题,其中采取产业专利联盟或是国际化的专利运营保险等方式或能从一定程度上降低园区企业的应诉成本,同时增强整体对外的谈判能力,获取更大的自主空间。

(5) 海外市场专利经验不足,攻守同盟有待筹建。调研发现,某市高新区安防企业普遍存在海外市场专利"盲区",诸如如何专利布局?如何专利收购?如何专利运营?如何专利储备?如何专利诉讼应对?已经成为摆在企业面前最为现实的问题。因此,为了有效降低海外市场进入风险,确保企业顺利的"走出去",需要包括管委会(政府)、企业、中介机构等各方努力,共同谋划:一是加大海外专利申请或收储力度;二是加强海外专利布局的指向性;三是增强海外专利布局的可交换性;四是鼓励企业与国际跨国公司达成战略同盟。

(6) 产学研一体化机制欠缺,专利质量有待提升。研究发现,某市高新区现有创新资源也存在国内产学研用相互脱节的通病问题,导致科研院校的创新难以转化成市场应用的高价值专利,如某大学一团队已经在图像编解码处理,公交、人流统计、泊车等智能分析领域进行了一系列的专利申请,但是深入研究后发现,科研体系下的专利与市场应用还有很大距离:一是专利申请布局缺乏规划性,缺少对核心技术的群组式保护;二是专利申请撰写缺乏规范性,导致很多创新想法转变为冗长的专利后,在实践中难以得到有效的保护;三是专利申请维持缺乏计划性,很多专利申请之后不长时间就停滞缴费,导致专利权的失效,显示出创新并未进行有效的市场转化。

(7) 安防行业标准控制有限,发展主动权有待强化。安防产业与电子、通信、计算机、视频图像等高新技术密切相关,这些技术所属领域的知识产权分布非常密集,随之而来的是知识产权问题比较普遍和突出。某市高新区企业目前尚未拥有行业强制标准的主控权,只是在一些可选标准中拥有一定实力。此外,一些视频业内通行的 H.264、H.265、MPGE 等视频图像压缩算法,园区视频监控企业的技术研发和产品制造难以绕过这些国外标准,并且在这些标准的必要专利上没有任何话语权,每年需向相关方支付大量的专利许可费用,行业标准仍将长期影响数字安防产业的发展。因此,缺乏对基础行业标准的控制,与某市数字安防产业的发展地位并不相符。

(8) 专利储备运营刚刚起步,市场经验有待完善。研究发现,某市高新区数字安防企业虽然在行业内拥有一定的专利申请,龙头企业甚至已超过 300 项,建立了完善的企业专利管理体系,且在视频监控各大关键环节均进行了专利布局。但是专利申请总体质量并不高,有效专利储备非常有限,一些早期专利申请即使获得授权,但由于缺乏专利布局意识和策略,使得获权后的专利权基本难以在市场竞争环境中发挥防御或是进攻的作用,导致园区整体专利储备依就有限。

3. 某市数字安防产业专利导航发展路径

1）产业结构优化调整路径

优化某市高新区数字安防产业结构，继续巩固扩大视频监控安防产业优势，完善数字安防产业结构配比，通过技术创新、商业创新和应用创新推动园区数字安防产业向价值链高端转移。

（1）产业结构优化方向。某市高新区数字安防产业优势在于视频监控技术，园区应立足于自身的产品、技术和品牌优势，继续加强视频监控核心技术的研发和创新，尤其加大智能视频分析等核心技术的科技研发投入，提高人脸检测识别、生物特征识别、车辆路况识别、智能行为分析、视频图像诊断及处理等已经广泛应用并将深入应用的关键技术比重，加强关键技术的专利布局和保护力度，将技术创新优势内化为知识产权优势，提升某市高新区在视频监控安防技术领域的核心竞争力。

（2）产业结构比例调整。从国内乃至全球数字安防产业发展趋势来看，短期内视频监控、入侵报警、门禁对讲三大系统（安防铁三角）依然发挥着各自不可替代的作用，并且相互配合共同构筑集成化的整套安防系统，产业结构比例相对稳定，专利布局数量基本维持在5∶3∶2的水平。

进一步对欧洲的产业结构中专利布局情况研究发现，欧洲这一数值的比例则是3∶3∶5，显示出作为传统安防产业较为完备的地区，入侵报警和门禁对讲甚至占据了其更大的安防产业创新比重，并且产生了良好的市场价值，例如德国西门子在楼宇自动化方面的技术全球领先。

2）企业整合培育引进路径

某市高新区数字安防产业的龙头优势企业和中小企业并存，一方面可继续支持龙头企业及其配套企业快速发展，另一方面适当引入优势互补企业进驻高新区，支持企业跨区域甚至海外发展，提升企业和高新区整体竞争实力。

（1）整合和培育内部企业。依靠高新区拥有众多国内外知名安防企业的有利条件，支持龙头企业做大做强，充分发挥龙头企业的带动作用，扩大安防产业集群优势。集中高新区龙头企业构建共性技术研发平台，针对数字安防技术领域基础性、前沿性、易受制于人的共性关键技术开展合作研发，引导形成"同开发共受益"的科技创新和应用体系，提升园区企业的整体竞争实力。如 A 公司、B 公司、C 公司三家龙头企业的技术研发重点趋同，专利申请几乎都集中在视频监控前端部分、传输部分、存储部分以及智能视频分析部分等方面，这导致视频监控共性关键技术的研发力量较为分散，既不利于关键技术的攻关和突破，在某种程度上也存在激烈的技术和人才竞争。高新区应积极引导相关企业进行资源整合，减少技术研发的重复投入，化零为整强强联合，在智能视频分析等具有产业重大影响的技术领域开展合作或进行合资，力求形成能与国外优势企业可抗衡的核心技术储备和有效专利布局，提升高新区企业整体的技术实力和产业竞争力。

（2）国内优势互补企业引进或合作。除了整合培育某市高新区的内部企业之外，高新区还可以在视频监控、门禁对讲、入侵报警等各个环节引入国内优势企业，通过与园区视频监控产业优势互补，促进高新区数字安防产业集群的整体健康发展。

在视频前端部分，福建福光数码科技在摄像机镜头环节技术实力雄厚，近几年专利申请增速明显,目前累计申请专利 100 项,其中发明专利申请 53 项,拥有有效专利 65 项,其中发明有效专利 20 项,尚有 30 余项处于在审状态,该公司在镜头技术的研发创新方面走在国内前列,可作为镜头技术环节的引进对象。

除此之外,西安电子科技大学、上海交通大学、中科院自动化所、北京航空航天大学等高校和科研院所在目标特征识别、图像预处理、智能行为分析等关键技术方面研究成果丰富,专利申请量居国内前几位,这些单位的专利申请主要集中在人体和路况特征识别、目标轨迹跟踪、图像复原和增强、视频浓缩摘要、前景背景检测等重要技术点,可以作为未来企业引进或者技术合作的重点单位,提升园区教育科技资源和基础技术创新能力。

3) 创新人才引进培养路径

某市高新区数字安防产业高端专业人才仍较缺乏,需要从本地人才培养和外部人才引进两方面引导企业和高校做好智力资源汇聚工作,同时加快专利高端服务人才引进尤为重要,为加快园区数字安防产业发展提供人才储备。

(1) 培养本地专业科技人才。某市高新区的数字安防龙头企业已经具备数千人规模的研发团队,A 公司拥有某省数字视音频技术研究发展中心、某市企业高新技术研发中心等人才培养单位,B 公司拥有国家级博士后科研工作站、国家认定企业技术中心等人才培养单位,可在此基础上充分利用和丰富现有人才培养条件,继续加大科技研发人才培养力度,提高园区安防产业整体科研素质和技术创新能力。

(2) 引进外部专业科技人才。除加大某市本地企业和高校培养专业人才的力度外,还可充分利用高新区人才引进政策,科学发现和合理引进高新区外部科研院校和企业的创新型高端专业人才或研发团队,为某市高新区数字安防产业升级转型和长远发展提供智力资源支撑和保障。

在智能视频分析领域,北京中星微电子的技术优势较为突出,专利申请量达到 115 项,该公司的谌安军、王磊、邓亚峰、黄英、王浩、王俊艳等核心技术人员对于目标特征识别、智能行为分析、视频故障诊断、图像预处理、智能视频检索等技术进行了全方位的研究和创新,专业技术人才较为全面。

国外技术团队更加注重摄像机及镜头等核心技术的研发,包括日本松下公司的和田穰二、中村靖治、田村一成、小金春夫等人,日本索尼公司的善积真吾、游马晃、山胁央树等人,韩国三星公司的郑龙周、王炳强、李承基、金永汉等人,以及瑞典安讯士公司的阿克塞尔·阿尔马、斯蒂芬·伦德贝里等人,研究团队以日韩和欧洲的技术人员居多。

(3) 大力引进专利规划人才。专业技术人才引进之外,某市高新区数字安防产业当前正面临国内市场竞争加剧,海外市场扩张增速的关键时期,区内企业在走向海外的过程中,海外诉讼、专利谈判、专利无效、专利交易、专利并购、专利运营、专利布局和规划会逐步超越企业传统简单的专利申请、专利管理等,成为走向海外企业知识产权部门的日常重要工作。

某市高新区管委会及企业,应藉此产业快速扩张期,进一步关注专利规划专业人才的引进和培养,以数字安防产业为切入点,形成未来支撑某市高新区企业在全国乃至全球建成企业专利战略基地,形成完整的知识产权服务平台和体系,完成与北京、深圳等知识产权密集型产业相配套的知识产权服务人才体系。某市高新区企业目前已经在从北京等知识产权密集地区招募专利审查员、专利代理人充实企业专利管理实力,但是从国际经验及数字安防产业未来发展趋势上看,建议可以进一步拓宽人才引进渠道,在企业走向海外的关键时期,加强引入国际化专利人才、拥有跨国公司知识产权管理和谈判经验的高端人才更为紧迫。

4）技术创新引进提升路径

某市高新区数字安防产业可立足于自身视频监控技术领域的优势，通过优化技术创新合作、加强重点技术研发、引进国内外先进技术等多种途径，提升园区数字安防产业技术实力。

（1）优化技术创新合作体系。某市高新区数字安防产业企业间遵循市场竞争原则，在创新方面有同化的趋势，不利于高新区安防产业集群发展壮大。除引导高新区企业加强自身技术研发和创新以外，还可通过优化高新区技术创新合作体系的设计，鼓励和支持企业间、校企间、产学研等不同产业主体的技术创新合作和产业应用，形成高新区数字安防产业技术创新合作共赢的良好局面。

（2）引导重点技术创新方向。从视频监控安防产业技术发展来看，智能视频分析技术已经成为引领安防产业智能化的强劲引擎，其中目标特征识别、智能行为分析、图像预处理等关键技术是研究创新的重点和热点。

以目标特征识别技术的专利分布来看，人体和路况特征识别是目前主流的应用技术，涉及人脸、车辆、车牌、违章等目标或行为的检测和识别，这些技术已经开始应用并将继续应用于社会治安防控、智能交通管理、门禁考勤管理等方面，并且随着物联网、智能家居等概念的渗透，基于视频和图像处理技术的人脸检测跟踪、车辆识别跟踪等安防技术也将迅速转移应用于新的领域，因此继续深入开展目标特征识别技术研究，重点加强人脸、车辆等目标识别的技术创新和应用创新，对于提升视频监控安防技术本身以及开拓新的产业发展空间都很重要。

5）专利布局协同运用路径

专利布局应服务于数字安防产业和经济发展，需根据数字安防产业和技术发展趋势，战略性地部署基础技术、关键技术、外围技术和应用技术的创新和保护，将专利布局转化为核心价值和优势，提升包括专利在内的知识产权与产业经济发展的协同能力。

（1）专利布局结构和重点。从技术研发角度来看，某市高新区数字安防产业的专利申请主要集中在视频监控安防产业的视频智能分析和视频前端部分，尤其在目标特征识别和摄像机两方面的专利申请比重较高，应继续加强视频智能分析和视频前端环节其他关键技术如图像预处理（增强和复原等）、智能视频检索（摘要和索引等）、智能视频诊断（环境和噪声等）、智能云台、高端镜头等适于安防智能化和高清化发展的关键技术专利布局力度，加强云存储、云监控等适于安防网络化发展的新技术创新和专利布局，鼓励高新区集成电路企业加大视音频压缩芯片、数字信号处理芯片、图像传感芯片等安防专用芯片和算法的设计开发以及相关知识产权的获取。

从专利布局策略来看，某市高新区相关企业和高校的专利布局尚未形成战略性思考，专利申请和授权质量仍相对较低，这对专利布局构成较大隐患和硬伤。一方面某市高新区管委会或企业可加大与科技服务和信息咨询类机构的合作力度，持续跟踪研究数字安防产业和技术的发展方向，注重包括专利文献在内各类科技信息的动态分析和情报研判，加强园区安防产业专利布局的策略研究和战略考量，提升专利布局决策的科学性、准确性和可操作性。另一方面高新区企业和高校应提升知识产权在技术创新和运营管理中的地位，加强企业和高校内部知识产权队伍建设，提升将创新技术转化为专利技术的挖掘能力，在专利申请文件撰写、质量控制、流程管理、意见答复、授权维持等方面应引入产业长远发展的要求,加快海外重要市场专利布局的速度和力度,尽快形成与数字安防企业走向海外市场发展相匹配的专利实力。

(2)构建专利运营平台。A公司、B公司和C公司等园区三大安防龙头企业已经储备了成规模的专利,部分专利具有较高产业应用价值,但是高新区企业高价值专利的内部许可、转让等运用程度很低,而且近年来几家企业频频遭受来自海外安防企业或NPE的诉讼,目前尚未能采取有效措施规避风险。

某市高新区可引导龙头企业在知识产权问题上加强合作协商,比如构建某市数字安防产业专利联盟等运营平台,一方面加强平台内部高价值专利的转让和许可,或者实现对外运营,促进创新技术的产业应用和专利增值,另一方面联合应对国外知识产权问题和挑战,同担风险共享收益,必要时通过购买、受让等方式收储专利,强化平台专利实力,提升专利运用与产业发展的协同能力。